论语别识

雷健

四川出版集团
巴蜀书社

图书在版编目（CIP）数据

论语别识 / 雷健著. —成都：巴蜀书社，2015.8（2025.4重印）
ISBN 978-7-5531-0566-6

Ⅰ.①论… Ⅱ.①雷… Ⅲ.①儒家②《论语》—研究
Ⅳ.①B222.25

中国版本图书馆 CIP 数据核字（2015）第 175933 号

论语别识 雷 健 著

责任编辑	张红义 封 龙
封面设计	陈秋池
出 版	巴蜀书社 成都市槐树街 2 号 邮编 610031 总编室电话：(028)86259397
网 址	www.bsbook.com
发 行	巴蜀书社 发行科电话：(028)86259422 86259423
经 销	新华书店
照 排	四川胜翔数码印务设计有限公司
印 刷	三河市天润建兴印务有限公司
版 次	2016 年 1 月第 1 版
印 次	2025 年 4 月第 3 次印刷
成品尺寸	170mm×240mm
印 张	20
字 数	380 千
书 号	ISBN 978-7-5531-0566-6
定 价	48.00 元

目录

序

一

2008年深圳的一位朋友询问我，说她的儿子已经快到上幼儿园的年龄，是否将儿子送去读一读以教国学之类为主的学前班，让孩子从小就接受儒家文化的熏陶？

略作思考后我给出了不能让幼儿去读《论语》和儒家经典的三条理由，供她参考。这三条理由是：一、幼儿尚在启蒙学字阶段，字都不认识几个，千万不要去学古文。因为古文中很多字的用法、含义与现代汉语有很大差别。让初中低年级以下的学生学习经典，其实是在害他们。比如，《论语·雍也》中第一句话："雍也可使南面"，这个南面就不是我们现在意义上的南方方位，而是指有治世之才。朱熹解释是：南面，人君听治之位。让字尚未认几个的小学或初中低年级学生弄懂彼南面非此南面，就要花很多口舌。再如，《论语·雍也》第15章说："子曰：'孟之反不伐'"，这个"伐"不是现代意义上的讨伐、征战，而是自夸。二、《论语》和儒家经典是用很枯燥无味的抽象思维写就，谈的大多是社会纲常伦理一类的东西，对刚刚启蒙，思维尚以形象思维为主的孩子来说很不适宜。让思维活跃的孩童去读儒家经典，等于扼杀他们的天性。三、儒家思想是个很封闭的思想系统，它提倡的是守礼守制，不提倡创新。固步自封，排斥其他思想是儒家学说的特性。因此，不宜让尚未有独立判断能力的孩童去死记硬背儒家经典，不能让儒家守制守礼的思维方法约束孩子的思维，不能让他们在"君君、臣臣、父父、子子"、"父死，三年不改其道"的教育中把自己的思维约束起来，成为循规蹈矩，听话的孩子。如果真要让孩子从小受到传统中国文化的熏陶，儒家学说并不是最初、最好的选择，不妨让孩子去读一点唐诗宋词，或者去读一下《三字经》。如果非要读儒家经典，最多让孩子去读诵《弟子规》。

这事引起我的深思。进入 21 世纪以来，中国掀起了一股复兴儒家学说的热潮。在一些媒体的助推下，儒家学说书藉热销，孔子学院在全世界大量开张，仿佛中国的落后全是因为儒学的被冷落，大有用儒家学说替代国学，把儒家学说奉为国学的势头，甚至还有人提出用儒家学说来治世治国，把儒学奉为国教。还有的说儒家学说、《论语》就象粮食、阳光、空气一样不可或缺。总之，以《论语》为代表的儒学是世界上最好的学说，最理想的思想，好得不得了，仿佛学了它就能事业成功，人生完善，就能治世救国。

儒家学者说到《论语》治世治国的功效时，引用最多的就是赵普的"半部论语治天下"这句话。赵普是否说过这句话？翻遍《宋史・赵普传》及有关史料，根本找不到这句话。有史学家认为这是后人杜撰。且不论这句话的真伪，《论语》及儒家思想在中国的历史进程中，在治世治国中究竟有多大作用，这是个宏大的题目，不是我要涉猎阐述的话题。从汉武帝听从董仲舒"罢黜百家，独尊儒术"建言以来，中国帝王尊崇儒家越演越烈，到唐太宗贞观四年，下诏令全国各州县必须建一个孔庙达到高峰。但是历代帝王再怎么尊孔，也只是将儒家思想作为驾驭百姓，钳制民众思想，使之不逾矩、不犯上的工具。内政外交、征服蛮夷、开疆拓土从来不用儒家思想，而是用霸道思想、用法家思路。鲁讯先生说："不错，孔夫子曾经计划过出色的治国方法，但都是为了治民众者，即权势者设想的方法，为民众本身的，却一点没有。"

我认为，用儒家思想治世治国，实行的是人治。孔子提倡君王实行仁政。仁政从何而来？从有仁德的君王那里来，要有仁德，就必须修身养性。因此，君王的个人道德修养就至关重要。这就是儒家提倡的修身、齐家、治国、平天下。从修身到平天下是一个递进的过程。仁政出自有仁德的君王，国家安定与否、百姓幸福与否，全维系在君王一个人身上。碰上个有仁德的君王，百姓就幸福，社会就安康。摊上个无仁无德的君王，百姓就吃苦，社会就错乱，民不聊生。有仁德之士上位执政，并不是靠自身的修养，而是靠君王的个人喜好，有仁德与否，并不是上位执政的必要前提。换句话说，修养再好的人，君王不喜欢，你是掌不了权，执不了政的。这显然与现代法治社会相悖。儒家思想的要求你通过自身修养成为有仁德之人，而法治社会是通过各种律法规矩的约束，迫使你成为一个守法的仁德之人，逼着你去提高自身修养，而且不能口是心非。为什么历史上越是推崇儒家思想，吏治越坏，而且那些腐败官吏全部都是饱读儒家经典的士子。儒家思想并没有让官吏去腐败，这不能不从人治制度去寻找原因。

我不是反对学习《论语》和儒学，而是对中国人，尤其是一些学者片面的思维方式反感。很久以来，中国学者有一种非常不好的治学方式，判定和评价一个人，一种思想，一件事，好则极好，好到无以复加，好到没有缺陷；坏则坏透顶，坏得一无是处。对孔子和《论语》评价也是如此。“孔圣人”一说就是这种思维方式的典型表现。

我有一个逛书店的爱好。于是留心了一下关于《论语》和儒家学说书籍的情况，发现在浩如烟海的书籍中，对《论语》及儒家学说持批评态度的书籍少之又少，如凤毛麟角。好不容易看到一本中国人民大学邹纪孟教授的《把〈论语〉请下神坛》。除此之外，再也难找类似书籍。

于是我有了一种想法：何不把历史上最有代表性的有关《论语》的书籍找来仔细研读，或许能有我自己的一些看法，甚至有一些不同于传统观念的看法。于是，有了四年多时间的研读，有了这本书。

二

2009 年，我开始自己的《论语》之旅。

有关《论语》的注解、译注书籍汗牛充栋，举不胜举。日本学者林春泰辅博士在他的《论语年谱》中所列出的就有三千多种。因此，我不可能将有关书籍全部读完，只能有选择的重点研读。

案头上有四本关于《论语》的书。朱熹的《四书章句集注》、南怀瑾先生的《论语别裁》、杨伯峻先生的《论语译注》、贾顺先先生的《论语新编注释》。

《四书章句集注》是朱熹穷其一生，耗费四十余年时间而成的儒家经典注释。自朱子该书问世后，不仅为后世儒家学者推崇，此后历代统治者科举考试选题，均出自《四书》。而对《四书》的解释，儒家学者奉朱子解释的经典准绳。因此，研读《论语》，朱熹的这部大作，不可或缺。南怀瑾是旅居台湾的学者，他的《论语别裁》见解独到，受到许多学者的肯定和读者追捧。杨伯峻先生是我国研究儒学的著名学者、语言学家，他的《论语译注》、《孟子译注》等著作得到学术界的高度评价，享誉中外。贾顺先教授是我上世纪 1978 年至 1982 年初在四川大学哲学系学习时，教授中国哲学史的老师。2002 年，我们年级的同学回到母校纪念毕业 20 周年，在活动中，贾老师携带他的新著《论语新编注释》，送给我一本。贾先生在这部注释中，将《论语》原来的编排顺序打乱，按照他的理解分为五个部分重新编排。张岱年认为贾顺先此举“对于研究孔子思想大有裨益”，“显示了孔子思想的理论体系”。无疑，这对研究既无逻辑顺序，也非按时间顺序编排的《论语》来说，当然是件很好的事。

研读期间，还参读了林语堂的《孔子的智慧》、钱穆的《孔子传》、蒋伯潜的《诸子通考》、柴德庚的《史籍举要》、顾颉刚的《秦汉的方士与儒生》等等书籍。当然少不了邹纪孟的《把〈论语〉请下神坛》。

每天几章，参考前人的解释、译注和见解，再细细品味思考，作出自己的判断，理出自己的见解，详加记录。由于这种研读大多是在工作之余，竟然耗费了三年时间。等到整理成稿，距开启《论语》之旅，已经过去了四个年头。

三

《论语》是儒学的根本著作，孔子的思想集中体现在这部著作中，主要有三方面：以“仁”为核心思想的人伦道德思想；以仁政为核心的施政理念；有教无类、因材施教的教育思想。孔子的“仁”是“爱人”，由近及远，自亲至疏，表现为忠、恕，恭、宽、信、敏、惠等道德范畴。孔子的人伦道德以“仁”为核心，讲求个人内心修养，因而被后人称为“内圣”。孔子的仁德思想要求君王施行仁政，节用爱民，反对暴政苛法。但是，《论语》只是记载了孔子提出了仁政思想，没有更具体的内容。孔子死后一百多年，他的学生的学生的学生孟子（公元前 372 年—前 289 年）把孔子的仁政具象化。《孟子》一书中记录了孟子提出的仁政，包括“省刑罚、薄税敛、深耕易耨”（《孟子·梁惠王章句上》）等举措。后人把这称为外王。到孟子这里，以性善为基础，以仁义为核心的内心修养功夫的“内圣”，以仁政学说为核心的“外王”就完成了。这就是儒家学者津津乐道的“内圣外王”之道。

孔子的仁德思想对个人修养提出了很高的要求，成为中国上千年以来塑造国人心理和行为的非常重要的精神来源，是中国社会人伦道德规范的基本准则。当然也是中国传统文化的代表。《论语》在儒家乃至中国传统文化中至高无上的地位无人能及。

我读《论语》，把它当成儒家学说的经典著作。所谓经典，就是最具代表性的东西。但是，经典并不等于至高无上、至善至美。对孔子和《论语》我十分尊崇，但不盲从。以此为指导，怀着一颗平常心来读《论语》，不把《论语》当成不能怀疑的圣经，也不把孔子思想当成绝对真理，而是用客观、辩证的思维方法来研读。这一读就读出了一些个人看法，与传统认识不一样的看法。

四

对于孔子和儒学，我不想作出全面评价，这里只对《论语》谈一点我的看法。

众所周知，《论语》是一部记载孔子的言语行事和他的一些弟子的言语行事的书，这种记载又不是有系统、全面的，而是诸多断片和篇章的集合体。正因为是记录孔子言语行事最集中的一部书，所以被历代儒家奉为会儒学圭臬，是儒学众多书籍中经典的经典。

《汉书·艺文志》说："《论语》者，孔子应答弟子、时人及弟子相与言而接闻于夫子之语也。当时弟子各有所记，夫子既卒，门人相与辑而论纂，故谓之《论语》。"

《论语》不是孔子所著，这是事实。孔子自己也说他是"述而不作"（《论语·述而》）。那么是孔子的哪些弟子们辑编成书的呢？也没有定论。有学者说是孔子的弟子子游、仲弓、子夏等人，遭到很多人的反对。有说是孔子学生的学生编纂，即曾子的学生乐正子春、子思，子思还是孔子的孙子。这种说法也遭到质疑。总之，谁是《论语》的作者至今没有定论。一本被奉为经典的经典的书，竟然不知道编纂者是谁，这很让人不解。也难怪《论语》有那么多的问题。并不象一些儒学者吹的那样是一本圣经一样的书。

《论语》是部语录集粹，记录孔子及其部分弟子们的言语和行事。但是记录的这些言语和行事究竟是哪年哪月的？没说。后人花了很多功夫去考证，有的还是搞不清楚。记录的这些言语和行事，在编排上既无时间顺序，又无逻辑顺序，让人读起来有一总有东一榔头西一棒槌之感。郭沫若曾经说："《论语》本是孔子徒子徒孙们的断烂笔记。"（郭沫若《驳〈说儒〉》）

杂乱无章、编排无序是《论语》被人诟病的一大缺陷。据杨伯峻先生统计，一部《论语》，谈“仁”就有109次，其中，代表孔子道德标准的“仁”达105次。这个意义上的“仁”几乎在《论语》的很多篇章里都要能找到。“仁”是孔子思想的核心，但是，这么重要的一个思想，《论语》的编纂者竟然没有想到集中编纂一个篇章。

《论语》的编排无序，弄苦了后世学者。终于有些学者看不下去《论语》的无序与杂乱，为方便后人学习《论语》，也为了显示《论语》的权威性和博大精深，开始按自己的理解重排《论语》。这一重排更是花样百出。梁启超将其分为八大类，钱穆将其分为十四篇，贾顺先分为五大部分，李零分为十三类，邹纪孟分为十五类，等等等等。真是仁者见仁，智者见智。

这还不是最大的问题。《论语》一共二十篇，每篇冠名用开头二字作为篇名，比如第一篇“学而”，就取自“子曰：‘学而时习之’”。“学而”是什么意思？是这一篇的中心思想还是关键词？都不是，只不过是为了与后面篇章有所区别而用的语词而已。《论语》二十篇中，用人名作篇名的就有十二篇，比如：公冶长第五、雍也第六、泰伯第七、颜渊第十二，等等。造成这种事实的原因就是《论语》的编排无序，各篇既有相同或相近的内容又有不同的东西，不能用一两个关键词来概括这一篇的内容，只好用每篇开头二字来作篇名，以示区别。可见其在编纂过程中的随意性。

语句重出也是《论语》的一大缺陷或叫一大特色。“巧言令色，鲜矣仁。”《学而》篇里已有，《阳货》篇里重出；“博学于文”先见于《雍也》，后又重出于《颜渊》；“主忠信。无友不如己者。过无惮改。”《学而》篇里已有，《子罕》篇重出；“入大庙，每事问。”《乡党》、《八佾》篇中重出；“不在其位，不谋其政。”《泰伯》、《宪问》里都有。这里有字句一字不差的重出，也有个别字差别的重出。在《学而》篇中的“人不知而不愠，不亦君子乎？”在《论语》中居然重出了四次。这只能说明《论语》一书不是一两个弟子编纂而成，而是一帮弟子合辑而成，也说明他们在编纂这部书时是根据各自不同的记录来编纂的。

《论语》记录了孔子对一些历史人物和他的弟子的评价。其中以对伯夷、叔齐的评价最为引人注目。在《公冶长第五》、《述而第七》和《微子第十八》三篇中，记录了孔子对伯夷叔齐的四次评价。《公冶长第五》记载：“子曰：‘伯夷、叔齐不念旧恶，怨是用希。’”《述而第七》记载：“（冉有）入，曰：‘伯夷、叔齐何人也？’曰：‘古之贤人也。’”《微子第十八》记载：“逸民：伯夷、叔齐、虞仲、夷逸、朱张、柳下惠、少连。子曰：‘不降其志，不辱其身，伯夷、叔齐与！'”

对伯夷和叔齐二人，孔子评价很高，是古代的贤人，又是被人们遗忘了的人才，而且还是不降其志，不辱其身的先贤。伯夷与叔齐是孤竹国君的两个儿子。孤竹君想把君王位传给叔齐，叔齐不干。孤竹君死后，叔齐要伯夷接王位，伯夷说，那是父亲的遗命，我不干。两人于是跑去投靠周文王。周文王死后，周武王兴兵讨伐商纣王，伯夷、叔齐认为武王是以下犯上，前去拦住周武王的队伍。周武王身边的人想杀掉他们，周武王说，这两位是让国的贤人，不要杀他们。周武王推翻了商纣王，建立了周王朝。伯夷、叔齐认为周王朝来得不正，以食周粟为耻，跑到首阳山中躲起来，最后饿死在首阳山。

孔子说伯夷、叔齐不降其志，这个“志”就是两人在周武王诛灭暴虐无道的商纣王后，认为周武王是以下犯上，是以臣弑君，以食周粟为耻的“志”。这个“志”无非是为商纣王鸣不平，是反对讨伐暴虐无道之君，反对救民于水火，反对历史进步。如果按照孔子的说法，凡是象伯夷叔齐一样，反对以臣子身份讨伐暴虐无道之君的，都是不降其“志”，是“贤人”，是被遗忘了的人才。我以为伯夷叔齐躲进首阳山，不食周粟被饿死，是不识时务，不分是非，不能与时俱进的结果，是咎由自取。孔子对他们二人的评价一点也不奇怪，孔子一贯主张君臣父子不能错位，更不能僭越，臣伐君、子弑父就是无道，不管君父做了什么坏事，都不能僭越。说白了，下位的人起来造反，不管你的理由多充分，多正义，都是无道，都是叛逆。

伯夷、叔齐反对讨伐无道商纣王，反对历史进步，居然得到孔子高度赞扬，这就很让人怀疑孔子的价值观，让我对他的君子标准产生怀疑。奇怪的是孔子这种逆历史进步潮流而动，背离普世价值观的评价居然得到后世学者们的赞同，司马迁在《史记·伯夷列传》中也持这种观点，明显是受了孔子影响。可悲的是，孔子这种不分是非的评价竟无人出来批评反对，流毒至今。

说到君子，不能不说孔子在谈到邦有道和邦无道时，君子如何行事的主张。孔子心中的君子简单说，是怀德之君，以仁德示人示天下，以仁德对人对事，同时也要有忠信诚敬，君子追求的是义理，而不象小人追求利益。这样的君子应当是社会精英，有教化民众、示范天下的责任和作用。但是在说到邦有道和邦无道时，孔子对君子的要求又不一样。他说：“笃信好学，守死善道。危邦不入，乱邦不居。天下有道则见，无道则隐。”（《泰伯》）做人要坚定地相信我们的道，誓死守卫它，努力学习它。不进入危险的国家，不居住在祸乱国家。天下太平时就出来做事，天下混乱时就隐居起来。总之，要避开乱世。在评价蘧伯玉时孔子说得更明白："君子哉蘧伯玉！邦有道，则仕，邦无道，则卷而怀之。"国家太平就出来做官，国家混乱无序就隐藏起来，这就是君子！可见孔子所提倡的君子是不对社会负责的君子，是不讲、不担社会责任的君子。这与他说的君子怀德，君子喻于义完全相反，很是矛盾。

《论语》记载了据邑叛乱的公山弗扰和佛肸两次召孔子前去帮忙，孔子准备去，却遭到子路反对的事。孔子为了要实施自己的治国方略，居然可以违背他自己的仁德标准，准备去帮助据邑作乱的乱臣贼子。对此事，朱熹在《四书章句集注》中极力为孔子辩解，强词夺理地为孔子掩饰。后世的儒学家们当然也不会站出来批评孔子。毕竟孔子是儒家的圣人。圣人是不会有错的，即使有错也应当为其遮掩，为其辩护。

我从来不相信这世界上有圣人，有完人，也不相信这世界有百分之百科学的学说理论。孔子自己都说他没有见到过圣人（"子曰：'圣人，吾不得而见之矣；得见君子者，斯可矣。'"《述而》），也就是否认自己是圣人。后世儒家学者硬要把孔子奉为圣人，奉为完人，把孔子思想奉为绝对直理，就把自己装进了不能逾越的铁笼子，把儒学封闭起来，把孔子神化起来。这样一来，对孔子思想中的一些错误，对《论语》中的一些缺陷视而不见，甚至加以掩饰就成为必然。我想这也许就是自宋以来，中国思想界死气沉沉，思维方法僵化，固步自封，不能创新的重要原因，当然也是中国社会落后的重要原因。社会的进步，首先在于思想的进步。欧洲如果没有文艺复兴，没有一批先哲在思想上的觉醒，就不会有民主、自由、法制思想的确立，就不会有今天的进步。"五四"运动曾经提出"打倒孔家店"的口号，一批青年智士希望中国从束缚了国人千余年的儒家思想中走出来，使中国走上民主、自由、现代的国家道路。100余年过去，难道我们还再来一次新文化运动吗？

孔子思想有其可取的一面，尤其是社会仁伦道德观念，做人做事的准则等等，都值得我们学习传承。但是，我们也应清醒地认识，《论语》和孔子思想并非十全十美，也有其不足的一面。汲取其积极因素，扬弃其糟粕，辩证看待《论语》、看待孔子，看待儒学才是对待传统文化的正确方法。正是从这一立场出发，才有了我的这本《论语别识》。

五

本书在注释时主要参考了上述四本著作，以朱熹的《四书章句集注》为主。全书采用一段《论语》原文，然后是注释，再后是译文，再后是我自己的理解与感想的体例。历史上对《论语》中一些词句的不同解释，我也尽量予以列出供参考，并附上我自己的看法。

尽管我在大学学的是哲学专业，但是毕业后一头扎进新闻圈子，一干就是三十多年。哲学，尤其是中国哲学关注甚少。尽管最近几年专门研读了《论语》，但毕竟用的是工余时间。才疏学浅，错误疏漏也就难免。以一得之见就教于方家和读者，如果书中观点能够引起读者兴趣，甚至引来批评讨论，那则是我的幸运。

学而第一

子曰："学而时习之，不亦说乎？有朋自远方来，不亦乐乎？人不知而不愠，不亦君子乎？

【注】 说：借用字，悦也。习，复习、演习。

【译】 孔子说，学来的东西时常通过复习、实践去领悟其精妙，不是一件很高兴的事吗？有朋友从很远的地方来，不是件很令人高兴的事吗？别人不知道、不了解你而不怨恨，不是很有君子风度吗？

【别识】 朱熹在《四书章句集注》里这样阐明《论语》开篇这几句话的重要性："此为书之首篇，故所记多务本之意，乃入道之门、积德之基、学者之先务也。"孔子这三句话，实际上概括了学习与待人接物的基本原则。

南怀瑾先生对这三句话有不同的理解。他认为，孔子说得不全对，应当是学而时习之不亦"苦"乎，有朋自远方来，不亦"惨"乎。他这样解读学习和朋友来访以及不被他人理解这三件事：学习是很艰苦的一件事，而不是乐，每天要背课文，要做家庭作业，还要家长签字，就连寒暑假老师也不放过，语数外要布置一大堆作业，哪里是快乐，简直就是苦，不然怎会有寒窗苦读之说。朋友来时如果正是你拮据之时，那就不是"乐"，而是"惨"，惨得你要为酒肉发愁，要为面子发愁。而别人不理解你，你还不能厌烦，不能怨恨，甚至还要装出满不在乎的样子，有情绪也不能表露，这其实不是君子，是伪君子。掩饰自己的情感，用另一种面目示人，这其实不是君子行为，而是伪装成君子。

当然，南先生所说的是另一种情况，是事物的另一面。不过，南先生也给我们提出了一个全面看待孔子，尤其是《论语》的角度。由此我们可以得到启发，对待孔子的学说，不能盲目，不能当成圣言，否则就是盲从，而盲从本身就是一种禁锢，不如不学。

过去对孔子在这句话时说到的“习”，大多学者都理解为温习、复习。我以为还有另一个意思：实践、实习。学来的东西时常温习，反复思考，知识才能得到巩固，也可能在每次复习、思考中发现新的意思，有新的理解，甚至有全新的感悟，这当然是件令人愉悦快乐的事。把学来的东西拿去实践，在实践中检验真伪，使从别人处学来的知识变为自己的知识，这才是学习的最终目标。如此一来，学到的知识就能更巩固、更深刻、更全面。这当然是件令人愉悦快乐的事。

人生一世，知己并不很多，能倾心交谈，以心换心的朋友则更少。君子之交淡如水，朋友来访，不是冲着一顿好酒好肉而来，不会在乎一顿饭菜的好坏，一杯茶的浓淡，而在乎话能否投机。当然，如果是为了一顿饭而来，恰在你手头又不宽余甚至拮据时，那状态一定很尴尬，很狼狈，会很惨。

“人不知而不愠，不亦君子乎”，关键在对“知”的理解。知可以解为了解，理解，也可以解为知晓、知道。别人不理解你，而你把怨厌压在心里不表露，一方面表示你的大度，另一方面也体现出一种虚伪。但是，如果是别人根本就不知道，不认识你，恰恰你又是个名人，你不生气，那才是君子。比如，朋友聚会，给你介绍从未见过的张艺谋，你说，不认识。张艺谋听了如果大冒其火，或者很生气，那他就不是个君子，至少生气冒火就不是君子所为。古人说，不知者不罪，是也。

有子曰：“其为人也孝弟，而好犯上者，鲜矣；不好犯上，而好做乱者，未之有也。君子务本，本立而道生。孝弟也者，其为人之本与！”

【注】有子，孔子弟子，名若。弟，悌也。朱注（朱熹《四书章句集注》下同）：善事父母为孝，善事兄长为弟，犯上，谓干犯在上之人。

【译】有子说：为人遵守孝敬父母，善事兄长弟之道，犯上的人就很少，做乱的人就基本没有。君子致力于修身的根本，根本树立了，立身社会做人办事的正确道路也就有了，学问才会有了。所以孝弟是树立仁德的根本。

【别识】在中国古代，孝悌是做人的基本规则。何谓孝悌，通俗讲首先就是孝敬父母，尊重兄长，爱护弟妹妻儿、朋友。这就是传统所说的五伦。其次是忠君，忠于宗族、忠于社会，当然也包括遵守家族、宗族的各种规矩，遵守社会的纲常道德，不能有悖。有了孝悌，就不会犯上，就更不会做乱。孝敬老辈，爱护兄弟妻儿，尊重朋友，恪守社会道德，这当然是做人的根本原则，否则何以立世，何以成家，何以为国。

但是在孔子这里，不是简单的不能犯上。朱子解释得很清楚："犯上，谓干犯在上之人。"这"在上之人"指的是辈分比你高，职位比你大，年岁比你大的人，在你之上的人。干犯者，冒犯也，有悖也。在我看来，"犯上"有两种方式，一为做乱的犯上，根本不理会在上之人的号令指示，偏要对着干；二为批评在上之人的错误，这包括父母、上司、长辈、当权者的错误。但是，这在孔子那里是绝对不能的，凡有悖在上之人的，就是犯上。孔子的一贯思想就是，要唯上为大，唯上之行为行，不能有悖。由此一来，孔子提倡的做人之根本，就是做"顺民"，做"良民"。

这就是孔子学说的两面性。一方面讲明做人的根本原则是要孝弟，要尊老爱幼，这是正确的。另一方面不准"犯上"，哪怕是在上之人有错也不能批评，不能违犯。这一思想在《论语》中多有体现，后面我们会逐一讲到。这种顺民思想被历代统治者充分利用，荼毒中国百姓 2000 多年，形成中国人不能自由思考，精神不能独立的局面。现在该是彻底清理孔子学说中的糟粕的时候了。

子曰："巧言令色，鲜矣仁！"

【注】朱注：巧，好。令，善也。

【译】孔子说："花言巧语，装出一幅谦恭模样，这样的人是很少有仁德的。"

【别识】所谓巧言令色，是指花言巧语的人，多是乱吹虚，不善实干，不肯脚踏实地之人。这种人，当然谈不上有仁德。朱熹在《四书章句集注》里这样解释："好其言，善其色，致饰于外，务以悦人，则人欲肆而本心之德仁亡矣。圣人辞不迫切，专言鲜，则绝无可知，学者所当深戒也。"而程颐程颢（以下为程氏）从另一方面提出问题："知巧言令色之非仁，则知仁矣。"

事实上，在我们的实际生活中，这类善花言巧语的人并不少，这类人多半爱投机取巧，为达目的可以不择手段，仁德在他们那里根本就不算一回事。

曾子曰："吾日三省吾身：为人谋而不忠乎？与朋友交而不信乎？传不习乎？"

【注】曾子，孔子学生，名参，字子舆。朱注：尽己之谓忠，以实之谓信。

传，谓受之于师。习，谓熟之于己。

【译】曾子说："我每天要反省自己三件事是否做得好，替人做事是否尽心尽力，忠实可靠？和人相交是否言而有信，童叟不欺？从老师那里学来的东西是否经常温习实践？"

【别识】记得小时候就熟悉这段话，但却只是头一句：吾日三省吾身。这就给人造成错觉和错误理解：每天要三次反省自己。文化大革命时期，每天早中晚三餐前，都在要毛主席像前念语录，早请示晚汇报，每次都让我联想到这句话：吾日三省吾身。而且还沾沾自喜，我做到了孔子倡导的事呐。我常在想一个人一天三次反省自己也不错，但是反省什么，却是个大问题。如果把曾子说的这三件事与三次结合起来，天长日久，个人修养不用说会到很高的境界。可惜，红尘滚滚，那有这么多时间闲下来反省自己呢？而现代的人大多自负得不得了，有谁肯主动反省自己呢，更不用说"三省吾身"了！

南先生在《论语别裁》中解释"传不习乎"时说："老师教我如何做人做事，我真正去实践了没有？"我以为理解得太片面。朱子注为：传，谓受之于师。这个受之于师，指的是老师传授的所有东西，包括学问、为人之道，做人根本，处事方略，不只是做人做事之道，当然也包括传授的东西中所有正确的和错误的。这样理解就让人联想到前面孔子说的一句话："为人也孝弟，而好犯上者鲜矣。"孔子的思想是，只要是老师教的，不要问对与错，不能去怀疑，都要去熟记，要去实践，要照着去做，不打折扣。否则就是犯上。这其实是不可学的。学问之道在于穷诘，在于怀疑。没有怀疑，没有大胆猜测大胆设想，学问不能进步，知识不能创新，学术不能发展，你就只能照本宣科，原地踏步。

朱熹对曾子提出的"三省吾身"大为赞赏。他说，"曾子以此三者日省其身，有则改之，无则加勉，其自治诚切如此，可谓得为学之本矣。而三者之序，则又以忠信为传习之本也。"

子曰："道千乘之国：敬事而信，节用而爱人，使民以时。"

【注】朱注：道，治也。千乘，诸侯之国。

【译】孔子说："治理千乘大国，要忠于职守，踏实干事，守信务实以取得百姓的信任，要节俭费用同时爱民，用人要审时度势，用在恰当的时候和恰当的地方。"

【别识】敬事、守信、节用、爱民、恰当使用人，是孔子提出来治理国家的五条方略。当权者只有忠于职守，诚信务实才能得到百姓的信任，自己节俭，才可能懂得如何爱民。做到了这四条，才能在驱使百姓时知道审时度势爱惜百姓，把人用在最恰当的时候和最恰当的地方。程氏认为，孔子说的这五条，是最浅显的治国之法，也是最不易做到的事。

子曰："弟子入则孝，出则弟，谨而信，泛爱众，而亲仁。行有余力，则以学文。"

【注】朱注：文：谓诗书六艺之文。

【译】孔子说："学生们要注意呵，人在一世，在家要孝敬父母，出门要尊重兄长朋友，恪尽孝悌之道，谨慎行事，诚信待人，关爱大家，而特别亲近有仁德的人。做到了这些，还有精力，就可以去学诗书六艺了，做其他事了。"

【别识】孔子在这里讲明了做学问的前提条件，要先做到仁德，才能做好学问。有仁德之人，做的学问才不会迷失方向，才会用在正途。仁德不好，不讲孝弟，学问就可能不仅不能给家庭、社会带来好处，还可能造成危害。

朱熹在《四书章句集注》中引用了两位宋代大儒对这句话的注解。尹焞说："德行，本也，文艺，末也。穷其本末，知所先后，可以入德矣。"就是说，仁德和诗书六艺的学识是本与末的关系，不能颠倒。洪兴祖说："未有余力而学文，则文灭其质；有余力而不学文，则质用而野。"朱熹认为："力行而不学文，则无以考圣贤之成法，识事理之当然，而所行或出于私意，非但失之于野而已。"几位宋代大儒说的都是仁德与学习诗书六艺之文的关系。这里有两种情况，仁德不够而去学文，学来的文不会用在正途；仁德做到了而又不去学文，则你的仁德就很狭隘，就有私意在其中了。《史记》中司马迁有一段话，我以为是孔子这句话的最好注脚："德者，才之帅也，才者，德之资也。"

子夏曰："贤贤易色，事父母能竭其力，事君能致其身，与朋友交，言而有信。虽曰未学，吾必谓之学矣。"

【注】子夏，孔子弟子，姓卜，名商。

【译】子夏说："见到贤人肃然起敬，易容颜而正色，孝敬父母竭尽所能，侍奉尊者尽心尽力，对待朋友言而有信。做了这这几点，虽然没有读过书做过学问，也就懂得做人之道，如同有学问之人了。"

【别识】对子夏这句话中的"贤贤易色"和"虽曰未学，吾必谓之学矣"有不同的解释。

“贤贤易色”，关键在对“色”的理解。色者，容颜一也，情色二也，颜色三也。子夏所说之“色”，上下文贯通起来，显然不是颜色。这就有两种理解，见到贤人，学习贤人抛弃情色之事，可以不管妻妾；见到贤人，立即肃然起敬，易容颜而示尊敬。朱熹认为是前者（《四书章集注》：“贤人之贤，而易其好色之心，好善有诚也。”），南怀瑾认为是后者。我以为都有道理，都讲得通。见到贤人要学习贤人，肃然起敬，易颜正色。见到贤人，学习贤人，抛弃改掉好色本性，把情色之事放到一边，先去把事父母、事君、交朋友的事情做好这才是大事。

“虽曰未学，吾心谓之学矣”，宋代通儒吴棫认为：“子夏之言，其意善矣。然辞气之间，抑扬太过，其流之弊，将或至于废学。必若上章夫子之言，然后为无弊也。”在吴棫看来，子夏这话说得有点过了，这不是提倡不学习了吗？还要象孔子说的那样，“行有余力，则以学文”才是正理呵。我以为吴棫先生有一定道理，但也不能全这样理解。做到孝敬父母，尊重倾心侍奉好君长，善待朋友，对人诚信，这里面本身就有学问。有些人可能没读过书，但能做到这一点，至少他懂得如何做人的道理。

子曰：“君子不重则不威，学则不固。主忠信。毋友不如己者。过则勿惮改。”

【注】重，庄重，自重。惮，畏难也。

【译】孔子说：“一个人如果不庄重，不自重，就没有威严，学习就不会牢固。对人忠实诚信是做人的根本。你交的朋友不会比你差多少。有了过错不要怕改。”

【别识】孔子的这段话，有两句有不同解释。一句是“君子不重则不威”，一句是“无友不如己者”。

朱熹解释“重”是厚重，庄重。南怀瑾理解主要是指自重。他批评朱子乱解释，是要每个人摆出一幅道学样子，长者不能在学生后辈面前丧失威严。这样一来，对“重”的理解就至关重要。我以为孔子这理所说的“重”有三层意思，厚重一也，庄重威严二也，自重自信三也。

厚重，一个人即使有学问，学问比别人高，年纪比别人大，但却不可自以为是，更不能倚老卖老，四处卖弄。厚重是要虚怀若谷。其次，待人接物要庄重，不能太随便。最后一条最为重要，要有自信，要自重。自信是要相信自己并不比别人差多少，自己有能力，自重，就是不要轻谩自己，不要做与身份不符的事，不要放纵自己。对年轻人而言不能少而轻狂，对年长者而言，不要为老不尊，倚老卖老。做到这几点，威严自立，学习就有了根基，学得的东西才会牢固。

在《四书章句集注》中朱熹对“毋友不如己者”的注解是这样：“友所以辅仁，不如己，则无益有损。”即，交友不能交比自己还差的，否则不仅无益，还会有损。南怀瑾说，如果照朱子的说法，县长只能结交市长，市长只能结交省长，省长只能结交总统，总统只能结交上帝，上帝就没有朋友了，因为天下人没有一个比得上上帝。其实孔子的意思并不如此。想一想，如果这是孔子原意，那么岂不与他在《论语》里说的“三人行，必有我师焉”相矛盾？其实，孔子是说，不要看不起你认识的人，交的朋友，他们中间没有哪一个比你差多少。你或许在哲学上比他强，但在历史知识上、化学知识上或许他比你强呢。一个人不可能上知天文，下晓地理，世界上三教九流无所不知。从这个意义上讲，没有理由看不上你认识的人。

“自治不勇，则恶日长，故有过则当速改，不可畏难而苟安也。”朱了的这段注解已经说透了一切。人有错，常理也，人知错，常能也，然难于自改。知错不改，错而又错。知错能改，善也，错能自改，德也。

曾子曰：“慎终追远，民德归厚矣。”

【注】朱注：慎终者，丧尽其礼。追远者，祭敬其诚。

【译】曾子说：“谨慎尽心办理父母的丧事，诚心诚意祭祀祖先，自然而然就能引导百姓变得忠厚老实了。”

【别识】在这里对原文的注释，我还是沿用了古人，尤其是朱子的注释。这种注释也是现代大多研究《论语》的学者们的注释。

对传统注释提出来不同看法的首先是南怀瑾先生。他认为，把“慎终追远”解释为“谨慎办理父母丧事，诚心诚意祭祀祖先”，有点牵强附会。他的理解是，“‘终’就是结果，‘远’就是很远的原因，用现在观念的一句话来就解决了‘一个要想有好的结果，不如有好的开始。’欲慎其终者，先追其远，每件事的结果，都是由那远因来的”。要有好的结果，必须有好的开始，这样，民德自然就会淳厚起来。

当然这是南先生用现代观念的新解释。我以为，用现代观念来看这段话还有一种解释。对任何一个人一件事下结论（“终”），要慎重，要考虑其原因，甚至远因（“终远”），不要仅凭现在结果和表现就下最终结论。就是说，要用发展的眼光，一分为二的辩证观来看人看物。对人不因一事而一棍子打死，也不因一事而吹上天；对一件事也要看到他的多面性。总之，不走极端，百姓就会正确待人待事，民风自然就会淳厚质朴。

子禽问于子贡曰：“夫子至于是邦也，必闻其政，求之与？抑与之与？”

子贡曰：“夫子温、良、恭、俭、让以得之。夫子之求之也，其诸异乎人之求之与？”

【注】子禽，姓陈，名亢。子贡，姓端木，名赐。皆孔子弟子。另有一说，子禽为子贡弟子。

朱注：温，和厚也。良，易直也。恭，庄敬也。俭，节制也。让，谦逊也。

【译】子禽问子贡：“老师每到一个邦国，都要问人家的政事，他是想要个官来做，还是想给别人出主意当参谋？”

子贡说：“老师是以自己的温、良、恭、俭、让的方式得来的，老师对这些邦国政事的寻求，对当官的要求，和其他的是不相同的。”

【别识】这段对话非常有意思。子禽问了一个大概很多孔子弟子想问而不敢问的问题，老师一门心思打听所到邦国的政治情况，是想当官实现自己的政治理想，还是想当国师，通过那些邦国的君主实现自己的政治理想？子贡也非常巧妙地回答这个问题，顾左右而言他，用君子的五德来回答，既不伤及老师，又算回答了问题，还拍了回老师的马屁。

但是子贡仍然没有回答孔子在政治上、从政为官上的追求，是否想当官？是否想干政？朱熹在《四书章句集注》里引用张栻的注释：“夫子到是邦必闻其政，而未有能委国而授之以政者。盖见圣人之仪刑而乐告之者，秉彝好德之良心也，而私欲害之，是以终不能用耳。”这就是说，孔子做梦都想当官从政。在他的一生中，也曾很短暂的在鲁国当过官，从过政。在50多岁是被便定公任命为“中都宰”，56岁时任大司寇。在任期间干了三件事，夹谷会盟、堕三都、诛杀少正卯。但最终还是被鲁定公弃用。于是，孔子周游各国，四处结交邦国君主，介绍灌输他那一套政治理念，结果不为各邦国君主接受，有的地方还把他赶走，甚至派兵困住孔子和他的学生。在仕途上不得意，孔子在晚年不得已转而全身心致学授徒。

“温、良、恭、俭、让”其实是一个人修养的最高境界。前面所引朱熹对这五个字的注解很精道。对“俭”字，朱子注为“节制”，我以为最为准确。节制才能控欲不奢侈，节制才能静心，静心才能务学求远。

“温、良、恭、俭、让”这五德怎么得来？南怀瑾引用《礼记·经解》里对五经的作用来予以解释。五经，即中国传统文化中说的诗、书、易、礼、春秋。诗，是《诗》经。书，指《尚书》又叫《书经》，一部中国最古老的史书，中国最早的历史文献资料。易，《周易》。礼，《礼记》。《春秋》，史著通称，孔子寓褒贬於《春秋》，以见吾华之史学，史观。乐，《礼记》中的乐经。这个乐，不只是指音乐，而是指包括音乐在内的文艺、艺术等等。需要说明的是，孔子教人的六艺，是礼、乐、射、御、书、数，而以文本为载体的《诗》《书》《礼》《乐》《易》《春秋》也称为六艺。

《礼记·经解》中说：“其为人也，温柔敦厚，《诗》教也；疏通知远，《书》教也；广博易良，《乐》教也；挈静精微，《易》教也；恭俭庄敬，《礼》教也；属辞比事，《春秋》教也。”

看看，温、良、恭、俭、让不是天生俱来的，而是在五经的学习熏陶下逐渐培养出来的。

《礼记·经解》中同时还说了五经带来的弊端：“故《诗》之失，愚。《书》之失，诬。《乐》之失，奢。《易》之失，贼。《礼》之失，烦。《春秋》之失，乱。”

“《易》之失，贼”，不是偷东西的贼，而是奸诈佞谄之贼。

《礼记·经解》对五经正反两方面的作用都说了，我以为很精道。可恨的是，后来的许多儒学大师，只说五经的好处，而对五经可能带来的坏处只字不谈，这恐怕是几千年来形成的国人的劣根性的主要原因。由此可见，书不能死读，不能全信，历史上没有圣人！

子曰：“父在，观其行；父没，观其志；三年无改于父之道，可谓孝矣。”

【译】孔子说：“父亲在行观察他（儿子）的志向是否高远正确；父亲死了，看他的行为是否善良。父亲不在了，三年不改初衷，继承父道，这才叫孝。”

【别识】关于孔子的这段话，历来有很多种解释，甚至诟病。朱熹在《四书章句集注》中说："父在，子不得自专，而志则可知。父没，然后其行可见。故观此足以知其人之善恶，然又必能三年无改于父之道，乃见其孝，不然，则所行虽善，亦不得为孝矣。"这就很矛盾，既然儿子不能在父亲还在世的时候"自专"，那又何以见儿子的"志"？所以根本问题还不在这里。父亲死了，三年之内不能改父亲对你的要求，方能为"孝"，父亲的这个要求如果是正确的，当然不存在问题，可是如果这要求期望是错的，甚至是有悖人伦公德的，你怎么办？不改吗？危害社会，改呢，又不孝，真是难！南怀瑾就此说，如果父亲是个做贼做强盗的，你听父亲的话也去做贼做强盗，父亲死了，你依然"三年无改于父志"，继续做贼做强盗，这也叫孝？由此一来，孔子的道德观是非观很值得怀疑。

孔子的很多话模棱两可。就这句而言，孔子主张的就是君君、臣臣、父父、子子那一套，一切都按规矩来，不得僭越，要听话，做顺民。孔子的这句话问题就很大，对人不是有帮助，而是有害，是一种精神桎梏。事实上孔子的这些所谓"孝"的标准，只是制约百姓的精神鸦片，对君王而言毫无用处。在中国历史上的各代帝王中，根本就没有"三年无改于父道"一说。新皇帝上台，大都不出一年就要改掉前任皇帝的东西，很多还是平反冤假错案，很是子改父道。乾隆皇帝上台不久就给多尔衮平反，又是恢复名誉，又是发还财产。嘉庆皇帝在乾隆死了才三个月，就对父皇的宠臣和珅下手，罢了他的官，抄了他的家，最后杀头。用孔子的话来衡量，再加上朱子的旁注，这岂止是不孝，简直就是大逆不道！

"三年无改于父之道"，关键在对"道"的理解。古文中的"道"有多层意思，泛指道德、公德，在老子那里指规律、本质，亦指志向，道路。孔子在这里所说的"父之道"，主要是说父亲为儿子定下的志向，规定的原则，而不是南怀瑾所说的狭隘的父业。

我这样理解孔子这段话：父亲在，要看儿子的志向是否高远，坚定，符合社会要求，父亲不在了，要看他的行为是否和志向一致，三年不改的坚持下去，坚持父亲在时定下的志向，而不因为父亲不在了，没人监督了就改志向。

宋代大儒尹焞的解释是这样："如其道，虽终身无改可也。如其非道，何待三年。然则三年无改者，孝子之心有所不忍故也。"这是在给孔子打圆场了，父亲的愿望或者定下的东西如果符合社会道德，终身不改是对的，但是不符合的社会道德的，何必三年不改，应该立即就改，三年不改，是因为心中有所不忍而已。难能可贵的是，朱熹把尹焞的这句解释一并放在《四书章句集注》里，以供大家参考。

有子曰："礼之用，和为贵。先王之道斯为美，小大由之。有所不行，知和而和，不以礼节之，亦不可行也。"

【注】朱注：礼者，天理之节文，人事之仪则也。和者，从容不迫之意。

【译】有子说："礼这种道德规范和典章制度的运用，和睦和谐是最重要最珍贵的。古代君王最美的地方就在于，大大小小的事情都用这种礼仪去规范，去治理。但，也要注意，舍去礼仪规范，为了和睦而去求得和谐，这是万万不行的。"

【别识】这是讲礼仪的作用。事实上也是如此，人们如果都用道德规范和社会公德去约束自己，规范自己的行为，这个社会就会变得彬彬有礼，人们之间就和睦相处，社会也就秩序井然，这当然是社会最为宝贵的东西。不过，礼仪也要用得适可而止，太多就会太烦，象日本人一样见面九十度鞠躬，同意你的观点为也要鞠躬，告别也要鞠躬，夫妻见面鞠躬，吃饭入座也要鞠躬，太烦琐。

朱熹解释"和"是"从容不迫之意"，是只说了和的一层意思，这里的"和"更多是指和谐、和睦、平和。

有子曰："信近于义，言可复也；恭近于礼，远耻辱也；因不失其亲，亦可宗也。"

【注】朱注：信，约信也。义者，事之宜也。复，践言也。恭，致敬也。礼，节文也。因，犹依也。宗，犹主也。言约信而合其宜，则言必可践矣。致恭而中其节，则能远耻辱矣。所依者不失其可亲之人，则亦可以宗而主之矣。

【译】有子说："一个人的信约恰到好处，则必能践约。对人恭敬有加符合礼仪，就远离耻辱。凡人做事，先从自己的亲人考虑起，才能让别人宗仰效法。"

【别识】我们见到能如约践行自己承诺的人，大都有个特点，不说大话，说话承诺留有余地。因为吹牛过头，大话连篇的往往只是好听，却难以实现。南怀瑾认为这个"义"还有墨子的"忠义、侠义"的意思，侠义之人一般都会践行信约，不会让人失望，必能兑现承诺。这就说到人立于世的标准之一，忠信。

一个人要取得他人和社会的信任，必须说话承诺有度，有宜，必须践行兑现自己的诺言，这是做一个有信之人，忠义之人的基本条件。说话不算话的人，一次可以得到原谅，一而再再而三，就成为不可相信之人了。

恭敬待人待事，这会远离耻辱。耻辱，往往是自取其辱。这是因为不懂得尊敬他人，待人处事不恭敬，不按礼仪规范来做事，耻辱就会找上门来。

“因不失亲，亦可宗也”，说到一个中国传统文化中非常重要的问题：公与私的问题。道家中有两种截然对立的观点：大公无私与极端自私。事实上，这两种情况都很少见。公而无私的人，基本不存在，那只是一种理想。极端自私，丝毫不顾及他人，甚至不顾及亲人，只为自己的人也基本没有。按照朱子的解释，这句话应当译为：做事依靠自己的亲人，就可以成为别人的宗主。这是一种理解。我以为更为深广的理解应当是，凡事从自己的亲人考虑起，才能让别人宗仰效法。仁爱之道，不是泛泛之爱，是有对象，有目标的仁爱。这个仁爱对象首先应当是自己的亲人。如果连自己的亲人都不爱，你能指望他去爱他人吗？从爱亲人出发，推及到世人，这是仁爱的基本走向。因此，自私并不是一件坏事，而是一个人成为好人，成为仁爱之人的基本前提。但是自私要有度，否则就走向极端。好事先考虑亲人，做事也先依靠亲人，坏事也先想想亲人，然后推及其他，这恐怕才是社会需要的人，才是大家可宗仰效法之人。

子曰：“君子食无求饱，居无求安，敏于事而慎于言，就有道而正焉，可谓好学也已。”

【译】孔子说：“一个君子要饮食不求精细，居住不求豪奢，做事敏捷，言语谨慎，接近那些有道之人，用礼仪道德来匡正自己，这就是好学的正途。”

【别识】孔子在这里提出了成为君子的基本条件：有吃有住就行，不求奢侈精细，做事勤勉敏捷，说话有分寸，而且要用礼仪道德和那些有道之人的言行来规范匡正自己。做到这几点就可望成为君子。

子贡曰：“贫而无谄，富而无骄，何如？”子曰：“可也。未若贫而乐，富而好礼者也。”子贡曰：“《诗》云：‘如切如磋，如琢如磨。’其斯之谓与？”子曰：“赐也，始可与言《诗》已矣！告诸往而知来者。

【注】朱注：谄，卑屈也。骄，矜肆也。

【译】子贡对孔子说："贫穷但不卑屈谄媚，富贵而不傲慢，怎么样?"孔子说："可是可以，但比起贫穷而安贫乐道，富贵却知书达礼，就差远了。"子贡说："《诗》经上说对好玉石要认真切割雕琢打磨，做人做事做学问也是这个道理吧?"孔子说："赐呵，你可以和我一起讨论《诗》了，因为你能从我告诉你的道理推及到其他道理，能举一反三了呵。"

【别识】子贡是个生意大家，做学问有所得，做生意很成功，很有能力。孔子在周游列国时的许多开销都仰仗了子贡，因此，子贡有此一问。大概子贡做到了"贫而不谄，富而无骄"，所以在问孔子时很是得意："何如?"，满心以为孔子要给他个高分。谁知孔子一句"可也"就把子贡给打发了。接着又说出比"贫而无谄，富而无骄"更高层次的境界"贫而乐道，富而好礼。"这段对话充分反应出孔子的大智慧，眼光确实比常人高远，修养确实让人景仰。

"贫而不谄，富而无骄"就是孟子说的"贫贱不能移，富贵不能淫，威武不能屈"的道理，常人很难做到。朱熹认为"常人溺于贫富之中，而不知所以自守，故必有二者之病。无谄无骄，则知自守矣，而未能超乎贫富之外。"贫贱，常使人自卑，自卑则易生谄媚，富贵者常骄，骄则易生不仁，所谓为富不仁是也。这是历史人物的通病，也是社会通病。孔子将"贫而不谄，富而无骄"做为做人的基本东西，而安贫乐道，富而好礼才是做一个理想的人，真正的人的基本道理。朱熹的解释说："乐则心广体胖而忘其贫，好礼则安处善，乐循理，亦不自知其富矣。"

子贡呢，不愧是做生意的，理解非常快，而且能举一反三，从中悟出世间道理，学问学无止境，只有认真切磋琢磨，精益求精才可思出更深更多的道理。

子曰："不患人之不己知，患不知人也。"

【译】孔子说："不怕别人不知道，不了解你，就怕你不了解别人，不能识人呵。"

【别识】儒学家们认为，这句话是孔子为《学而》这一章做的总结，这是做人的基本原则之一。别人不了解你没关系，你不了解别人就很危险了。因为"不知人"，就不能看到他人的优缺点，尤其是不能看到他人的优点，不能看到他人强过自己的地方，就不能全面正确的估量自己，时间一长就容易目空一切，盲目自大。人一旦到了这一步，就很危险了。

为政第二

儒学家们通常认为，《为政》这一篇集中反映了孔子的为政理念。

南怀瑾先生在《论语别裁》里开宗明义地说，孔子不谈“政治”，只谈为政。“孔子只讲‘为政’，不谈政治；‘政治’如国父所说的：‘管理众人的事。’孔子所提的‘为政’是教化”。我以为南先生错大了。在上一章里有一段子禽与子贡的对话：“子禽问于子贡曰：‘夫子至于是邦也，必闻其政，求之与？抑与之与？’”凡到一邦国，孔子就要“必闻其政”，这个“政”不是简单的“为政”吧？应当是包括为政在内的政治吧？再者，国父所谓政治是“管理众人的事”，这只是指狭义的“政治”，广义的政治，包括治理国家管理百姓的手段、制度，以及管理者（君王）的道德规范、道德要求，社会公德等等。即使按南先生的“为政”是教化来理解，当政者如何教化百姓，从而达到管好国家，管好百姓的目的，这就要靠管理者（君王）的个人道德素养，道德品质。而孔子提出的大多是对管理者（君王）的道德要求。因此，孔子不是只谈“为政”不谈“政治”的说法是根本站不住脚的。在我看来，这是二千多年来，儒家学者为维护孔子形象而硬生生造出来的孔子形象。事实上，正如子禽所说，每到一邦国，孔子“必闻其政”不是不谈政治，现实是热衷于政治，只是一腔政治抱负无人识，一肚子政治理念无处施展罢了。长久以来，历代儒家把孔子奉为“至圣先师”，好象“圣人”就不能谈政治，一谈政治就有辱孔子形象似的。其实，孔子关心政治，谈政治，正是他伟大的地方，孔子用他的道德理念去教化君王，希望用他的理想去影响这些君王，从而通过他们去实现自己的政治理想。而孔子的政治理想是天下太平，百姓幸福，人民安居乐业。在我看来，孔子关心政治就是关心天下，关心百姓，非常伟大，并不丢人。真搞不懂像南先生这样的儒学为什么忌讳说孔子谈政治，而非要说孔子只谈“为政”不谈“政治”!

子曰："为政以德，譬如北辰，居其所而众星共之。"

【注】共，通拱。

【译】孔子说："用仁德来治理国家，就会像北极星一样处在它应处的位置上，众多星辰都环绕着它。"

【别识】这是孔子一贯提倡的执政理念：以德为政，以德化人。这个"为政以德"有两层意思，第一，当政者要用符合社会公德、有益社会的公德来教化民众，而不是用错误的，有害的东西。以此建立一个符合大众利益、有利于社会进步的道德观、价值观。第二，当政者自己必须有"德"，用自己的"德"来感化百姓民众。这个"德"就是优秀的个人品质、高尚的道德情操。不能说一套做一套，满口仁义道德，一肚子男盗女娼。

对孔子这段话，宋代大儒们将其与老子的无为思想联系在一起。朱熹在《四书章句集注》中说："为政以德，则无为而天下归之，其象如此。"程颢也说："为政以德，然后无为。"范祖禹说得更详细更透彻："为政以德，则不动而化、不言而信、无为而成。所守者至简能御烦，所处者至静而能制动，所务者至寡而能服众。"不管是无为还是有为，这些大儒们都强调一个问题：为政者的表率作用。为政者有德，处事待人就公，公则生廉，廉则生威，民众就会在为政者身人看到榜样，就会从心里服从。民众在你的引导下自然而然就会依照你的要求做事做人。无为而治就会成为现实。我以为，为政者的无为，首先是要有为，这个"有为"是自己做好自己，先从自己的表率做起。我曾经对我的部下说过这样一句话：我要你们做到的，我首先做到，我要求你们不要去做的，我首先不做。以身作则，就是最好的"无为"。做到了这一点，就会象老子说的那样，无为而无不为！

子曰："《诗》三百，一言以蔽之，曰'思无邪'。"

【注】程氏注："思无邪，诚也。"诚，诚信、纯正也。

【译】孔子说："用一句来概括《诗》三百篇，就是思想纯正，没有邪念。"

【别识】《诗》是五经之一，排在五经之首。孔子将收集到的自周以来各邦国的1000多篇诗，加以整理，从中筛选出305篇，用"风、雅、颂"予以排列，编成我们现在看到的《诗》。

从这句话中我们可以看到孔子编辑《诗》的指导思想，选择那些思想纯正，没有邪念的，朴实纯真的诗。所以他说"《诗》三百，一言以蔽之，'思无邪'。"

这是第一层意思，孔子选编诗的指导思想。另一层意思是说，《诗》中的三百多首诗中有许多涉及男女爱情，这些表达男欢女爱的诗歌，没有邪恶念头，是很纯正的男女感情表露。比如《诗·国风》里第一篇“关雎”就描述了百姓生活中少男少女那种纯朴的爱情。

不过，这里又出现一个问题，孔子从1000多篇自周以来的诗中，按他的标准选出305篇，编成《诗》，那么还有700多篇没有选上的诗到哪里去了？孔子是像后来的秦始皇一样一把火给烧了，还是给藏起来了？从孔子到现在已经过去2500多年，那么多考古发现，出土了大量汉简、发现了那么多甲骨文，就是没有发现那700多篇落选的诗。我想，既然不符合孔子的选择标准，孔子又不想这些有违“思无邪”的诗去毒害百姓，多半是被孔子一把火烧了，否则，何以不见踪迹呢？由此再推论下去，孔子在删诗、定春秋上，是在保护我们的文化历史呢，还是在破坏它？这是两千多年来，从来没有人提出过的问题。不管怎样，原本有1000多篇自周以来的诗，经过孔子以“思无邪”为指导的删定后，只剩下305篇，余下的700多篇不知所踪，被孔夫子消灭了，这是铁证。毫无疑问的是，孔子对中国文化留下了非常恶劣的一笔。我以为，对孔子的无限崇拜，导致了中国文化人的盲目，使得2000多年来少有人对孔子，对儒学提出质疑。“五四”时提出打倒“孔家店”，对儒学进行新的审视，本来是让中国人的思维跳出孔学束缚的大好机会，可惜我们没有抓住。

子曰：“道之以政，齐之以刑，民免而无耻；道之以德，齐之以礼，有耻且格。”

【注】朱注：道，犹引导，谓先之也。政，谓法制禁令也。齐，所以一之也。礼，谓制度品节也。格，至也。

【译】孔子说：“用法制禁令来引导百姓，用刑法来约束规范百姓，百姓不敢触犯这些禁令刑法，但却不会有羞耻之心，不会明白其中的道理。用道德来引导，用礼制来约束，百姓就会有羞耻之心，而且会知道怎么约束规范自己的行为。”

【别识】这段话集中反映了孔子的治国理念：人治而不是法治。应当说，孔子已经看到了法治的缺陷所在：用法制禁令和刑法来管理约束百姓，结果就是百姓害怕触犯刑法，会约束自己的行为。但是被动的约束，因百姓不明白其中道理，而不会有羞耻之心。就是说，刑法、禁令的威力在于让百姓产生惧怕感，但不会产生羞耻感，原因在于百姓没有基本的道德观念，不会明白制定这些刑法禁令的道理。就连朱熹也看清了个中缘由："免而无耻，谓苟免刑罚，而无所羞愧，盖虽不敢为恶，而为恶之心尝忘也。"

法制、刑法、禁令，只能强制性地约束住百姓，不能让百姓自觉遵守社会道德，怎么办？其实办法很简单：教育百姓。按孔子的话说就是"道之以德，齐之以礼"，用社会道德规范和礼制来教育感化，引导百姓。两相结合，事情就解决了。可是孔子却是主张人治，要以德化人，以礼齐人。在孔子看来，这样引导出来的约束力（格），才是主动的、自愿的。从孔子的语气来看，他是极力推崇用"德"、"礼"来教化、管理百姓的。这种人治理念，从提高民众思想道德水平，教化民众知礼守道，是正确的。问题是孔子提倡的德、礼，是君臣之德，上下尊卑之礼，而不是建立在平等基础上的具有普世价值的德与礼。无疑，这种"德"与"礼"最符合当政者的利益。

问题还不止于此。如果一个国家仅仅通过"德"和"礼"来引导民众，想由这种人治手段建立起社会秩序，让百姓在"德"与"礼"的引导下约束自己，那么，当政者自身的"德、礼"操守就至关重要。换句话说，这种人治的成效，很大程度上取决于君王、当政者的个人素质，取决于他对"德"、"礼"的理解，更取决于当政者个人是否遵从社会普遍认同的"德"、"礼"。君主（当权者）愿意遵从，则天下得治，君主随心所欲，不愿遵守社会普遍认同的"德""礼"，那社会就会变得非常糟糕，民众会上行下效，不会因为你提倡"德""礼"而"知耻且格"，相反会滋生出很多违背德礼的事情来，民风、社会风气会一败涂地。

事实上是，孔子的人治理念，寄望于君主的自我约束，当然不会受到各邦国君主的欢迎。这就是为什么孔子每到一地都要打听别人的政治、社会情况，都想向当政者进言，而却得不到响应的原因所在。试想，如果你是一个邦国的君主，一个人说了算，本来做得好好的，请个道学先生来说三道四，用他那套"德礼"来约束自己，让自己不能随心所欲，这还叫王吗？这与百姓还有区别吗？所以尽管孔子说得有道理，各邦国君主有时也要向孔子问"政"，但大多不会依照实行，更不会给孔子实权。由此一来，孔子周游列国，开始还受欢迎，后来就受到冷落，甚至受到威胁，逼着孔子离开，"遑遑若丧家之犬"。

严格地说，人治是封建社会的标志之一，人治才能显示君王至高无上的权力，才能体现君王凌驾社会、凌驾百姓的威严。法治本质上是要削弱君权，是要给权力套上紧箍咒，是要给百姓监督君王、当权者的权力，是要建立人人平等的社会秩序和社会公德。这当然是主张“君君臣臣、父父子子”的孔子所反对的。

我以为，德治是提高国民人文素质的基础，法治则是维系社会基本公平正义和道德规范的手段，对现代民主社会而言缺一不可。

子曰：“吾十有五而志于学，三十而立，四十而不惑，五十而知天命，六十而耳顺，七十而从心所欲，不逾矩。”

【注】朱注：从，随也。矩，法度之器，所以为方者也。

【译】孔子说：“我从十五岁起就立志于学诗书礼乐，三十岁就小有成就，四十岁时不会再被外界诱惑动摇，五十就知道事情的发展规律和本质，六十能听进所有与我相左的意见，七十就随心所欲但不超越界限破坏规矩。”

【别识】孔子这段话很有名，很久远，常被人引用，尤其是“三十而立，四十而不惑，五十而知天命”，几乎每个中国人都能背诵，是人们用来励志的警句。孔子这段话，实际是对自己一生的总结。

“吾十有五而志于学”这个学指的是诗书礼仪之学。朱子曰：“古者十五而入大学。心之所之谓之志。此所谓学，即大学之道也。”在古时候，发蒙阶段谓之小学，与我们现在的小学所学内容差不太多，教点生字，读点三字经之类。初通文字以后，十五岁起进入大学学习，这个大学专指学习诗、书、礼易等等。《大学》是《四书》中的第一部，是《礼记》（《小戴记》）四十九篇中的第四十二篇。朱熹在《四书章句集注·大学章句》开篇第一句话就这样说：“大学之书，古之大学所以教人之法也。盖自天降生民，则既莫不与之以仁义礼智之性矣。”说白了，古时的大学，就是通过诗、书、礼、易等教你仁、义、礼、智、信，用现在的话说就是，教你如何做人。

孔子从十五岁起就知道自己一生要为之奋斗的目标，“志于学”，要献身于对如何做人的学问。这一方面说明孔子确实伟大，年少立志，并为之奉献一生，始而不弃。但是，孔子真正静下心来做这方面的学问，并教学授徒，还是在他周游列国，不为所用，一腔政治抱负无从实现后，大约在五十岁以后开始的。这很有意思，“五十而知天命”，五十岁时，孔子知道自己一生大概不能从政了，命里注定，了解规律了，于是安心了，教学授徒了。

“三十而立”，三十岁已有成就了。人的一生，三十岁是个很重要的坎，如果在三十岁还没做出一定成绩，你这一辈子恐怕也就难有成就了。这是常人理解的“三十而立”。南怀瑾认为这个“立”是指价值观、世界观在这时确立了不会再左右摇摆了。我以为除此之外，还有一层意思：有了自己独立的观点了。十五岁到三十岁期间，主要是学习、消化前人的东西，边学边思考，在学习思考中逐步构建自己的东西，到了三十岁就有自己独立的观点了，不会再人云亦云了。

“三十而立”与“四十而不惑”有直接联系，有了自己独立的观点，也就有了独立思考的能力和方法，不会再受到一些花言巧语的诱惑，不会再被别人的观点所左右；同时也不会再被人世间花花绿绿的物质所诱惑，立场比较坚定了。南怀瑾认为这个“惑”是不再怀疑，四十岁就不再象三十岁那样，确立了志向，但还有怀疑。我以为不对，完全理解错误。因为有了自己独立的观点，不再为他人他事所惑，前提就是要怀疑。没有怀疑，没有质疑，就不可能形成自己的、不同于所学前人的东西，也就不可能“立”。

“五十而知天命”，这个天命不是就自己的命运，当然也不是说人到了五十岁就上通阳，下接阴，知道自己的过去、未来，而是说知晓事物的发展规律，了解事物的本质，有点我们现在常说的一切尽在掌握中的味道。朱子说：“天命，即天道之流行，而赋于物者，乃事物所以当然之故也。知此则知极其精，而不惑又足言矣。”程氏也说：“知天命，穷理尽性也。”

“六十而耳顺”。对这句话的理解分歧有点大。南怀瑾认为孔子这句话似乎掉了一个字，他说，难道孔子在六十岁以前耳朵有什么问题不顺，耳腔发炎吗？南先生这一问有点莫名其妙。接下来他的解释还是很中肯的，他认为“六十而耳顺”是说到了六十岁，什么好话坏话都能听进去了，不会动气了。程颐程颢和朱熹却不这么认为。程氏说：“耳顺，所闻皆通也。”朱子则认为是“声入心通，无所违逆，知之之至，不思而得也”。这就是说，人到六十岁，听到别人说什么都能心领神会（所谓声入心通），甚至可以做到不用思考就能理解。这就很玄了。对一个搞社会科学的六十岁学者，给他讲固体物理、量子力学，他能懂吗？

顺者，从也，容也。六十耳顺，指的是人到了这个年龄，阅历已经很丰富了，人间冷暖已经备尝，心态已经很平和、淡定，他人的批评、指责，甚至过去受到的诽谤、诬陷都如过眼烟云，能够包容、能够接受了，甚至还能反思了。这其实是人到了一定年龄后，修养应该更高了。

“七十而从心所欲，不逾矩。”孔子的伟大就在于此，即要从心所欲，又要约束自己不逾矩。表面看这是很矛盾的两方面，从心所欲就是想干啥干啥，不逾矩就是要守规矩，不能由着性子来，从心所欲就可能破坏规矩越雷池；不逾矩则很难做到从心所欲。事物就是这样，在矛盾中存在，在矛盾中发展。我以为，“从心所欲，不逾矩”，再加上一句“随遇而安”应当成为养生原则，是最好的养生之道。对任何处境，要淡然处之，宠辱不惊，同时不要刻意约束自己，在不逾矩的前提下，想干啥干啥，想吃啥吃啥。

孔子这段话被认为是对自己一生的概括总结。放在今天，我们在自己的每一个阶段对照着看一看，其实也是蛮有意思的。

孟懿子问孝。子曰：“无违。”樊迟御，子告之曰：“孟孙子孝于我，我对曰‘无违’。”樊迟曰：“何谓也？”子曰：“生，事之以礼；死，葬之以礼，祭之以礼。”

孟武伯问孝。子曰：“父母唯其疾之忧。”

【注】孟懿子，鲁国大夫仲孙氏，名何忌。樊迟，孔子学生，名须。孟武伯，孟懿子之子，名彘。御，驾车也。违，谓不背于理。

【译】鲁国大夫孟懿子问孔子什么是孝？孔子说：“不违常理。”樊迟给孔子驾车，孔子对樊迟说：“鲁国大夫孟懿子问我什么是孝，我回答说不背于理就是孝。”樊迟问：“怎么讲？”孔子说：“父母在世时，用礼仪礼节来侍奉父母；父母去世了，用礼仪礼节来安葬父母，祭奠父母。”

孟懿子的儿子孟武伯问孔子什么是孝？孔子说：“体会到父母在儿女生病患疾后那种忧心如焚的心情，然后用这种心情去对待父母。”

【别识】孟懿子和孟武伯这对父子是官宦世家。孟懿子官至鲁国大夫，相当于现在的内阁成员，副总理级干部了。他问孝于孔子，得到的是两个字：“无违。”无违什么，孔子不明说，让你自己去想，去体会。有点故弄玄虚的味道。这种情况在《论语》中多次出现。是孔子深藏不露，还是故弄玄虚？还是孔子故意不明说，考考你的智能，让你自己去想去猜？我看都有。对孟懿子不明说，在樊迟给他驾车时，孔子却主动说了。“生，事之以礼；死，葬之以礼，祭之以礼”，生前死后都说到了。继而孔子对孟懿子的儿子又说到何谓孝，与对孟懿子说的又进了一步：“父母唯其疾之忧。”对父母死后尽的孝，主要讲要用礼仪礼节去安葬、祭奠父母。而生前的孝，含义就丰富得多。“生，事之以礼”的礼，除了日常所说的对父母的礼仪礼节外，更多的是道德、伦理层面的东西，诸如无违父母意愿，父母在不远游等等，即精神上的礼仪礼节。对孟武伯讲孝，就更为具体，首先要体会当儿女生病患疾了，父母那种忧心如焚的心情，然后用这种心来对待父母侍奉父母，这就是孝。朱熹解释"父母唯其疾之忧"是："言父母爱子之心，无所不至，唯恐其有疾病，常以为忧也。人子体此，而以父母之心为心，则凡所以守其身者，自不容于不谨矣，岂不可以为孝乎？"对孟懿子而言，这种孝要用到治理国家、管理百姓上去，用父母对儿女生病后忧心如焚的心情和情怀去对待百姓。这就是历代王朝所提倡，但始终很难做到的执政治国理念：以孝治天下。

这样看来，把这段纯粹讲孝的对话放在《为政》篇中是在一定道理的。

子游问孝。子曰："今之孝者，是谓能养。至于犬马，皆能有养；不敬，何以别乎？"

子夏问孝。子曰："色难。有事，弟子服其劳，有酒食，先生馔，曾是以为孝乎？"

【注】子游，孔子弟子，姓言，名偃。子夏，孔子弟子。朱注：养，谓饮食供奉也。色难，谓事亲之际，惟色为难也。食，饭也，先生，父兄也，馔，饱含之也。曾，犹尝也。

【译】子游问孔子什么是孝。孔子说："现在大家说的孝就是能养父母，让父母有饭吃。养个狗，养个马，也是养，如果对父母不尊敬，与养狗养马有啥区别呢？"

子夏问孔子什么是孝？孔子说："对父母尽孝，最难的是始终和颜悦色。父母有事你去代劳，有吃的父母先吃，但不能对父母和颜悦色，恭恭敬敬，这是孝吗？"

【别识】孔子回答子游和子夏问孝的两段话虽有不同，但中心意思是一致的：对父母的孝不能停留在表面，而要从内心尊敬父母，始终如一，和颜悦色。孝，不是表面的让父母有衣穿有饭吃，而是要从内心尊敬尊从，否则与养狗养马何异？但是最难的还是始终对父母要和颜悦色。不管父母怎样要脾气，出难题，都不能做脸做色，要始终和颜悦色。这很难做到。这就要求内心有深爱。朱子说："盖孝子有深爱者，必有和气；有和气者，必有愉色；有愉色者，必有婉容；故事亲之际，惟色为难耳，服劳奉养未足为孝也。"

为什么同一个问“孝”，孔子对孟懿子、孟武伯、子游、子夏的回答不一样，有差别？这就说到孔子的教育思想：因材施教。这是孔子伟大之处。同一个问题，孔子总是根据各人不同的情况给出有针对性的回答。这在《论语》中比比皆是。后面我们会看到，对诸多君王问“政”，问“仁”，孔子的回答都有侧重。程氏在这一段问答有一段很精彩的注释。“告懿子，告众人者也。告武伯者，以其人多可忧之事。子游能养而或失于敬，子夏能直义而或少温润之色。各因其材之高下，与其所失而告之，故不同也。”程氏说得多好，针对各人的缺点不足，而后告之以理，使其能纠正之，这就是孔子的教育！

子曰：“吾与回言终日，不违，如愚。退而省其私，亦足以发。回也不愚。”

【注】回，颜回，孔子弟子，字子渊。朱注：不违者，意不相背，有听受而无问难也。私，谓燕居独处，非进见请问之时。发，谓发明所言之理。

【译】孔子说：“我整天时间与颜回谈论，他都不会有不同的意见，看起来有点象愚笨之人。回到自己住处，颜回对我讲的东西却有新的引申发挥。颜回并不笨呵。”

【别识】颜回是孔子最得意的学生。孔子这段话是对颜回的一个评价，放在《为政》篇中意义就不仅是对颜回的评价那么简单。言外之意很深。

其一，一个学生，一个下级要想在老师和上级而前留下好印象好表现，得到表扬或升迁，最好要象颜回一样唯唯诺诺，不能发表与老师、上级意见相左的言词，要“无违如愚”，要做出一幅愚笨的样子。老师领导总是高明的，要发挥引申也要下来后才能说。这样就能得到好评。你看，颜回从不当着孔子的面说相反的话，下来发挥孔子的东西，不是得到孔子高度评价吗？唯唯诺诺未必就是坏事呢。这只是一方面，当面不说相左的话，不同的话，背后也不能说，私下也不能说。颜回之所以得到孔子高度评价正在于此，“退而省其私，亦足以发”，发者，引申、阐发也。只能对老师上级的话进行发挥，而不能反对。颜回做到了这一点，从来不说与孔子意见相左的话，当面不说，背后也不说。如果颜回不是这样，会不会得到孔子如此高的评价？我想不会。

这段话放在《为政》篇中的意图就很明显了，孔子主张为政的人，应当绝对服从上级，不能有半点反对，不论上级的决策和话语对与错。从政之人对上级要唯唯诺诺，要的只是你对上级意图的发挥，而不是创造，更不是反对，另搞一套。这与孔子历来主张的“君君臣臣，父父子子”理念一脉相承。

其二，孔子在这里给君主们提了个醒：那些在你面前唯唯诺诺，从不表示反对意见的人，表面上看来很笨，其实不笨哦，其实很聪明，要警惕哦。当着你的而不违背你的意思，也不说与你相反的话，背地里可能要发挥，甚至可能说些不同的意见。所以不能把那些唯唯诺诺的人当成笨蛋，所谓大智若愚就是这个道理。孔子的潜台词很明确，不要被那些唯唯诺诺的人蒙骗。

“不违如愚”究竟好不好？我以为不好。“不违如愚”，不发表不同意见，即使有也不说，竟然可以得到肯定甚至表扬，这是一种什么心态？是一种虚荣心的心态。敢说后世很多从政的人从这里学到了颜回的招数，久而久之成为官场的一个潜规则：永远不要对上司说“不”，由此形成中国官场很坏的风气，当面不说，背后议论，明哲保身。我所供职的单位，一位小领导第二天就要退休，上级找他谈话，对他一辈子的贡献给予礼节性的褒扬。最后让他发表感言。这位一辈子唯唯诺诺，从不在上司面前说不的同事说了两句令在场的人目瞪口呆的话：“从现在起，大爷不侍候了；从现在起，大爷可以说‘不’了！”说完旁若无人地扬长而去。事后他对我说，这是他工作四十年来最愉快的一天，说的最痛快的一句话。

子曰：“观其所以，观其所由，察其所安。人焉廋哉？人焉廋哉？”

【注】朱注：以，为也。由，从也。安，所乐也。焉，何也。廋，匿也。

【译】孔子说：“看一个人要看他的所作所为，了解他的动机是什么，还要观察他平时喜欢什么，干些什么。从这三点出发看人，他的优点缺点就一目了然，无处隐藏了。”

【别识】孔子这句话说的是识人、察人、鉴人之道。用现在的话说就是干部考察之道。应当说是很全面的了。时间空间，方方面面都想到了。看一个人，不能只看一时，而要看长久，所谓“察其所安”是也；也不能看一事，要看缘由，看动机，所谓“视其所以，观其所由”是也。

可是我们现在却把老祖宗的教诲忘得一一干二净。现在的干部考察，到干部所在单位，找些人谈几分钟，半天就可完事，这种考察只是“察”了表面，“观”了现象，没有了解一个人的本质。现在暴露出来的大贪官，当年是怎么考察提拔的？很值得思考。

子曰："温故而知新，可以为师矣。"

【注】朱注：温，寻绎也。故者，旧所闻。新者，今所得。

【译】孔子说："经常温习学过的东西，从中发现新的知识，得到新的启发，这样可以当老师了。"

【别识】朱熹对这段话的解释我以为很精当。他认为孔子这段话是"言学能时习旧闻，而每有新得，则所学在我，而其应不穷，故可以为人师。"学习本身是个漫长的过程，很多人把学习当成一辈子的事。但是，学习中最重要的环节是要时常温习。《论语·学而》第一句话就是"学而时习之，不亦乐乎"，也是说学习的快乐在于要时常温习，要时常把所学的东西付诸实践，否则一肚皮东西就成了死知识。

我们通常对"温故而新知"的解释是指对历史和现实的认识，通过对历史的了解，来认识现实，对现实有更深切、更本质的认识。这只是一方面。更为重要的是在"温故"中有新的发现。

温故有两种情况，一种是温习一下，让知识记得更牢靠，这是浅层次的温习；一种是从温习中得到新的启发，从而对旧闻有新的认识，获得新知，这种新知是通过自己的思考得来的，因而是自己的东西，是"所学在我"，当然就可以为人师了。

对历史的思考也是如此。人类有文字记载的历史不过几千年，现代社会出现的各种现象都能在历史上找到相同之处，因此温习历史，分析历史现象的原因，有助于我们看清今天各种社会现象、各种事件的本质，找到这些现象产生的原因，有助于我们避免悲剧历史重复，从而推动社会健康进步。由此看来，"温故"要做到"知新"，"温故"才有现实意义。

子曰："君子不器。"

【注】《说文解字》：器，皿也。朱注：器者，各适其用而不能相通。

【译】孔子说："君子不能象器皿一样，只有单一用途。"

【别识】如果按照对"器"的本意解释，孔子这句话很搞笑：君子不是东西！当然这是玩笑话。

"君子不器"，历来理解比较一致。所谓器，有两个特点，器皿，形态固定；其二，器与器不能相通，用途固定，作用特殊。在孔子这里，要想成为君子，就不能成为固定的某类专业人才，就应该是通才，什么都懂什么都知道。

这就很有问题，打击面有点大。如果说，要想成为君子就不能是专业人才，那么能不能反过来说，如果你是专业人才，你就不是君子。显然不能这样说。是不是君子，不能以他是否是专门人才而定，而要以他的道德行为来定。

这段话放在《为政》篇里，意图很明显，孔子在这里说的君子，主要是指当政之人。当政之人应当是通才，而不能是专业人才。看来在2000多年前孔子就意识到了通才在治理国家中的重要性，就已反对专家当政，专家治国。美国曾有一位学者说，一个国家如果让一个诗人治理，那么这个国家就会疯疯癫癫；让工程师治理，这个国家就会很机械；让律师治理，这个国家就会什么都近按法来办，让艺术家治理，这个国家就会很浪漫……

那么，什么是“不器”之人呢？就是我们说的“通才”，什么都懂一点，什么都不精的人。“通才”是好听一点的说法，不好听的就是“政客”。事实上世界各国都是被“政客”们在治理，所谓的“通才”是没有的。

当然，“不器”只是孔子心目中的“君子”的标准之一，接下来孔子对“君子”还有一系列要求。

子贡问君子。子曰：“先行其言，而后从之。”

子曰：“君子周而不比，小人比而不周。”

【注】朱注：周，普遍也。比，偏党也。

【译】子贡问什么是君子。孔子说：“把你承诺的先做出来，然后才会有其他人效仿你追随你。”

【别识】孔子说：“君子就是做事周全，照顾到所有人，不结党营私，小人就是拉邦结派，不团结周围的人。”

第一句“先行其言，而后从之”，朱熹在《四书章句集注》中引用两个儒学家的注解。北宋周孚先说：“先行其言者，行之于未言之前；而后从之者，言之于既行之后。”是讲先做后说，做了再说。范祖禹说：“子贡之患，非言之艰而行之艰，故告之以此。”就是说做比说难。南怀瑾与周孚先的看法一样，认为孔子所说的君子应当是先做后说，做完了大家都会跟从你，顺从你。一句话，君子要少说空话，多做实事。

先做后说，这只是一方面。行者，实践也，做也。“其言”，谁的话？君子的话。“而后从之”，谁“从”？大家“从”。从者，仿效也，跟从也。所以我以为孔子的本意首先是，君子说了就要做，要说到做到。言行一致才会有人服从你、追随你、仿效你。其次，先做后说，多做少说。所以范祖禹说，说句话并不难，难的是行动，把说过的话兑现。大话好说，践行却难。这是关于君子言与行的两个方面，也是君子处理言与行关系的最佳方式：说了要做，说到做到，先做后说，不说大话。如此言行一致，言出必行才是真君子，大众才会服你，追随跟从你。

第二句“君子周而不比，小人比而不周”。朱熹这样解释：“周，普遍也。比，偏党也。皆与人亲厚之意。但周公而比私耳。君子小人所为不同，如阴阳昼夜，每每相反。然究其所以分，则在公私之际，毫厘之差耳。”按朱子的解释，周是周到，周全。周，则公，公则不偏。君子之道应当对所有人不偏不倚，不私则公。比，是偏党，偏好。比则私，小人喜比，对人有偏好，有偏则有袒，则私字顿现。君子应是无私的，这种无私体现在对任何人都一视同仁，对任何人都周到而公正，没有偏爱，没有偏私。小人则恰恰相反，与他亲的人就偏爱，甚至要结党营私，拉帮结派。

南怀瑾的解释又不同。他认为“比”是要求别人和自己一样，别人和自己相比，这样就有了私心。我以为这只是一个方面。更全面的理解还是说君子要大公无私，对人处事没有偏爱，考虑周全周到。因为只有这样才能团结大多数人，调动所有人的积极性，让别人心甘情愿地追随你，才能实现“天下为公”的目标。

子曰：“学而不思则罔，思而不学则殆。”

【注】罔，诬也，迷也，惑也。殆，危也，古同怠，懈怠。

【译】孔子说：“只学习而不独立思考，就会陷入迷惑，会越学越糊涂。只知道思考，冥思苦想而不去学习前人和他人的东西，就不会进步，会很危险。”

【别识】这里孔子提出了学习的方法，或者说提出了要让学习收到实效，必须避免的两种倾向。其一是只知道学习而不知道要独立思考。学习其实就是两件事，一曰学，二曰问。两者加起来就是“学问”。学与问是相辅相成。接受前人或他人的知识、经验，是学，但这毕竟还不是自己的东西。在学习的基础上，自己有思考，有质疑，有与他人的辩论，然后在实践中对所学的知识有所验证，这就是“问”。由此对所学知识有新的、自己独特的见解认识，所学的知识、经验成了自己的东西，“学问”就这样生成了。

课堂上老师教授，你听，是学；根据老师开列的书单去读书，是学。但这种学来的知识还只是游离于你的思想之外的一堆死知识死经验，不是你自己的东西。如果在学的同时不去认真思考，往往会越学越糊涂，知识一堆，浆糊一脑，会很迷惑。所以朱熹说："不求诸心，故昏而无得。"

反过来，一天到晚冥思苦想，而不去学习前人或他人的知识，往往就陷入牛角尖，钻进去出不来。所以朱熹又说："不习其事，故危而不安。"

还是程氏兄弟说得最好："博学，审问，慎思，明辩，笃行五者，废其一，非学也。"这是做学问缺一不可的五个方面。博览群书，广博自己的知识，这是第一步；对所学知识要心存疑问，不可人云亦云，提出问题方能有自己的见解，让知识更牢固，这是第二步；对各种疑问谨慎思考，不妄下断语，让知识更科学，这是第三步；与他人讨论问题，在讨论中吸取正确的观点，明辨疑问，这是第四步；学了知识再去实践，在实践中验证所学知识正确与否，由此丰富对正确知识经验的认识，纠正错误知识，这是第五步。这五种方法不可或缺，缺一则不以为"学"，更不以为"问"。所谓"学问学问"就在"学"与"问"的相互作用下形成的。

南怀瑾先生在谈到这一问题时说："有些人有学问，可是没有智能的思想，那么就是迂阔疏远，变成了不切实际的'罔'了"。南先生所说的"没有智能的思想"就是说的没有经过自己思考，还不是自己东西的死知识。这是我们每个人在学习时都必须注意的大问题。

子曰："攻乎异端，斯害也已。"

【注】攻，击也，治也，责也。已，止也。

【译】孔子说："专治标异极端的学说，害处不少。"

【别识】对孔子这句话的理解关键在对"异端"的理解。孔子在这里说的"异端"指什么？我以为，孔子指的是那些背离"仁"的言与行，仅此而已。在孔子生活的年代，思想是最为活跃的年代，诸子百家各家相长，互存互进，没有见到有哪一家对另一家的思想主张持排斥态度。孔家、老家、墨子、杨子、纵横家、法家都各显神通，并世共存。那时的思想界虽然思想不一，观点各异，但都互相承认，未见有哪家互相攻奸，互不相容。

但是这句话到了后来，就成了后世儒家攻击其他诸子百家的经典。北宋儒家范祖禹说："异端，非圣人之道而别为一端，如杨墨是也。其率天下至于无父无君，专治而欲精之，为害甚矣！"在范氏看来，非孔孟之道就是异端。朱熹很是赞同这一观点。在《四书章句集注》中朱熹没有用自己的话来为孔子这句话作注解，而是直接引用了范氏和程氏两兄弟的话。

杨墨何人？杨者，杨朱也，字子居，春秋战国时魏国人，生活年代比墨子稍后。有传说他是老子的弟子。墨者，墨翟也，春秋战国时期宋国人，著名思想家。杨朱的生卒年代不详，史书记载他早于孟子。墨子生于公元479年前后，孔子于公元479年去世。尽管后来杨子、墨子的学说在春秋时与儒家学说形成了鼎足而三之势，但是可以明确的是，杨、墨二人生活的年代均晚于孔子，其学说成于孔子死后。换句话说，孔子生前并不知道杨墨二人，更不了解他们的学说。所谓“异端，非圣人之道而别为一端”，把与孔子学说、儒家学说不同的学派打为“异端”完全是孔子以后的儒家们所为，与孔子毫无关系。这一方面说明后世儒家对《论语》的解释很多是依据自己理解，已背离了孔子原意，另一方面也说明了后世儒家心胸的狭窄，容不得其他不同学派。

学术界把杨朱作为利己主义的典范。杨朱学说是以“我”为自然的中心，提倡对个人人性的追求，在政治上杨朱主张“天下为公”，“公天下之身，公天下之物”，并且是利己主义者。他说：“古之人损一毫利天下，不与也；悉天下奉一身，不取也。人人不损一毫，人人不利天下，天下治矣。”（《列子·杨朱》）既然主张“天下为公”，当然就反对、蔑视强权霸道，无视君上。所以后世儒家学者给杨朱扣了一项帽子：“无君”。

墨子曾学过儒术，但不满其“礼”的烦琐而另立学派。与孔子繁琐的礼仪，“食不厌精，脍不厌细”和厚葬祭祀不同，主张节简，“量腹而食，度身而衣”，与孔子君父至上不同，而主张“兼爱”，爱天下所有人，而不是以君父为核心。由于这种主张与孔子的君父至上的礼法道德大相径庭，所以后世儒家学者说墨子“无父”。

孟子说：“杨子为我，是无君也，墨子兼爱，是无父也。”（《孟子·滕文公下》）无君即不为统治者服务，兼爱，则爱无差等，置父于何地？无君无父，则不仁义，不合于道，不是忠孝。

既“无父”又“无君”，这种学说不是“异端”是什么？当然要“攻”之！

孟子这种说法本身就很荒唐。墨子兼爱，是一种无差别无等级的爱，是一种民主的爱，是不利已的爱，即使墨子言利，也是一种普天同利。而杨朱则是主张极端的利己主义。杨朱学说和墨子学说完全是两种不同的学说，而孟子非要把两者捆到一起，理由只有一条，无君无父，与孔子的君父至上礼法道德完全背离，是异端。

除了把杨朱、墨子列为“异端”之外，程氏更是把佛家也列为“异端”。程氏说“佛氏之言，比之杨墨，尤为近理，所以其害为尤甚。学者当如淫声美色以远之，不尔，则骎骎然入于其中矣。”把佛学说得更为可怕。比之杨朱的利己主义和墨子的兼爱，佛家的东西更为合理，也更容易让老百姓接受。正因如此，程氏认为佛家之言比杨墨思想危害更大，要像杜绝淫秽声音那样提防杜绝佛家之言，否则你就会在不知不觉中中毒。你看，儒家学者就这胸襟，只要不合孔孟之道，一概就是异端邪说洪水猛兽。

正如南怀瑾先生所说，程氏说法完全不靠谱。孔子生活的年代，佛教刚刚传入中国，并不盛行。春秋战国时代，诸子百家争鸣，唯独不见佛家。佛家真正在中国大地重要开花，枝繁叶茂，还是魏晋以后的事，至唐为盛。

春秋战国，诸子百家各显其能，是中国历史上思想最活跃，最开放的时代。可惜从汉武帝在董仲舒撺掇下，罢黜百家，独尊儒术，把一个百家争鸣的时代彻底埋葬。在后世儒家学者的鼓吹下，儒家学说沦为为统治者服务的工具，儒家思想也彻底杜绝了中国人言论自由，思想自由的道路，中国人由此步上循规蹈矩、精神不敢独立，思想不能自由的黑暗时期，为害中国2000多年，至今余毒未消。这种把只要不符合自己标准的思想视为“异端”，是我们现在需要的东西吗？是我们能容忍的东西吗？

子曰：“由！诲女知之乎？知之为知之，不知为不知，是知也。”

【注】由，孔子弟子，姓仲，字子路。女，汝也。

【译】孔子说：“子由呵，你知道吗，懂就是懂，不懂就是不懂，这就是真正的智慧呵！”

【别识】在这段话里，前几个“知”均为知道的意思，最后一个“知”，“是知也”的“知”是指智慧。

为什么孔子对子路说这一段话，而不对其他弟子说？朱熹在《四书章句集注》里解释：“子路好勇，盖有强其所不知以为知者，故夫子告之曰：我教汝以知之之道乎！但所知者则以为知，所不知者则以为不知。如此则虽或不能尽知，而无自欺之蔽，亦不害其为知矣。况由此而求之，又有可知之理乎？”子路是孔子弟子中性格比较强的一个，好武好勇，经常装出一幅啥都懂的样子，“强其所不知以为知”，所以孔子对症下药，向他说了这段话。懂就是懂，不懂就是不懂，这不丢人，反而是种好品格，是真正做学问，为官从政之人必备的条件，是一种大智慧。

对于“知”，一般有三种情况，一是知之为知之，不知为不知，懂就是懂，不懂就不懂，坦诚对人；二是不懂装懂，明明不知，却装着知道，此为自欺欺人；三是知之为不知，明明知道，却要装做不知，不肯示人，这是欺人。孔子主张做学问做人要取第一种，不要不懂装懂，这才是求学更进的智能。

子张学干禄。子曰：“多闻阙疑，慎言其余，则寡尤；多见阙殆，慎行其余，则寡悔。言寡尤，行寡悔，禄在其中矣。”

【注】子张，孔子弟子，姓颛孙，名师。干，求也，禄，仕者之俸也。尤，忧也。阙，保留。

【译】子张要学怎样去为政吃俸禄。孔子说：“多听，有疑问的地方保留下来，谨慎说话，这样可少犯错误；多看，有问题的地方保留下来，谨慎做事，这样就少后悔。说话少失误，做事少后悔，你从政吃俸禄的道理就在这里，才会长久。”

【别识】子张是孔子的学生，小孔子 48 岁，属孔子的孙子辈了。子张想从政吃俸禄，干禄，谋生，而且是谋公务员之生，不是在街上摆个地摊卖东西，而是要到官府去做事。禄，官府报酬之一种。古时所谓俸禄是官府报酬的两种不同方式，俸，是指月薪，禄是官府给官员配给的实物，比如吃的，布匹等等。

怎么到官府谋生？要注意些什么？孔子说得很明白：多听，有疑问放到一边，少说话，谨慎说话；多看，发现问题也放到一边，做事要谨慎。这样就不会因言语不当而犯错，不会因行为过失而后悔。这样才能干得久，干得久，俸禄才会长拿。寡言慎行，这就是孔子给子张开出的为政药方。

哀公问曰：“何则为民服？”孔子对曰：“举直错诸枉，则民服；举枉错诸直，则民不服。”

【注】哀公，鲁国国君，名蒋。举，提拔、倡导也。错，舍置也。诸，众也。枉，曲直也，引申为行为不端，狂妄。

【译】鲁哀公问：“怎样才能使老百姓服从？”孔子回答说：“提拔正直的人，倡导正确的道德风尚，不用心术不正之人，舍弃不良道德，老百姓就会服从。反之，任用那些心术不正之人，舍弃正直无私的人，老百姓就不会服从你。”

【别识】《论语》中，凡孔子回答君王提问，皆用“孔子对曰”，以示对君王的尊重，对学生、大夫提问，皆用“孔子曰”或“子曰”，等级分明。在《孟子》等书中也是这种情况。

如何让民众服从君王，一直是历代君王最关心的问题，几乎是头等大事。历史上让民众服从不外两种情况，一种是用权力、威压让民众服从，这叫力服，霸服，霸道，民众的服，是表面上的服从，内心并不服；一种是“道”服，以君王或执政者的道德品行教化民众，让民众自觉自愿地佩服你，服从你。这是内心的服从，是真服。

孔子对哀公讲的就是让民众真心服从君王的办法。要让民众真服，就要“举直错诸枉”，这个“举直错诸枉”包括两个方面，一，任用那些道德品行端正的人，弃置那些心术不正之辈，二，在社会上倡导正确的道德风尚，杜绝摈弃错误的道德观念，制止那些不良行为和议论。有正直之人做榜样，民众就会跟着去做去学，民风就会向好的方向发展，民众才会发自内心地服从。这是一种治国方略。但是，受皇权天授的影响，大多数君王、执政者认为有权便能行遍天下，想怎么干就怎么干。我们常在史书上看到“一朝权在手，便把令来行”，恣意胡来的例子。

季康子问“使民敬、忠以劝，如之何?”子曰：“临之以庄则敬，孝慈则忠，举善而教不能则劝。”

【注】季康子，鲁国大夫季孙氏，名肥。庄，谓容貌端严也。劝，勤勉，勉励也。

【译】季康子问道：“怎样才能让人们庄重，心怀尊敬，忠诚而做事勤勉呢?”孔子说：“你（从政之人）举止庄重，就会受到尊敬，倡导慈孝，百姓就会忠诚，任用有善行的人，让有道德的人去教育那些不太懂的人，百姓就会互相勉励，做事勤勉。”

【别识】季康子的问题与哀公的问题是同一个问题，只是季康问得更具体，如何让百姓敬、忠、勤勉呢？敬、忠，尊敬谁？忠于谁？敬君王，忠于君，这也是执政君王的政治目的，是让百姓服从的具体体现。

孔子的回答很简单，很直接。君王、执政的人，接近（临之）百姓，要从内到外都再现出庄重，不能嘻嘻哈哈，容貌端严，百姓自然就会心生敬重。对百姓慈爱，对长辈慈孝，百姓就会忠于你，用有善行的人去教育不明白的百姓，百姓就会跟着学，以善为孝，乐于为善。既敬且忠，而且互相勉励，做事勤勉，这样目的就达到了。

朱熹说："临民以庄，则民敬于己。孝于亲，慈于众，则民忠于己。善者举之，而不能者教之，则民有所劝而乐于为善。"南宋儒学家张栻说："此皆在我所当为，非为欲使民敬忠以劝而为之也。然能如是，则其应盖有不期然而然者矣。"

"临民以庄"，孝慈于众，是对君王执政者的必然要求，也是一个君子必须要做到的，并不是为了接近百姓，让民众敬忠以劝，忠于你，服从于你而专门做给百姓看的。"临民以庄"，孝慈于众是自然的流露，发自内心的表现。一旦这样，你就会收到预想不到的效果。张栻之说乃点睛之笔。

或谓孔子曰："子奚不为政？"子曰："《书》云：'孝乎！惟孝，友于兄弟，施于有政。'是亦为政，奚其为为政？"

【注】奚，何也。或谓，有人问。

【译】有人问孔子："你为何不去从政呢？"孔子说："《书》上说孝道，我在家孝敬父母，友爱兄弟，这就是为政，何必一定要当官从政呢？"

【别识】这段问话和回答很有意思。前面我们已经讲过，孔子的弟子子禽问子贡，老师每到一邦国，总要打听别人的政事，是想从政还是想干啥？这里又有人来问了，而且直截了当地问孔子，你为何不去从政？孔子回答也很妙，在家孝敬父母，友爱兄弟，这就是"为政"。不过，孔子在这里说的"为政"指的是一家之政。南怀瑾先生认为，孔子在这里说的"政"是指政治。我以为大错。孔子的"政"有两个意思，一曰当官执政的政，二曰政治。而孔子在这里主要是指当官为政的政，既指官位又是为政的行动。如果按南先生的解释"为政"二字就说不通。

朱熹在这段下标注了这样一句话："定公初年，孔子不仕，故或人疑其不为政也。"这是说，在定公初年时，孔子曾有机会从政，而孔子没有，这就引起别人的怀疑，所以有此一问。对孔子举出《书》中的话来对答，朱熹又加以更详细的注解。"《书》云孝乎者，言《书》之言孝如此也。善兄弟曰友。《书》言君陈，能孝于亲，友于兄弟，又能推广此心以为一家之政。孔子引之，言如此，则是亦为政矣，何必居位乃为政乎？"诚如朱熹所言，孔子所为政，乃一家之政，但是这种孝于亲，善兄弟的"政"如果能推而广之，让天下之人行同此心，这也是一种为政。《大学》中说一个人要立世有成绩，必做到八条：格物、致知、诚意、正心、修身、齐家、治国、平天下。不修身齐家，何以治国平天下。所以有“一屋不扫，何以扫天下”之说。从这个意义上讲，孔子从“一家之政”做起，以此为政，乃是居位为政的起点。

不过，也要看到孔子在这里以“一家之政”来回答“子奚不为政”，是有点牵强。齐家之政毕竟不是治国之政，齐家只是为治国准备必要条件，齐家的孝善只是治国的一部分手段，而不是全部。

那么，为什么孔子要这样回答？还是朱熹为我们做了解释：“盖孔子之不仕，有难以语或人者，故托此以告之，要之至理亦不外是也。”孔子不仕，这样回答，是有难言之隐呵！其实孔子是很想为政的，曾经做过几年鲁国大夫，官至大司寇。但正因为他那套治国理念中，齐家、孝善的东西太多，太约束人，根本不能适应春秋战国时期动乱的社会需求，照他那种对人对事都讲仁义道德，讲孝善，恐怕两天就要亡国。所以孔子周游列国，各邦国君王对他恭敬有加，却从不给他机会。这是孔子一生最大的遗憾，也是孔子一生的伤心处。可恰恰就有那不知趣的人来问“子奚不为政？”戳到了孔子伤心处，又不得不回答，只好用齐家之政来代替治国之政，很是无赖。

子曰：“人而无信，不知其可也。大车无輗，小车无軏，其何以行哉！”

【注】朱注：大车，谓平地任载之国。輗，辕端横木，缚轭以驾牛者。小车，谓田车、兵车、乘车。軏，辕端上曲，钩衡以驾马者。

【译】孔子说：“一个人如果不讲诚信，有谁还能认可他信任他呢？这就好比载重的大车没有缚牛的横木，乘坐马车没有驾马的辕一样，怎么行走呢？”

【别识】言而有信，是做人的基础。缺此，不能取信于人，更不能得到众人的认可。这是为政当官之人必须牢记的，也是当个好官的前提条件。

子张问：“十世可知也？”子曰：“殷因于夏礼，所损益，可知也；周因于殷礼，所损益，可知也；其或继周者，虽百世可知也。”

【注】朱注：王者易姓受命为一世。因，承继也。

【译】子张问：“今后十世的礼仪制度变化可以预知吗？”孔子说：“殷代承继了夏代的礼仪制度，虽然有减损，有增益，但是可以知道的；周代承继了殷代的礼仪道德制度，有减损和增益，也是可以知道的。以后的朝代如果承继周的礼仪道德制度，千秋万世也是可以预知的。”

【别识】先说“世”。中国古代，父子相禅30年为一世，有现在一代人的含义。自从西方经纪元法传入中国，现在一般说的一世，指100年。佛教有“三世”之说，谓过去、现在、将来。朱熹认为子张和孔子在这里说的“世”是“王者易姓受命为一世”，即，改朝换代的“世”而不是一代人的“世”，也不是公元纪年的100年为一“世”，更不是佛教所说的“三世”。从孔子的回答来看，也是指“王者易姓受命”的世，是改朝换代的“世”。

再说“礼”。孔子在这里所讲的“礼”，不是简单礼仪。东汉经学家马融认为，孔子在这里说的礼是“三纲五常”。马融曰：“所因，谓三纲五常。所损益，谓文质三统。”所谓“三纲”就是“君为臣纲，父为子纲，夫为妻纲”，“五常”是仁、义、礼、智、信。朱熹说：“三纲五常，礼之大体，三代相继，皆因之而不能变。”殷因夏，周因殷，其所承继的“礼”，核心就是“三纲五常”，这个不能变，也不会变。核心的东西承继了，且不变，所要“损益”的东西就是万变不离其宗，当然是可能预知的。

变的是什么呢？马融认为“所损益，谓文质三统。”朱熹进一步解释，“文质，谓：夏尚忠，商尚质，周尚文。三统：夏正建寅为人统，商正建丑为地统，周正建子为天统。所有损益，不过文章制度小过不及之间，而其已然之迹，今皆可见。”世代更替之后，只要承继了周的“礼”，有变化，有损益的只不过是文章文风的变化而已，比起根本的“三纲五常”来，简直是小事一桩。

孔子的见解是有道理的。只要是对前朝根本的制度、道德规范的承继，只要是对传统文化的承继，后世的变化是可以预知的。有变化也不会大，不会剧烈。

但是也要看到，孔子所处的时代是一个信息闭塞的时代。工业革命以后，尤其是数字信息技术以来，人们的工作、生活受到极大冲击，信息沟通、观念更新日新月异，传统文化和观念受到冲击和挑战，今后社会生活、道德观念的变化恐怕没人敢预言，几年都不能预测，更不敢说预知一世了。

子曰：“非其鬼而祭之，谄也。见义不为，无勇也。”

【注】朱注：非其鬼，谓非其所当祭之鬼。谄，求媚也。

【译】孔子说：“不是你应当祭拜的祖宗鬼魂，你去祭拜，这是谄媚。符合道义的事不去做，就是没有勇气，是懦弱。”

【别识】孔子这里说的“鬼”不是我们现在说的魔鬼，鬼魂，而是指祖宗的魂，先人的魂。前面说“夏尚忠，殷尚质，周尚文”，夏代的文化崇尚忠勇，殷代尚质，也崇尚鬼魂，周代注重人文文化。这个人文文化，就包括崇拜祭祀祖先。要祭拜祖先之魂（鬼），只能祭拜自己的，不能乱祭拜，否则就是不合时宜，就是乱拍马屁，是求媚。

把“见义不为，无勇也”放在《为政》篇最后，孔子的学生们是有深义的。为政之人，看到符合道义的事不去做，就是懦弱，无勇可言，还怎么做官，怎么为政？

八佾第三

孔子谓季氏："八佾舞于庭，是可忍也，孰不可忍也？"

【注】朱注：佾，音逸，舞列也，天子八，诸侯六、大夫四，士二。

【译】孔子说季孙氏："竟然在家用天子才能用的八列舞，这样的事都忍心做，还有什么事他不忍心做？"

【别识】佾，是一种舞列，周以来对此有明确规定，天子用八佾，即横竖都是八人，共64人的舞列，诸侯用六佾，36人，大夫四佾，16人，士用二佾，4人。不可僭越。季孙氏是鲁国大夫，按规定只能用四佾于家宴之中，而他却用了八佾，64人的舞列。以大夫身份竟用天子之乐舞，简直胆大妄为。

忍，通常解释是容忍。孔子在这里说的"忍"，是指季孙氏"忍心"胆敢，还是指孔子（或旁人的"容忍"）？朱熹说："季氏以大夫而僭用天子之礼乐，孔子言其此事尚忍为之，则何事不可忍为？"明确说是指季氏"忍心"。即连这种以大夫身份而僭用天子之乐的事都忍心去做，季氏还有什么事不能"忍心"做？这个"忍心"，也可解为"胆敢"。北宋理学家谢良佐则将季氏行为提到更高的高度来看："君子于其所不当为不敢须臾处，不忍故也。而季氏忍此矣，则虽弑父与君，亦何所惮而不为乎？"在谢氏眼里，僭用天子之乐，与弑君弑父没有什么区别，所以说季氏是胆大妄为，难怪孔子听说后要很愤怒地说"是可忍，孰不可忍也？"

世人对"是可忍，孰不可忍也"，一般理解为，如果大家连这种事都能容忍，还有什么事不能容忍?，潜台词就是，这事已经到了不能容忍地地步!。

我以为，"忍"，既有朱子说的"忍为"，胆敢的意思，也有旁人"容忍"的意思。孔子先批季氏，这种事都敢为，还有什么事不敢为？只不过说得委婉一点，用了一个"忍"字。然后才是说我们大家，对这事不能容忍，因为如果这样的事都能容忍，那么其他什么事就都能容忍。

三家者，以《雍》彻。子曰：“‘相维辟公，天子穆穆’，奚取于三家之堂？”

【注】朱注：三家，鲁大夫孟孙氏、叔孙氏、季孙氏之家也。《雍》，《周颂》篇名，用于天子祭祀撤席之时。彻，祭毕而收其俎也。相，助也。辟公，诸侯也。穆穆，深远之意，天子之容也。

【译】鲁国的孟孙、叔孙、季孙三家在家里祭祀撤席时，演奏天子祭祀时才用的《雍》乐。孔子说：“《周颂·雍》里说，‘陪同天子祭祀的诸侯，在奏《雍》乐时，围在天子四周，天子神情肃穆。’这样的乐曲怎么能用在孟、叔、季三个大夫的家宴上呢？”

【别识】《雍》是一种在祭祀完毕，撤去祭祀用品时春的乐曲，只能在天子祭祀时才能用。

鲁国在很长一段时间里由三大夫专权，这就是孔子在这里说的孟孙、叔孙、季孙。这三个家伙当了权，做了鲁国国君之主，一切都不按规矩来，僭越的事就很多很多，前面说季孙氏“八佾舞于庭”，这里又有三家“以《雍》彻”，也是僭用天子之乐，而且是用在家里之事。这当然引起以“礼”立世的孔子的不满，所以不断出言讥讽。诸侯、大夫、士，所有人等的言行，都要按照周礼来，不能有半点僭越，否则就的违礼，是不仁，不义，不孝，不忠。这就是孔子的礼乐伦理核心。

子曰：“人而不仁，如礼何？人而不仁，如乐何？”

【译】孔子说：“一个人如果内心不存仁义，忘记仁的本性，礼、乐，能给他带来好处吗？”

【别识】说完上面对季孙氏和三家的讥讽，孔子还是不依不饶。从季氏“八佾舞于庭”，继而说到“三家者以《雍》彻”，再说到礼乐的一般原则。如果一个人，失却了“仁”的本性，内心不存“仁”，礼、乐对他而言是没有用的，既不能教化他，也不能熏陶他，即使他用了不该用的礼乐，他也不会体会到其中的真谛。

这就说到文化的作用。我们常用“以文化人”这句话来诠释文化对提升人的品质，熏陶人的性情的作用，也以此说明，要想使一个民族，一个群体，一个人的人文素质得到提高，唯一的途径和手段就是文化。但是，这要有个前提，即这个民族、这个群体、这个人应当具备基本的人伦道德底线，具备最起码的善、仁、义，也就是中国历来提倡的“仁、义、礼、智、信”。如果这些不具备，或者说这些做人的道德底线的东西都缺失了，那么，文化对他而言，就成了只是进行人际交流的工具，而不能对他的素质、情怀等等的提高起任何作用。换言之，即使他读再多的书，有再高的文凭，他也不能从中得到文化的真谛，不能从中认识并体验文化的精髓，他永远不能成为一个“文化人”，至多只是拥有断文识字能力的知识而已。

林放问礼之本。子曰：“大哉问！礼，与其奢也，宁俭；丧，与其易也，宁戚。”

【注】朱注：林放，鲁人也。易，治也。戚，悲伤，忧伤也。

【译】林放问礼的本质是什么。孔子说：“这是个大问题。礼仪，与其奢侈不如节俭；丧礼与其周到隆重，不如真心悲戚。”

【别识】林放为什么要问礼的本质是什么这个问题？朱熹说，林放是“见世人为之礼者，专事繁文，而疑其本之不在是也，故以此问。”在孔子生活的年代，社会上各种礼仪，祭祀、丧礼非常繁琐，而且奢侈。于是产生了疑问，这是“礼”的本质吗？我们的“礼”究竟应该本着什么原则？于是只有求教于孔子了。

孔子呢？很滑头，不直接回答，而是用迂回曲折的办法来回答。这种类似回答方法，在《论语》中可以看到很多。

奢，好理解，奢侈，铺张浪费是也。易，有多种解释。朱注为：“易，治也”这里的“易”，作周到、隆重解。而《礼·祭义》中说：“外貌斯须不庄不敬，而慢易之心入之矣。”作轻率、简慢解。南怀瑾作简慢、草率解。我以为还是理解为周到、隆重为好。因为如果理解为简慢草率，这本身就是心中无“戚”，如此一来孔子的“宁戚”就无从说起。

朱熹、北宋理学家范祖禹都认为，俭、戚就是“礼”的本质。朱熹说：“礼贵得中，奢易则过于文，俭戚则不及而质，二者皆未合礼。然凡物之理，必先有质而后有文，则质乃礼之本也。”奢华和周到隆重，是表面文章，不是本质的东西。而节俭和哀戚表面上虽然没有奢华隆重好看，但却是礼仪、祭祀丧礼根本的东西。这就是礼的“本”。范祖禹说：“夫祭与其敬有不足而礼有余也，不若礼不足而敬有余也，丧与其哀不足而礼有余也，不若礼不足而哀有余也。……俭者物之质，戚者心之诚，故为礼之本。”礼仪的隆重周到、奢华只是表面的东西，不是内心敬畏、哀戚的真实表达，因此，节俭、内心哀戚才是内心对礼的真实认识，由衷表达。这就是礼的本质，是“礼”的核心，是人们要遵从的根本。

子曰：“夷狄之有君，不如诸夏之亡也。”

【注】亡，古无字，通用。夷狄，蛮荒之地。

【译】孔子说：“那些未开化的蛮荒之地虽然有君王，还不如国虽已经灭亡但依然有文化的中原诸国。”

【别识】夷狄，古时对交通闭塞，文化几无，尚未开化之地的蔑称。

这是孔子对中原文化自大的一种典型认识。孔子骨子里认为，离中原远的地方必无文化，是夷狄之邦，虽有君主，却不如那些有文化却灭亡了的中原诸侯国。孔子的这种认识其实很矛盾，夷狄之邦既有君主，则有民，有上下，有尊卑，当然就有自己的价值观、有自己独特的文化、礼仪。这种文化可能不及中原先进，礼仪不及中原完备，但却有中原所没有的特点。事实上世界上所有国与国、民族与民族、地区与地区，宗教与宗教之间的矛盾，均源自于文化上的不认同，都是文化矛盾。

因此，一个国家亡国并不可怕，只要文化不灭，总有复国的一天，国家如此，民族亦如此。所以，任何形式的侵略，都不及文化侵略之万一，都不及文化统治之万一。

季氏旅于泰山。子谓冉有曰：“女能救与？”对曰：“不能。”子曰：“呜呼！曾谓泰山，不如林放乎？”

【注】冉有，孔子弟子，名求，时为季氏宰。

【译】季孙氏到泰山祭祀。孔子听说后问时在季氏那里当官的弟子冉有：“你能挽救季氏，制止他这种僭越行为吗？”冉有说：“不能。”孔子叹息道：“唉！他竟然认为泰山之神还不及林放懂规矩吗？”

【别识】在孔子生活年代，泰山代神，为天子封禅之地，只能是天子、皇帝才能去行封禅大典，诸侯以下是不能单独去的，何况季氏这种大夫。所以朱熹说：“礼，诸侯祭封内山川，季氏祭之，僭也。”

去泰山祭拜是很大的事，即使是天子也不能随便去，一定是要做出大事，国泰民安之时才能去。泰山既是神，和祖宗一样，去祭祀，就必有所求，或求其庇护，或求其助力，或求其保成功等等。季氏当时与孟孙氏、叔孙氏同为鲁国大夫，三人把持了鲁国朝政，说一不二，几乎驾空了鲁定公。季氏僭越，去泰山祭拜，其谋反之心昭然若揭。

孔子虽然不满季氏僭越之举，但却用了一个“旅”字，真乃春秋笔法矣！

子曰：“君子无所争，必也射乎！揖让而升，下而饮，其争也君子。”

【注】射，礼、乐、射、御、书、数六艺之一也，指射箭。揖让而升，《大射》之礼。

【译】孔子说：“君子是不会发生与人相争的事情的。如果有争的话就是射箭比赛了，比赛前要互相揖让，比赛完了下来共饮。相互礼让之争，这才是君子之争。”

【别识】孔子说的“争”不是现代意义上的争斗。真君子是无争的，这是孔子的主张，也是古代对君子的要求。

但是，孔子那个年代，男人都要有六艺，其中就有射、御，即射箭、驾车。而且要比赛，要“争”。因此，朱熹引用《大射》之礼来解释“君子之争”：“耦进三揖而后升堂也。下而饮，谓射毕揖降，以俟众耦皆降，胜者乃揖不胜者升，取觯立饮也。”朱熹进一步解释说，孔子这段话“言君子恭逊不与人争，惟于射而后有争。然其争也，雍容揖逊乃如此，则其争也君子，而非若小人之争矣。”你看，争也要争得象个君子，相互揖让三次，然后升堂比试。比试完了下来再共饮，像没“争”一样。

君子之争，是礼让之争，谦恭之争。我们现在的比赛，双方都要先握手，互相致意，一同唱歌（如国际足球赛要唱双方国歌），然后开始比赛，争输赢。尤其是武术比赛，双方要抱拳致礼，一声“请”后就开打。比赛完再抱拳一揖，赢了的说“承让!”，输了的说“领教!”完全就是孔子说的“揖让而升，下而饮”。这就叫争得有礼、有利、有节。不是一味胡来的“争”，不是当仁不让，更不是不择手段的“争”。

但是，礼让的“争”君子能立足吗？邦国能在乱世中立于不败之地，不被他国吞并吗？能扩张自己的版图吗？历史上从来找不出这样的例子。什么时候你听说礼让得天下的？什么时候听说过礼让得到升迁的？勾践不卧薪尝胆蒙骗夫差，能灭吴国吗？秦始皇不用尽权谋能吞并六国建立秦王朝吗？孔子的君子之“争”完全是子虚乌有的东西，是理想中的一种境界，现实中根本就荒唐可笑。

南怀瑾先生在《论语别裁》中说：“我们的民主精神基于礼让，而西方民主精神基于法治。礼让与法治有基本的不同，法治有加以管理的意义，礼让是个人内在自动自发的道德精神。”我以为南先生看到了问题的深层次意义。中国很多事坏就坏在要强调用个人内在道德精神来衡量事物，以此为核心来治理国家。其实这是人治社会的典型表现，是中国从辛亥革命以来从未走出人治的根本原因。西方国家强调法治有一个最基本的观念：法律面前人人平等。而礼让是可以随个人修养、个人好恶、个人情绪好坏来左右决定的，礼让程度、礼让多少都视人而定，是典型的人治，根本就不可能人人平等，当然也就更谈不上真正的民主。

改革开放以来我们进行了诸多教育活动，整顿作风活动，无一不是在强调个人内在道德精神的自我制约，无一不是精神层面的教育，而完全忽视法制教育。所以教育活动搞了很多，吏治不见好转，反而越来越坏，既而影响到社会风气的败坏，原因就在于此。

子夏问曰：“‘巧笑倩兮，美目盼兮，素以为绚兮。’何谓也？”子曰：“绘事后素。”曰：“礼后乎？”子曰：“起予者商也！始可与言《诗》已矣。”

【注】倩，美好也。古时形容男子之美称。

【译】子夏问孔子：“笑语盈盈，美目四盼，素朴就是最好的绚丽之姿，这是什么意思？”孔子说：“这是说，先要有质朴素雅的基础，才能在上面描绘多彩的图画。”子夏又说：“那么礼是不是也是这个道理，是后于仁的事呢？”孔子说：“启发我的人是子夏呵。可以与你谈《诗》了。”

【别识】孔子与子夏的这段对话非常有文采，主要谈艺术的原则，进而说到做人的原则。子夏的问话含义颇深，文采斐然。笑且巧而倩，你见过么？那是什么样一种笑？再加上顾盼流连的美目，很有锦上添花的韵味。笑本来就是很美的事，而且还是巧笑，一个“巧”字道尽所有美，不可具绘，只能意会，不可言传，更无法形容。一双明眸本来就很让人着迷，还四顾八盼，更让人心动魂牵。这是不是有点装饰过度？素色的画上绘上很绚丽的色彩，是什么意思？孔子说，这就如同绘画，无论怎样绘，色彩怎样绚丽多彩，终不及素色为美。淡雅、素质才是绘画的最高境界，是最美的东西。注意，这里的"素质"不是我们常说的文化素质，个人素质，不是底蕴的意思，而是指素朴、素雅。这就是说，任何艺术作品，都应该留有空间，应当的朴质、素雅为质，为最美，为追求的最高境界，为基本原则，过度修饰，绚丽多姿并不一定最好。这就如同做人，平淡质朴最好，过度装扮凸显自己并不是好事。

子夏接着问，礼后是否还藏着礼？孔子对子夏的问题极度赞赏：启发我的人是子夏哦！子夏有此一悟，可以与他谈《诗》了。这也是在说，诗的最高境界不在辞藻有多华丽，而在素朴、平淡。

就艺术而言，一幅画，一首诗装满了绚丽的色彩，堆砌了华丽的辞藻，而不求平实素雅，不会是一幅好画，一首好诗，没有什么艺术价值。要在素朴中体现绚丽，隐藏深意，这才是最好的艺术。就人而言，平凡中蕴藏着伟大，素朴中就有高雅。所谓大智若愚，大愚藏智就是这个道理。

子曰："夏礼吾能言之，杞不足征也；殷礼吾能言之，宋不足征也。文献不足故也，足则吾能征之矣。"

【注】 杞，夏之后；宋，殷之后。征，证也。

【译】 孔子说："夏代的礼仪我能讲，夏之后的杞的礼仪就不能佐证夏的礼仪了；殷的礼仪我也能讲，殷之后宋的礼仪也不能佐证殷的礼仪了。之所以杞不能佐证夏，宋不能佐证殷，是因为杞和殷的文献资料不足呵。文献资料如果充足，我就能用来佐证夏、殷的礼仪了。"

【别识】 孔子在这里讲到了文化传承的问题。后代文化必然要从前代那里继承下来，否则后代文化就成了无源之水，无本之木。这个继承不只是照搬前代的东西，而是要有所创新。这个创新包括两方面，其一能使前代传下来的文化有新发展，其二对前代文化中不合理或不适应新时代需求的东西有所扬弃，传承不是简单的继承，一定是在创造中传承，在发展中继承。从这个意义上讲，用后代的文化是不能完全复原说明前代文化的，特别是历史久远的前代。要说明和复原前代文化要有充足的文献资料。在文献资料中发掘新的东西，来说明佐证前代的历史特征，这是史学研究的重要手段，也是非常艰辛的工作。陈寅恪先生就这方面的大师。

孔子这段话还透露了一个信息，在上古时代，人们是不太重视对文献资料的搜集与保存的。夏之后的杞，殷之后的宋，不过几十年时间，居然没有足够的文献资料来说明前代的文化礼仪，可见当时人们对文献资料的不重视，致使文献资料散失，许多上古时代的文化礼仪到后代就被忘了，甚至消失了。

子曰："禘自既灌而往者，吾不欲观之矣。"

【注】禘，王者之大祭也。灌者，祭酒洒地也。

【译】孔子说："帝王举行祭祀大典，那些主祭的人把酒洒在地上时就想着回家了，这样的祭祀我才不去看呢。"

【别识】禘，是专指帝王举行的祭祀天地的大典，这种大典只能帝王才能举行，仪式非常隆重。而就在这种隆重的祭祀大典上，主祭人员竟然三心二意，难怪孔子不愿意去观礼。这是孔子在提醒大家，做事要认真，要心诚，不能心猿意马，不能三心二意，学习、做人都是这个道理。

或问禘之说。子曰："不知也。知其说者之于天下也，其如示诸斯乎？"指其掌。

【注】示，视也。

【译】有人问孔子，禘的道理是什么？孔子说："不知道。禘的说法和道理在天下万事之中，就象我的手掌放在这里一样。"孔子指着自己的手掌说。

【别识】孔子真的不知道"禘"的道理所在？显然不对，孔子这是在幽默，在绕圈子。在转变技法的给你讲道理。花费很大精力，劳师动众祭祀天地祖宗，其目的就是治理国家，所以孔子要说"知其说者之于天下也"。

但是，孔子说"不知也"，也有一定道理。"禘"的道理真谛还真是不好说清楚。祭祖宗是孝，好理解。祭天地也好理解，是为求风调雨顺，五谷丰登，天下太平。祭神这个虚无飘渺的东西，目的就很难说。在我看来，其实是想借这些看不见摸不着，根本不存在的东西来满足帝王的心理要求，借神的力量来壮大自己的声威，来吓唬百姓百官，来驾驭天下，种种企图都有。真是不能明言，只能意会。所以孔子才说"禘"之道理说法藏于天下万事当中，可以从天下万事当中去理解领悟。但是，天下人众，人人的文化程度不一样，地位不一样，道德水准更不一样，从天下万事中去理解到"禘"的道理就会千差万别，且还要透过现象看本质，哪里是从手掌上就能看出端倪来的！显然孔子是在故弄悬虚，忽悠大家。

所以，朱熹在《四书章句集注》中说："盖知禘之说，则理无不明，诚无不格，而治天下不难矣。圣人于此，岂真有所不知也哉？"

祭如在，祭神如神在。子曰："吾不与祭，如不祭。"

【注】程氏注：祭，祭祖先也。祭神，祭外神也。祭先主于孝，祭神主于敬。

【译】举行祭祀活动，祭祖先就要如同祖先在面前，祭神也要如同神在你面前，这样才恭敬。孔子说："我没亲自参加的祭祀活动，等于没有祭。"

【别识】朱熹说，这段话是孔子在告诫学生门人，祭祀要诚心诚意，不得虚假。按照程氏的说法，祭祖先时要当祖先就在你面前看着你，祭神时，也要当神在你面前，这样才会心诚意到。推及到做事，也是如此，要一心一意，诚心诚意，不生二心，不心猿意马。

后一句是专门说孔子对于参加祭祀活动的态度，一定要自己去，不能请人代劳。朱熹认为这段话是"言已当祭之时，或有故不得与，而使他人摄之，则不得致其如在之诚。故虽已祭，而此心缺然，如未尝祭也。"有事不能参与祭祀而请人代你，心意未到，诚意欠缺，与没祭没什么两样。就是说有些事是不能请人代劳的，必须自己亲历亲为，比如祭祀。

王孙贾问曰："与其媚于奥，宁媚于灶，何谓也？"子曰："不然，获罪于天，无所祷也。"

【注】王孙贾，卫国大臣。奥，室之西南隅为奥，家神之位。灶，五祀之一。民间谓灶神是也。媚，亲顺也。

【译】卫国大臣王孙贾问孔子："有些人说与其奉承奥神，不如奉承灶神，这是什么道理？"孔子说："不对。如果违背天理，向什么神祷告祭祀都没有用。"

【别识】这是一段很有味道的对话。但要弄懂这段对话，须得先了解一些背景。王孙贾是卫灵公的大臣，一个掌实权的权臣。孔子到卫国时，卫灵公对孔子很有好感，很想用他。但是卫灵公的夫人南子和王孙贾这类权臣却不愿意，很怕孔子掌权。于是在卫灵公面前说了孔子很多坏话，于是卫灵公放弃了重用孔子的打算。孔子又一次与权力擦肩而过。在这种背景下，有了这段对话。

还需要说说“奥”。朱熹注“奥”为“室之西南隅为奥”。即古时家中放神位之地。这个神位常是“天地君亲师”牌位。

王孙贾问得很机巧，表面上是讲有人说与其奉承奥神，不如奉承灶神，实际上是问孔子，你为什么不象这些人，去奉承管吃喝的灶王爷，而去奉承那些什么也管不到，只是有个名位在那里的祖先呢？潜台词就是，你只晓得去结交君王，而不来结交我们这此有实权的大臣，是何道理？连朱熹都说，“故时俗之语，因以奥有常尊，而非祭之主；灶虽卑贱，而当时用事。喻自结于君，不如阿附权臣也”，认为这是王孙贾这个卫国权臣，“以此讽孔子”。

意思很明确了，你孔子一天到晚只结交君王，对我们这些实权在握的权臣只眼不看，从不结交，我们能在君王面前说你好话吗？现官不如现管哦！君王交办的事还不是要我们这些权臣来办，难不成君王自己去办事？所以，“宁媚于灶”，不“媚于奥”。

岂料，孔子不买帐。用天理来答复。违了天理，巴结谁，奉承谁都没用。这一方面反映了孔子不向权贵折腰的气节，另一方面反映出孔子的无奈。

于是，本来可以在卫国一展身手的孔子，希望落空，不得不离开卫国。

子曰：“周监于二代。郁郁乎文哉！吾从周。”

【注】监，视也。《说文》：下也。郁郁，文盛貌。

【译】孔子说：“周承继了夏商二代的制度与礼仪，文华繁盛，我推崇周的文化和制度。”

【别识】二代，指的是周以前的夏和商。夏商周是中国历史上文化发源的重要时代，中国许多传统文化在这三代中起步并基本成型。夏商周三代文化传承各有不同。夏尚忠，商尚质（鬼），周尚文。夏代文化崇尚忠厚、朴实；商代文化崇尚质朴，同时也崇尚迷信，尚鬼；周代崇尚人文文化。三代文化各有侧重，各有特点。孔子认为周代是夏商文化的集大成者，郁郁繁盛，故而推崇周文化。宋儒尹焞说：“三代之礼至周大备，夫子美其文而从之。”

三代文化，孔子独从周，这是孔子对三代文化的总体看法。但是，夏商周三代文化礼仪制度究竟有何区别，各自有何特点，孔子没说。这给后人留下许多猜想。

子入大庙，每事问。或曰：“孰谓鄹人之子知礼乎？入大庙，每

事问。”子闻之曰：“是礼也。”

【注】大庙，即太庙，鲁周公庙。朱注曰：“此盖孔子始仕之时，入而助祭也。”鄹，鲁邑名，孔子父叔梁纥，尝为其邑大夫。

【译】孔子到周公庙去协助祭祀，逢事必问。有人说：“孔子每次到太庙都要发问，谁说这个生于鄹的小子知礼?”孔子听说后道：“这就是礼。”

【别识】孔子曾做过鲁国的官，官至司寇，相当于现在的司法部长。到周公庙去助祭，是孔子的重要工作。其时，孔子已经很有声望了，是一个对礼仪制度非常熟悉的大知识分子。但是，每次到太庙，孔子仍要不厌其烦地问这问那，仿佛什么都不懂一样。这就难怪有人说怪话了：谁说这个生于鄹的小子知礼呢?什么事他都要问，第一次问了，第二次来同样的问题照样要问!

其实，这是反应出孔子治学、办事的一种态度，不懂就问。然而，仅用不懂就问来注解孔子，未免把孔子看小了。我的看法还要进一层，孔子是怕出错，怕贻笑大方，即使知道也要问个明白，小心为上。这倒与宋儒尹焞的看法一致。他说：“礼者，敬而已矣。虽知亦问，谨之至也，其为敬莫大于此。谓之不知礼者，岂足以知礼哉?”

孔子每入太庙，每事必问，其实有两个意义。其一，不懂就问，不明白就通过向人请教而弄明白，而不是仗着自己的名声而不懂装懂（其时，孔子已是声名显赫，是鲁国有名的知书达礼的贤人），这当然是一种非常好的治学态度，一种非常人所能及的品格；其二。即使懂了，也要进一步核实，加深印象，以免出错。因为孔子参加的是由君王主祭的祭祀活动，做为司寇助祭，又是通晓祭祀礼仪的文化名人，万一下面的人出个差错，岂不是丢人丢大了。一旦出错，名声受损，以何面目教人诲人?这恐怕才是孔子“入大庙，每事问”的根本原因。

当然，孔子为人为学不懂就问，甚至不耻下问，是一般人很难做到的“礼”。

子曰：“射不主皮，为力不同科，古之道也。”

【注】皮，革也。科，《说文》：量也，《康熙字典》：等也。射不主皮，《乡射》：礼文。

【译】孔子说：“射箭不在一定要贯穿箭靶，而在射中中心，因为每个人的力道不同。这是自古就有的道理。”

【别识】朱熹在注解这段话时介绍了这样的背景："古者射以观德，但主于中，而不主于贯革，盖以人之力有强弱，不同等也。……周衰，礼废，列国兵争，复尚贯革，故孔子叹之。"就是说，孔子是感于周衰礼坏而为此发出的感叹。

其实，感叹在其次。孔子在这里说了一个很浅显的道理，每个人的能力有大小，力量有强弱，不可一概求之。射箭这种军事活动就更是如此。更深的道理还在于，做一件事要追求最佳目的，而不是表面，射箭的最终目的是中的，射中靶心，而不的穿透箭靶。好比射中敌人的眉心，一箭致命，当然比射穿敌人的皮铠甲，但敌人还能作战的效果好得多。

孔子这段话还表现出他少有的一点辩证思想。一部《论语》大都讲如何尊礼守制，讲君臣之道，很少讲变通，更少讲辩证看问题。孔子主张不要以"主皮"来作为判断"射"的标准，而是看到了每个人"力不同科"，有能力的大小、力量的强弱，不可一概而论、一味要求。这种辩证思想在孔子这里是很少见的。

中国古代思想家们中，孔子是最少有辩证思想的一位，老子、庄子的辩证思想最多最系统。战国时期以张仪、苏秦为代表的纵横家们，也有很多辩证思想。可惜的是汉武帝以后，尤其是宋代以降，儒家思想统治了中国的思想界，老庄辩证思想被湮没在传统儒家思想中，致使中国长期以来思想沉闷，国人思维趋于僵化，创新几乎停顿，这是个很重要的原因。儒家思想究竟是帮了中国还是害了中国，二千多年来竟少有学者发问，这实在是中国学人的悲哀。很值得我们反思。

子贡欲去告朔之饩羊。子曰："赐也！尔爱其羊，我爱其礼。"

【注】朔，每月初一，十五为望。告朔，每月之初诸侯必告朔听政，因朝于庙。朱注：告朔之礼，古者天子常以季冬，颁来岁十二月之朔于诸侯，诸侯受而藏之祖庙。饩羊，生牲也，用于祭祀的羊。

【译】子贡准备省掉用于告朔祭祀的羊。孔子知道后说："赐呵！你怜惜爱护你的羊，我更爱惜礼呵。"

【别识】其时，子贡是鲁国负责告朔祭礼的官员。一个官员何以敢动"去饩羊"的念头？这里有原因。《春秋》载："文公六年，闰月，不告月，犹朝于庙"，又载："文公十六年，夏五月，公四不视朔。"《左传》："夏五月，公四不视朔，疾也。”据此，朱熹在《四书章句集注》中注了一段：“鲁自文公始不视朔，而有司犹供此羊，故子贡欲去之。”鲁文公不告朔已是由来已久。先是文公六年，以闰月为由而不告朔，继而在文公十六年，以有疾为由，连续四个月不告朔。君王都不“告朔”，有关部门还是准备提供了用于告朔的的羊，子贡觉得太浪费，于是动了去掉羊的念头。谁知这念头遭到孔子的狠批，还上纲上线到“爱礼”的高度，说穿了就是要维系祖宗留下来的礼法，不管他是不是符合实际，也不管他是不是实用。一句话，要因循，要守旧。朱熹有段评论道明了孔子的这种心理。“子贡盖惜其无实而妄费。然礼虽费，羊存，犹得以识之而可复焉。若并去其羊，则此礼费矣，孔子所以惜之。”

为什么鲁文公不“视朔”？真的是因为闰月或有疾吗？我以为是借口而已。告朔是春秋甚至更早时代形成的一种祭祀礼仪，向祖宗报告政见，报告社会情况，大多是空话套话，基本上是说过就忘，说了就丢的东西，根本不兑现，而且礼仪繁琐，耽误时间。过去，这种告朔一直进行，突然到了文公四年，文公以闰月为由不告朔，难道以前就没有闰月？显然文公是找借口不想搞这种华而不实的祭祀仪礼。

子贡想去掉饩羊，多半是看到了这一点。文公都不参加告朔，何必还要在仪式上供奉饩羊，浪费钱财？简化一点不行么？可是孔子不干，还提高到守礼法的高度来认识，把子贡挖苦一顿，骂子贡只知道痛惜钱财，忘掉了祖宗留下来的宗法礼仪。用现在的话说是见利忘义。由此可见孔子的守旧因循思想何等牢固。

子曰：“事君尽礼，人以为谄也。”

【译】 孔子说：“用周到的规范的礼仪来事奉君主，人们会认为你是在献媚取幸。”

【别识】 这是孔子的感慨。对君主尽到责任，守礼以敬，往往不被他人理解，招致物议，认为你是在拍马屁，是在谄媚。这是做臣子，做下级的一大痛苦事。

“事君以礼”会招致物议，关键在这个“礼”是什么礼。孔子崇奉的是周朝的礼仪，信仰的是君君臣臣的“礼”，不可逾矩，不能僭越。“事君以礼”至少有两层含义。其一，对君上礼仪周全。见到君上的时候完全守礼守法，该作揖就作揖，该下跪就下跪，该山呼万岁就呼万岁。一句话，在君主面前的所作所为所言所行，要象个做臣子的样子，象个忠臣，不违礼，不逾矩，没有一丝一毫的失礼之处。这是表面的。其二，是更深层次的“礼”，即要维护君主的权威和形象。所以无论君主说了什么，对了还是错了，都要替君主包涵，对了的要颔首，错的也要颔首，不能对君主说错了的话当面反驳，不能让君主下不了台，这才是臣子在君主面前应有的行为，应尽之“礼”。

这句话一方面是孔子对世事艰难的感叹，另一方面也是孔子一贯君臣有别，君尊臣卑的思想。这里就自然衍生出一个问题，对君主尽礼并不错，对任何人都要以礼相待。但是这个“礼”不能过份。尤其是对那些权力在握，可以给你官禄，给你财富的君主，这个“礼”就更不能过份。比如，明明君主说错了，有悖常理，君主指鹿为马了，你还要去附合，还要说是对的，还要去尽尊上之“礼”，这就已经超出“礼”的范围，违背“礼”的原则了，这就不只是谄媚，溜须拍马了，而是丧失道德底线了。

定公问：“君使臣，臣事君，如之何？”孔子对曰：“君使臣以礼，臣事君以忠。”

【注】定公，鲁定公。

【译】鲁定公问孔子，“君主使用臣子，臣子事俸君主，该怎么做才对？”孔子回答说：“君主对臣子要以礼相待，臣子对君主就会忠心耿耿。”

【别识】这段对话说的是领导艺术了。定公问，君主指挥臣子，臣下为君主做事，君臣关系怎么处理才好？提出了一个上级如何指挥下级，用什么方法驾驭下级，而下级又会怎样对待上级的问题。孔子的回答是，君用臣，要以礼为先，以礼为本。这个“礼”我理解不是简单的礼貌，客气，而是尊重。这种“礼”已经不是简单的领导方法，指挥手段，而是上升到领导心理艺术，上升到道德层面了。君主在上，大权在握，可以予人生死，予人富贵，往往君主对臣下说话就会颐指气使，发出指示，下达命令，经常不顾及臣下的具体情况，不考虑臣下的感受，这实际上就是不尊重、不爱护下级的表现。不尊重就是最大的非“礼”，严重的时候会引起臣下的反感。结果就是臣下在为君主办事时，不会尽心尽力，甚至会敷衍塞责。反过来，尊重臣下，爱护臣下，对臣下仁慈体贴，必然会换来臣下的忠心和尽心。但是，很多做君上的领导根本就没意识到上下级的这种心理关系，心理互动。要想部下替你卖命，除了予人富贵，予人生死之外，最重要的是要予人尊重。

子曰："《关雎》，乐而不淫，哀而不伤。"

【注】《关雎》，《诗》之第一篇。淫，过也，甚也，非现代意义上的性淫，淫雨既是也。

【译】孔子说："《关雎》一篇中描写小伙子追求淑女的心理，追到了快乐而不过度，没追到哀怨但不伤悲。"

【别识】这里有必要把《关雎》录于后。

【译】关关雎鸠，在河之洲。窈窕淑女，君子好逑。

参差荇菜，左右流之。窈窕淑女，寤寐求之。

求之不得，寤寐思服。悠哉悠哉，辗转反侧。

参差荇菜，左右采之。窈窕淑女，琴瑟友之。

参差荇菜，左右芼之。窈窕淑女，钟鼓乐之。

【别识】《关雎》是《诗》的第一篇。初中课本里有这篇诗，几乎家喻户晓。"文革"时，这首诗被批为淫诗，就因为描写了小伙子追求漂亮姑娘。课堂上老师们的解读也一概是：这是一首描写爱情的诗，充满浪漫色彩："关关雎鸠，在河之洲，窈窕淑女，君子好逑。……"

孔子呢，却给我们了另一种解读："乐而不淫，哀而不伤"。追到了快乐，但不过度，没追到，也不悲伤，只是有点哀怨罢了。你看，"求之不得，寤寐思服。悠哉悠哉，辗转反侧。"没追到，不过是晚上睡觉时在床上"辗转反侧"几下而已，天一亮，起床，事情就过去了。心痛一下而已，就这么简单。孔子在这里是要求人们控制好自己的情绪，已经有了情商的认识了。

控制好自己的情绪，不要因为追求到一个好姑娘就高兴过度，也不要因为被姑娘拒绝而痛苦得要寻死觅活。爱情如此，为人为事，从政经商也是如此。顺利、成功时可以得意，但不能忘形，忘形则淫；挫折、失败可以悲痛，但不能气馁，可以伤心，但不能丧志。

朱熹在《四书章句集注》中的评论非常精彩："淫者，乐之过而失其正也。伤者，哀之过而害于和者也。《关雎》之诗，言后妃之德，宜配君子。求之未得，则不能无寤寐反侧之忧；求而得之，则宜有琴瑟钟鼓之乐。盖其忧虽深而不害于和，其乐虽盛而不失其正，故夫子称之如此。欲学者玩其辞，审其音，而有以识其性情之正也。"

哀公问社于宰我。宰我对曰："夏后氏以松，殷人以柏，周人以

栗，曰使民战栗。”子闻之曰：“成事不说，遂事不谏，既往不咎。”

【注】哀公，鲁哀公。宰我，孔子弟子，字予。朱注：遂事，谓事虽未成，而势不能已者。

【译】鲁哀公问宰我，古人是怎么布置祭祀用的社稷坛的？宰我说：“夏代人用松树来布置，殷代用柏树，周朝用栗树，目的是要让老百姓战栗恐惧。”孔子知道后说：“过去了的事就不要再说了，已成的事也不去评论，有些不妥的事也不要去追究了。”

【别识】对哀公和宰我的对话古今解释大都一样，不同的地方在对孔子这段话的理解，孔子是在批评宰我妄言呢，还是在婉婉地批评周代以栗木布置社稷坛？

宋代的儒学家们认为孔子是在批评宰我。朱熹说：“三代之社不同者，古者立社，各树其土之所宜木以为主也。战栗，恐惧貌。宰我又言周所以用栗之意如此。岂以古者戮人于社，故附会其说与？”又说：“孔子以宰我所对，非立社之本意，又启时君杀伐之心，而其言已出，不可复救，故历言以此深责之，欲使谨其后也。”尹焞也是这个观点：“古者各以所宜木名其社，非取义于木也。宰我不知而妄对，故夫子责之。”两个大儒均如是说，看来是铁案了，宰我“妄对”这个罪名是脱不掉了。

其实不然。南怀瑾先生认为孔子在这里是很婉婉地批评周代的做法。我认为南先生是对的，但他没说更多理由。我以为朱尹的说法站不住脚。理由有二。宰我并非如朱尹所说的是在“妄对”。周代礼仪从夏商传下来，本是一脉相承。夏用松，殷商用柏，松柏之树本无多大区别，均为常绿乔木，有挺拔、肃穆之感。而到了周，偏偏突然换成栗。栗为一种落叶乔木，果实可吃。宰我说，周用栗，其目的是要让老百姓到了社稷坛产生战栗恐惧之感，产生敬畏之心。如果象尹焞所说，各朝“各以所宜木名其社，非取义于木”，那么，为何夏商之“宜木”为松柏，到了周就不“宜”了？周就宜以栗来名社了？显然很牵强附会。宰我生活在春秋战国时代，对周朝的事恐怕比生于1000多年后的朱、尹更清楚些吧。我以为是尹、朱在妄处猜测而不是宰我。

其二，如果孔子是在批评宰我“妄对”，那么何必孔子要说“成事不说，遂事不谏”？成事，遂事都是指过去的事，并不是专指宰我的“妄对”。按孔子的脾性，对弟们的乱说、“妄对”一定是直言痛斥，不会这么隐讳，更不会用“成事不说，遂事不谏，既往不咎”这几句轻飘飘的话就过去了。尤其是最后一句，

“既往不咎”，很明显是说过去有不妥的地方，不要再去追究了。绝不是单单批评宰我。

因此我以为，孔子认为周以栗名社的做法是有点不妥，但是孔子采取了宽容的态度，“既往不咎”呵。这种宽容不是胸怀宽广那种宽容，而是孔子不愿批评他所崇敬信奉的周代的心理表现，透露出孔子的些许虚伪。

子曰：“管仲之器小哉！”或曰：“管仲俭乎？”曰：“管氏有三归，官事不摄，焉得俭？”“然则管仲知礼乎？”曰：“邦君有树塞门，管氏亦树塞门；邦君为两君之好，有反坫，管氏亦有反坫。管氏而知礼，孰不知礼？”

【注】管仲，齐大夫，名夷吾，又名敬仲，字仲。辅佐齐桓公成就霸业。三归，管仲家之堂名。树，屏风也，塞，蔽也。反坫，古代设于堂中用于祭祀宴会时用于放礼器、酒具的台子，朱注：坫，在两楹之间，献酬饮毕，则反爵于其上。屏、反坫，皆诸侯之礼。

【译】孔子说：“管仲这个人的器局很小！”有人问：“管仲很节俭吧？”孔子说：“管仲家有三归堂，当了官又不理事，弄得人浮于事，能说他节俭吗？”又有人问：“管仲很知礼吧？”孔子说：“邦国之君，诸侯才用屏风来挡门，一个大夫身份的管仲也用屏风挡门，邦国之君诸侯为与其他邦国之君诸侯交往才用反坫这种放礼器酒具的台子，管仲也在用。如果这都叫知礼的话，天下人哪个不知礼？”

【别识】这是孔子集中批评管仲的一段话，说得很严厉，又不节俭，又不知礼，器局很小难成大事。可是就是这个比孔子还大的管仲（公元前725年—645年，孔子：公元前551年—479年），辅佐齐桓公完成了霸业。在我看来，招致孔子批评的不过是管仲的几件小事。家有一个三归堂，且门下办事的人多，所以不能称“俭”。但是，管仲身为齐国宰相，家中有个“堂”是天经地义的事，其时的大夫宰相，谁人家中没有个“堂”，谁人家中没有一大堆为他办事的人？宰相是节俭不下来的，太节俭了君王要说你，你丢君王的脸，丢国家的脸，百姓会看不起你。管仲用了诸侯才能用的屏风来挡门，用了诸侯才能用的“反坫”，在孔子看来是僭越，在我看来是不拘泥于形式，不拘泥于小事，而且这都是在家里才用的。至于“器大”还是“器小”我以为是孔子妒忌心在作怪。如果管仲器小，管仲不会帮助齐桓公成就霸业。

管仲力劝鲍叔牙辅佐公子小白，也就是后来的齐桓公，就可以看出管仲眼光的高远，器局的大小。

公元前674年，齐僖公驾崩，留下三个儿子，太子诸儿、公子纠和小白。齐僖公死后，太子诸儿即位，是为齐襄公。太子诸儿虽然居长即位，但品质卑劣，齐国的前途令国中老臣深为忧虑。当时，管仲和好友鲍叔牙分别辅佐公子纠和公子小白。不过鲍叔牙当初对齐僖公令其辅佐公子小白很不满意，常常称病不出，因为他认为“知子莫若父，知臣莫若君”。国君知道小白将来没有希望继承君位，又以为他没有才能，才让他辅佐小白。而管仲却不以为然，当他了解内情后，劝导鲍叔牙说：“国内诸人因厌恶公子纠的母亲，以至于不喜欢公子纠本人，反而同情小白没有母亲。将来统治齐国的，非纠即白。公子小白虽然没有公子纠聪明，而且还很性急，但却有远虑。公子纠即使日后废兄立君，也将一事无成。到时不是你鲍叔牙来安定国家，还有谁呢？”这样，鲍叔牙听从了管仲的意见，出来接受任命，竭力尽心侍奉小白。

齐襄公十二年（前686年），齐国内乱终于爆发。齐襄公叔伯兄弟公孙无知因齐襄公即位后废除了他原来享有的特殊权利而恼怒，勾结大夫闯入宫中，杀死齐襄公，自立为国君。公孙无知在位仅一年有余，齐国贵族又杀死公孙无知，一时齐国无君，一片混乱。两个逃亡在外的公子，一见时机成熟，都想急忙设法回国，以便夺取国君的宝座。齐国在公孙无知死后，商议拥立新君的各派势力中，正卿高溪势力最大，他和公子小白自幼相好。高溪又同另一个大夫国氏勾结，暗中派人急去莒国请公子小白回国继位。公子小白接信后又和鲍叔牙仔细分析国内形势，然后向莒国借了兵车，日夜兼程回国。鲁庄公知道齐国无君后，也万分焦急，立即派兵护送公子纠回国。后来发现公子小白已经先出发回国。管仲于是决定自请先行，亲率30乘兵车到莒国通往齐国的路上去截击公子小白。人马过即墨30余里，正遇见公子小白的大队车马。管仲非常沉着，等公子小白车马走近，就操起箭来对准射去，只听当啷一声，一箭射中，公子小白应声倒下。管仲见公子小白已被射死，就率领人马回去。其实公子小白没有死，管仲一箭射中他的铜制衣带勾上，公子小白急中生智装死倒下。经此一惊，公子小白与鲍叔牙更加警惕，飞速向齐国挺进。当他们来到临淄时，由鲍叔牙先进城里劝说，齐国正卿高氏和国氏都同意护立公子小白为国君，于是公子小白进城，顺利地登上君位，这就是历史上有名的齐桓公。

小白得胜，即位为齐桓公，管仲被囚。齐桓公不计前嫌，经鲍叔牙保举，任其为卿。辅佐齐桓公（小白），对内政外交政策进行全面的改革，制定了一系列富国强兵的方针策略，被齐恒公任为上卿，尊称“仲父”。管仲执政四十年，因势制宜，分设各级官吏，选拔士子，赏勤罚惰，征赋税，统一铸造、管理钱币，制定捕鱼、煮盐之法；对外采取“尊王攘夷”的外交策略，使齐桓公成为春秋时代的第一个霸主。

如果当初不是管仲力劝鲍叔牙全力辅佐小白，何来以后的齐桓公，又何来管仲辅佐齐桓公成就霸业？可见孔子批评管仲“器小”，有点吃不到葡萄说葡萄酸的意味。

可是，这样的事实，后代儒家学者居然视而不见，跟着孔子瞎起哄。宋代大儒程氏兄弟说管仲“奢而犯礼，其器之小可知。盖器大则自知礼而无此失矣。”连苏东坡也迎合孔子：“自修身正家以及于国，则其本深，其及者远，是谓大器。杨雄所谓：‘大器犹规矩准绳’，先自治而后治人也。管仲三归反坫，桓公内嬖六人，而霸天下，其本国已浅矣。管仲死，桓公薨，天下不复宗齐。”苏东坡的意思很明白，管仲虽然帮齐桓公完成了霸业，然其三归、反坫，不节俭，不知礼，所以根基很浅，待他二人都死了，齐国也就衰亡了。完全视历史于不顾，与孔子的批评如出一辙。可见孔子的儒家流毒有好深。

说到屏风，还可一说。古代衙门都有一个屏风，宋代以后，朝廷规定在屏风上刻16个大字“尔俸尔禄，民脂民膏，下民易虐，上天难欺”！以此警醒官吏。我们现在很多政府办公楼里也有大字，但大多为不痛不痒的“为人民服务”、“实事求是”之类，一点警示作用都没有。

子语鲁大师乐。曰：“乐其可知也：始作。翕如也；从之。纯如也，皦如也，绎如也，以成。”

【注】大师乐，乐官名，掌管宫廷音乐之官。翕，合也，《说文》：起也。纯，纯正，和也。皦，古同皎，洁白明亮之意，明也，《说文》：玉石之白也，清晰分明之意。绎，相续不绝也，《说文》：抽丝也。

【译】孔子对鲁国掌管宫廷音乐的乐官说：“乐理我知晓一些。开始时缓慢展开，继而由小及大，渐次宏大，但很纯正，明亮高昂，如白玉在天，庄重肃穆，最后曲子完了仍有余音绕梁，绵延不绝。”

【别识】这是孔子在阐述基本乐理，古今中外概莫能外。无论什么音乐，要想悦耳，入心、入脑，恐怕都得遵循这个原理。一首乐曲，一部由几个乐章组成的交响曲，都会有引子，然后展开，渐次进入高潮，有舒缓，有欢快，有激昂，绝不会一激到底，也不会一缓而终，总会有张有弛。再就是音乐还要人的自身认知体会，个人的感悟和体验，没有这种个人的体验感悟，再好的音乐也难有余音绕梁之功。

仪封人请见。曰："君子之至于斯也，吾未尝不得见也。"从者见之。出曰："二三子，何患于丧乎？天下之无道也久矣，天将以夫子为木铎。"

【注】仪，地名，卫邑。封人，掌管封疆之官，类现代管理边界事务之人。木铎，用于警示众人的工具。《说文》：大铃也。《传》曰：木铎，金铃木台，所以振文教。《注》曰："古者将有新令，必奋木铎以警众。木铎，木舌也。文事奋木铎，武事奋金铎。丧，失位去国。

【译】仪邑掌管土地边疆的官员来请见孔子。（大概是被孔子的弟子挡了驾，不让见）说，"凡是有德之贤人到仪来，我没有没见到的。"孔子的弟子们让他见了孔子。出来后，他对孔子弟子们说："你们这些人呀，不要担心国亡文衰。天下文化衰落，道德败坏已经很久了，上天要让夫子来警示教育众人振兴文道的！孔子就是警醒世人的木铎！"

【别识】仪邑掌管封疆之事的官员请见孔子，这个有头有面的人居然被孔子的弟子们挡在外面。于是他说"君子之至于斯也，吾未尝不得见也"，潜台词是，凡是君子来仪，我都见过，孔子来了，如果他是君子呢，我就要见，如果他不是君子呢，你们可以不让我见，以此来挤兑孔子的随从们。这样一说，只好让他见了，否则两头不是人。这个仪封人真会说话。

朱熹在《四书章句集注》中有段话很有意思。"言乱极当治，天必将使夫子得位设教，不久失位也。封人一见夫子而遽以是称之，其所得于观感之间者深矣。或曰'木铎所以徇于道路，言天使夫子失位，周流四方以行其教，如木铎之徇于道路也。"注意，朱熹说孔子是周流，而不是周游，表明孔子是流离失所，境遇很惨的。周流列国到了仪，孔子已经失去了他应有的位置，而仪人却不这么认为，反而觉得这是上天的安排，是要孔子在乱世之时，以周流各国的方式，以行其教，用他的学识，用"礼"来教化众人。这就是孔子的"位"。

这就是孔子的命，施教于人还要"周流四方"，颠沛流离，有时还惶惶如丧家之犬，这个教育真是不易。这又从另一角度反应出孔子崇奉的那一套东西虽然承自周，但诸侯并不买帐，不愿用他。而孔子又不甘寂寞，到处跑来跑去，四处说教，总想得到诸侯们的认可，政治抱负难以实现，连机会都不给，万般无奈只好退而求施其教，遂得贤者之名。

子谓《韶》，“尽美矣，又尽善也”。谓《武》，“尽美矣，未尽善也”。

【注】《韶》，舜乐。《武》，武王乐。美者，声容之盛。善者，美之实也。

【译】孔子评价舜乐说：“舜乐尽美又尽善。”评价武王乐时说：“武王乐很美，但不尽善。”

【别识】为什么孔子对舜乐和武乐有如此评价？一个尽美尽善，一个尽美却未尽善？朱熹或能给出答案。朱子说：“舜绍尧致治，武王伐纣救民，其功一也，故其乐皆尽美。然舜之德，性之也。又以揖逊而有天下；武王之德反之也，又以征诛而得天下，故其实有不同者。程子曰：‘成汤放桀，惟有惭德，武王亦然，故未尽善。尧、舜、汤、武，其揆一也。征伐非其所欲，所遇之时然尔。’”

舜沿袭、继承尧的传统治天下，以致天下大治。而武王顺天下民心，讨伐纣以救民，两者功劳一样，其乐皆美。但是，舜之天下大治是靠道德的力量，靠大家谦让礼逊而得，是靠人文礼教；而武王之治靠的是征伐，故舜乐尽善尽美，而武乐尽美缺善也！

这恐怕是一个规律，以德治天下，天下大治，诛伐强权，天下可得可治，然是小治，且有隐患。

子曰：“居上不宽，为礼不敬，临丧不哀，吾何以观之哉？”

【译】孔子说：“居于上位的人对下属不宽厚，该有的礼貌没有；讲礼仪时不存敬心，面对悲痛之事时内心却不哀伤，叫我怎么评价这种德行中的缺失呢？”

【别识】这是《八佾》最后一章，是孔子提出的文化道德思想最基本的原则。

朱子说：“居上主于爱人，故以宽为本。为礼以敬为本，临丧以哀为本。既无其本，则以何者而观其所行之得失哉？”就是说，这是观察一个人德行好坏的原则，也是着眼之处。很有道理。

里仁第四

里仁是什么意思？很难说清孔子所称谓的“里仁”的真正含义及其包含的全部意义。南怀瑾认为，“仁”是孔子学说的核心，而《论语》中“里仁”篇是《论语》所有篇目中问题最多，各家见解最不一致的一篇。故而有必要先弄清楚何谓“里”，何谓“仁”，何谓“里仁”。

《说文》注“里，居也。”仁，亲也。仁者兼爱，仁，亲也、仁爱也。现代解释“仁”是指一种道德范畴。

“里”最先的意思是居住地。“里仁”就有两种解释：一曰故里，乡里中的仁；二曰，住地为仁，即居住在仁中。这样一来就把“仁”限制为乡里、邻里之间的“仁”了，与孔子所说的人间、社会之“仁”有很大差距。从整个《论语》中所涉及到的“仁”而言，显然孔子所说的是社会的大“仁”而非一乡一里一邻之间的，范围居小的“仁”。故“里”在这里不是名词，不作居处解释，更不是指乡里、邻里，而作动词用。但这个动词也不是说你住在“仁”之中，而是说如何自处，如何看待、认识、处理“仁”的问题，既如何处在“仁”的境界中。

“仁”是什么？孔子在《论语》中多处说到“仁”，且有不同的解释。比如，仁者爱人，克已复礼为仁等等。我理解，“仁”是指一种道德规范，是一个道德范畴的问题，含义十分丰富，绝不是简单的仁爱、仁慈，还应包括礼貌、敬老、宽厚等等要素，内涵非常丰富。

子曰：“里仁为美。择不处仁，焉得知？”

【译】孔子说：“住在民风仁厚，有仁德的地方是很美好的事。选择民风不淳厚，仁德欠缺之地居住，怎么会知道好与坏呢？”

【别识】孔子这段话有不同理解。朱熹的解释是，“里有仁厚之俗为美，择里而不居于是焉，则失其是非之本心，而不得为知矣。”居住的乡里有仁厚之俗就很美好。如果选择不仁之地居住，焉能知道好坏？

南怀瑾先生的解释又有不同：“‘里仁为美’意思是我们真正学问的安顿处所，要以仁为标准，达到仁的境界，也就是学问到了真善美的境界，‘择不处仁’的意思是我们的学问、修养没有达到在仁的境界，不算是智能的成就。”

南先生的解读很是牵强，仅把孔子所说的仁限制在学问之内，很是狭窄。要知道，《论语》一本书说的是为人、处世、齐家治国的大事，学问只是一个方面。孔子思想的核心是“仁”，在谈到仁时，孔子一定不是只说做学问的事，而是更为广泛，不然，何以用“仁”教化天下，何以授徒？何以孔子要到处周游，想谋个一官半职以求实现他的政治梦想，以求用以“仁”为核心的思想来治理天下？

我以为，这句话里，“里”是动词，亦可做名词用，择是选择。更广泛的理解应当是，要找那些社会风气好，仁厚之俗浓烈之地居住，相反，选择那些缺仁少德之处居住，时间一久，就很难分清是非，所谓近朱者赤，近墨者黑，择善而居就是这个道理。

子曰：“不仁者不可以久处约，不可以长处乐。仁者安仁，知者利仁。”

【注】约，简约，穷困也。利，犹贪也、利于。

【译】孔子说：“不仁之人不可能长久安于穷困，也不可能长久处在安乐之中。有仁德之人能自觉安心地实行仁德，有智慧的人能有利于仁德的施行。”

【别识】仁德之士会安于穷困，守于简约，而智慧之仁则能促进仁德的施行。

朱熹的注解很精彩：“盖深知笃好而必欲得之也。不仁之人，失其本心，久约必滥，久乐必淫。惟仁者则安其仁而无适不然，知者则利于仁而不易所守，盖虽深浅之不同，然皆非外物所能夺矣。”

朱子把不仁之人不可久处约，不可久处乐以及仁者安仁，知者利仁的原因都讲出来了。仁者，不失其本心，不仁者，失其本心，从心到行皆为外部物欲所诱惑，物欲夺其志，从而不能久处约，不能久处乐。而仁者本心不移，虽有外物而不惑，固能安于仁，利于仁。

子曰："唯仁者能好人，能恶人。"

子曰："苟志于仁矣，无恶也。"

【注】好，喜好。恶，一为过也，疾也，过错。《通论》：有心而恶谓之恶，无心而恶谓之过。《说文》：恶，过也。二则为憎恶，讨厌。

【译】孔子说："只有仁德的人，才能真正喜欢人，真正厌恶人。"

孔子说："如果立志于仁德，就不会为恶做坏事。"

【别识】对孔子第一句话的理解没有分歧，历史上学者解释大都一致。有修养，有仁德的人就能喜欢人也会讨厌人，可谓爱憎分明，是非观很强，不会对不好的事支支捂捂。一个人有好恶，这恐怕是世上所有人的共性，喜欢一些人，讨厌另一些人，本不足为奇。那么，孔子这句话是否是废话？我以为不是。"唯仁者能好人，能恶人"，不是简单的指喜欢好人，讨厌坏人，而说，对同样一个人，你能否做到喜欢他向好的一面，而讨厌、不喜欢他做得不对的一面？特别是对至亲好友，铁哥们，你能不做到"能好之，能恶之"？这有点难。孔子给出的答案是，"唯仁"。朱熹进一步解释为"盖无私心，然后好恶当于理，程子所谓'得其公正'是也。"好与恶，应当是没有私心的，不能因为你是我的至亲好友，是铁哥们，我就因为私心没有好恶之分，就只对你有"好"而没有"恶"，甚至连你不仁德的举动也不"恶"，反而"好"。所以孔子提出只有坚持仁德的人才能做到好恶分明。

对第二句的理解就有差别了。南怀瑾先生认为，孔子第二句的意思是，一个真正有了仁的修养，就不会厌恶别人，会对他人的过错包容、宽恕。但是，照此一说，就和孔子前一句意思相矛盾了，且是大相径庭，完全是相反的意思。朱熹不这样看，他认为，孔子的意思是，诚心致仁的人，有修养的人，是不会去做坏事的，不会为恶的。朱熹说："苟，诚也。志者，心之所之也。其心诚在于仁，则必无为恶之事矣。杨氏（杨雄）曰'苟志于仁，未必无过举，然而为恶则无矣。'"

南先生显然是把"无恶也"的"恶"读成"毋"了，在这里其实应该读为"饿"。杨雄之语很明白，任何贤人不可能无过，但不会为恶！过，乃无心为之，恶则不仅不仁，而且是有心为之。这就是《通论》里说的："有心而恶谓恶，无心为恶谓之过。"

再则，南先生将厌恶与包容宽恕混为一谈了。一个人有不仁之举，我可以包容甚至宽恕你，但对不仁之举绝对要持厌恶态度，否则就失去了仁的原则，也失去了仁的本性。任何君子，如果对明目张胆违背社会公德，杀人放火，偷盗抢运的行为都可以不生厌恶之心，甚至包容宽恕，那么这个圣人也就没有了是非观，也不配为君子。因为“仁”本身，就是是非观的一个界定，于人有利，于社会有利谓之仁，反之谓之恶，此乃世之公理。

子曰：“富与贵是人之所欲也，不以其道得之，不处也；贫与贱是人之所恶也，不以其道得之，不去也。君子去仁，恶乎其名？君子无终食之间违仁，造次必于是，颠沛必于是。”

【注】朱注：终食者，一饭之顷。造次，急迫仓卒。

【译】孔子说：“发财、当官，是人们所向往的事，但以不正当的手段去获得，君子是不能接受的。贫困低贱，都是人们所厌恶的事，用不正当的方法脱离贫贱，君子是不干的。君子如果离开了仁，背离了仁，如何立名？君子不会在一顿饭的功夫离开仁，在急迫仓卒时一定与仁同在，颠沛流离时一定与仁同在，不会离开仁。”

【别识】孔子在这里将仁具体化。“仁”是个很虚的概念，怎样才是仁？孔子将其具体化。富贵、名利人人都喜欢，但不能取之不道，“不当得而得之”，不能接受，也不能享受。任何人都不希望自己贫贱，都讨厌贫贱。但是，此事是不以人的意志为转移的，贫贱有时不能自己选择。当你贫贱时，想脱离贫贱，但不能用不当的方法去脱贫致富，君子是不会这样干的。君子贫贱时，如果没有正当的方法脱离贫贱，会安于贫贱。君子丢掉仁，就不是君子，就难以成名。所以君子不能丢掉仁，哪怕是一顿饭的功夫，哪怕是在急迫仓卒之间，哪怕是在颠沛流离之时。总之，“仁”这个东西须臾不能忘，不能违背。具体到富贵贫贱就是，君子爱财要取之有道，不义之财，不当得的不能得；而贫贱的改变也要有道。朱子说：“不以其道得之，谓不当得而得之。然于富贵则不处，于贫贱则不去，君子审富贵而安贫贱也如此。……若贪富贵而恶贫贱，则是自离其仁，而无君子之实矣，何所成其名乎？”

孔子要求人们不能通过不当手段得到富贵，不能通过不当手段脱离贫贱，这是对的。但朱子引申为要安于贫贱则大为不妥，有了生死有命，富贵在天，听天由命的宿命论意味。脱离贫贱而富贵，是每个人的基本愿望，要实现他，就需要个人主观奋斗，而不能安于现状。但是必须手段正确，路径正确，要体现出“仁”。所以对“贫与贱是人之所恶也，不以其道得之，不去也”这句话要正确理解，吸收它内中“不以其道得之”的积极意义，摈弃其要安于贫贱（“不去也”）的消极态度，要不安于现状，通过努力改变自己的现状，创造未来。

子曰：“我未见好仁者，恶不仁者。好仁者，无以尚之；恶不仁者，其为仁矣，不使不仁者加乎其身。有能一日用其力于仁矣乎？我未见力不足者。盖有之矣，我未之见也。”

【译】孔子说：“我没见到过真正喜欢仁德的人，也未见到过真正厌恶仁德的人。喜好仁德的人认为没有什么比仁德更重要高贵，厌恶不仁之事，就是有仁德的表现，就会不让不仁之事在他身上发生。有穷尽一生精力去追求仁的人吗？我没有见到追求仁德而力量不足而的人。这种人可能有吧，可是我没见到。”

【别识】对这段话的理解，宋儒与南怀瑾先生稍有不同，主要集中有“恶不仁者，其为仁矣”这句上。

朱熹的理解是：孔子说，我没有见到过真正喜欢仁的人和讨厌仁的人，喜欢仁的人，平常人是无法与之相比的（这是历代儒家的通常解释，我以为将其理解力为：“喜欢仁的人把仁德看得很重要，没有什么时候能与仁相比”更贴切），讨厌不仁的人，就是仁。而南先生理解为：不能看不起不仁的人，也不能讨厌有不仁之举的人，而要让他变成有仁有爱的人。如果看不起不仁之人，他也不会是仁者。

我以为朱子的理解更为准确，只是要做一点小改动。孔子的“恶不仁者，其为仁矣”是说，讨厌不仁之人和不仁之举，就是仁的表现（注意，是表现，而非就是仁）。因为孔子所说的仁含义非常丰富，并不是一朝一夕就能达成，而要靠日积月累的自身修养。所以，讨厌不仁之事只能说他已经有了仁的概念，有了仁的表现，而不能说他就成了仁者，更不能说恶仁就代表仁。朱子的注释如下：“夫子自言未见好仁者、恶不仁者，盖好仁者真知仁之可好，故天下之物无以加之。恶不仁者真知不仁之可恶，故其所以为仁者，必能绝去不仁之事，而不使少有及于其身。此皆成德之事，故难得而见之也。”

讨厌不仁者，就是仁的表现，就是不要让不仁之思、之举发生在自己身上。

那么怎样才能做到仁？怎样为仁？孔子假设，“有在一天之中尽其全部力量去追求仁的人吗？”假设完，孔子不直接回答，而是侧面来说：我没有见到去追求仁而力量不足的，即使有，我也没见到。就是说，只要用心，就能做到仁，从来没有见到过因为力量不足而达不成目的的，也没有见到过因为力量小而做不到仁的。

由此可以理会孔子的深意，一个人能力有大小，但只要用心尽力，就能做好每一件事，就能达到仁。这就是事在人为的道理。

子曰："人之过也，各于其党。观过，斯知仁矣。"

【注】朱注：党，类也。

【译】孔子说："人的过错，都能在其社会关系中找到其原因。考察过错，就能知道这人是否有仁德了。"

【别识】人都会有过错，孔子对人过错原因的思考比常人都深。我们一般都把过错只归结于个人原因，而孔子则从更广的社会关系角度来加以考察，认为人的过错都会在其朋友、亲戚、乡邻等社会关系中找到原因。因此，从这个角度来考察过错，当然就会从中窥见一个人的仁德。我以为，这只是考察过错的一个方面，另一层意思是，犯了错不要紧，反省自己的过错，从中体会仁德的微义，也就会对仁有新的认识。

子曰："朝闻道，夕死可矣。"

【注】朱注：道者，事物当然之理。

【译】孔子说："早上明白了道理，晚上就死也是可以的，不会遗憾了。"

【别识】道，在这里指事物、社会、自然界之规律、常理，真理之谓也。

对这句话不能仅从朝与夕来狭义理解，孔子并不是说早上闻道，晚上就可以去死。朱熹解释朝与夕："朝夕，所以甚言其时之近。"即知道了事物的道理，明白了真理，虽死无憾。朱注："苟得闻之，则生顺死安，无复遗恨矣。"程子也说："言人不可以不知道，苟得闻道，虽死可也。"

由此体会孔子的用意，人生追求的是什么？非富、非贵，而是真理。这是做人的基本追求，甚至比生死更为重要。一个人倘不明礼，不知道，苟活于世，与禽兽何异？明事理而晓道，死亦如生。这也是说人要活得有信念，以追求真理为要务，否则醉生梦死，犹如行尸走肉，不如不活。

子曰："士志于道，而耻恶衣恶食者，未足与议也。"

【译】孔子说："立志于仁德修养，而又以陋衣粗食为耻辱的人，是不能与之谈论仁德的。”

【别识】要立志于追求道德修养，就可能清贫，可能粗衣陋食，不能以此为耻。因此，要求道，就要抵御物质诱惑，不能贪图锦衣玉食的享受。朱子说：“心欲求道，而以口体之奉不若人为耻，其识趣之卑陋甚矣，何足与议于道哉?”程子也说：“志于道而心役乎外，何足与议也?”

说的都是一回事，追求“道”就不能嫌弃粗茶淡饭，换言之，假若物质生活比他人丰裕，就不能追求“道”了。

这就很成问题。用孔子和宋儒们的观点来推论，追求道德修养与物质享受不能两全，二者只能居其一。因为照他们的说法，只要觉得自己的衣食比他人差，就是羞耻，就不能与之言道，所以想要“志于道”就必须安于粗衣陋食，不能去向往更好的衣食。我以为有点绝对。追求道德修养与吃好点穿好点并不矛盾，换言之，物质享受并不影响个人的道德修养，不能因为某个人追求物质享受，而否定他的道德修养更不能就此断定这个人不能谈“道”。厌恶自己粗衣陋食的处境并不是坏事，而是好事，有厌恶方能有动力，有动力才能起而想法改变自己粗衣陋食的处境。

管子说：“仓廪足而知礼节，衣食足而知荣辱。”与孔子所主张的完全不同。以管子、商鞅为代表的法家主张先富民，然后才能养德。“治国之道，必先富民，民富易治，民贫难治。何以知其然也?民富则安乡重家，而敬上畏罪，故易治。民贫则反之，故难治。故治国常富，而乱国常贫。”与儒家不一样。儒家实际上只提出了个人道德修养，而完对于民生不谈，怎样富民、怎样富国，根本不涉及。你何曾在《论语》《中庸》《孟子》等书中找富民之计?故孔子崇尚养心，管子主张富民。养心，心富家贫，则心不静，难长养也。富民，则心静，以促养心。

可见道德修养与物质享受并不矛盾，更不能对立。温饱方能知礼，方有条件“志于道”。否则，食不裹腹，衣不蔽体，你还有心思“志于道”?天下恐怕没有这种人。所以我认为，注重个人修养，追求仁德之举，不是非要“恶衣恶食”，而是不要过分，不要奢侈浪费。

子曰：“君子之于天下也，无适也，无莫也，义之与比。”

【注】朱注：适，专主也。莫，不可也。比，从也。

【译】孔子说：“君子对于天下之事，并不会肯定什么，也不会绝对否定什么，只看它是否符合道义。”

【别识】孔子认为，有德之士（君子）对于天下诸事来说，可与否都是小事，君子是不会专注的，君子只是用“义”的标准来衡量天下诸事。北宋儒学家谢良佐说：“适，可也，莫，不可也。无可无不可，苟无道以主之，不几于猖狂自恣乎？此佛老之学，所以自谓心无所住而能应变，而卒得罪于圣人也。圣人之学不然，于无可无不可之间，有义存焉，然则君子之心，果有所倚乎？”孔子并不对对天下之事无可无不可，全不放在心上，而是用“义”来加以衡量判断。

子曰：“君子怀德，小人怀土；君子怀刑，小人怀惠。”

【注】朱注：怀，思念也，

【译】孔子说：“君子看重的是仁德，小人看重的是土地；君子看重刑法，小人看重利益。”

【别识】这里的“小人”不是指那些偷鸡摸狗、杀人放火之辈，而是指普通老百姓。孔子在这里说出了君子与老百姓的差别。由于心中怀德，所以君子做事，有利于道德，符合道义的才会去做，而老百姓呢，只看着自己那一亩三分地，做事才不管他是否符合道义。君子心中有刑法，畏惧刑法，所以不会去做违法害人之事，而老百姓不管这套，只要有利，哪怕是触犯刑法也会去干。说大点就是，君子心怀天下，心怀社会之公，心怀精神，而老百姓则只顾及个人私利，什么天下，什么道德，离我太远，我才不会在乎呢。

朱子注释说：“怀德，谓存其固有之善。怀土，谓溺其所处之安。怀刑，谓畏法，怀惠，谓贪利。君子小人趣向不同，公私之间而已。”朱子认为君子和小人的区别是，君子想的是公，小人想的是私。尹焞说：“乐善而恶不善所以为君子，苟安务得，所以为小人。”

子曰：“放于利而行，多怨。”

【注】放，依照。

【译】孔子说：“放任依照私利行动，会招来很多怨恨。”

【别识】每个人的行为，不可能都出于公心，一定或多或少有些私心。这是常情。但是，如果放任私心私利，完全用私心来指导行为，完全以私利为行动目的，怨恨就来了，而且会很多很多。

子曰："能以礼让为国乎？何有？不能以礼让为国，如礼何？"

【注】朱注：让，礼之实也。何有，言不难也。

【译】孔子说："能够用礼让来治理国家吗？那还有什么困难呢？不能用礼让来治理国家，如何对待礼呢？"

【别识】这是朱熹的解释。他在《四书章句集注》里说："让者，礼之实也。何有，言不难也。言有礼之实以为国，则何难之有，不然，则其礼文虽具，亦且无如之何矣，而况于为国乎？"在朱子看来，礼让，谦让是礼之本质的东西。因此，如果一个国家大家都互相礼让，互相谦让，还有什么能难到大家的呢？相反，如果大家不谦让，虽然表面上大家和和气气，恭恭敬敬，但大家并不知道礼的真正意义，不会是一个和谐完整的国家。

而南怀瑾先生则认为，孔子在这里讲的是国家的传承，讲的是王位的传袭。他认为，孔子在这里感叹，过去谦让王位以传承国家的，现在已经找不到了。上古时期，有尧让位于舜，舜让位于禹，再后又有伯夷、叔齐互让王位，最后两兄弟一起跑到首阳山中躲起来，让他们的弟弟继承王位。这种贤人现在根本没有了。没有谦让的国家，礼还会有吗？国为不以礼让为国，必是争斗夺来的，甚至的通过杀戮得来的。这样得来之国，何礼之有？因此，南先生认为，这是孔子在讲史官书吏的道理，是在感叹世风日下，礼仪崩坏，天下道德尽失。

我认为朱南两说都有道理，为我们提供了不同的理解思路，姑且均从之。只是南先生的理解须得有较厚的历史知识为底蕴。

子曰："不患无位，患所以立；不患莫己知，求为可知也。"

【注】朱注：所以立，谓所以立乎其位者。可知，谓可以见知之实。

【译】孔子说："不担心没有位子，担心没有立身的根基；不怕没有人知道自己，应追求值得别人知道你的价值。"

【别识】朱子理解孔子在这里说的"立"，是立位。"所以立，谓所以立乎其位者。"但这样来就与孔子前面的"不患无位"相矛盾，既然不患没有位子，何患立位？显然朱子的说法讲不通。

南先生认为孔子在这里讲的"立"，是指立德。没有位子，没有官位不可怕，怕的是没有仁德，没有仁德，立身于世的基础都没有了，有了位又怎么样？我以为南先生的理解是对的。

中国历史上对人所要求的"立"，是立德、立功、立言。这是做人，做官最重要的三件事。立世扬名，甚至留名青史，凭什么？就凭这“三立”。首为立德，德满天下乃圣人；其次立功，功在天下则世人仰之；再次为立言，言传于人，后人学之。此乃学子毕生追求之事。有此三者之一，何患天下无知己。只要自己能立，位子并不重要，别人就能了解你，知道你，理解你。

子曰：“参乎，吾道一以贯之。”曾子曰：“唯。”子出。门人问曰：“何谓也？”曾子曰：“夫子之道，忠恕而已矣。”

【注】朱注：贯，通也。

【译】孔子叫住曾参说：“曾参呵，我的学说有一个基本道理贯穿始终。”曾参回答：“知道了。”孔子走后，弟子们问曾参：“这是何意？”曾参说：“夫子所说的中心就是忠和恕而已。”

【别识】孔子说“吾道一以贯之”，曾参只应了一个字：“唯”，相当于我们一般回答的“嗯”。究竟曾参懂没懂？难说。因为此后，其他师弟们问他，老师这句话什么意思？曾参的回答我以为有点敷衍的味道，“夫子之道，忠恕而已矣”。

理解这句话，关键在“吾道一以贯之”。南怀瑾将这句话神秘化了，他把孔子的“道”说成与禅宗悟道一回事了，让你自己去琢磨。实际上，佛教禅宗的所谓悟道，很是微妙，各人有各人不同的理解，难有一致，难有定论。

我以为，孔子是在告诉曾参，我的思想不能随便理解，而要综合、全面理解把握，且这个道理融会贯通于一切事理之中。曾参也许是明白了，但是他在回答同学们的疑问时，却用中恕二字来概括孔子思想，甚至以此来解释“吾道一以贯之”，显然不对。

一以贯之，还有一个理解就是，对真理的追求要坚持不懈，不能半途而废。串起来就是孔子之道，孔子之精神，无论在空间还是在时间上，也要全面理解，不可片面。

子曰：“君子喻于义，小人喻于利。”

子曰：“见贤思齐焉，见不贤而内自省也。”

【注】朱注：喻：晓也。义者，天理之所宜也。利者，人情之所欲也。

【译】孔子说：“君子懂得的是义理，小人懂得的是私利。”

【别识】孔子说：“见到贤明的人就应该向他看齐，见到不贤之人就该反躬自省。”

在《里仁》这一篇里，孔子两次谈到君子与小人的差别。前一次说：“君子怀德，小人怀土；君子怀刑，小人怀惠”。这里孔子再次提出君子与小人的差别，只是这次讲得更明白，以“义”与“利”来说明。君子之人，对待任何事，首先看这事是否合乎义理，合乎规则，即从道德、从礼仪的角度来考虑这件事对不对，可不可做。而小人呢，则是从是否有利于自己，是否有利可图来考虑，看到的是“利”，而非“义”。

孔子这句话不可片面理解。因为如果仅从字面理解，仅用“义”和“利”来衡量君子与小人，则普天之下无君子，唯有小人。在社会上，恐怕只有不食人间烟火的人，才可能不考虑自己，才可能完全不考虑利。任何人对事物的取舍，有时是要权衡利弊的，两害相权取其轻，其利就在其中了。所以不能将孔子这句话片面理解为，只要言利，就是小人而不是君子。正确的解读是，我们做一件事，评判一件事，首先要考虑它是否符合社会道义，符合社会利益，从大处考虑而不是从私利着眼。这样的人才可能成为谦谦君子，才会是谦谦君子。

见到贤人就生仰慕之心，希望自己的德行能和贤者一样，见到不贤之事之言之人，就反省自己是否也有类似问题，以此为镜，从内心反躬自省。朱子也说：“思齐者，冀已亦有是善；内自省者，恐已亦有是恶。”

宋代理学家胡安国的理解更进了一步。他说：“见人之善恶不同，则无不反诸身者，则不徒羡人而甘自弃，不徒责人而忘自责矣。”见到贤者看到自己与贤者的差距，但又不只是自叹不如，自暴自弃，而是要想自己怎样才能与之比肩，于是就要奋发。见到不贤之人，想想自己可不能这样，要避免这类事在自己身上发生，要想想这些不贤举动是否在自己心理曾经有过念头？要如何才能防患于未然？同时，见到不贤，不能光去责怪不贤者，而要感谢他，因为他给你提供了一面镜子，让你能够反省，时生警惕之心。

子曰：“事父母几谏，见志不从，又敬不违，劳而不怨。”

【注】朱注：几，微也。

【译】孔子说“侍奉父母，对他们的错误要轻微婉转地劝阻，如果他们不听，也要恭敬地不违拗他们，虽然担忧，但不怨恨他们。”

【别识】对父母的错误，是子女们很难办的一件事。孔子给出的方案是，轻言细语，婉转地劝导他们。如果父母们明事理，很开通，接爱了子女的意见，事情就解决了。可是很多情况下父母并不接受子女的劝告，很执拗的坚持错误。怎么办？还是要无怨无恨，恭敬侍奉父母。不能因为父母听不进劝告，固执己见而发脾气。

朱熹对此说得更多。他说："微谏，所谓'父母有过，下气怡色，柔声以谏'也。见志不从，又敬不违，所谓'谏若不入，起敬起孝，悦而复谏'也。劳而不怨，所谓'与其得罪于乡、党、州、闾，宁熟谏。父母怒不悦，而挞之流血，不敢疾怨，起敬起孝'也"。

父母之过，已经产生，要"柔声以谏"，和颜悦色的劝告，不能因为父母做了错事，说了错话而做脸做色；父母不听，那就先放下，等哪天父母高兴的时候再婉转相劝；父母为此而发怒了，认为子女的劝谏多余，起而骂你打你，骂得你狗血淋头，甚至打得你皮开肉绽，你也不能有怨恨，还是要恭恭敬敬地侍奉父母。总之父母有错，子女不能怨怒，不能对父母做脸色，否则就是不敬不孝。这是做子女对父母的一般原则，孝敬之责。

子曰："父母在，不远游。游必有方。"

【译】孔子说："父母健在，子女不能出门去远方。要远游也要有一定的方向和方法。"

【别识】这句话我们常引用，但却只引用第一句"父母在，不远游"，而把"游必有方"给省了。这一省就省出大问题。所以经常有人用"父母在，不远游"来说子女不能在父母健在时出门远游，应该守在家中侍奉父母，以此作为子女尽孝的一条标准。

其实孔子并不反对子女远游。什么叫远游？朱熹说："远游，则去亲远而为日久，定省旷而音问疏；不惟己之思亲不置，亦恐亲之念我不忘也。"离开父母，不通音讯，长久不回来看望父母，谓远游。这种既不通讯，又不回来看望父母的远游，孔子是反对的。另一种"有方"的远游，孔子并不反对。什么是"游必有方"？朱熹说："游必有方，如己告云之东，即不敢更适西，欲亲必知己之所在而无忧，召己则必至而无失也。"北宋儒学家范祖禹说得更明白："子能以父母之心为心则孝矣。"

"游必有方"的"方"是指方向和方法。朱熹说得很明白，你告诉父母去东方远游，就不能中途改向而去西方，即要让父母知道你去了哪里。同时，家里有事召你，你要能及时赶回家，能招之即回。这里是即有方向又有方法。当然，时刻与父母通音讯也是“方”。南怀瑾先生把这个“方”仅理解为方法，认为不是朱子所说的方向。我以为要理解为方向和方法。让父母知晓儿子（女儿）出远门了，在家的东方，在太阳升起的地方。而且时常有电话、有短信问候，家中有事，一个电话儿子（女儿）就能赶回来，这多好。

范祖禹说得好，以父母之心为己心，父母对子女远游，心中一定挂念，做子女的也要时刻挂念父母，这就是孝。

子曰：“三年无改于父道，可谓孝矣。”

【译】孔子说：“父亲不在了，三年不改初衷，继承父道，这才叫孝。”

【别识】这是从上一句引出来的。在《学而》一篇中已经有过。

话语重复，同样一句话，说两次以上，这种现象在《论语》中很常见。很难解释孔子的弟子们在编辑《论语》时为什么会这样做？有关《论语》在编排上的许多疑问，是个值得研究的课题。

子曰：“父母之年，不可不知也。一则以喜，一则以惧。”

【译】孔子说：“父母的年纪做儿女的不能不知道，一来因父母年寿高而高兴，一来因他们年高体衰而忧惧。”

【别识】这也是讲孝道。做儿女的要时常挂念父母的年纪，寿高而喜，寿高而体衰则忧。朱熹注曰：“常知父母之年，则既喜其寿，又惧其衰，而于爱日之诚，自有不能已者。”喜是喜其添寿，惧是惧其年事渐高，身体渐衰，不知如何是好。

子曰：“古者言之不出，耻躬之不逮也。”

【注】朱注：躬，身也，躬行也。逮，及也。

【译】孔子说：“古时的人很少说话承诺，怕的是说了又做不到，这是耻辱。”

【别识】在孔子之前的古人，不是不说话，而是说话谨慎，承诺就更谨慎，因为如果说了又做不到（躬之不逮），是很为人耻笑的，是做人的一种耻辱。

朱熹注曰：“行不及言，可耻之甚。古者所以不出其言，为此故也。”范祖禹说：“君子之于言也不得已而后出之，非言之难，而行之难也。人惟其不行也，是以轻言之。言之如其所行，行之如其所言，则出诸其口必不易矣。”说话容易，说大话更容易，难的是践行你说过的话，兑现你做过的承诺，行比言难。这是做为一个君子必备的仁德。用现在的标准来讲，至少是，说到就要做到，做不到就不要说，少说多做，或只做不说，甚至做完才说，这才是做实事的态度。

子曰："以约失之者鲜矣。"

【注】 约，约束。鲜，少也。

【译】 孔子说："严格要求自己约束自己而犯过失的人，很少。"

【别识】 谢良佐注曰："不侈然以自放之谓约。"尹焞说："凡事约则鲜失，非止谓俭约也。"孔子这里说的约，不是俭约，而是约束，不放任自己。约束什么？我以为是约束自己的言、行以及欲望。说话要谨慎，管住自己的嘴巴，不要到处信口开河；行为要检点，不要放浪，要中规中矩，合符仁德；自己内心的欲望更要管住，不能放任自流。每个人都会有欲望，欲望是种动力，控制得好能助你成功，控制得不好则会把你带入深渊。一个人往往就是被自己放任的欲望打垮，玩耍的欲望会让你在玩耍中落后于人，你在打电子游戏时，别人在读书或工作，日积月累差距就出来了；对财富、官位的欲望会让你失去人生的方向。

子曰："君子欲讷于言而敏于行。"

【注】《说文》：讷，言难也。迟钝也。

【译】 孔子说："君子说话要谨慎迟钝，行动要敏捷勤劳。"

【别识】 这句和前一句"古者言之不出，耻躬之不逮也"，含义相同，都是说一个人要谨言重行，谨于言而敏于行。谢良佐说："放言易，故欲讷；力行难，故欲敏。"言易行难，所以要谨慎出言，敏捷行动。

子曰："德不孤，必有邻。"

【注】 朱注：邻，犹亲也。

【译】 孔子说："有道德的人不会孤独，一定会有邻居。"

【别识】 朱熹注曰："邻，犹亲也。德不孤立，必以类应。故有德者，必有其类从之，如居之有邻也。"朱子的注解很精确。

追求道德修养的人很可会寂寞，因为他不会趋炎附势，也可会感到孤独。

但是，有道德修养的人，他的言行必定会影响到周围的人，必会有人崇敬，有人效仿，有人以他为亲。“必有邻”一方面是讲仁德会有人效仿，一方面是讲大家都愿意与有德之人住在一起当邻居。我想人们都会以与有德之士为邻为乐的。

子游曰：“事君数，斯辱矣，朋友数，斯疏矣。”

【注】数，数落，批评也。程子注：数，烦数也。

【译】子游说：“侍奉君主多次劝谏批评，会招来侮辱；对朋友经常批评数落，会致朋友疏远。”

【别识】先来看宋代理学家胡安国的注解。他说：“事君谏不行，则当去；导友善不纳，则当止。至于烦渎，则言者轻，听者厌矣，是以求荣而反辱，求亲而反疏也。”

子游说的“数”，两方面含义，其一数落，批评，劝谏；其二，数次，多次。对君主的劝谏，如果不听，应当离去，对朋友劝导，如果不听，则在停止说教。如果不管不顾数次劝谏，则会适得其反，以为要当忠臣求得荣誉，反而会招来羞辱，以为是朋友，反而会使朋友疏远。

这反映出中国人的一个大问题，听得赞扬，听不得批评。一次劝谏批评可以，两次可以容忍，三次就烦了。说得多了君主就要修理你，朋友也会敬而远之。所以在中国历来就是自我批评易，骂自己容易，批评他人难。忠言逆耳，听得进去的人很少。

子游这句话实际上是告诉人们不要去多事，不要对上劝谏，不要对朋友劝导，次数多了对自己不利，不遭辱则被疏远。很消极的意义。所以，对《论语》中的一些话语，要正确对待。尽管他说的是正确的社会现象，但是潜台词却很消极。比如子游这段话。

唐太宗时，唐太宗曾与许敬宗有段很著名的对话，后人一直把这段对话当成议论是非的经典，并冠之以《君臣对》。其中许敬宗对唐太宗说了几句话：“是非不可听，听之不可说。君听臣遭戳，父听子遭诛，夫妇听之离，朋友听之绝，亲戚听之疏，乡邻听之别”。是非如此，数落批评劝谏有时也是如此。

公治长第五

朱熹说："此篇皆论古今人物贤否得失，盖格物穷理之一端也。"宋代理学家胡安国怀疑这篇大多为子贡的弟子们所记。

子谓公冶长："可妻也。虽在缧绁之中，非其罪也。"以其子妻之。

子谓南容："邦有道，不废，邦无道，免于刑戮。"以其兄之子妻之。

【注】公冶长，孔子弟子，史料记载颇少，只说公冶长能听懂鸟语，这在当时是异人。

南容，孔子弟子，复姓南宫，名絛，又名适，字子容。缧，黑索也。绁，挛也，《说文》：挛，系也。即古代用在牢里黑索捆绑犯人。子，古时对男子女子之通称。其兄，孔子之残疾哥哥。

【译】孔子评论公冶长时说："可以把女儿嫁给他做妻子。虽然他被抓过，坐过牢，但不是他的罪过。"因此把自己的女儿嫁给公冶长做妻子。

孔子在评论南容时说："天下有道时，他不会被弃用，天下混乱无道时，他能避世免遭刑戮。"所以把哥哥的女儿嫁给南容做妻子。

【别识】这两段都说的是孔子择女婿的标准。女儿应该嫁给什么样的人？

公冶长被抓坐牢，孔子说不是他的罪。那么公冶长为何坐牢？不知道。有这样一个传说。公冶长能识鸟语。有一天，一只鸟儿对公冶长说，南山上有只不知是谁的羊，你去吃肉，我喝汤。公冶长去了南山，果然有只羊。于是公冶长把羊煮来吃光了，一点都没给鸟儿剩。鸟儿很不高兴。又有一天，鸟儿对公冶长说，南山又有一只羊。公冶长跑去南山，结果没有羊，倒有一个死人。公冶长有口难辩，被抓起来坐牢。是否是因为这件事公冶长缧绁？不知道。这只是传说。但孔子认为公冶长坐牢并不是他的罪。还是把女儿嫁给了他。

对南容呢，孔子的评价就高些了，天下太平，他不会被忘记，能治国安邦；天下混乱他懂得如何避世免遭不测，所以把哥哥的女儿嫁给他。

问题就来了。把自己的女儿嫁给坐过牢的，把哥哥的女儿嫁给有大好前程的人，是不是对自己的女儿不太公平？或者孔子另有考虑？有人说："公冶长之贤不及南容，故圣人以其子妻长，而以兄子妻容，盖厚兄而簿于己也。"但程氏兄弟却不这样认为，他们认为这种说法是以个人私心来猜度圣人之心。孔子之所以这样做是量才而配，并不是要避嫌，要厚兄簿己："经以己之私心窥圣人也。凡人避嫌者，皆内不足也，圣人自至公，何避嫌之有？况嫁女必量其才而求配，尤不当有所避也。若孔子之事，则其年之长幼，时之先后皆不可知，惟以为避嫌则大不可。避嫌之事，贤者且不为，况圣人乎？"程氏兄弟认为孔子这样做是量才而配，可能是出于年龄、时间先后的考虑，不是要避什么嫌。贤士都不会做避嫌的事，何况孔圣人呢？

有一个情况应当考虑，孔子的生母是其父的继室，他的这个哥哥是孔子先母所生，又是残疾。孔子一直很关心这个哥哥以及他的家人。厚兄簿己，是孔子理所当然的举动，并非什么避嫌。否则，叫什么圣人？再者，公冶长身为孔子弟子，孔子一定对他有详细而深入的了解，对他的仁德、品格、才能一定持肯定态度，否则不会在公冶长身陷囹圄时还说："非其罪也"，也不会把女儿嫁给这个坐过牢的人。这也看出孔子并不是那种拘泥于声名的人，敢于这样嫁女。程氏所说年龄、时间先后也只是个推测，也不足为信。

子谓子贱："君子哉若人！鲁无君子者，斯焉取斯？"

【注】子贱，姓宓，名不齐，孔子弟子。朱注：上斯斯此人，下斯斯此德。"斯焉"之斯指子贱，"取斯"之斯指仁德。

【译】孔子评论子贱说："子贱真是个君子呵。如果鲁国没有君子，子贱从哪里学来这么好仁德修养成为君子呢？"

【别识】孔子对子贱的评论表达了一个基本的社会现象原则，一个人要成为谦谦君子，身边必定有君子，否则他从何学习效仿？朱熹就这样解释。他说："子贱盖能尊贤取友以成其德者，故夫子既叹其贤，而又言若鲁国无君子，则此人何所取得以成此德乎？因以见鲁之多贤也。"

不过仍有不同的见解。南怀瑾认为，孔子的看法是如果认为鲁国没有君子，子贱不就是一个吗？如果说这人不是君子，天下还有什么人是君子？虽然解释不同，意思都一样，都是从反面陪衬说明子贱是个君子。

子贡问曰："赐也何如？"子曰："女器也。"曰："何器也？"曰："瑚琏也。"

【注】 朱注：器，有用之成材。瑚琏，夏曰瑚，商曰琏，周曰簠簋，皆宗庙盛黍稷之器而饰以玉，器之贵重而华美者也。

【译】 子贡问孔子："我子贡怎么样呢？"孔子说："你是可用之材。"子贡又问："什么样的材？"孔子说："这个材是祭祀时才用的，盛黍稷的玉器之材。"

【别识】 子贡很直率可爱，也很性急，看到老师评说了三个同学，而且评语不错，有点按捺不住了，于是主动问孔子：老师你看我怎么样？想得到孔子的评价。

这一评价有褒有贬。褒者，瑚琏这东西平时放在宗庙里不用，等到举行祭祀大典才拿出来。用瑚琏比喻子贡，是说你子贡是大用之材，作用大着哩。贬者，大用也是用在祭祀上，不能用在实际工作中，可见你子贡对日常事情的处理还是有问题，不然，以子贡的才干，何至于平常藏之宗庙不用，只让参加祭祀这类不着实际的事呢？

由此看来，孔子对人的评说是很有分寸，留有余地的。

或曰："雍也仁而不佞。"

子曰："焉用佞？御人以口给，屡憎于人。不知其仁，焉用佞？"

【注】 雍，姓冉，字仲弓，孔子弟子。佞，谄媚也。此处指口才。御，当也，犹应答也。给，辨也。憎，恶也。

【译】 有人说："冉雍这个人有仁德，却没有口才。"孔子说："用口才干什么？经常以口才逞能与人辩论的人，常招人讨厌。不知道仁德的道理，口才再好有什么用？"

【别识】 这也是有学生看到孔子评说了那么多人，忍不住把冉雍提出来说事。这个冉雍不简单，孔子认为他有帝王之才。在《雍也》这一篇中的第一句话就是"雍也，可使南面。"朱子注解说：南面，人君听治之位。冉雍可以做人君的，评价非常之高。然而就是这个冉雍却口才不行，说话木讷，且不善辨。

于是同学有此一问。

理解孔子这段话可与《里仁》中孔子所说："君子讷于言而敏于行"结合起来。这是孔子的一贯主张，君子在少说多做，口才好与不好不是衡量一个人是否有仁德，是否是君子的标准。如果不懂仁德，没有仁德，口才再好也是没用，成不了贤人，成不了君子的。

子使漆雕开仕。对曰："吾斯之未能信。"子说。

【注】漆雕开，孔子弟子，漆雕，复姓，名开，字子若。信，信心，自信。

【译】孔子要漆雕开出去当官走仕途。漆雕开说："对这当官的事没有信心。"孔子听了很高兴。

【别识】孔子推荐漆雕开去当官，而漆雕开回答对这事没信心。孔子很是高兴。推荐学生去当官，孔子除了对学生的学问认可之外，对学生的仁德、品格也一定认可，否则不会让他们出去做官。漆雕开说对当官没有信心，孔子不生气反而高兴，为什么？我以为孔子认为漆很有自知之明，怕自己能力不够，做不好仕政之事，贻害一方百姓，这当然是令人高兴的事。

春秋时代，孔子推荐了不少弟子出去当官，多半被采用，很受各诸侯国欢迎。问题也就在这里，孔子的弟子可以给官做，但孔子虽被尊为贤人，各国诸侯就是不给孔子一官半职，可以请孔子来讲学，可以用孔子在当鲁国司寇时的待遇来礼遇他，就是不让他染指权力，这是为何？南先生认为，这是因为诸侯们害怕。你想孔子弟子三千，都当了官，掌了权，如果哪一天孔子登高一呼，岂不是就政变了。所以诸侯们很警惕。我认为南先生的解读很勉强。

事实上孔子那一套仁、德、礼仪可以修身养性，可以齐家，但不能治国。春秋战国时代，各国争雄，战争频仍，靠仁义礼智信是软化不了对方，说服不了敌人，制服不了敌人的，必须用霹雳手段，用纵横家、法家的手段才可以立国、强国。用孔子等于弱国、自杀。

子曰："道不行，乘桴浮于海。从我者其由与？"子路闻之喜。子曰："由也好勇过我，无所取材。"

【注】由，子路名字。桴，筏也。材，通裁，取材，裁度，判断也。

【译】孔子说："世道变了，仁德行不通了，还是乘个筏子到海上去吧。能跟随人去的恐怕只有子路。"子路听说了很高兴。孔子又说："子路的好勇胜过我，但他对事理缺乏判断，做事缺乏裁度。”

【别识】这段话虽短，却跌宕起伏，很有小说那种在起大落的意境。先是孔子说世道不行了，要乘筏出海，三千弟子中只有子路能跟随他。子路一听高兴得不得了。谁知却招来一顿讽刺：你子路只是好勇方面胜过我，做事却不行，缺乏裁度。子路听了，肯定一下从火热的非洲掉进冰冷的北极，从天堂掉到地狱，心情不知道有多沮丧。

程氏说得很明白：“子路勇于义，故谓其能从己，皆假设之言耳。子路以为实然，而喜夫子之与己，故夫子美其勇，而讥其不能裁度事理，以适于义也。”这就看出孔子的虚伪。一方面赞扬子路的义勇，要用子路之勇，一方面又讥讽子路不能裁度事理，又要用别人又要讥讽别人，这就是圣人孔子？

为什么孔子要说“道不行，乘桴浮于海”？程氏评论说：“浮海之叹，伤天下之无贤君也。”还是说没有君王诸侯能用孔子，所以“道”才“不行”。孔子周游列国，不为诸侯所用，伤心不已，于是有此一叹。

孟武伯问：“子路仁乎？”子曰：“不知也。”又问。子曰：“由也，千乘之国，可使治其赋也。不知其仁也。”“求也何如？”子曰：“求也，千室之邑，百乘之家，可使为之宰也，不知其仁也。”“赤也何如？”子曰：“赤也，束带立于朝，可使与宾客言也，不知其仁也。”

【注】孟武伯，鲁国大夫。赤，孔子弟子，姓公西，字子华，号赤。赋，兵赋也。古者以田赋出兵，故谓兵为赋。《说文》：赋，千乘，大国也。

【译】鲁国大夫孟武伯问孔子：“子路的修养是否达到仁德了？”孔子说：“不知道。”孟武伯又问。孔子回答：“子路这个人嘛，可以让他负责千乘大国的军事问题，至于仁不仁，不知道。”孟武伯问：“冉求呢？”孔子说：“有千户人家的大邑，百户人家的大家族，冉求可以去做主官或主管。至于仁不仁，不知道。”孟武伯问：“公西子华呢？”孔子说：“赤这个人嘛，让他穿上礼服，在朝堂上接待外来的宾客是可以的。至于仁不仁，不知道。”

【别识】这是孔子系统的评说自己的弟子。

孟武伯向孔子系统地打听其弟子的情况，考察的重点核心是“仁”。其时，孟春武伯是鲁国大夫，当政者。向孔子打听其弟子的情况，显然有意图，想任用还是怎么，没有明说。我想是想为鲁国物色一批人才。孟武伯有收获也有失望。收获在他知道了子路、冉求、公西赤的特点，失望的是对他考察的重点核心，一无所获。

孟武伯在这里提出的“仁”不是指好人还是坏人这么简单。如果他问：“子路是好人还是坏人”，孔子是很为难的。孔子不能说不知道，因为如果对“子路是好人还是坏人”这么简单的问题回答“不知道”，那孔子就太没有识人之眼了，教了半天的弟子，是好是坏都分不清，还教什么教。如答“好人”或“坏人”又太简单，在孔子那里，对一个人的评价不是用一个“好”字或“坏”字就完事的。因此，孟武伯在这里提出的“仁”是指一个人的道德修养是否达到仁德了。

孔子对是弟子否“仁”不会轻易下判断。孟武伯问到三个人，孔子都回答“不知其仁也”。他的三千弟子中，有七十二贤人，只对颜回称过“仁”，其余弟子一概没有称为“仁”。可见孔子对仁的标准是很高，对弟子们的要求也很高。尽管如此，孔子还是很知人的。他对弟子是比较了解的，对每个人的特点都在清楚准确的认定。你看，弟子里有可以统军的将才，有可以治理大邑和大家族能吏，有善待人接物的外交人才，大到相国宰相，小至礼宾官员，人才济济呢。

子谓子贡曰：“女与回也孰愈?”对曰：“赐也何敢望回。回也闻一知十，赐也闻一以知二。”子曰：“弗如也！吾与女弗如也。”

【注】回，颜回，孔子弟子，愈，胜也。

【译】孔子问子贡：“你和颜回比，哪个更好?”子贡说：“我哪里敢与颜回比呵。颜回是知道了一就能知道十，我是知道一，只能知道二。”孔子说：“你是不如颜回。我和你都不如他呵。”

【别识】颜回是孔子最欣赏的弟子。这段话是孔子对颜回最高的评价。孔子讲一个道理，颜回就会由此知道其他九个道理，可以以一推十，而子贡这个也不错的弟子呢，知道一了，最多只能由此知道其他两个道理，只能以一推二。中国传统上把学人之资分为两大类，第一类是生而知之，第二类是学而知之。在学而知之这类中又分为上资、中资与下资。所谓上资就是“闻一知十”，中资就是“闻一知二”，下资不用讲，就是闻一知一。宋儒胡安国说：“闻一知十，上知之资，生知之亚也。闻一知二，中人以上之资，学而知之之才也。”有资料记载，子贡平时经常考校颜回，每次都不及颜回，所以在孔子问“女与回孰愈”时，有此回答，心服口服。

关于“与”字要多说两句。就是对这个“与”字的不同理解，后人对“吾与女弗如也”有了截然不同的解释。一是，把“与”理解为“和”，则有“我和你都不如颜回”之解释；一是把“与”理解为“从”，赞同之意，则有“我同意你的意见，你不如颜回”之解释。我认为两种解释都说得通。但我更倾向于把“与”理解为“和”。尽管孔子时时以为人之师自居，但他对人是非常谦逊的。说自己不如弟子颜回，并不是说全面不如，而是说在理解能力上不如。颜回是闻一知十，这种超级理解力非同凡响，孔子说在这方面不及颜回并不丢脸，反而显示出他的谦逊。联想到孔子说的“三人行，必有我师焉”，就更不难理解了。

宰予昼寝。子曰：“朽木不可雕也，粪土之墙不可杇也，于予与何诛。”

【注】宰予，孔子弟子。朱注：昼寝，谓当昼而寐。朽，腐也。雕，刻画也。《说文》：杇，涂也，秦谓之杇，关东谓之镘也。诛，责也。

【译】宰予白天睡觉。孔子说：“腐烂了的木头不能再雕刻了，满是粪土的墙上怎能作画？我该怎么责备你呵宰予。”

【别识】宰予是孔子的高足，言语、文学、德性、政治等方面的的悟性很高，尤其是以语言见长，利口。宰予大白天睡觉，孔子知道了很是生气，于是有了这句被后人经常用来责备不用功之人的名言：朽木不可雕也！朱子解释说：孔子在这里是“言其志气昏惰，教无所施也。言不足责，乃所以深责之”。宰予辜负了孔子的教育，一般的批评已经不够了，所以要用很重的“诛”字来责备宰予。

历史上梁武帝曾把“昼寝”解释为午睡，宋代也有人这样解释。以至于午睡成了儒家一条规矩。康有为、梁启超也认为宰予是在睡午觉。甚至有人把宰予睡午觉与曾国藩联系起来，说曾国藩身体不好，有晚睡早起的习惯，按理应该午睡，但就是因为宰予睡午觉被孔子骂为“朽木不可雕”，所以再困再累，曾国藩也不敢午睡，而是在晚饭前小睡片刻，以保持晚上有充沛的精力。

南怀瑾则由此认为宰予身体不好，因为大白天睡觉，不是身体不好吗？所以南先生认为，孔子在这里不是责怪宰予，而是说，腐烂了的木头，怎么能雕画呢？粪土之墙当然不能作画，宰予身体不好白天睡觉，就不要责怪他了吧！

南先生的理解很新鲜很怪，但不可取。谁说白天睡觉身体就一定不好？宰予身体不好依据是什么？根据“昼寝”就断言宰予身体不好，太牵强了。

我认为,“昼寝”不能单纯理解为午睡。孔子是在这里借题发挥,告诫弟子们要勤奋,不要懒惰,不能成不可雕之朽木,不能画之粪土之墙。当然更不能片面理解为,孔子反对昼寝就不敢午睡。现代科学证明,午睡是一种很好的习惯,值得提倡哩。

子曰:“始吾于人也,听其言而信其行。今吾于人也,听其言而观其行。于予与改是。”

【译】孔子说:“过去我是听了一个人说的话,就会相信他会这样做。现在呢,我是听了一个人的话还要看他是否践行。是宰予的言行促使我作出这种改变。”

【别识】大概宰予言行不一致,爱说大话,说了又不做,所以孔子才又有此一说。上述两句话均是在批评宰予,一是白天睡觉,志惰,二是言行不一。孔门弟子中受到孔子如此严厉批评的大概也就只有宰予了。

这里也反映出孔子自己在思想认识上的一次进步。过去是“听其言而信其行”,经过宰予,进而上升为“听其言而观其行”,这本身就是一种认识上的升华。孔子曾经说过,“君子讷于言而敏于行”,是因为言易行难,知易行难。做事难,把事情做好就更难。但是孔子过去可不是这样认识,把言与行等同看待,不然的话何来“听其言而信其行”?由此出发,孔子应当感谢宰予。从宰予身上孔子对“言与行”有了新的认识,改正了过去不全面的认识,由“听其言而信其行”,进步为“听其言而观其行”,并以此警醒世人。否则,不知道有多少说大话的人会蒙骗孔子,不知道有多少大话先生在世上得志。

这里有必要看一看宋儒们的解释。朱熹说:“宰予能言而行不逮,故孔子自言于予之事而改此失,亦以重警之也。”在朱子看来“听其言而信其行”是“失”。胡安国说:“宰予不能以志帅气,居然而倦。是宴安之气胜,儆戒之志惰也。古之圣贤未尝不以懈惰荒宁为惧,勤励不息自强,此孔子所以深责宰予也。听言观行,圣人不待是而后能,亦非缘此而尽疑学者。特因此立教,以警群弟子,使谨于言而敏于行耳。”

子曰:“吾未见刚者。”或对曰:“申枨。”子曰:“枨也欲,焉得刚?”

【注】申枨,孔子弟子,申党。

【译】 孔子说："我没见到刚毅不屈的人。"有人说："申枨就刚毅呀。"孔子说："申枨有欲望，哪里会刚毅不屈。"

【别识】 孔子在这里说的刚，不是说脾气刚强暴躁，而是说一个人的品质刚毅，有毅力，道德修养比较到家。申枨有欲望，所以不会刚毅。这就引出后人常用的一句话：无欲则刚。一个人没有欲望，就能抵档住各种诱惑，不会被别人对症下药般的设计，投你所好，让你入套。这个"欲"主要是物质和功利欲望。

朱熹等宋儒们对"刚"和"欲"的解释比较精道。朱子说："刚，坚强不屈之意，最人所难能者，故夫子叹其未见。欲，多嗜欲也。多嗜欲，则不得为刚矣。"谢良佐说："刚与欲正相反。能胜物之谓刚，故常伸于万物之上；为物掩之谓欲，故常屈于万物之下。自古有志者少，无志者多，宜夫子之未见也。枨之欲不可知，其为人得非悻悻自好者乎？故或者疑以为刚，然不知此其所以为欲尔。"程氏说："人有欲则无刚，刚则不屈于欲。"

子贡曰："我不欲人之加诸我也，吾亦欲无加诸人。"子曰："赐也，非尔所从也。"

【译】 子贡说："我不想别人把我不想的东西强加给我，我也不会把我的东西强加给别人。"孔子说："赐呵，这个你做不到呵。"

【别识】 从古自今的儒家们认为，这是孔子借子贡在说"仁"的问题。首先要弄清楚别人强加给我，或我强加给别人的是什么？宋儒们大都认为是欲望、思想、意志等。南怀瑾认为是痛苦和烦恼。

朱熹说："我所不欲人加于我之事，我亦不欲以此加之于人。此仁者之事。不待勉强，故夫子以为非子贡所及。"程氏也说："我不欲人之加诸我，吾亦欲无加诸人，仁也；施诸己而不愿，亦勿施于人，恕也。恕则子贡或能勉之，仁则非所及矣。"在朱熹看来，自己不愿做的事，不强让别人做，这叫恕，不把自己的东西加诸他人，这叫仁。恕有体谅的意思，我不愿做的事，要体谅别人的难处，所以不能强迫别人去做。我的思想、意志、欲望不强于别人，让他人和我一样，这就叫"仁"。

我以为要把这句话与孔子的"己所不欲，勿施于人"联系起来考察。孔子提出的不强加于人，不是指给别人痛苦、烦恼或者麻烦，而是指的思想意志。不能把别人不想做的事强加于人，也不能强迫别人一定要接受你的观点、思想，以你的意志为转移。这是最为重要的。子贡做不到，是因为孔子看清了子贡，以子贡的能力和习惯他就做不到。子贡很善经济，孔子晚年主要靠子贡服侍，衣食寝室，日常开销都是子贡负责，习惯了要支配别人。而且子贡善经济，会谋利，经济谋利就一定要把自已的想法加于别人。所以孔子说子贡做不到。

孔子提倡“己所不欲，勿施于人”，自己都不想做，不愿做的事，不强迫别人去做，这是孔子的一贯思想，是对的。但是不能据此就说，我认为是对的，也不能加于人。孔子收徒教学，就是要把自己认为正确的社会道德观，“仁”的思想教给学生，而且是强迫学生接受，并且要付诸实践。你能说是错的吗？能说违背了“已所不欲，勿施于人”吗？

孔子不是一概反对“施于人”，而是反对将错误的观念、思想以及个人欲望强加于人。否则，孔子收徒教学干啥？要现代教育干啥？孔子的仁义道德何传天下？何以教化大众？

子贡曰：“夫子之文章，可得而闻也；夫子之言性与天道，不可得而闻也。”

子路有闻，未之能行，唯恐有闻。

【译】子贡说：“老师的思想体系，我们能听到，看到。老师谈人性和天道，我们没听到过。”

子路听到过，但未能践行，只怕再听到什么。

【别识】此文章，非文稿也，乃指孔子的思想体系，主要是人伦道德方面的思想，如仁义礼智信、礼仪制度等等。性，指人性，天道，天理本体。朱熹注曰：“文章，德之见乎外者，威仪文辞皆是也。性者，人所受之天理；天道者，天理自然之本体，其实一理也。言夫子之文章，日见乎外，固学者所共闻；至于性与天道，则夫子罕言之，而学者有不得闻者。”孔子的道德、仁义思想见乎文章和孔子的言辞，所以凡有学之人都能“得而闻之”。而性和天道，孔子谈得很少，所以我们“不得闻”。这里还有一层深意，孔子言辞文章中所表露也来的思想是显而易见的，可以通过学习就能理解领会，而深藏于文章言辞中的深刻内涵，深层次的东西，孔子没有明讲，所以大家还没有理解其中深藏的含意。

孔子基本没有谈人性的问题。儒家谈人性始于孟子，继而是荀子，有孟子的性善说和荀子的性恶说。天道，天理自然之本体，是哲学的本体论问题了。孔子学说思想中基本不涉及哲学问题，更不涉及哲学最基本的本体论，即世界本源是什么这个问题，原因还不明。所以后世有人说，孔子是个思想家，但不是哲学家，甚至有更激进者说孔子只是个伦理学家、道德学家、教育家，连思想家都不是。

后一句有问题了。“子路有闻，未之能行，唯恐有闻”。孔子的思想言辞都想亲耳聆听，怎么会“唯恐有闻”？有的学者解释这句说是子路听到孔子谈性与天道了，未来得及实践（或深入领会），所以害怕听到下一句。我认为很勉强。还有的说，子路听到孔子谈性与天道，未及实践就先死了，所以弟子们害怕听孔子谈性与天道，生怕听了后与子路一样。“子路有闻，未之能行，唯恐有闻”，是弟子们有感而发的，而历史上的儒家们对这句话都不去深究，避而不谈。

子贡问曰：“孔文子何以谓之文也？”子曰：“敏而好学，不耻下问，是以谓之文也。”

【注】孔文子，卫国大夫，名圉。谥文也。

【译】子贡问：“孔圉为何死后谥号是文？”孔子说：“他聪敏好学，而且谦逊向下面的求教。所以给他的谥号是文。”

【别识】中国古时候对当官的死后才盖棺定论，由皇帝视其功绩给予谥号。历史上能用“文”做谥号的很少，据说至多十余人。比如汉文帝的“文”是其死后的谥号，曾国藩谥号是“文正”，王阳明谥号是“文成”，等等。

孔圉在世时聪敏而好学，好学到什么地步？不管什么人，哪怕是官比他小，学问比他少的人，他不懂不知的都要去问，只要能求得答案。这种敏而好学，不耻下问，就叫“文”。

朱子注曰：“凡人性敏者，多不好学，位高者多耻下问。故谥法有以‘勤学好问’为文者，盖亦人所难也。”聪敏之人常凭自己的聪明而不好学，官大的不能去求教官小的，教授不能去向副教授请教，这好象是一种通病。所以敏而好学，不耻下问，是很难做到的。所以，一个人要想成为真正的文化之人，不能仗持聪明而不学，不能因位高自以为是。一句话，不能瞧不起地位比自己低的人，学问比自己少的人。没有任何人上知天文下知地理，世界上一切什么都懂，所以不懂就要问，尤其是要下问，这不是耻，而是尚。

子谓子产：“有君子之道四焉：其行己也恭，其事上也敬，其养民也惠，其使民也义。”

【注】子产，郑国大夫，姓公孙，名侨。

【译】孔子评论子产时说："子产有君子的四种美德：自己的行为要求谦恭庄重，对君上敬重负责，教养民众给他们实惠，驱使民众符合道义。"

【别识】子产是郑国非常有名的大夫，执掌郑国大权。孔子对他是赞赏有加。首先是严于律已，对自己的行为要求谦恭庄重；其次是对君主恭敬负责，这个"敬"既是尊重，又有谨严，不是盲目服从；其三是对民众给予实惠，不仅要用仁德礼仪教化他们，还要给他们实惠，让民众安居乐业；其四是使用民众时合理合时，有理、有利、有节，符合道义，不能不顾民众实际而一味驱使，不能伤民害民。

当然，这四种美德不只是对做宰相的提出来的要求，而是对每个人提出的，做到了这四点，就是君子。

子曰："晏平仲善与人交，久而敬之。"

【注】晏平仲，齐国大夫，名婴。

【译】孔子说："晏平仲这个人很善长与人交往，相交越久，对朋友们越敬重。"

【别识】晏平仲是齐国大夫，《晏子春秋》就是他的著作。孔子曾对他很为不满。孔子在游历到齐国时，齐王想用孔子。晏平仲在一旁说："你有这度量，能请他来吗?"齐王一听，立马打消了请孔子来辅政的念头。孔子为此极度失望。尽管这样，孔子还是高度评价晏子：与人交往，时间越久，越是敬重朋友。不会因为时间久了，人熟了就会生出怠慢之心。程子说："人交久则敬衰，久而能敬，所以为善。"

朋友之间，交往越久，彼此就越熟，就会很随便，就会把彼此的优缺点看得清清楚楚，有时难免就有怠慢之心，言辞上就有不敬之辞。晏子之为善，是因与他交往的朋友，时间越久，他越尊重，这很难得。一个人的朋友可以满天下，但一生之中能终身相交，知心的朋友并不多。个中原因就在能否交心，而交心之友必是以互相敬重为前提，无论时间长短，敬重第一，至始至终不改。晏平仲交人能"久而敬之"，可以见出他交的不是酒肉朋友，而是交心之友。所以孔子尽管对晏子有意见，但仍高度评价他。

有一些学者把"久而敬之"解释为"时间越久，朋友们越敬重他"，我以为这层意思也不错，但孔子的主要意思还是"时间越久，对朋友越敬重"，因为你对朋友敬重了，朋友才会对你也敬重。

子曰："臧文仲居蔡，山节藻棁，何如其知也？"

【注】臧文仲，鲁国大夫，臧孙氏，名辰。朱注：居，藏也。蔡，大龟也。节，柱头斗拱也。藻，水草名。棁，梁上短柱也。

【译】孔子说："臧文仲为了藏一只大龟修了一间斗拱和梁柱上雕刻有山水，装饰华美的房间。这叫什么智能呵？"

【别识】雕梁画栋本身就很豪华奢侈了，如此铺张竟只是为了藏一只大龟，未免有点过份。所以孔子非常不满地批评臧文仲，而且是用了这是"什么头脑？什么智能"这样的语辞，很是严厉。这也是孔子在提醒人们，不要玩物丧志。

子张问曰："令尹子文三仕为令尹，无喜色；三已之，无愠色。旧令尹之政，必以告新令尹。何如？"子曰："忠矣。"曰："仁矣乎？"曰："未知，焉得仁？"

【注】令尹，官名，楚上卿执政者也。子文，姓斗，名谷于菟。

【译】子张问："楚国的子文，三次被任命为令尹，并无喜形于色；三次下台不做令尹也不愠色难过。下台时还把旧令尹的政令给新令尹交待清楚。你看这人怎么样？"孔子说："这个人忠于职守呵。"子张又问："算得上仁吗？"孔子回答："不知道，这还不能算是仁。"

【别识】一个人当官三上三下，可谓是人生跌宕起伏，精彩之极了。子文修养真是到了家，三上，不喜形于色，三下，不愠不怒。上不喜下不愠，已经很难了，更难的在于下台时还心平气和地把旧政令一一给接班的人交待清楚。这样的修养还不够高吗？一般人当了执政官，恐怕要摆酒庆贺，至少是喜笑颜开，即使不喜形于色，也会神清气爽。一旦下台，多半会懊恼、怨怒，难过。可是子文不。所以孔子说他"忠"，忠于事，忠于国。可是为什么有这样高的修养孔子却认为够不上"仁"？朱熹认为在孔子看来文子上不喜，下不愠，不过是无私人欲罢了，故许其忠而未许其仁。朱子说："其为人也，喜怒不形，物我无间，知有其国而不知有其身，其忠盛矣，故子张疑其仁。然其所以三仕三已而告新令尹者，未知其皆出于天理而无人欲之私也，是以夫子但许其忠，而未许其仁也。"就是说，在朱子看来，文子三上三下，不喜不愠，且将旧政令告以新令尹，是理所应当的事，是他应该做的，并不是什么个人修养，也不表明文子没有个人私欲，所以孔子许其忠而未许其仁。朱子这是在用孔子的标准，圣人的标准来衡量要求所有人了。人无私欲，不成其为人，孔子还有私欲呢，想当官，想实现自己的政治抱负，这不是私欲是什么？朱子的解释太牵强了。至于孔子为何未许文子忠，我想还是留着给后人吧，解释不了的事，何必非要去寻求最终答案呢？

“崔子弑齐君，陈文子有马十乘，弃而违之。至于他邦，则曰：‘犹吾大夫崔子也。’违之。之一邦，则又曰：‘犹吾大夫崔子也。’违之。何如？”子曰：“清矣”。曰：“仁矣乎？”曰：“未知，焉得仁？”

【注】崔子，齐大夫，名杼。齐君，齐庄公，名光。陈文子，齐大夫，名须无。乘，一乘四马，十乘四十匹马。违，去也。

【译】子张说：“齐国大夫崔子以下犯上，杀了齐庄公。同是齐大夫的陈文子看不惯，舍弃了有四十匹马的财产，离开了齐国。到了另一邦国，陈文子说：‘这里的大夫和崔子一样。’又离开了。到了另一邦国，陈文子又说：‘这里的大夫与崔子一样。’也离开了。陈文子这个人怎么样？”孔子说：“他清高啊。”子张又问：“这是仁吗？”孔子说：“不知道，这怎么能叫仁？”

【别识】弑，是孔子的春秋笔法，既所谓春秋微义。以下犯上杀君叫“弑”，打败敌人叫“克”，弑，是不能乱用的。崔子弑齐庄王，就是犯上，是不道。所以陈文子看不惯，宁肯舍弃巨大家产也不肯与崔子为伍，要离开齐国。可是连走几个邦国，发现那里执政的大夫和崔子差不多，于是又离开。就是这样一个不肯与大逆不道之徒为伍的大夫，孔子说他只是“清”，而不肯说他“仁”。在孔子眼里，陈文子清高是很有道理的。看到有悖天理之事，悄悄走开，这表明陈文子有是非感，能明辨善恶，洁身自好。但是，清高本身就有一种明哲保身的私心。同样是大夫，在崔子弑君面前，陈文子选择了“违”，离去，超然弑君之事于身外，不与崔子同流合污，以此保全性命，这就是私心的表现。朱熹说“当理而无私心，则仁矣。”所以陈文子虽然不肯与崔子为伍，超然离去，但有私心，所以只是“清”，而不是“仁”。朱熹评论说：“文子洁身去乱，可谓清矣，然未知其心果见义理之当然，而能脱然无所累乎？抑不得已于利害之私，而犹未免于怨悔也。故夫子特许其清，而不许其仁。”

对此，我倒有不同看法。首先，世上任何人不可能没有私心。孔子也有。孔子提倡的仁爱，首先就是要爱自己的亲人，不像墨子提倡的“兼爱”，爱无亲疏之分。所谓先从自己的亲人爱起没有错，但这就有“私”在内了。《论语·述而》中记载孔子说：“自行束修以上，吾未尝无诲焉。”送上十条肉干，孔子就会教你。换句话说要当孔子的学生是要交学费的。孔子在这里言利了，有私心了。如果按照儒家们的解释，有私心就不能叫仁，那么孔子也不能叫“仁”，既不能称“仁”，又怎么能称孔子“圣人”呢？这不是自已打自己耳光吗？陈文子看不惯崔子的做法，抽身离去，大概是因为崔子权势比他大，陈文子无力制止改变。既如此，不与之为伍，不比留在那里助纣为虐好吗，这难道不是“仁义”之德吗？所以孔子的所谓“仁”，普天之下恐怕没人能做到。连孔子本人也做不到。

季文子三思而后行。子闻之，曰：“再，斯可矣。”

【注】季文子，鲁国大夫，姓季孙，名行父，谥文。

【译】季文子做任何事都要反复思考三次才会付诸行动。孔子听说后说：“思考两次就可以行动了。”

【别识】这里“三思”，“再”都是很具体的量词，三，就是三次，再，就是两次，不是我们现代意义上的多次，数次。

对孔子的“再，斯可矣”，有两种不同理解。

一是程氏兄弟的解释。他们认为这是孔子在讥笑季文子，认为只要想两次就够了，思考三次，就出私心了。程子说：“为恶之人，未尝知有思。有思则为善矣。然至于再则已审，三则私意起而反惑矣，故夫子讥之。”程子的看法是，一件事情有思考则为善，再想二次，就已经审时度势了。第三次思考，则私心就有了，就受惑了，犹豫不决了，反而碍事。所以孔子讥笑季文子。

朱熹的看法不同。他说：“季文子虑事如此，可谓详审，而宜无过举矣。”季文子做事谨慎，思考再三才肯行动，这并不过份。那么为何孔子要说“再，斯可矣“？季文子有个毛病，做事顾虑太多。正因为此，孔子是在提醒大家，不要像季文子那样，做事顾虑重重，思考再三，迟疑不决，做事考虑清楚，权衡利弊，一旦思考成熟，就要果断处置，断然行动，不能犹豫不决。过份谨慎，过多思考反而有害。这就是古人说的一句话，当断不断，反受其乱。

子曰：“宁武子邦有道则知，邦无道则愚。其知可及也，其愚不可及也。”

【注】宁武子，卫大夫，名俞，谥武。知，智也。及，学也。

【译】孔子说："邦国大治有道时，卫国大夫宁武子表现出他的聪明才干；邦国政治混乱无道时，宁武子就显得很愚笨。他那种聪明智能是可以学得到的，他那种愚笨是学不到的。"

【别识】据《春秋》载，宁武子在卫国当大夫，曾辅佐了卫文公和卫成公先后两个君主。卫文公时，卫国政治清明，国家大治，民众幸福，宁武子也表现他的聪明和才干。卫文公去世后，卫成公继位，国家政治开始混乱，宁武子呢表现出很愚笨。不管是邦国有道还是无道，宁武子都能左右逢源，在两位君主手下成功干活。因此孔子评论宁武子在邦国有治时表现出的聪明智能是可以学到的，但他在乱世中表现出来的愚笨，尤其是由聪明智能转为愚笨是学不到的。

程氏评论说："邦无道能沉晦以免患，故曰不可及也。亦有不当愚者，比干是也。"在程氏看来，宁武子在邦无道时表现出的愚笨，是有意为之，是为了隐藏自己的才干，以免招来妒忌祸患，并不是国家乱了，宁武子的聪明才干就突然没有了。也有不隐藏的，比如比干。商纣王昏庸无道，周武王姬发纠集了800多个小部落的兵力去攻打商纣王，结果不敌。面对危机，商纣王不以为意，仍然花天酒地。身为王族的比干知道如果劝谏不会有好结果，但是，比干认为主上有过，不去规劝，不能算忠心，怕死而不敢说话，不能算勇敢。于是冒死进谏。结果商纣王被比干缠得烦，问比干：你有啥后台，敢对我这样？比干说，我的后台是仁、义。纣王竟说：好，你是圣人。听说圣人的心有七窍，我要看看是真是假。于是叫人把比干的心挖了出来。对这种事，子游已有总结："事君数，其辱矣，朋友数，斯疏矣。"君臣之间规劝得太多，臣下会招来杀身之祸，朋友之间规劝太多，就会疏远。

在文公时代，宁武子很能干，国家有道有他的功劳。新君即位，前朝老臣总有点心中惴惴。这里有两种情况，一是前朝老臣与新君不对付，合不上拍。再则害怕新君对前朝老臣有警惕，所以装傻，把自己的才干隐藏起来，以免招致他人的攻奸和谗言，使新君怀疑，从而保全自己。第二种情况是，前朝老臣跟不上新君的思路和步伐，总要慢几拍，完全不适应新君，因此处处显出愚笨。这两种情况我以为第一种情况更接近真实。文公有道，必然开明。君主开明，臣下就能放开手脚去办事，聪明才干就能显现出来。所以"宁武子邦有道则知"。成公时代，国家开始混乱。一国之乱总是因为君主昏乱而起。君主昏乱，则臣下不知所措，再能干也不能显现出来。要想自保就得圆滑，否则不能独善其身。因此朱熹评论说："文公有道，而武子无事可见，此其知之可及也。成公无道，至于失国，而武子周旋其间，尽心竭力，不避艰险。凡其所处，皆智巧之士所深避而不肯为者，而能卒保其身以济其君，此其愚之不可及也。"

宁武子较比干而言，更聪明，毕竟能保住性命，但却丢了仁义。这是孔子反对的，所以他说："其知可及也，其愚不可及也。"

子在陈曰："归与！归与！吾党之小子狂简，斐然成章，不知所以裁之。"

【注】陈，国名。吾党小子，指门人之在鲁者。

【译】孔子在陈国说："回去吧！回去吧！我的这些学生呵，狂妄简慢，文章写得很有文采，但不知道著文真谛，裁度无方呵。"

【别识】孔子的感叹是很严重的，对自己的弟子们极度失望，先是说他们狂妄简慢，不知天高地厚，继而说他们的文章不得要领，裁度无方，文章虽然写得花团锦簇，但缺乏核心思想，还没有掌握写文章的真谛。

为什么么孔子要陈国发出这样的感叹？来看朱熹的注解。朱子评曰："狂简，志大而略于事也。斐，文貌也。成章，言其文理成就，有可观者，裁，割正也。夫子初心，欲行其道于天下，至是而知其终不用也。于是始欲成就后学，以传道于来世。又不得中行之士而思其次，以为狂士志意高远，犹或可与进于道也。但恐其过中失正，而或陷于异端耳，故欲归而裁之也。"

原来，孔子周游列国是想把他那一套仁德、仁政之道用于实践，可惜不为诸侯所用。别人不买帐，就不能强迫人家吧，况且你只是的白衣呢，不过就是比别人懂得多一点而已。孔子的政治抱负没法实现，又看到身边的弟子们不争气，狂妄简慢，志在才疏，只知道写文章，不肯做实事。孔子怕他们走上异端之路，所以心里生出回家办学，好好调教他们的念头，一种很无赖的念头。

子曰："伯夷、叔齐，不念旧恶，怨是用希。"

【注】伯夷、叔齐，春秋时贤人，孤竹君之子。是用，因此。

【译】孔子说："伯夷、叔齐对过去对他们作过恶事的人，从不记恨，因此别人对他们的怨恨很少。"

【别识】伯夷、叔齐是孤竹君的两个儿子，伯夷是老大，叔齐是老三。孤竹君是春秋时一个小诸侯国君，去世前留下遗言，要叔齐继位，叔齐不干，让位给伯夷。伯夷也不干，两人听说周文王礼贤下士，一齐跑到周文五哪里，让老二继承王位。谁知刚到周，文王就去世了，周武王继位。继位不久，周武王就兴兵讨伐无道纣王。伯夷叔齐去拦阻不成，认为周武王以下犯上，大逆不道，于是不食周粟，跑到首阳山躲起来，最后饿死在山中。伯夷、叔齐与吴泰三人是中国历史上三个薄帝王位而让国的名人。《史记·伯夷列传》对二人有详细记载。《论语》中还有多次孔子对二人的评价。

先看孟子对伯夷、叔齐的评价。孟子评论他们是："不立于恶人之朝，不与恶人言。与乡人立，其冠不正，望望然去之，若将浼焉。其介如此，宜若无所容矣。然其所恶之人，能改即止，故人亦不甚怨矣。"伯夷、叔齐就是这样待人，恶人不必说，不会与他同朝，也不会与他言谈。与乡人在一起，如果乡人衣冠不整，伯夷、叔齐会看你一眼就走开，似乎如果不离开就会被污染（浼，污也）。但是如果这些人能改正恶行，伯夷、叔齐是不会嫌弃他们，会与之交往，所以不会招来很多怨恨。程氏评论说："不念旧恶，此清者之量"，又说："二子之心，非夫子孰能知之？"

总之伯夷、叔齐疾恶如仇，立场鲜明，不与恶人言，不立恶人朝，就是亲朋好友，乡里乡亲如果衣冠不整也要离去。但是，一旦改正恶行，伯夷、叔齐就会与他来往，这种肚量，程氏认为是清量，胸怀宽广也。这样的人，你怨恨得起来吗？

子曰："孰谓微子高直？或乞醯焉，乞诸其邻而与之。"

【注】微子高，鲁国人，姓微生，名高。醯，醋也。直，率直也。

【译】孔子说："谁说微子高率直？有人向他借醋，他家没有，从邻居那里借来给人。"

【别识】微子高从邻居那里借醋来给向他借醋的人，这举动受到孔子以及后世儒家学者的一致批评。朱熹说："人来乞时，其家无有，故乞诸邻家以与之。夫子言此，讥其曲意殉物，掠美市恩，不得为直也。"程氏说："微生高所枉虽小，害直为大。"范祖禹说："是曰是，非曰非，有谓有，无谓无，曰直。圣人观人于其一介之取予，而千驷万钟从可知焉。故以微事断之，所以教人不可不谨也。"

在他们看来，有人来借东西，有就有，无就无，直言告之即可，这才是率直。而微子高从邻居那里借来醋，转手给来借东西之人，这是不直。朱子认为，乞诸邻家而与人，是掠人之美，用人家的东西来施恩于人，不可取。而程氏说得更厉害，这不是直，是损害“直”的声誉。范祖禹则从孔子的批评中看到了另一个问题：从一件小事可以看出一个人的品性。

自家没有，向邻居借来与人，是有打肿脸充胖子的嫌疑，但不至是害“直”，程氏之言过矣。

有人向你借东西，你没有，直言以告，来人一定很失望。为了不让来人失望，虽然家中没有，仍说：请稍等。赶紧到邻居家借来东西，交给来人。来人很满足地走了，你心里也一定有种成就感。但是，如此一来你就欠了邻居一个人情，借了别人东西总得还吧，人情债也早晚要还。宁肯自己负债（财力债，人情债）也要帮助他人，你说这不是率直、耿直、仗义，是什么？这是害“直”还是友“直”？

倒是范祖禹从另一角度来解读孔子的看法值得重视。以一介小事、微事来断人识人，风微知著，倒是很可取。以小事看大事，从细节观大节，这是识人的基本方法。

子曰：“巧言、令色、足恭，左丘明耻之，丘亦耻之。匿怨而友其人，左丘明耻之，丘亦耻之。”

【注】左丘明，战国闻人，《春秋左传》作者。足，过也。匿，亡也，藏也。

【译】孔子说：“喜欢花言巧语，满脸微笑，毕恭毕敬做过了头的人，左丘明不喜欢，我也不喜欢。把怨恨隐藏起来表面对人友善，左丘明不喜欢，我也不喜欢，深以为耻。”

【别识】理解这句话关键在“匿”。《说文》注：匿，亡也。《广韵》：藏也。匿不是忘，而是隐藏。对你有仇，有怨恨，没有忘，面子上不表露，心里记着哩，只是伪装起来了。这种不忘怨恨，表面对你却很友善，是不是很阴险。这当然为圣人所不耻，也为儒家学者们所不耻。

按照孔子的说法来理解，问题又来了。和你有怨恨，又没法忘掉，没齿难忘的深仇大恨，隐藏起来，友善待人不对，那么表露出来，一副不共戴天，势不两立的样子，是不是就对了？是不是就符合孔子的意思了，就不是“耻”了。所以，我以为孔子的说法有点问题。有怨恨，隐匿起来，对人友善，这是对的，但不是耻辱。隐藏久了，也许就忘了。有怨恨，向你表达出来，但是还是友善相待，不是对怨恨持睚眼必报的态度，这恐怕是最好的办法。因为有怨恨不表露，时间久了会憋坏人的，情绪不渲泄，日久有要生怨。

颜渊、季路侍。子曰："盍各言尔志？"

子路曰："愿车马，衣轻裘，与朋友共，敝之而无憾。"

颜渊曰："愿无伐善，无施劳。"

子路曰："愿闻子之志。"子曰："老者安之，朋友信之，少者怀之。"

【注】盍，语助词。伐，夸也。善，谓有能也。

【译】颜渊、子路侍候在孔子身旁。孔子说："何不说说你们各自的志向？"

子路说："愿有好车马好衣服与朋友共享，花光了弄坏了也心甘情愿。"颜渊说："希望对社会有好处，但不夸耀，也不表白自己的功劳。"子路说："愿意听听夫子的志向。"孔子说："我希望天下的老人安逸，朋友信任，年轻人能怀念。"

【别识】这段话很有意思。孔子、颜渊、子路三人一起聊天，谈起名人的志向。子路直率仗义：义字当头，有好车好马与朋友共享之，弄得一无所有了，弄坏了都无所谓，只要大家高兴。颜渊毕竟是孔子最得意的弟子，追求的是道德上的完美，志向要高远一点，但显得不如子路那么实在：对社会有贡献但不夸耀，不表白。

孔子的志向恐怕大出我们所料，竟是老有所安，朋友有信，少年怀念这么简单。这看起来简单，其实很难。孔子追求的不是身前事，而是身后事。老有所安就不好办，老了没多大用处了，要让老人有衣穿，有房住，还要有人一起聊天，心里不寂寞，恐怕就要建敬老院。要做到这一点，不光要有财力，还有世人的普遍关心。要让朋友信任，不是一时半会儿就能做到的，而是要穷尽一生之力，一生守信，才能赢得朋友信任。要让少年人怀念自己就更难。如果你没有丰功伟业，没有对社会有所贡献，没有至高的道德修养，恐怕你一入土，参加你葬礼的人转身就把你忘了，何况还要让少年人怀念你这样的大事？

子曰："已矣乎！吾未见能见其过而内自讼者也。"

子曰："十室之邑，必有忠信如丘者焉，不如丘之好学也。"

【注】朱注：内自讼者，口不方而心自咎也。

【译】孔子说："算了吧，我没有看见能看到自己错误而内心反省自咎的人。"

孔子说："有十户人家的小邑，一定有如我一样忠信的人，但他们不如我好学。"

【别识】这其实是孔子在讲自已的治学与内心修养精神。一个人要主动看到自己的过失错误和不足，要时刻反省。这种"内自讼"就是在内心里天理与人欲、仁德与私利打仗斗争，就是要用天理战胜人欲，用仁德战胜邪恶。朱熹说，"人有过而能自知者鲜矣，知过而能内自讼者为尤鲜。能内自讼，则其悔悟深切而能改必矣。"能主动看到自己的过失错误的人本来就很少，看到了过错还不够，还要自已从内心深处进行自我审视，自我审判，深究其原因以致改正错误，警觉自己，这样的人就更少。不要说能"内自讼者"，就是能见其过就不容易，所以朱子给孔子的"已矣乎"加了个注解："已矣乎者，恐其终不得见而叹之也。"孔子是在感叹自己这一辈子恐怕见不到能见其过的人了，何况是能"内自讼者"？

第二句，人不能只讲忠信，还要经常学习。忠信是做人的基本，但还不够，还要不断学习，把忠信、仁德化为自觉认识。所以朱子又说孔子这句话是："言美质易得，至道难闻，学之至则可以为圣人，不学则不免为乡人而已。"孔子之能被后人尊为圣人，就是他不断学习，而只有忠信，不学习的人，至多是有一种美德而已，难以达到仁德境界，最终也不过是一个乡人。

雍也第六

这一篇与《公治长》一样，是用孔子学生冉雍的名字来做篇名。在众多弟子中，冉雍是孔子比较得意的一个。和公治长一样，冉雍家境贫寒，但天资聪颖。在孔子得意弟子中，他认为学问最好的是颜回；军事才能第一，慷慨好义的是子路；政治、外交经济第一的是子贡，而这个冉雍是个有帝王之才的人。

子曰："雍也可使南面。"

仲弓问子桑伯子，子曰："可也简。"仲弓曰："居敬而行简，以临其民，不亦可乎？居简而行简，无乃大简乎？"子曰："雍之言然。"

【注】雍，孔子弟子，姓冉名雍，字仲弓。子桑伯子，鲁人。朱注：南面，人君听治之位。简，不烦之谓。

【译】孔子说："冉雍这个人有帝王之才呵。"

仲弓问子桑伯子这人如何？孔子说："可以呵，办事简要不烦琐。"仲弓说："心存畏敬，行事简洁，这样来对百姓不是很好吗？心中有简慢之心，行事又简单，这不是太简单了吗？"孔子说："冉雍的意见是对的。"

【别识】"雍也可使南面"，这是一句很高的评价。南面，历来就是帝王的代名词。从古自清，帝王宫殿、地方衙门都是坐北朝南，大门必是正对南方。老百姓的住房是不准这样建的，即使是坐北朝南，大门也要开在一旁，否则就是违制建筑，是要被官府强拆的，情节严重的还要捉拿入狱。你如果到各地出差公干，不妨观察一下现在政府的衙门，大多也沿袭了这个套路。以成都为例。省政府的机关大门坐北朝南，正对南面开门。原来的成都市委市政府机关大门也是向正向南面开门。新建的成都市政府机关大门也是正朝南方。这是闲话。

孔子说冉雍"可使南面"，我想并不是说冉雍真应该去当皇帝，而是说冉雍有治国之才。果然，冉雍问起子桑伯子来。得到孔子“这人还可以，行事简要”的回答后，自顾自地说开了，而且说的是治国之理。心中有敬畏，行事简要，以此待民，会很好吗？心存简慢，而行事又简要，不是太简单，甚至有点草率了吗？孔子很认可冉雍的看法，当即予以肯定。

不光是孔子肯定，宋儒朱熹也大加赞扬，并大肆阐发了一通。他认为冉雍的这段话是“言自处以敬，则中有主而自治严，如是而行简以临民，则事不烦而民不扰，所以为可。若先自处以简，则中无主而自治疏矣，而所行又简，岂不失之太简，而无法度之可守乎？”关键就是你“自处以敬”，还是“自处以简”。自，在这里专指为政者，指那些大权在握的当官者。自处以敬，就是要这些当官的心中常怀敬民、敬业、敬事的敬畏之心，如此，则胸有主义，志有理想，思在民众，而严于律已，属守法道，并用简之法待民，使民众心中不扰，处事不烦。反之，内心简慢，不敬民敬事敬业，必然要行为简慢，烦民扰民之事难免出现，民众心绪就会不平。这是一种治国之道，为政之道。但是，现代社会诸多政府官员不明白这个道理，心中想的不是敬民敬事敬业，心无敬畏，而是想的自己的威权，扰民烦民之事当然不可避免。盖其自处以简，而不是自处以敬也！

哀公问：“弟子孰为好学？”孔子对曰：“有颜回者好学。不迁怒，不贰过。不幸短命死矣！今也则亡，未闻好学者也。”

【注】哀公，鲁哀公。朱注：迁，移也。贰，复也。怒于甲者，不移于乙；过于前者，不复于后。

【译】鲁哀公问孔子：“你的弟子中谁好学？”孔子说：“颜回好学。他不迁怒，不会犯同样的错误。可惜他短命死了。现在再也没有这样的人了，再没有好学的人了。”

【别识】颜回死时32岁，故孔子说他短命。因为颜回是孔子最喜欢的一个学生，孔子对颜回之死痛心疾首，故有此言。

“不迁怒”，历史上的解释有不同。朱子是“怒于甲者，不移于乙”。程氏的解释是：“颜子之怒，在物不在己，故不迁”。南怀瑾则认为，不迁怒是说颜回在外受了气，有怨气、愤怒，不会回家来向他人发作。

不迁怒，我以为首先是指情绪控制，不是简单地说受了气不回来向他人发作，是指一个人的修养。颜回修养很高，善于控制自己的情绪，不会把怨怒表露出来，同时他内心很平静，受了气，忍了，吃了亏，忍了，依然不受影响地做他的学问。不迁怒，一则，不会受了张三的气，转而向李四发怒。所谓怒于甲而移于乙也。那么是不是张三惹了我，我就向张三发怒就对了？也不是。二则，事有不顺，心有怨怒，不会转移情绪四处发泄。

不过，这样好吗？心有怨气，甚至怒气，闷在心头不发泄，一个人关上门呆坐生闷气，好不好？我以为不好。有气就要放，有怒可以发，不必窝在心里。憋气久了会出毛病，搞不好就是抑郁症。颜回短命，摆地桌面的原因是营养不良，孔子说他“一箪食，一瓢饮，在陋室”就是例证。另一个重要原因我想就出在这“不迁怒”上。想一想，受了气而不发作，忍了，修养是高了，人们是称赞了，孔子是夸奖了，可是抑郁症恐怕也跟着来了。情绪长期压抑，怨气、怒气不得发泄，就如洪水积蓄，一旦暴发就不可收拾。所以我以为，“怒于甲者，不移于乙”是对的，但怨怒之气还是要发的。

可以学一学德国的威廉一世嘛。威廉一世经常回宫后大发雷霆，摔花瓶摔碗。老婆问他，是不是又受了俾斯麦的气了？威廉一世大骂俾斯麦这个老东西。老婆说，你怎么不当面骂俾斯麦呢？威廉一世说，你想想，俾斯麦做为首相，一人之下万人之上，手下那么多人要给他气受，他向谁发？只有向我发。我能当面驳他，向他发气吗？我只有受了，回到宫中再发气呀！在威廉一世和俾斯麦的合作下，德国迅速强大起来。如果威廉一世也像颜回那样忍气吞声，恐怕早给俾斯麦气死了。

不贰过，不重复犯同样的错误。这个更难做到。朱子说：“过于前者，不复于后”，这就是不贰过。程氏曰：“有不善未尝不知，知之未尚复行，不贰过也。”人生在世，不可能不犯错，错误可以改正，难的是不犯同样的错，这就很考验人。怎样才能“不贰过”？一则对错误要有记性，不能犯了错，也认识到错了，但转过身又忘了；二则要内心自省。反思为何犯错，怎样才能不犯错。这样才会认识深刻，不第二次犯同样的错。

总之做人到这种“不迁怒，不贰过”的境地，才是上品。而好学深思是其根本。深思者，好学之本也。学而不思，学问不能成自己之思，道德修养也难以提高。

子华使于齐。冉子为其母请粟。子曰：“与之釜。”请益。曰：“与之庾。”冉子与之粟五秉。子曰：“赤之适齐也，乘肥马，衣轻裘。

吾闻之也，君子周急不继富。”

【注】子华，孔子弟子，公西赤。釜，六斗四升。庾，十六斗。秉，十六斛，一斛为十斗，后改为五斗。继，济也。

【译】公西赤出使到齐国。冉子来向孔子请求给公西赤母亲粟米。孔子说："给她六斗。"冉子请求增加点。孔子说："那就给十六斗。"冉子给了公西赤母亲五秉（800斗）粟米。孔子知道后说："公西赤到齐，乘的是肥马，穿的是锦衣。我听说君子应该救急而不是济富呵。"

【别识】这场对话讲了一段故事。公西赤出使齐国，冉子好心来找孔子为他的母亲要笔安家费。大概那时孔子在鲁当司寇，冉子在当总管一类的官。孔子说，给六斗吧。冉子义气说，少了点吧，加点。孔子说那就十六斗。线果冉子回去大笔一挥，给了公西赤母亲五秉，按每秉16斛，每斛十斗算，是800斗，按每斛五斗算也是400斗，整整多出孔子给的20倍。孔子听说后很委婉也批评冉子。公西赤出使齐国，风光得很哩，怒马鲜衣，前呼后拥。君子应当救人之急，而不是济富，是雪里送炭，而不应当锦上添花。

这里传递了两个信息。一是孔子对周济人的态度和看法，二是孔子对违背自己意见的人的态度。

周济他人，孔子态度很明确，"周急不继富"。对有急难的人要周济，对那些不太需要帮助的人，则不必。所谓宁肯雪里送炭也不要锦上添花。从效果看，雪里送炭能救人于危难，帮人度过难关，或许这一帮就难改善他的境地，或许就是危难者的一个人生转折。而锦上添花对人不会有实质性的帮助。所以，周急是济人之先。

冉子违背孔子的意见，出手大方，给的粟米多于孔子所给的20倍。放在其他人恐怕早已雷霆大发。孔子没有，而是很委婉地先讲公西赤在齐国的情况，也顺带说明为什么他只给了十六斗粟米的理由，然后再用君子之道开导冉子。这是一种很好的教育方法，表面上孔子开导冉子，实则是在批评。但是孔子用开导代替批评，寓批评于开导之中，恐怕任谁都能接受，都会对老师的批评心存感激，毕竟老师给我留了面子。

原思为之宰，与之粟九百，辞。子曰："毋！以与尔邻里乡党乎！"

【注】原思，孔子弟子，名宪。朱注：孔子为鲁司寇时，以思为宰。

【译】 原思在孔子那里做总管时，孔子给他粟米九百。原思不要这么多。孔子说："不要推辞了，你可以周济你的乡邻嘛。"

【别识】 古时候，五家为邻，二十五家为里，五百家为党，一万二千五百家为乡。

与上一段话联系起来考察，就不难发现孔子对钱财用法的态度。公西子华出使齐国，一切用度有公家开销，锦衣玉食，车冠随从很是威风。因此，当冉子向孔子请求给其母补帖时，孔子只给了十六斗粟米，不肯多给。当冉子违背孔子意愿后，孔子当然就批评了冉子，尽管很委婉。而原思在孔子家做总管时，一切费用由孔子自己出，孔子就给了他九百。至于是九百斗还是九百斛，不知道，反正不少。原思呢，嫌多了推辞，孔子却劝他收下，多的可以周济有困难的乡里乡亲。孔子知道原思的所有经济来源都是由做总管而得，原思本身又很清廉。所以对他很放心，给他九百粟米。可见孔子用财之法。

历史上还记载过原思这样一件事。孔子过世后，原思辞官，大概在卫国一带归隐。子贡相卫时一次去看他。子贡去时很排场，随从众多。原思装扮成一个衣衫破烂的乡巴佬。见面之后，子贡看原思一副潦倒样，问他：你病了吧？原思说，我没生病，只是穷，没有钱呵，学道不成才是病呵。不像你，学了夫子之道，看你今天这派头，很神气。弄得子贡下不了台。可见原思对财物本来就很淡泊。

子谓仲弓曰："犁牛之子辛且角，虽欲勿用，山川其舍诸？"

【注】 犁牛，耕地之牛。辛，赤也。角，角周正端庄。用，用以祭也。山川，山川之神也。

【译】 孔子在谈冉雍时说："犁牛生子牛犊周身赤红，两角周正端庄，虽然祭祀不用，但山川之神是不会忘的。"

【别识】 冉雍出身贫寒。其父乃一农户，有史记载其恶且贱。所以孔子称冉雍是"犁牛之子"。古代犁牛是最下等的牲畜，且毛色不好，常用祭祀。孔子说，你虽然是犁牛之子，但毛色很好，周身赤红，且两角周正。周代尚赤，用赤色的牛祭祀为牛之上品。这是说冉雍虽出身低贱，但个人品性好、学问好、修养好。这种赤色牛，虽然不会用来祭祀，但山川诸神不会忘了你，是看重你的，早晚会用你。

这充分说明孔子对一个人的出身是不太看重的，孔子看重的是一个人后天的修养和品性。朱熹评曰："仲弓父贱而行恶。故夫子以此譬之。言父之恶，不能废其子之善，如仲弓之贤，自当见用于世也。"所以，一个人不要太看重自己的出身，出身贫寒不必自卑自贱，出身高贵也不能自傲。有德有才之人，世不会弃，人不会弃，正所谓天生我才必有用！

子曰："回也，其心三月不违仁。其余则日月至焉而已矣。"

【注】朱注：三月，言其久。仁者，心之德。

【译】孔子说："颜回可在长时间在心里保持仁德，不违背仁德。其他的人只能在几天至多一个月不违背仁德。"

【别识】这又是孔子对最喜欢的弟子颜回的高度评价，而且这次用了其余所有弟子来垫背。不违背仁，颜回可以做到长时间，而其他弟子呢，几天至多一个月而已。

这里最重要的是"仁"的内涵。什么是"仁"？孔子的"仁"，含义很多，在《论语》中他说过"克已复礼为仁"，"仁者爱人"。宋儒们把孔子在这里说的"仁"解释为无私欲。朱熹说："心不违仁者，无私欲而有其德也。"不违仁，就是无私欲。程氏兄弟说得更绝："不违仁，只是无纤毫私欲。少有私欲，便是不仁。"心中如果有一丝一毫的私欲，就是不仁，就是违背仁。前面我们已经说过，把"仁"简单归为无私欲，那么普天之下，没有一个人有"仁"，天下无人不违"仁"。我想朱熹、程氏当初是否将自己的家财分给贫困乡里？是否教授弟子不收任何礼金、学费？恐怕没有。由此可见，他们也有私欲，他们已经违背了"仁"。即已违"仁"，有何资格谈"仁"？

事实上，有没有私欲并无关宏旨。"仁"的含义主要不是私欲，而是仁爱、忠信、谦恭，即义、礼、智、信。如果真是如朱子程子那样理解，孔子也早已违仁了。如果孔子没有一丝一毫私欲，那孔子就成了不食人间烟火的神仙了。宋儒们胡乱注解《论语》此为一例，看官们可得加倍注意。不然的话，中了毒还不知道毒从何来。

季康子问："仲由，可使从政也与？"子曰："由也果，于从政乎何有？"曰："赐也，可使从政也与？"子曰："赐也达，于从政乎何有？"曰："求也，可使从政也与？"曰："求也艺，于从政乎何有？"

【注】朱注：从政，谓为大夫。果，有决断。达，通事理。艺，多才能。

【译】 季康子问孔子："让子由去从政当大夫，行吗？"孔子说："子由做事果断，从政有什么困难？"季康子又问："端木赐从政如何呢？"孔子说："端木赐很通达，从政有什么困难呢？"季康子又问："冉求从政怎么样？"孔子说："冉求多才多艺，从政有什么困难？"

【别识】 大多学者把"于从政乎何有"译为"从政有什么困难"？是孔子肯定弟子们能从政的意思。唯独南怀瑾有另一种解释。他认为，孔子的"于从政乎何有"，是"他从政没有用"，是否定。南先生认为，季康子当时是鲁国的大夫，权臣，权势熏天，而且路子很不正。所以孔子不愿意自己的弟子去帮季康子这个无道之人。于是说，子由这个人果断是果断，但刚者易折，不适合从政；端木赐这个人呢太通达，太通达就对事就会满不在乎，也不适宜从政；冉求这个人多才多艺，才子是不适合从政的。姑存一说。

程子注解时说："季康子问三子之才可以从政乎？夫子答以各有所长。非惟三子，人各有所长，能取其长，皆可用也。"这是程子引申出来的意思，我认为是对的。

不管怎么解释，孔子在这里提出了从政为官的几个必备条件。其一，做事要果断，雷厉风行。尤其是临危不惧，快刀斩乱麻，此乃大将风度，统帅之才；其二，了解事理，通达应变，对事情能察微知著，管中窥豹，洞若观火，此乃运筹帷幄之智也；其三，才艺具备，三教九流皆知，知识面广阔，遇事不至迷失方向，此乃全局眼光必具条件。这三条，能条条具备的不多，有其一则可从政，不过要使用得当，否则就真如南先生说的那样，果敢就成为刚愎自用，通达就成为毫无原则，才艺就成了狗屎鞭子，才能就成了累赘负担。

季氏使闵子骞为费宰。闵子骞曰："善为我辞焉，如有复我者，则吾必在汶上矣。"

【注】 闵子骞，孔子弟子，名损。费（古音毕），季氏邑。汶，水名，在齐南鲁北交界处。

【译】 季康子派人找到闵子骞，要他去做季氏采邑的地方长官。闵子骞说："替我好好辞掉吧。如果再有人来说这事，我一定离开鲁国到汶水那里去住了。"

【别识】 这一段和上面一段是有联系的。按南先生的理解，季康子想找仲由、端木赐、冉求去他那里从政，孔子不让去，于是季康子派人找到孝子闵子骞，要他去做费邑的行政长官。可是闵子骞不去，而且还丢下狠话：不要再来说了，再来说我就逃离鲁国到齐国去了！

孔子的弟子中很少从政的，子路、子贡是个例。不是弟子们不想去，而是孔子不让他们去，真心不想从政的也就闵子骞、曾子几人而已。程氏说："仲尼之门，能不仕大夫之家者，闵子、曾子数人而已。"不事大夫家，不去给季康子这类的权臣当家臣，一是因为掉价，二是因为以孔子之声望，去为不仁、不德之权臣当差，有损名望。

北宋理学家谢良佐对此看得很明白。他说："学者能少知内外之分，皆可以乐道而忘人之势。况闵子得圣人为之依归，彼其视季氏不义之富贵，不啻犬彘。又从而臣之，岂其心哉？在圣人则有不然者，盖居乱邦、见恶人，在圣人则可；自圣人以下，刚则必取祸，柔则必取辱。闵子岂不能早见而豫待之乎？如由也不得其死，求也为季氏附益，夫岂其本心哉？盖既无先见之知，又无克敌之才故也。然则闵子其贤乎？"谢氏的看法是，闵子骞以孔子为依归，视季氏的富贵如粪土猪狗，如果去为季氏家臣，岂不是违心之举。在季氏那里，你会看见种种乱象，见到诸多恶人恶行恶事。孔子如果身处其中可以自处，其他的人就难说。太刚强就要自取其祸，太柔弱会自取其辱。子由果敢会在季氏那里不得好死，冉求会依附季氏，这都不是他们的本心所想呵！既无先见之知，又无克敌制胜之法，去季氏那里干什么？所以闵子贤呵。

伯牛有疾，子问之。自牖执其手曰："亡之，命矣夫！斯人也，而有斯疾也！斯人也，而有斯疾也！"

【注】伯牛，孔子弟子，姓冉，名耕。牖，窗也。《说文》：穿壁以木为交，窗也。后人注，在墙曰牖，在屋曰窗。

【译】伯牛病重，孔子前去看望。在南面窗外伸手进去握着伯牛的手说："你要死了，这是命呵！这个人怎么会得这种病！这个人怎么会得这种病！"

【别识】在上古，病人卧床一定是在靠北的窗下。如果君王前去看望，只能立于在南面看，所以病人要从北窗移到南窗。这是"礼"规定的。孔子去看伯牛，伯牛的家人以君王之礼待孔子。孔子不敢当，所以在南窗外伸手进去拉住伯牛的手。朱熹注说："礼，病者居北牖下。君视之，则迁于南牖下，使君得以南面视己。时伯牛家以此尊孔子，孔子不敢当，故不入其室，而自牖执其手，盖与之永诀也。

伯牛得了什么病，孔子去探望竟说："亡之，命矣夫"。朱子注解时说："先儒以为癞也”。说伯牛是得了癞子病。但癞不至于收命。可以肯定的是，伯牛得的病不常见，而且来势凶猛，能致人死命。于是有人说是天花、麻风病一类。所以孔子只敢在窗外拉伯牛的手，而不敢进屋，是怕传染。所以孔子才呼天抢地地说：这人怎么会得这种病！怎么会得这种病！非常痛惜。痛惜之由是伯牛德行很高，仅在颜回、闵子骞之下，是孔子的高足。

子曰：“贤哉，回也！一箪食，一瓢饮，在陋巷。人不堪其忧，回也不改其乐。贤哉，回也！”

【注】箪，竹器。瓢，瓠也。

【译】孔子说：“颜回真是贤德呵！用竹篮盛饭，用瓠瓢饮水，住在简陋的小巷。一般人要为这般贫穷忧愁，而颜回却身居陋巷不改其乐。颜回真是贤德呵！”

【别识】上一章孔子说了病，这里又来说贫。

身居简陋小巷，没有自来水，甚至连盛饭的器皿都只有竹篮，换了其他人，早为此忧愁了。可是颜回却不忧愁，而是不改其乐。颜回乐什么？程氏说：“颜子之乐，非乐箪瓢陋巷也，不以贫窭累其心而改其所乐也，故夫子称其贤。”又说：“箪瓢陋巷非可乐，盖自有其乐尔。‘其’字当玩味，自有深意。”颜回之乐，不是乐在箪瓢陋巷之中，不是为这种贫穷状态而乐，而是乐在其学问。陋巷，箪食，瓢饮，生活如此简单，物欲对颜回来说毫无作用。如此安静又无物欲引诱的环境，不是做学问的好地方吗？对颜子来说，能静心以学，其乐无穷，虽箪食瓢饮陋巷也无改其志，无改其乐。

话又说回来，颜面回三十二岁就死了，恐怕与他的这种生活状态有关。盛饭连个陶器都没有，用的是竹篮，喝水是用瓢，是生水，连茶都没有。陋巷可以想象，狭小，简陋，晴天尘土飞扬，雨天泥浆满地。这种环境，这种饮食，简直就是营养不良，不早死才怪！

冉求曰：“非不说子之道，力不足也。”子曰：“力不足者，中道而废。今女画。”

【注】朱注：力不足者，欲进而不能。画者，能进而不欲。谓之画者，如画地以自限也。

【译】冉求说：“不是我不努力去学习宣扬你的学说思想，是我的能力不够呵。”孔子说：“说自己能力不够的人往往做事半途而废。你是自己画了个框框限制自己。”

【别识】冉求说自己能力不足，遭到孔子批评，说他是自己画地为牢，自己限制自己。孔子在这里提出了一个非常重要的思想，人的能力本无大小之分，之所以能显出大小，是因为有的人为自己设了个门槛，限制了自己。这其中最主要的是对自己的能力认识不足，自信心不足。宋儒胡安国评论这段话时说：“画而不进，则日退而已矣，此冉求之所以局于艺也。”画地自限，则不能进步，自己不进步，别人在进步，等于自己在退步。这就是为什么冉求只在艺上有成就的原因。所以，一个人不要因为自己的地位低下，就认为自己能力不够而轻贱自己，从而在心理上给自己设置一道界线。一旦如此，则很难有所突破。

反过来，一个人也不能因为身居高位而看轻身处基层的人，认为别人能力赶不上自己。在中央工作的人不能看不起省里人，省里的人不能看不起市县的人，你在上位工作，不是因为你能力比下层的人强，而是因为你身居高位，视野不同，信息丰富，如此而已。换了下面的人来做你的事，不一定比你差。

因此，画地自限要从两方面看，其一，不要画地为牢，自我轻贱；其二，不要轻看他人，尤其不要轻看下属。

子谓子夏曰：“女为君子儒，无为小人儒。”

【注】朱注：儒，学者之称。

【译】孔子对子夏说：“你要成为君子式的学者，不要成为小人式的学者。”

【别识】这句话本来很明了的，结果被历史上的学者们弄得歧义百出。

先说儒。儒，《说文》解释，柔也，术士之称。到了孔子以后，儒成了孔学的通称，儒者，是指有学识的贤人。南怀瑾把“儒”解释为社会需要的人。他说，儒字折开是“需”和“人”，“佛”字折开是“弗”和“人”，所以“儒”是社会需要之人，“佛”不是人。问题在于，杀猪的屠夫，煮饭的厨师都是社会需要的人，称他们为杀猪的“屠儒”、“厨儒”？显然南先生是在乱解释。儒已经是个特有名词，况且中国字是不能这样折开来求义的。

再说“君子儒”和“小人儒”。程氏解释：“君子儒为己，小人儒为人”。更是乱说。为己者即有私欲也，为人者去私欲也。按照儒家之说，有私欲则无仁，无仁则非君子。程氏说“不违仁，只是无纤毫私欲。少有私欲，便是不仁。”为己则已不仁，何有君子之谓？“君子儒为己”，岂不自相矛盾？显然程氏的说法与孔子的仁爱之说相悖。

宋儒谢良佐说："君子小人之分，义与利之间而已。然所谓利者，岂必殖货财之谓？以私灭公适己自便，凡可以害天地者皆利也。"还是孔子的"君子喻于义，小人喻于利"。为己则显私显利，小人也，反之君子也。

南怀瑾呢？他把"小人儒"解释为书呆子。南先生认为书呆子只知读书做学问，不知人情世故，更不知通变。君子儒者，要象冉求、颜回等一样，学艺要精，善通人情，善处世故。

我以为孔子是在教育子夏和他的所有弟子们，要做有利社会大众的，道德高尚的学者，而不要做不利社会，修养差劲的学者。

子游为武城宰。子曰"女得人焉尔乎？"曰："有澹台灭明者，行不由径。非公事，未尝至于偃之室也。"

【注】子游，孔子弟子，姓言，名偃。武城，鲁下邑。澹台灭明，姓澹台，名灭明，字子羽。径，路小而捷者。

【译】子游在鲁邑武城当地方长官。孔子问他："发现人才了吗？"子游回答说："有个澹台灭明，做事从不取巧走捷径。没有公事从不到我家里来。"

【别识】争义最大的是"行不由径"这四个字。径，《说文》，步道也。即不能行车，只能步行的小道。上古时期，"径"专指人只能步行的小路，"道"则指可以行马车的大路。后来，"径"字又衍生出"捷径"、"直"、"邪路"等含义来。

理解这里的"行不由径"我以为只能按照春秋战国时的字面意义来，而不能用现代意义上的解释，否则，对古人之书的理解会乱象丛生，读不下去。朱子解释："径，路之小而捷者。"小路往往比大路近，快捷。所以子游说的"行不由径"是说澹台灭明做事不走捷径，不取巧，踏实且正大光明。后一句"非公事，未尝至于偃之室也"就是佐证。

"行不由径"如果用以后衍生出来的含义，则可以解释为，澹台灭明办事不循规蹈矩，不依常规，不循常道，即会有创新。南怀瑾就持这种看法。我以为，这样解释也不尝不可，只是已经不是《论语》原意了。

我以为，子游的回答表明了孔子的人才观。其一，做事不取巧，不偷懒，且正大光明；其二，做事以公为心，不为私，不循私。如果加上现在的理解，其三，敢于突破常规，大胆创新。这样理解才算比较全面。

子曰："孟之反不伐，奔而殿，将入门，策其马，曰：'非敢后也，马不进也。'"

【注】孟子反，鲁国大夫，名侧。伐，《说文》：击也，此处为引申义，自夸也。奔，战败也。殿，押后者。

【译】孔子说："孟之反这个人不居功自夸。打了败仗他殿后，快要回到自己城门时，打马到前告诉大家，我殿后不是我勇敢，是我的马跑不快呵。"

【别识】孔子这段话最难解释的是"伐"。按《说文》，伐，击也，征伐之义。后人说的讨伐，口诛笔伐等都是这个意思。《史记》中用"伐"代表"功"。《史记·功臣侯表》中说："古者人臣功有五等，明其功曰伐，积日曰阅"，伐者，功也。老子的《道德经》把伐的意思引申为自称其功，"不自伐，故有功"。朱熹在《四书章句集注》的注释为："伐，夸功也。"从这段的上下文看，孔子在这里说的"伐"，不是征讨、征伐，而是夸功，矜持之意。即孟之反不夸功，不自矜，修养高。何以见得？这就是孔子在这里讲的事例。

鲁哀公十一年，鲁国与邻国交战，孟子反是大军统帅，打了败仗。军队溃败时，孟子反殿后。快回到自家城门时，孟子反策马走到队伍前面对大家说：打了败仗全军溃败我殿后，并不是因为我有好勇敢，实在是我的马跑不快呵。

打了败仗本是件坏事，但敢于在败军溃逃时为全军殿后，这要有勇气。全军安全回来，这就是一件功劳。但孟子反不自夸，反而向大家说明情况，可见其不夸功，不自矜的修养。孟子反的马究竟是不是跑不快，四千多年前的事，我们搞不清，但是孟子反这种不自夸的精神实在是令人敬佩。我以为，孟子反身为全军统帅，其坐骑不可能是匹劣马，不可能跑不快。这就更见也孟子反的修养之高。一军之统帅，在军队溃败时为全军殿后，但又不居功，反而说自己并不是因为勇敢而为全军殿后，是马跑不快，所以落在了后面。这种修养恐怕常人学不来。我想这就是孔子为什么要夸奖孟子反的原因，也是孔子的学生们把这句话编入《论语》的原因。

这个"伐"字，与本章第一句"雍也可使南面"的"南面"一样，不能仅从字面理解，没有一定的古文基础和历史知识，是弄不懂其真意的。所以，《论语》一书，不是小学生、初中生就能读的书，这也是我反对小学生读《论语》背《论语》的原因。因为弄懂《论语》中一些字的真实含义要花费很大功夫，成人尚且如此，那些刚刚启蒙，连基本汉字都认不全的小学生、初中生弄得懂吗？

子曰："不有祝鮀之佞而有宋朝之美，难乎免于今之世矣！"

【注】祝，宗庙之官。鮀，卫大夫，字子鱼，有口才。朝，宋公子。

【译】孔子说："没有祝鮀那样能言善辨，而有宋公子朝的美貌，在今天的世上是很难消灾避难的。"

【别识】祝鮀是卫国很能言辞的大夫，善辨到佞谄的程度。《说文》，佞，巧谄高材也。宋公子朝有美色，但没有口才。这种人在孔子看来是很难在世上吃得开的。这其实是孔子在感叹周以后的春秋时代礼崩乐坏。世风日下，正人君子吃不开，而巧言谄媚之徒横行于世。接下去就是孔子的另一番感慨，和这一段有密切联系。

子曰："谁能出不由户？何莫由斯道也？"

【译】孔子说："谁能走出屋外时不从房门出去呢？何不从房门出去走上正道呢？"

连着上一句来理解。有口才能言善辨，在社会上吃得开，但要走正道。不从房门就出去了的，只有爬窗翻墙。有门不走而要去爬窗翻墙，这种人你见过吗？从门出去才能是正道。这个门（户），就是孔子所说的"仁"，从"仁"出发，你才能走上正道，不从"仁"出发，去办任何事，就如同"出不由户"，去爬窗翻墙一样，不会走上正道。

子曰："质胜文则野，文胜质则史。文质彬彬，然后君子。"

【注】质，本性。《易经》：原始要终以为质也。即人原始本性的东西叫质。

文，文化，后天之知识，与质相对应。

野，野蛮原始，落后，粗俗。

史，原意《说文》：记事者也。这里引申为死板、虚浮。

彬，《说文》：文质备也。《广韵》：文质杂半。即有比例适当，相配相宜之意。

【译】孔子说："一个人本质的东西超过了文化修养，就显得粗俗野蛮，文化的东西太多了，胜过本性的东西，则又显得虚浮、死板了。文化修养和本性相配相宜配搭合理，就会是君子。"

【别识】在孔子看来，君子并不仅是谦谦有礼，还有个最为重要的东西，这就是文化修养和本性的搭配，要刚好合适，才能相得宜彰。文过了，太文了，把个人的本性都掩盖得看不到了，就会虚浮、酸腐，死板。一个人要有文化，但不能因为文化而失去本质的原始的东西，否则就只知道读书，成为一个酸腐的书呆子。反过来，一个人文化修养不够，原始、本性的东西太过，让本性盖过了文化修养，就会显得没有文化、缺少修养，就会显得粗俗甚至粗野。文质兼备，两相得宜才能成为君子。

做人如此，行文何尝不是如此。一篇文章不讲究文采修辞，而一味追求本性、质朴，文章不会优雅，会显得粗俗；太讲究文采，满篇都是华丽词藻堆砌，失去本性的内涵，会显得虚浮，华而不当。形神兼备才是好文章，这个"形"就是文采，这个"神"就是本性。

子曰："人之生也直，罔之生也幸而免。"

【注】程氏注：罔，不直也。

【译】孔子说："人在世上生存应当是正直率直的，不正直的人生存于世是凭侥幸避免灾祸。"

【别识】孔子的人生观内涵非常丰富，率真存世是其中之一。对人正直，忠诚，这是孔子一贯主张的做人原则。南怀瑾认为孔子在这里主要是说人生来就是率直的，所谓小儿无谎言就是这个道理。人的所有迷罔，都是后天才有的，随着知识阅历的增加，人们对世上的事物开始迷罔，也就有了不正直的心理暗示，待人接物要留一手，不一定要全心全意，真心真意。更严重的就付诸于行为，说一套做一套，虚情假意。这些都是心中迷惘之故。当然，迷惘之人，不正直之人也能存活于世，有的可能还活得很好，甚至比正直的活得还好。但是，孔子为这种人已经下了注角：仅凭侥幸避免灾祸。

子曰："知之者不如好之者，好之者不如乐之者。"

【译】孔子说："知道道理的人不如喜爱道理的人，喜爱的人不如以它为乐的人。"

【别识】知、好、乐，是孔子提出的做学问、求知的三重境界。知为最下，好为中，乐为上。知，仅仅是对知识、道理有所了解；好则是喜好、嗜好，且有"时习之"的味道，因为学来的东西只有你喜欢你才会时常去温习实践；乐则更进一步，以此为乐，从中觅乐这是求知治学最高境界。由此看来，要做好学问，知道只是第一步，喜爱求知是第二步，以此为乐是第三步，只有到了第三步，学问才可能有成。

宋儒尹焞对孔子这段话的理解是，“知之者，知有此道也。好之者，好而未得也。乐之者，有所得而乐之也。”爱好，并不能得其精髓，以此为乐来治学才能得到学问之精髓。

同样是宋代大儒的张栻把“乐”以治学提升到自强不息的高度来认识。他说：“譬之五谷，知者知其可食者也，好者食而嗜之者也，乐者嗜之而饱者也。知而不能好，则是知之未至也；好之而未及乐，则是好之未至也。此古之学者，所以自强而不息者与？”

子曰：“中人以上，可以语上也；中人以下，不可以语上也。”

【注】朱注：语，告也，言教人者。

【译】孔子说：“有中等以上资质的人，可以教他上等一层的知识，中等以下资质的人，不能教他上等知识。”

【别识】这是孔子的教育思想：因材施教，因人施教，因类施教。人类万千，千差万别，资质有高有低，智商不等。这是一个现实，如何施教是个大问题。孔子提出因人施教的教学原则：对聪明的人，天资较高的人，可以给他讲上等知识，天资秉赋较差的就不行，讲了也不能理解，讲了也白讲。现在有一些人质疑高中分快慢班，我以为这是不懂因人施教的道理。把悟性高的学生和悟性差的学生放在一起，老师会很难过，不好教。教浅了，教学速度慢了，悟性高的学生吃不饱，教深了，教学进度快了，悟性差的学生又跟不上，不仅老师难过，学生也难过。

曾有朋友要我帮忙让他的孩子进一所名校的实验班，我问他孩子成绩怎么样，他说一般，我劝他不要把孩子送到实验班，理由是，实验班的教学进度快，班上学生成绩都是拔尖的，你把成绩一般的孩子送进去，无疑是把羊送进了狼群，虽然不会被吃掉，日子一久，你的孩子必然在班里属于差生，自信心会受到打击，严重时会完全丧失自信心，恐怕一辈子都难找回自信。不如让他去读与他成绩相配的班，让孩子在班里处于前例，这对孩子的心理成长至关重要。

张栻评论孔子这段话时说：“圣人之道精粗虽无二致，但其施教，则必因其材而笃焉。盖中人以下之质骤而语之太高，非惟不能以人，且将妄意躐等，而有不切于身之弊，亦终于下而已矣。故就其所及而语之，是乃所以使之切问近思，而渐进于高远也。”这就说到对那些资质平常的学生如何施教的问题，循序渐进是最好的方法。

樊迟问知。子曰：“务民之义，敬鬼神而远之，可谓知矣。”问仁。曰：“仁者先难而后获，可谓仁矣。”

【注】樊迟，孔子弟子，为孔子驾车。知，智也。朱注：民，亦人也。获，得也。

【译】樊迟问孔子，什么才算智能？孔子说：“领导教化民众的要义是，让他们敬重鬼神，却又保持距离，这就是智能。”樊迟又问什么是仁。孔子说：“仁者就是先从难处着手，通过艰苦努力，而后才有所得，这就是仁。”

【别识】作为孔子的弟子，樊迟除了跟着孔子学习，还有一项任务，孔子外出时为孔子驾车。樊迟所问的“知”，是智，这个智既有智慧的意义，更多的是问政治之智，这从孔子的回答“务民之义”就能领会出来。“务民”，是教化、引导民众。

“务”，《说文》说：“务，趣也。”清代文字学家段玉裁的《说文解字注》进一步解释说：“务，趣也。趣者，疾走也。务者，言其促疾于事也。”就是帮助他人做正确之事。

教化引导民众做正确的事，什么才是正确的事？“敬鬼神而远之”，鬼神之事本是民间传说或者民间的自然图腾，再进一步就是宗教了。孔子所处的时代没有宗教形成，鬼神之事在民间主导了民众的心理崇拜。

什么人才能是“务民”之人？当然是从政之人。一方面，他们要引导民众敬重鬼神，同时要与鬼神保持一定距离，我敬你，可以时不时的祭祀一下你，但我不和你太过亲近，若即若离最好。另一方面，在国家政治生活中也要“敬鬼神而远之”，不能让鬼神这种心理图腾主宰施政方略。孔子的这一思想对后代中国的皇帝们影响深远。中国两千年历史，从来没有过国教，土生土长的道教不是，外来的佛教尽管在隋唐和南北朝得到大多数皇帝们的追捧，但仍未成为国教，不让宗教，不让鬼神之事染指国政，成了历朝历代不成文的方略。帝王们可以借助于宗教的力量，但绝不让宗教人士进入权力中枢。不否定不贬低鬼神和宗教，建个庙祠把你供起来，给你烧香磕头，但不能按照鬼神宗教那套去处理国务，去引导民众，这就是政治智能。

当然，只有智能是不够的，还要有“仁”。这个仁就是通过艰苦努力，最后才收获成果。

最后，来看看朱子怎么说。朱子说："先其事之所难，而后其效之所得，仁者之心也。此必因樊迟之失而告之。"孔子对樊迟所问"仁"的回答与回答其他弟子问"仁"侧重点不同，为什么要这样？朱子的解释是必是因为樊迟有这类的过失或问题。孔子真是因人施教呵。

子曰："知者乐水，仁者乐山；知者动，仁者静；知者乐，仁者寿。"

【译】孔子说："智慧的人喜欢水的灵动，有仁德的人喜欢山的厚重；有智能的人活跃，有仁德的人沉静；有智能的人快乐达观，有仁德的人长寿。"

【别识】朱熹注释：乐，喜好也。就是因为他这一注，几乎所有儒学者把"知者乐水，仁者乐山"解释为"有智慧的人喜爱水的灵动，有仁爱的人喜爱山的厚重"。南怀瑾先生认为，这种理解错了，应当理解为，有智慧的人就似水一样灵动，有仁德的人就象山一样厚重。乐，不是喜好，而是似，是象，是指的本身。他的理由是，不能说喜欢水的就聪明智慧，鱼虾喜欢水，你能说他聪明智慧？同样道理，不能说生活在山中就仁慈，猴子老虎生活在山中，你能说猴子老虎有仁德？我以为南先生的比喻完全不恰当，因为鱼虾于水，是一种生存状态，是生活必须，猴子老虎也是如此。尽管如此，我还是认为南先生对"知者乐水，仁者乐山"的理解是对的。

但是，这绝不是说我否定朱熹和儒学家们的见解，我以为，把"乐"理解为喜好，是"乐"的一方面，一种解释。把"乐"理解为"似"是另一方面的含义。两者都不错。聪明智能的人本身就灵动，思维活跃，当然也喜欢水的灵动变幻，有仁德的人本身就沉稳厚重，当然也喜欢大山的沉静厚重。喜好、相似其实并不相悖，本身如此则必会喜好相似的东西，这是常理。

其实，孔子这一段话已经把这两种意思都说到了，"知者乐水，仁者乐山"，说的是喜好，"知者动，仁者静"说的是本身。所以大可不必否定前人理解的"乐，喜好也"。

子曰："齐一变，至于鲁。鲁一变，至于道。"

子曰："觚不觚，觚哉？觚哉！"

【注】觚，音古。朱注，觚，棱也，或曰酒器，或曰木器，皆器之有棱也。即有棱角的酒杯。

【译】孔子说："齐国如果变一变，就会达到鲁国景况，鲁国变一变，就会达到王道。

孔子说："有棱角的酒杯不像酒杯，这是酒杯吗？酒杯呵！"

【别识】齐国变一变达到鲁国之景况，什么景况？文化传承的景况。程氏在注释这段话时说："夫子之时，齐强鲁弱，孰不以为齐胜鲁也，然鲁犹存周公之法制。齐由桓公之霸，为从简尚功之治，太公之遗法变易尽矣，故一变乃能至鲁。鲁则修举废坠而已，一变则至于先王之道也。"程氏这段话大体说明了孔子说这话的历史背景。其时，齐国的经济实力大大强于鲁国，国家实力在诸国中仅次于秦国。姜太公被封于齐国后，帮助齐国发展经济，其后，管仲为齐相，实施了一系列的变法，使齐国实力大增，百姓的富裕与国家经济、军事实力远胜于鲁国。鲁国虽然国力不及齐，但鲁国是周公文化的遗留地，保留了相当完整的周朝文化。姜太公承续的是老子学说，管仲是法家代表，使国强盛起来的就是法家和老子学说，而不是周朝文化和孔子提倡的儒家文化。在齐国，周朝文化式微是理所当然的事。在那个时代，中国大地上文化百花齐放。鲁承续的是周朝文化，楚国文化则是以老庄为主，宋是殷商的后代，因而有夏商文化色彩，墨子学说在宋曾一度成为文化代表。

由此看来，孔子认为，齐国虽然经济强于鲁，但是文化传承却不及鲁，而鲁呢，周朝的王道、礼仪也已经式微了，所以孔子才说，齐国如要变，则要向鲁变，回归到周朝文化去，鲁要进一步变回到正宗的王道上去。所以孔子才感叹，现在是酒杯不像酒杯呵！

从此我们可以看出，孔子对齐国的变化极为不满，这种不满主要是对其文化传承变化的不满。在孔子看来，只有维系王道，维系周朝文化才是正统，民众富裕与否，国家强盛与否，他都不关心。因为他看到齐国经济发展了，民众富裕了，国家强盛了，但是这种强盛不是孔子所主张的周文化带来的，而是与周朝文化不同，彼时尚无明确的法家思想。所以他很是反感，连觚这种有棱角的酒杯，都不能容忍有变化。可见孔子从内心是排斥与他的主张、学说不一致的其他思想文化的。不仅排斥，而且守旧，周朝文化不能改变，否则就是酒杯不像酒杯了！

因此，我认为孔子思想是一个封闭的、固步自封的体系。排斥其他思想，不允许创新进步，这样的思想体系统治了中国人二千多年，被奉为圭杲，至今竟还有人高叫要全面回归儒学，简直是文化的噩梦，也是一个天大的笑话。

当然，我不是主张不学孔子，学习《论语》以及孔孟学说，要注意汲取其有用的部分，要有鉴别，有反思，有批评，千万不能被孔孟之道约束住，更不能听信那些所谓国学大师要全面回归儒学的胡言乱语。

宰我问曰："仁者，虽告之曰：'井有仁焉。'其从之也？"子曰："何为其然也？君子可逝，不可陷也；可欺也，不可罔也。"

【译】宰我问孔子："有个有仁德的人说，井里有仁，我是不是跳进井里去学仁？"孔子说："你怎么能相信这话呢？君子可以抛弃一切，但不能掉进陷阱；可以被欺骗，但不能迷罔。"

【别识】南宋理学家刘勉之在注释这段话时说："有仁之仁当作人"，朱熹很认同他的解释，并加以发挥。朱熹说："从，谓随之于井而救也。宰我信道不笃，而忧为仁之陷害，故有此问。逝，谓使之往救。陷，谓陷之于井。欺，谓诳之以理之所有。罔，谓昧之以理之所无。盖身在井上，乃可以救井中之人；若从之于井，则不复能救之矣。此理甚明，人所易晓，仁者虽切于救人而不私其身，然不应如此之愚也。"于是，几乎所有注释《论语》的学者都把"井有仁焉"的"仁"注解为人，就成了：宰我问孔子，有个仁德的人告诉宰我，有个人掉到井里去了。我是不是要跳进井里去救他？孔子说怎么能这样想呢？君子可以远离那里（有的释为你可以到井边施救），而不能掉进井里；可以被欺骗，但不能迷罔。

南怀瑾就不这样认为，他认为"井有仁焉"就是说井里有仁义的道理，而不是井里掉下去一个人。如果按照刘勉之的解释，那么孔子"何为其然也"显然是反对宰我的"其从之也？"，这就解释不通。井里掉进一个人，宰我问我也要跟着下去救吗？孔子说，你怎么这样想？明显是反对宰我下去救人。显然这不符合孔子的"仁爱"思想。朱熹的"盖身在井上，乃可以救井中之人；若从之于井，则不复能救之矣"更是荒唐。如果井很深，在井上不能将人救出，一定要有人下到井中方能施救，照朱熹的说法，岂不是要眼睁睁看着井下之人死去？因此我以为南先生的解释是正确的。可见很多年来，宋儒们的解释对后人的影响有多大，对人们的思想禁锢有多深。

宰我对孔子说井里有仁，显然是调侃玩笑话。但是孔子却非常认真地予以回答，可见孔子教人之认真宽厚。

子曰：“君子博学以文，约之以礼，亦可以弗畔矣夫。”

【注】朱注：约，要也。畔，背也。古文同叛。

【译】孔子说：“君子要广泛学习各种知识，博览群书，并用礼来约束自己，这样就不会离经叛道了。”

【别识】这是一个很重要的思想。有学识还不够，还要守礼。博览群书固然是治学的重要方法，也是想成为君子的重要途径，但是，光有知识，没有道德是不行的，是成不了君子的。既博学又守礼，人的一生才不会做出格的事，才会是君子。博学与守礼两者要相辅相成，不可偏废。

子见南子，子路不说。夫子矢之曰：“予所否者，天厌之！天厌之！”

【注】朱注：南子，卫灵公之夫人，有淫行。说，音悦，悦也。

【译】孔子去见了卫灵公夫人南子，子路很不高兴。孔子发誓说：“我如果做了不合于道的事，天打雷劈！天打雷劈！”

【别识】南子是卫灵公的夫人，人长得很漂亮，据说很妖艳。朱熹说她有淫行。究竟怎么个淫法，史书上没有记载。孔子到卫国，卫灵公敬慕孔子，待孔子很好。孔子想在卫国谋个事，当个大夫什么的。开始卫灵公也想用孔子，但周围的大臣们劝说卫灵公不能让孔子当政，卫灵公也就打消了委孔子以实权的念头，只是很礼貌地款待孔子。南子听说孔子很有学识，多次提出要见孔子，孔子拒绝了几次。后来有人告诉孔子，卫灵公是个粑耳朵，听南子的话，南子也时不时要干政，恐怕还是见的好。于是孔子去见的南子。谁想这一见见出问题了。子路很不高兴，对孔子做脸色。逼得孔子诅咒发誓。为什么见一下南子，子路就不高兴？朱熹的解释是子路认为孔子见了一个淫乱的人，这是耻辱：“子路以夫子见此淫乱之人为辱，故不悦。”按子路的意思，南子这种人虽然贵为一国之母，但其行为不端，君子是不该去见的，见了就是在有辱斯文。

孔子呢，大概一看到子路的脸色就知道坏事了。见南子是得不偿失。为了自己名誉的清白，孔子发誓，没有做不合仁道的事。事实上，孔子见南子，就是想做不仁之事也做不了，宫殿里面那么多双眼睛盯着，没机会呵，况且孔子不是这样的人。

可是南怀瑾先生对这种历史上传统的解读持不同意见。他认为，孔子说的“予所否者，天厌之！天厌之”，不应该解释为“我如果做了不合仁道的事，天打雷劈！天打雷劈”！而应当理解为“你们的看法不对，我的看法与你们不同，我所否定的人，一定不可救药，连天都要厌弃他！”但是，这样一来，子路之不悦又何从解释?

不管怎么解释，从这事可以看出孔子与弟子们之间很平等。学生对老师的行为不满，可以对老师做脸做色，老师还非得对此加以解释。

子曰：“中庸之为德也，其至矣乎！民鲜久矣。”

【注】朱注：庸，平常也。至，极也。鲜，少也。

【译】孔子说：“中庸这种道德是最高的境界了。可是民众缺失这种美德已经很久了。”

【别识】中庸是儒家非常重要的思想之一。孔子的嫡孙子思写了一本《中庸》，与《论语》、《大学》、《孟子》一起被列为四书，可见其在儒家经典中的地位。

什么是中庸？朱熹解释“中者，无过无不及之名也。庸，平常也。”程氏的解释是“不偏之谓中，不易之谓庸。中者天下之正道，庸者天下之定理。”一般的解释是，待人接物，处理事情秉持一种比较全面而科学的态度和方法，不偏不倚就是中庸。

在我看来，中庸所含的更重要的意义是其辩证思想。不偏不倚本身就是辩证全面看待事物的观点和方法。任何事物都有正反两方面，正确看待事物就必须看到事物的两面，这样才能全面把握事物的本质。调和折中，不偏不倚则看事物就更全面更科学。不仅看事物如此，做事也要如此，不过也无不及。所以历史上就有人说过，中庸之道是处理矛盾的最佳方法，佳就佳在用这种方法能看到事物的不同方面，能照顾到事物的正反面，不至于有偏废。

子贡曰：“如有博施于民而能济众，何如？可谓仁乎?”子曰：“何事于仁，必也圣乎！尧舜其犹病诸！夫仁者，己欲立而立人，己欲达而达人。能近取譬，可谓仁之方也已。”

【注】朱注：博，广也。病，心有所不足也。譬，喻也。方，术也。

【译】子贡说：“如果有这么一个人，广泛施舍天下救济大众，怎么样，这是仁吧?”孔子说：“这岂止是仁，简直就是圣人所为，就是尧舜也难以做到呵。所谓仁人，自己想做的事，也想到帮助别人也能做，自己想达成的目标，帮助别人也达成这个目标。能就近选择范例做起，这就是实践仁的方法。”

【别识】孔子在这里说出了“仁”的体，所谓仁，不仅要爱人，要广济博施，而且要在自己做事时顾及到他人，想一想他们能不能也这样做，想一想他人会是什么感受，不要自顾自，要由己及人。这才是“仁”的本质所在。就是周济别人，在施舍的时候也要考虑被施舍人的感受，你不能高高在上，“诺，这是给你的，拿去吧”，口气生硬，且有我在施舍于你，你得感恩于我的味道，让人听着不舒服。换个口气说话：“老乡，抱歉让你久等了，我们为你准备了点吃的，不知道合不合你口味？”让他在心理上能够从容接受，或者再加上一句：“我们一起吃，好吗？”让被施舍者能够找到一个平衡点。

述而第七

朱熹说："此章多记圣人谦已诲人之辞及其容貌行事之实。"即讲孔子治学理念和行事态度。

子曰："述而不作，信而好古，窃比于我老彭。"

【注】朱注：述，传旧而已。作，则创始也。老彭，商贤大夫。

【译】孔子说："我只是阐述前人的思想而不自己始创，相信并喜爱古代的传统文化，私下把自己与彭祖相比。"

【别识】纵观孔子的一生，确如他自己所说，一生教人无数，但没留下一本著作，毕生都是在阐述先贤和前代的典籍。这一点与古希腊的哲人苏格拉底一样，述而不作。我们现在能看到这么多的典籍，还得感谢孔子。

后人把孔子的这种"述而不作"归纳为删诗书、定礼乐、赞周易，修春秋，都是从尧舜、殷商时流传下来的古籍。这是孔子的治学原则，对历史典籍，先人的旧作，孔子可以加以整理，可以去修订删改，但不窃为己有。可以阐释先贤遗存下来的东西，阐述修订中有自己的见解，但没有自己的原创。这种"述而不作"与后一句"信而好古"是共同的，喜好古代的东西，相信先贤们的思想，典型的崇古厚古意识。好不好呢？也好也不好。好处在于完整地、原汁原味的传承传统文化，使历史得以真实地保留下来；不好之处在于，太尊古崇古厚古，完全没有创造，容易使人固步自封进而妄自尊大，阻碍进步。

彭祖，名彭篯，殷商大夫，传说活了 860 多岁。殷商时期的一年是现在的 80 天，如此算来彭祖也活了 130 多岁。中国有四个县有"彭"字，均与彭祖有关，江苏的彭城，是彭祖的出生地，四川的彭山、彭县（现为彭州市）、彭水（现归重庆管辖）。彭县和彭水均为彭祖的封地，彭山也是彭祖的封地，彭祖最后死在彭山，葬在彭山。彭山境内有个彭祖山，彭祖墓就在半山腰。彭祖是气功的发明者，所以道教也把彭祖当作他们的祖师爷。他之所以长寿得益于三个原因，一为气功，二为膳食，三为房中术。彭祖是殷商时的大夫，很贤明，但史籍对彭祖的记载不多，长久已来，彭祖成为长寿的代名词。孔子私下自己比为老彭，是说他因为“信而好古”，是个老古董。

子曰：“默而识之，学而不厌，诲人不倦，何有于我哉?”

【注】朱注：识，记也，默识，谓不言而存诸心也。

【译】孔子说：“默默地学习牢记知识并默默体会，学习从不厌弃，教人从不厌倦，这三件事我还做得不够，不敢当呵。”

【别识】孔子这一句话讲明了他治学、教人的三个态度。首先要把知识默记于心，并且去细心地、默默地体会，而不要去追求外在表现，不去四处宣扬，耐住寂寞默默做学问。其次，学习要持之以恒。这很难做到。学习往往是凭兴趣而起，兴致高就学，不感兴趣了就放弃。学习是很枯燥的事，时间一久容易生厌，一生厌就容易放弃，所以要在学习上坚持不断是件很难的事。其三，教育人要不厌倦。教到悟性高的学生是一件高兴的事，所谓集天下英才而教者乐也，就是这个道理，容易出成就。但是教到悟性差的学生就比较痛苦了，容易厌烦。教育人要做到不厌其烦很不容易。这三条于治学诲人非常重要。但是后来的学人往往只说后两条“学而不厌，诲人不倦”，把“默而识之”给丢了，我想这就是为什么社会上有那么多叮当响的半罐子水，学问不够，就靠四处张扬、聒噪来显示学问，撑门面，还有一些人不去潜心研究，而靠抄袭来充实自己的原因。后人读孔子为什么总爱断章取义，总爱割裂整体?

孔子这句话中最难理解的是“何有于我哉?”很多学者解释为：我能够做到这样，还有什么事情难办呢?朱熹认为“何有于我哉”是孔子的谦逊之辞。朱子说：“何有于我，言何者能有于我也。三者已非圣人之极至，而犹不敢当，则谦而又谦之辞也。”这三者是圣人才能做到，孔子不以圣人自居，认为自己还没有做到这三者，所以说不敢当呵，真是谦逊之极。从孔子的仁德来看，也应当是这个意思。

子曰：“德之不修，学之不讲，闻义不能徙，不善不能改，是吾忧也。”

【译】孔子说："不去培养品德提高修养，学习不讲求精进，听到了义不去实行，有了错误不去改正，这就是我所忧虑的事呵。"

【别识】孔子忧国忧民，忧的就是这四件事。一个人如果不提高修养品德，学习上不求精进，听到了义不去改变不良的东西，有了错不改，这个人就算完了。倘若一个民族如果都这样，一个国家都这样，那才是真的完了。

为什么要忧这四件事？尹焞说："德必修而后成，学必讲而后明，见善能徙，改过不吝，此四者日新之要也。苟未能之，圣人犹忧，况学者乎？"道德品格是后天养成的，学问是在讲习中明辨的，一个人的义，是在践行中实现的，善是在改正错误逐渐形成的。不是一朝一夕就能成功，一定是天长日久的积累。

孔子之忧说到底是忧一个国家一个民族的人文文化。修德、讲学、行义、改错，这四项看似很小的事，恰恰就是一个民族和国家人文文化最直接、最重要的体现。如果这四条都做不到，什么精神文明、什么文化传承，什么民族大义统统都是空话。人文文化是一个民族一个国家立于世的根，国家可以亡，但人文文化精神不能亡。国家被人侵占了，如果人文文化没有垮，那么这个国家、这个民族还有救，人文文化没有了，国家即使存在也是一个空壳。犹太人在二战中失去了自己的国家，但这个民族精神不垮，人文文化的东西传承了下来，二战后，在那么恶劣的自然环境和国际环境下生存下来，发展起来，成为一个任何一个国家都不敢忽视的强国，支撑他们的就是这个民族的人文文化。

子之燕居，申申如也，夭夭如也。

【注】朱注：燕居，闲暇无事之时。杨时注：申申，其容舒也。夭夭，其色愉也。

【译】孔子在家闲暇时，从容舒畅，愉悦快乐。

【别识】前一段说的是孔子忧国忧民，那么孔子居家时对日常生活是否也有担忧呢？孔子弟子们在这里如此记录。孔子在家是不会为生活担忧的，表明孔子对生活持平淡如水的态度。从容不迫舒畅坦荡，悠闲自在，当然也愉悦无忧。程氏说，孔子的弟子们把这一段话记在《论语》中，"此弟子形容圣人处也，为申申字说不尽，故更着夭夭字。今人燕居之时，不怠惰放肆，必太严厉。严厉时著此四字不得，怠惰放肆时亦著此四字不得，惟圣人便自有中和之气。"平常之人，闲暇之时虽然不怠惰放肆，但恐怕有点呆板，做出一副学究样，让人亲近不得，而孔子却不一样，有股中和之称气盈于胸，溢于外，让人感觉这是个很谦和，很舒畅的老头，申申夭夭这四个字就是描述孔子闲暇之时的生活状态。

子曰："甚矣吾衰也！久矣吾不复梦见周公。"

【译】孔子说："我衰老得很厉害呵！很久没有梦见周公了。"

【别识】周公，姬旦，周初政治家与思想家。周代的很多礼仪制度均源于周公，孔子的思想大都承袭周公。恢复周朝礼仪制度一直是孔子为之奋斗不止的梦想。

年青时，孔子志在效法周公，传承周文化，象周公一样整理、宣扬周朝文化，为恢复周朝礼仪做了很多事，可以想见，当年的孔子一定时常梦见周公。可是随着年龄的增长，孔子已经在到很衰老了，实现恢复周礼的梦想已经没有精力去做了，故而发出"久矣不复梦见周公"的感叹。

子曰："志于道，据于德，依于仁，游于艺。"

【注】艺，礼、乐、射、御、书、数六艺。

【译】孔子说："志向在'道'，根据在'德'，依靠的是'仁'，在六艺（礼、乐、射、御、书、数）中涵养自己。"

【别识】历来的儒家学者都认为，孔子在这段话里讲了自己思想、教育的总体内容，四个大的方面：道、德、仁、艺。最为关键的是对道、德的理解。先看看朱熹的解释。

朱子说："道，则人伦日用之间所当行者是也。知此而心必之焉，则所适者正，而无他歧之惑矣。德者，得也，得其道于心而不失之谓也。得之于心而守之不失，则始终惟一，而有日新之功矣。"在朱子这里，孔子的"道"是人伦纲常之道，人道是也。"志"，朱子说"志，心之所之之谓"，心中的追求就是"志"。"志于道"就是一个人在立志高远，追求天下人生之道。"据"，朱子说"据者，执守之意""德"是相对于"道"而言的，"据于德"就是有志于追求人生之道，就要依据人伦纲常之德，据此行事。总之，孔子说的道与德，是人道。

南怀瑾认为朱子们的解释不妥。他认为如果将孔子的"道"、"德"理解为人道，那就等于是在说孔子只有人伦思想、伦理思想而没有哲学思想，没有对天道、对世界本源的思考。

孔子究竟有没有对世界本源的思考，有没有我们现在意义上的哲学思想？《论语·公冶长》中记载了一句子贡的话，常被引用来证明孔子对天道有过思考，有哲学思想。子贡说："夫子之文章，可得而闻也。夫子之言性与天道，不可得而闻也。"孔子说的人道的文章言论，我们听到过，领悟过。但我们没有听到孔子讲性与天道。南先生据此认为孔子是思考过天道的，但是没对弟子们讲，因为弟子们悟性不够，学识不够，所以孔子不能讲比人道更深层的天道，不讲哲学问题。我以为南先生是理解错了。孔子确实从来没讲过天道，不象老子，还对世界本源问题有所思考。这从孔子一辈子都想恢复周朝礼仪制度，一生致力于人伦纲常的维护是一致的，一脉相承的是儒家此后2000多年，秉承了孔子入世救民的思想，从现实出发，要求人们修身养性，恪守人伦纲常。后世儒家学者也绝少去谈论玄之又玄的哲学，很少去讲形而上的东西。

南先生所说孔子是因为弟子们悟性不够所以没讲比人道更深奥的天道问题，我以为站不住脚。孔子弟子三千，贤人七十二，难道个个都悟性不够？如果个个悟性都不高那只能说明孔子收弟子未免太草率，或者教育不得法，教出来的学生悟性有限。这根本说不通。我以为孔子基本没有思考过天道、世界本源问题，否则依孔子的好为人师的脾气，他是不会不讲的。翻遍《论语》《孟子》《大学》《中庸》等儒家经典，基本找不到孔子谈天道的言语。孔子一生致力于人伦纲常和人的修养问题，而形而上的东西与这些现实社会的问题不搭界，所以孔子不愿花费精力去思考研究玄之又玄的"天道"问题。

但是，对天道没有思考不等于孔子不追求"道"，孔子所追求的"道"是志向高远、比人伦纲常之德更高的精神的东西。

"游于艺"之艺，是古代特指的礼、乐、射、御、书、数。礼是礼仪，包括政治、教育、社会等文化；乐，是音乐、舞蹈等艺术；射，是军事、武功，当时主要是指射箭；御，驾马车，相当于现在考机动车驾驶执照；书，历史和文学方面的知识；数，算数、天文、地理等科学方面的知识。"游"不是游戏，而是浸润，滋养。

子曰："自行束修以上，吾未尝无诲焉。"

【注】束，脯也。十条为束。

【译】孔子说："自己准备送十束肉干来，我没有不教诲他的。"

【别识】在孔子那个时代，相互拜访是要准备贽敬的。朱子说："古者相见，必执贽以为礼，束修其至簿者。"束修是很微簿的贽敬。

后人对孔子的这段话有两种不同解释，一是说，孔子教书育人是要收费的，学费就是十条肉干。有的说，孔子在这里说的不是一般意义上的指肉干的“束修”，而是说自行约束自己行为。南先生持此说。他的理由是，颜回过的是“一箪食，一瓢饮”的生活，何来肉干可交？也有学者引用《后汉书·延笃传》注中的“束修，谓束带修饰”来解释，认为孔子所说“束修“指仪容整肃，而不是肉干。这样一来，孔子收学费的问题就解决了，而且形象立马高大了很多：凡是仪容整肃，能够约束自己的，我都会教诲他的。

这未尝不是一说。问题是，孔子一没从政，没奉禄，二不经商，三不种地，没有任何收入，不收点学费，吃饭问题怎么解决？肚子填不饱，哪里来精力去教诲人？再者，几百年后的汉代人已经把孔子的原意给引申，不足以反应孔子当时的真正意思。所以我以为孔子是要收学费的。至于颜回交不起学费，我想孔子一定是要免他学费的。2000多年后的现在对贫困学生都要减免学费，还提供吃饭钱，当年的孔子的境界我想不会比现在已经商业化了的教育境界低。

由此可见，教育收费，可以追溯到孔子那里。妙就妙在孔子收学费不是强迫，而是“自行”，即自愿。我们现在稍好一点的学校也要收学费，特别是那些择校生，要收费。教育优质资源本来就少，家长为了不让孩子输在起跑线，千方百计要把孩子送到好学校读书，哪怕出钱也要干，而且是自愿的。凡是择校生，都要给学校交上几万元线，学校开具的收条上写的是“捐资助学费”或“建校费”。既然是“捐”当然就是自愿，不是强迫。学校很巧妙地把强迫转化为了家长们的自愿。任何一个家长从内心讲都不愿意交钱，可是不交线就进不了好学校，受不到好的教育。我曾经很长一段时间负责教育宣传，与学校有很多联系。于是，每年一到五六月，就有很多熟人找上门来央求为他们的孩子找个好学校。那些家长心理一百个不愿意，但是一旦通知他到学校交线入学，无一不是欢天喜地。有的家长临近开学还没有为孩子落实学校，身上揣着钱交不出去，急得象热锅上的蚂蚁，常让我在可怜他们的同时想起一句老百姓的俚语：提起刀头（猪头肉），找不到庙门。

话说回来，孔子收了束修，一定是认真教诲人，不象现在的一些学校，收了钱不好好教人，胡乱找几个老师，乱教一气，误人子弟。看看现在的学生品质，就能看出教育质量，与以前相差太远了。

子曰：“不愤不启，不悱不发，举一不隅不以三隅反，则不复也。”

【注】朱注：愤者，心求通而未得之意。悱者，口欲言而未能之貌。启，谓开其意。发，谓达其辞。复，再告也。

【译】孔子说："教导学生，不到他想求明白而又不明白的时候，不要开导他，不到他想表达又无法表达的时候，不要启发他。告诉他事物的一个方面，他不能由此推及另三方面的学生，不要再教他。"

【别识】愤，按我们现在的解释是发愤，奋也。朱子认为是想弄懂而又弄不懂，即有求知欲，这就叫愤。悱，想表达一件事，去找不到合适的词句来表达，通常是怀疑质疑心下常有的现象。也有求知欲望。

孔子在这里讲到很重要的教育方法原则。教学本身是教与学双方互动的事，不是老师单方面的事。一方面老师教，更重要的是另一方面，学生要学，这个学要有主动性，想学，想弄懂未知的事，有求知欲。这是主动性的第一个层次。更进一步就是，学生要有怀疑精神，有好奇心，怀疑事物，怀疑老师讲的东西，而不是你讲什么我就接受什么。有了怀疑质疑，才能够进一步去弄懂自己不知的东西，解决想说却无法准确明白说出来的困惑。最后是悟性。告诉你一方面，你能够由此推及其他，能举一反三，触类旁通，这表明你思维活跃，思路宽阔。如果这三种情况都没有，那就很糟了。孔子的意见是不要去开导、启发，不要去再教他了。原因很简单，没有求知欲，没有怀疑心，悟性不高的人，你开导启发他其实是在浪费时间、浪费资源，而且对学生也不好。强迫学习往往引发学生的逆反心理。

这又引出一个孔子没有讲到的教育问题，对不想学习、悟性不高的学生怎么教育？这个问题可以写一本专著，不是三言两语就能说明白。我以为学习愿望是潜藏在每个人心底的潜意识，就看这种潜意识什么时候，以什么方式被激发出来。基本原则是，从学生最喜欢的事着手，激发起学生的求知欲望，建立起主动学习的积极性。

子食于有丧者之侧，未尝饱也。

子于是日哭，则不歌。

【译】孔子在死了亲属的人旁边吃饭，从未吃饱。

在这一天，孔子哭过，不会再唱歌。

【别识】参加别人的丧礼是很痛苦的事，为死者悲，为生者痛。孔子不仅悲痛，而且哭，食不下咽，当然也不会歌唱。这是孔子真性情的表露。谢良佐对此说："学者于此二者，可见圣人情性之正也。能识圣人之情性，然后可以学道。"对任何事情都是真心诚意，有此性情，方可学道，方可学正道。

子谓颜渊曰："用之则行，舍之则藏。惟我与尔有是夫。"

【译】孔子对颜渊说："国家如愿用我，我能胜任就去做，不用我，则藏身于社会。只有你和我有这种修养能力呵。"

【别识】读到孔子这句话，不禁感叹万端。可怜的孔子，三千学生，七十二贤人，竟然只有一个人能继承他的衣钵，只有颜渊一人能和孔子一样"用之则行，舍之则藏"，是学生们不行，还是孔子的教育出了问题？你能说孔子的教育是成功的吗？

孔子这段话有个大疑问值得探讨。"用之则行，舍之则藏"两句话不能拆开来讲，而要联系起起理解。委你以重任，你能胜任，不用你时，你就隐藏于社会，不去显摆。前者是表明你有做事的能力，后者是表明你有忍耐寂寞的修养。两者都能做到很不容易。"用之则行"在孔子的三千弟子中能找出很多，比如善于军事的子路，善于理财经济的子贡，能施政的雍也，等等。让他们去做事，一定会做得很好。可是，"舍之则藏"呢？儒家经典和史书上没有记载过孔子弟子们"舍之则藏的事，不能乱说。颜渊是否做到了"舍之则藏"？也是无史可据，不知道。因为他短命，34 岁就死了。

孔子说他能"用之则行"确有其事。孔子在鲁国任司寇时做三件被人称道的事：夹谷会盟、堕三都、诛杀少正卯。但是，"舍之则藏"孔子却没有做到。孔子不做鲁国司寇后，算是被"舍之"了，于是开始带着弟子们周游列国，每到一地就打听人家的政治、国情，向诸侯们宣扬他的仁礼思想，想谋个一官半职以实现他的政治抱负。即使是在受到冷遇，甚至被包围的情况下也不改初衷，仍然四处周游，招摇过市，直到垂垂老矣才回到鲁国定居，结束颠沛流离的生活。四年之后，孔子去世。从 56 岁孔子被鲁"舍之"开始，一直到他 68 岁回到鲁国的这 12 年里，孔子没有如他所说"藏之"，而是在卫、陈、宋、蔡、楚等诸侯国周游，从来不向世人隐瞒他的行踪，甚至当楚昭王准备给他七百里封地，让他做官时，孔子还十分高兴。

舍而不藏其实是孔子失意于政治时的表现，可他居然还说被人所不用，就隐藏起来，这种修养只有我和你颜渊能做到，不是睁眼说瞎话吗？所以，《论语》中许多赞美孔子的话要根据历史史实来看，不可轻信。孔子是个伟大的人，但绝不是一点瑕疵也没有的圣人。

子路曰："子行三军，则谁与？"子曰："暴虎冯河，死而无悔者，吾不与也。必也临事而惧，好谋而成者也。"

【注】朱注：暴虎，徒搏。冯（音凭）河，徒涉。惧，谓敬其事，成，谓成其谋。

【译】子路说："如果让你去带领三军，你会让谁与你一起去？"孔子说："徒手去和老虎搏斗，不用船就去渡河，这种莽撞做事死了都不后悔的人，我是不会带上的。要带就带那些遇事敬惧有心，认真对待能谋划周全打胜仗的人。"

【别识】子路见孔子当面夸颜渊，于是忍不住问孔子，带兵打仗你带谁？心想我子路在三千弟子中军事才能第一，舍我其谁？朱熹这样分析说："子路见孔子独美颜渊，自负其勇，意夫子若行三军，必与己同。"

但孔子很巧妙地回答了子路。那种逞一时之勇，有勇无谋之辈我是不会带的。要带那种有勇且有谋，临事有敬惧心，谋而能成的人。"临事而惧"之惧，不是临事而怕，而是对待任何一件事都有敬惧、戒惧之心，小心而认真地处置，而不是被事情困难所吓倒，是有畏惧之心，而无畏惧之实，有敬事谨事之心，慎而对之之实。如此一来，加上又能谋划周全，即使有再大问题困难，也能成功，打胜仗。

子曰："富而可求也，虽执鞭之士，吾亦为之；如不可求，从吾所好。"

【注】朱注：执鞭，贱者之事。

【译】孔子说："如果财富可以求得，纵是替人执鞭当卒也干；如果财富不能求得，我就去做我喜好的事。"

【别识】朱子认为执鞭是很下贱的事。确实如此，执鞭之人不是贩夫就是走卒。在孔子看来，如果通过自已的努力能够得到财富，哪怕去当贩夫走卒，吃苦受累也心甘情愿。但是，孔子对"富"提出了"可求"与"不可求"两种情况，什么是可求，什么是不可求？我以为孔子的意思是，所谓可求之富，是通过自己的正当劳作而获得的财富，哪怕是去做市场守门人这种很低贱的事。所谓不可求之富，是通过不正当手段，比如偷盗、抢劫、欺诈等违背道德而获得的财富。

这是孔子对财富的两种态度：要想获得财富就要通过自己的努力，再苦再累、再低贱的事都要去做，只有付出才能得到，财富不会凭空而降；如果不能通过自己的辛苦劳作而得到财富，或者如果自己能力不够而不能致富，就不要强求自己，更不能去做不劳而获、违背道德原则的事去获得财富，去做自己喜好的事，按照自己的喜好去生活。

子之所慎："齐、战、疾。"

【注】齐，音斋，通斋，斋戒。

【译】孔子一生最谨慎的事是："斋戒、战争、疾病。"

【别识】古代的"齐"通斋，祭祀之前都要沐浴斋戒。孔子在这里说的"齐"不只是讲慎重对待祭祀，而是更进一步讲要修身养性。斋戒本身就有修身养性的含意，要清心寡欲，注重内心修养。这是孔子谨慎对待的第一件事。第二件事就是战争。战争关乎国家存亡、百姓生死，慎重考虑是否要战，慎重对待怎么应战。第三件事是疾病。人要健康就要少得病，防止疾病当然值得慎重对待。

我以为，"战"还可以引申为纷争。"齐"、"疾"都讲的是人的平常生活中要慎重注意的事，"战"除了战争之外，对一个人而言，更常遇到的是人与人的纷争。慎重对待与他人的纷争，不要轻易挑起与他人的矛盾，更不要轻易与人吵架。个人之战，比国家、民族之战争更常见，更不容易控制把握。所以个人之战要谨慎待之。

子在齐闻《韶》，三月不知肉味。曰："不图为乐之至于斯也！"

【注】韶，三代以上舜之乐。

【译】孔子在齐国听到舜时的韶乐，三个月都不知道肉是什么味道。孔子说："没想到还有如此精美的音乐！"

【别识】后人常用"三月不知肉味"来形容人陶醉于某件事，就从这里来。

孔子对礼乐是很精通的，想必齐国演奏的韶乐一定好听得不得了，不然的话怎么能让精通音乐的孔子陶醉得忘了肉是什么味道？是孔子听了《韶》而不想吃肉，还是听了《韶》后，仍然沉浸在音乐之中，吃肉的时候有余音绕梁，不知道吃的是什么，更品不出味道？我想是后者。如是，则《韶》就一定是天籁之音，一定是沁人心脾之音。

“不图为乐之至于斯也”，通常解释为：没有想到还有如此精彩的音乐。我以为还有另一种解释：听这音乐，不图快乐才能达到如此（三月不知肉味）境界。从好的音乐中品味其真谛，出发点并不是为了听觉的感官快乐。把感官快乐放到一边，才会潜心去体会音乐中的境界，去领略音乐中的高山流水，才能有音乐带来的心灵震撼。为什么孔子听了《韶》就“三月不知肉味”，其他人就没有这种感受呢？我想这是因为孔子从《韶》乐中体会到了音乐的真谛。

钟子期死后，伯牙不复鼓琴，何者？盖知音难觅也。何谓知音？非有感官之乐，皆从乐中体味心灵真谛也。

冉有曰：“夫子为卫君乎？”子贡曰：“诺。吾将问之。”入，曰：“伯夷、叔齐何人也？”曰：“古之贤人也。”曰：“怨乎？”曰：“求仁而得仁，又何怨。”出曰：“夫子不为也。”

【注】卫君，卫出公蒯辄。为，助也。

【译】冉有问子贡：“夫子会帮助卫出公吗？”子贡说：“好，那我去问一问。”子贡进到孔子的房间问孔子：“伯夷和叔齐是什么样的人？”孔子说：“他二人是古代的贤人呵。”子贡说：“他俩不食周粟饿死在首阳山，怨悔吗？”孔子说：“他们为了追求仁德而死，最后得到了仁，有什么怨悔呢？”子贡出来对冉有说：“夫子不会帮助卫君的。”

【别识】弄懂这段对话先要讲讲两件史事。

卫出公蒯辄是卫灵公的嫡孙。其父蒯聩是卫灵公的世子。蒯聩因事得罪了卫灵公夫人南子，被卫灵公逐出卫国。蒯聩逃到晋。卫灵公死后卫国的大臣们拥立蒯辄。晋国知道后派人把蒯聩送回卫国遭到蒯辄的拒绝。在世人看来，蒯辄拒父于国外，是不道之行。其时，孔子正在卫国，卫出公、南子以及卫国的大臣们都很喜欢孔子。因此冉有担心孔子会出来帮助卫出公治理国家，于是有此一问。

伯夷叔齐是孤竹君的两个儿子。孤竹君死前留下遗命，要叔齐接任王位。孤竹君死后，叔齐不接王位，让伯夷接位。伯夷说，让你接王位是父亲的遗命，我不干。两人听说周文王贤明，于是一起逃到周。伯夷叔齐的弟弟中子接了王位。伯夷叔齐到了周后不久文王去世，武王接位。周武王后来兴兵伐纣，伯夷叔齐认为周武王是以下犯上，扣马劝谏。周武王灭纣之后，伯夷叔齐认为周武王大逆不道，不耻食周粟，逃到首阳山，最后饿死在山中。

卫出公拒父为不道，伯夷叔齐不食周粟饿死在首阳山是为求仁，这就是当时人们对卫出公和伯夷叔齐的评价。究竟如何评价伯夷叔齐，我们以后再说。这里只说子贡的问话艺术。

子贡答应去问问孔子是否要帮助卫君，但他不直接问，而是旁敲侧击。孔子说伯夷叔齐是贤人，是为仁而死，相比之下，卫出公则差得太远了。因此，子贡心里象吃上定心汤圆，对不仁之君，夫子是不会帮的。子贡没问要问的问题，但却问了要问的核心东西，什么样的人值得帮？这也是孔子一贯的思想，为仁者可赞而助之。

南怀瑾在他的《论语别裁》里将“夫子为卫君乎”解释为，夫子想做卫国的国君吗？我以为大错特错。卫出公连父亲都可以拒之于国门外，难道会将君王位置让给你孔子吗？

子曰：“饭疏食饮水，曲肱而枕之，乐亦在其中矣。不义而富且贵，于我如浮云。”

【注】朱注，疏食，粗饭也。

【译】孔子说：“吃粗食喝白水，弯起胳膊当枕头，其中很有乐趣呵。用不义手段得来的财富和地位，对我来说就象天上的浮云。”

【别识】这是孔子一以贯之的心志，粗茶淡饭，不求不义之财和地位，并且在这种平常生活中自得其乐。因为不义之财来得快也去得快，象天上的去，太阳出来，云在空中只能欣赏，冷空气一来，就变成了雨，风一吹就散了，不见踪影。

程氏说，孔子是“非乐疏食饮水也，虽疏食饮水，不能改其乐也。”虽然生活简朴，但并不懊恼，安于简朴，该乐则乐，简中求乐。

子曰：“加我数年，五十以学《易》，可以无大过矣。”

【注】易，《易经》，《周易》。加，假也，借也。

【译】孔子说：“让我多活几年，五或十年，用心学习《易经》，便不会有大的过错。”

【别识】这段话有两种不同的解释。

南怀瑾认为，孔子说这话时不到五十岁，最多四十九岁时说的。因此南先生解释为，再等几年，我五十岁后来学《易》就可以明白《易》之中的大道理，人生就不会有大的过错。南先生这样解释的理由是，《易经》不是所有人都能读懂的，也不是所有年龄段的人能读懂的，读《易》的最佳年龄段是五十岁至六十岁之间。因此孔子说他要在五十岁后来学《易》。

朱子认为孔子说这话时已快七十岁，孔子是在感叹自己老了，如果再给我几年时间，我会把《易》搞得很好。在《四书章句集注》中，朱熹说："此章立言，《史记》作为'假我数年，若是我于《易》则彬彬矣。'……盖是时，孔子年已几七十矣，五十字误无疑也。"《史记》记载孔子这段话时，没有"五十"这两个字，《论语》中的"五十"是误记。因此后世学者学把"五十"解释为五或十年。

这两种解释都有他的道理，暂且存疑，留待后学。

不过，我以为南先生的解释有个明显的问题。按南先生的说法，孔子说这话时最多四十九岁，意思是等我到五十岁时再来学《易》。孔子死时七十二岁。照此说法问题就来了，孔子五十岁后并没有学《易》呵，如果孔子不食言，近二十年的功夫，孔子应该在《易经》的研究上出成果，应该有鸿篇巨著，可是没有，史料上也没有孔子学《易》的记载。唯一的解释就是孔子食言了。还是存疑吧。

子所雅言，《诗》、《书》、执礼，皆雅言也。

【注】朱注，雅，常也。执，守也。

【译】孔子经常说的是《诗经》、《书》和行礼仪大典时的用语，皆是日常经常使用的。

【别识】有学者把"雅言"解释为洛阳一带的方言，认为这是当时的标准语。因此将这句话解释为，孔子在读书《诗》、《书》，执行礼仪时用的是标准语。

朱熹解释"雅言"为常用之语，即孔子经常挂在嘴边的话，是《诗》、《书》以及执行礼仪时用的话。为什么这么说？朱子认为，"《诗》以理情性，《书》以道政事，礼以谨节文，皆切于日用之实，故常言之。"《诗》、《书》及礼仪用的语言，是日常生活的指南，所以要常挂在嘴边，不可一日而废。我以为朱熹所说更准确。

叶公问孔子于子路，子路不对。子曰："女奚不曰：'其为人也，

发愤忘食，乐以忘忧，不知老之将至云尔！’”

【注】朱注：叶公，楚叶县尹沈诸梁，字子高。

【译】叶公问子路孔子是个什么样的人。子路不答。孔子听说后对子路说：“你怎么不对他这样说，‘他的为人，发愤得忘了吃饭，快乐得忘了忧愁，不知道衰老将要到来，如此而已！’”

【别识】此叶公即历史上有名的好龙之叶公。

大概叶公不知道孔子，所以才向子路打听孔子是个什么样子。孔子很不满意子路不回答叶公的问题，自己给出一个答案，也算是为自己勾勒出一个素描，发愤读书做事，发愤得经常忘了吃饭，而且是以此为乐，快乐得忘了忧愁，还不知道自己快要衰老了！

这是个很高的境界，最难得的是“不知老之将至”！现而今，中国已步入正轨老龄社会，老年人的精神生活是人们关注得最多的问题。老年人精神生活贫乏，寂寞甚至抑郁寡欢。人之老首先是心态老。其实，孔子已经在这段话里给出了老年人生活的解决方案。步入老年，不要认为劳累了一辈子，应该休息了。恰恰就是有了这种心态，无事可做，有事也不做，就会闲得无聊，生活就不会充实，精神也就没有依托。所以老年人首先要有事可做，读书、写字，做一点力所能及的社会工作，种种花养养草，让老年生活过得充实，并在其中寻找快乐。有事做才不至于精神空虚，不至于觉得自己已经老了。中国有句古话说老年人身体精神状态好，叫童颜鹤发，我以为不如改为童心鹤发。心不老则人不老，心老人老，心死人死。

春秋战国时代的人平均寿命不过四十来岁，孔子活了七十二岁，算是长寿之人，这与他乐观的生活观很有关系，与他有事可做很有关系，当然也是他“不知老之将至”心态的结果。

子曰：“我非生而知之者，好古，敏以求之者也。”

【译】孔子说：“我不是生来就有知识的人，只是喜好古代的东西，勤敏学习追求的人。”

【别识】生而知之者就是我们通常说的天才。孔子认为这世上是没有天才的，他的所有知识并不是从娘胎里一出来就有的，而是通过后天孜孜孜不倦的学习追求才得来的。什么是生而知之？朱熹说；“生而知之者，气质清明，义理昭著，不待学而知也。”

但是，孔子明明白白说了他不是生而知之的天才，宋儒尹焞偏偏要说孔子是生而知之。他说："孔子以生知之圣，每云好学者，非勉免人也。盖生而可知者义理尔，若夫礼乐名物，古今事变，亦必待学而后有以验其实也。"要尹焞的眼里，义理一类的东西是生而知之的，孔子就是一个生而知之的圣人，拍马屁拍到公开与孔子唱反调，真是腐儒到家了。

孔子好古，喜好以前的文化，这与他所处的时代有关。春秋末，战乱纷起，上古以来的传统礼仪制度遭到严重破坏，纲常败坏，人心不古。孔子对此深恶痛绝。"克已复礼"成为孔子的毕生追求。这就涉及到是厚古簿今，还是厚今簿古的问题。孔子是厚古簿今的代表。现在很多儒家都与孔子一样，见不得社会变化，甚至将物质文明的进步与文化进步割裂开来，老是认为今不如昔。我以为历史上的东西要尊重，文化需要传承，但更需要创新发展，否则我们老是沉浸在历史故纸堆中，很快就会成为兵马俑。

子不语怪、力、乱、神。

【译】孔子不讲怪异、勇力、悖乱、神鬼的事情。

【别识】什么是怪、力、乱、神？朱子的注解是："怪异、勇力、悖乱之事，非理之正，固圣人所不语。"

宋儒谢良佐说："圣人语常而不语怪，语德而不语力，语治而不语乱，语人而不语神。"因此，怪者，有悖于常之异事也；力者，非德之暴力之事也；乱，有悖伦常，非治之事也；神，非人之事也。

总之，孔子不说那些乱七糟八的东西，只说与人有关的常事，只说人道而不说玄之又玄的天道。据此，后人有把孔子列为思想家，而认为孔子不是哲学家。

子曰："三人行，必有我师焉：择其善者而从之，其不善者而改之。"

【译】孔子说："三人一起行路，其中一定有人可以做我的老师。看到他的优点我就学习。发现他的缺点错误我就警惕改正。"

【别识】"三人行必有我师焉"是中国人耳熟能详的名言。可是我们却生生把孔子有的原话给截断了。与一提到曾子的"吾日三省吾身，为朋友谋而不忠乎，与人交而不信乎，传不习乎"一样，这都一般都只说"吾日三省吾身"，是典型的断章取义。

“三人行必有我师焉”，师在何处？从何师起？孔子已经给出明确答案。择善而从之，其不善而改之。朱熹的解释很是牵强。他说：“三人同行，其一我也，彼二人者，一善一恶，则我从其善而改其恶焉，是二人者皆我师也。”我以为这是朱子拘泥于字的解释了。善恶皆我师，当然是对的，善者，我要学，恶者，我要心生警惕，反省自身，有则改之，无则加勉。因此，善恶皆为师也。但是，三人同行，必是一善一恶吗？有点牵强。世上从来没有十足的善人，也从来没有十足的恶人。所谓金无赤足，人无完人。一个好人，善的一面居多，但仍有瑕疵，仍可能犯错误。所以以人为师，只能“择其善者而从之，其不善者而改之”。一个“择”字道尽“师”之真谛。

如此一来，天下人皆可为我师。比我好的，我要向他学习，比我差的，与善相对的我要心生警惕，要从内心自省，以此为镜。再则，人各有异，物有长短，必有不及人之处，因此，不能以己之长比人之短，更不能持己之长而傲视万物。要常怀虚谷之心，常有下问之怀。如此方能成学问，就大业，完人生。

子曰：“天生德于予，桓魋其如予何？”

【注】魋，音颓。桓魋，宋司马向魋。

【译】孔子说：“上天把德仁赋与我，桓魋能把我怎么样？”

【别识】孔子说这话是有一段故事。

桓魋是宋国的司马，把持宋国大权，专横跋扈。他曾动用宋国众多民工，为自己建造一口用石材做的棺材，三年都没有做好。孔子知道后很是不满，说，这样劳民伤财，还不如死了后很腐烂了的好。话传到桓魋耳里，桓魋怀恨在心。孔子周游到宋国，桓魋在宋国君王面前说了孔子很多坏话。孔子师徒在到宋国国都城外一棵大树下停下，桓魋派人去把大树砍了，并想找机会杀掉孔子。孔子的学生得到消息，劝孔子赶快离开宋国。要这种情况下，孔子说了这句话。

这句话是孔子的一种自信的表现，生死关头，明知桓魋想杀自己，孔子不服软，还说出如此硬气的话，是要有点胆量，更需要自信的。果然，桓魋最终也没敢杀孔子。

子曰：“二三子以我为隐乎？吾无隐乎尔。吾无行而不与二三子者，是丘也。”

【注】朱注：与，犹示也。

【译】孔子说："有些学生认为我向大家隐瞒了一些东西没教吗？我没有隐瞒什么呵。我没有什么行为不向你们公开。这就是我孔丘的为人。"

【别识】为什么孔子要向弟子们如此表白自己？朱熹解释说："诸弟子以夫子之道高深不可几及，故疑其有隐，而不知圣人作、止、语、默无非教也，故夫子以此言晓之。"朱子是从学问的角度来理解孔子这段话。但是，问题在于孔子的学问无非是做人的品性、人伦纲常等，难一点的就是祭祀、周代礼仪那一套东西。前者除了孔子言传之外，还有身教，所谓"圣人作、止、语、默无非教也"。孔子日常的一言一行无不在教，有何"深不可几及"？如果连这些日常教诲都感到深不可及，那么，只能说是孔子的弟子们悟性太差。

因此，有学者认为孔子这段话的意思是，孔子向弟子们说，他的行为从来没有向弟子们隐瞒，从来没有背着弟子们去做他事，他的一举一动都有几个弟子在身边，有何隐之处？"吾行不与二三子者"的"行"，就是行为，做事。我以为这种解释要准确一些，说明孔子一生做事光明正大，堂堂正正。

【译】子以四教：文、行、忠、信。

孔子用四种内容教育学生：文化、实践、忠义、诚信。

【别识】孔子的四个方面，首先是文化。"文"不是简单的做文章，而是指文化知识以及文化涵养。没有文化知识，文章做得再好，也不过是个写手，所谓"以文化人"就是这个道理。"行"是讲实践，文化知识不能学了不用，而要付诸实践，实践了你才知道自己所知的文化究竟是对是错，并从中有新的感悟。"忠"是忠义、忠诚，忠国、忠社稷、忠家、忠人。"信"是信义，诚信。忠和信皆是讲道德品性上的问题，而忠信是孔子道德修养的核心。因此，孔子的四教实际上可以归纳为三方面：教人以文化知识，要求学生加强实践，对人对事对国家要忠义诚信。

子曰："圣人吾不得而见之矣！得见君子者，斯可矣。"子曰："善人，吾不得而见之矣！得见有恒者，斯可矣。亡而为有，虚而为盈，约而为泰，难乎有恒矣。"

【注】朱注：圣人，神明不测之号。君子，才德出众之名。恒，常久之意。

【译】孔子说："我没有见到过圣人，能见到才德出众的君子就可以了。"孔子说："善人我没有见到过，能见到持久向善的人就可以了。没有装有，本来空虚，却装充足，本来穷困，却装富有，这种人难以有恒常持久的操守呵。”

【别识】这是孔子对当时世风昌下的感叹。春秋末战国初，纲常崩坏，礼仪不常，世风日下，孔子于是发出感叹。圣人、善人都难寻觅，能见到君子和能持久向善之人就不错了。现在的人打肿脸充胖子，明明没有却要装有，明明心里空虚却要装出有一肚子学问的样子，明明家里已经吃糠咽菜了，还要讲排场，这种讲虚荣的人能有恒久之心向道吗？

有意思的是朱子对圣人的解释：“圣人，神明不测之号”，神仙都说不出来，哪里来圣人。就连孔子自己都说没见到过圣人，当然孔子从来就不把自己当成圣人，后世儒家学者，如朱熹之类，居然把孔子奉为“圣人”，岂不是在打孔子的耳光。

子钓而不纲，弋不射宿。

【注】纲，网也。朱注：纲，以大绳属网，绝流而渔者。弋，以生丝系矢而射也。宿，宿鸟。

【译】孔子钓鱼，而不用网捕鱼。用生丝做弓矢射鸟时不射归巢歇宿的鸟。

【别识】这是记录孔子少有的猎获活动。宋代学者洪兴祖认为“孔子少贫贱，为养与祭，或不得已而钓弋，如猎较是也。然尽物取之，出其不意，亦不为也。”孔子年少时家贫，没有东西来养活老母祭祀先祖，不得已才去钓鱼射鸟。但是不肯用那种可以获得更多猎物的方法，比如不网捕鱼，或者用大网把河面拦起来以更好的钓鱼，专打黄昏时归宿的倦鸟。

后世学者多认为这段记载说明了孔子的仁慈之心。更有学者认为孔子弋不射宿是因为鸟巢中有小鸟。“钓而不纲，弋不射宿”是表现了孔子的仁心，但说弋不射宿是因为巢中有小鸟不忍心打就有点牵强。所谓宿鸟是指傍晚归巢的倦鸟，这之中可能就有巢中还有待哺小鸟。这种鸟当然不能打。但是，白天在外觅食的鸟中也可能家有小鸟待哺呢。你射鸟时怎么知道呢？

我以为，孔子“钓而不纲，弋不射宿”的意思是，尽管用网捕鱼，或用大网把河面拦断以更好钓鱼的方法可以节省时间，捕获更多的鱼，射归巢之鸟可以效率更高，但所捕之鱼，所射之鸟会超过你的用度，因此，钓鱼射鸟要取之有度，不能浪费，不能贪心。这是孔子对物质需求的一贯主张。

子曰：“盖有不知而作之者，我无是也。多闻，择其善者而从之。

多见而识之，知之次也。

【注】朱注："不知而作，不知其理而妄作也。

【译】孔子说："有的人没有弄懂道理就去行动做事，我是不会这样妄作的。多听、多闻，选其中好的加以接受。多看，牢记在心并加以鉴别，这是求知的第二种方法。"

【别识】孔子在这里说了怎样行动做事，以及怎样求知求学的原则。道理不明就起而行动，此为妄作，事必不成。因此在行动做事之前一定要明白其中的道理，了然于胸方能有胜算把握。

很多学者把"多见而识之，知之次也"理解为"多看，牢记于心，这是比生而知之次一等的智能（知识）"。我以为不妥。朱熹把"识"解释为"记"，我以为这只是一层意思，更重要的是鉴别、感悟。大多数学者把"知之"理解为"生而知之"，我认为孔子在这里说的"知之"是指求知、求学。而不是"生而知之"。因为"生而知之"者，生下来什么都知道，是圣人，在上文里，孔子明白地讲"圣人吾不得而见之矣！"天人从来没有圣人，也没有"生而知之"的人。就连孔子的学问也是后天经过学习得来的。因此我认为"多见而识之，知之次也"是讲"多看，牢记在心并加以鉴别，这是求知的第二种方法"。

多闻，广博其学，求知之路一也；多见，鉴别真伪进而知好坏、识善恶，求知之路二也。

互乡难与言，童子见，门人惑。子曰："与其进也，不与其退也，唯何甚！人洁己以进，与其洁也，不保其往也。"

【注】互乡，乡名。朱注：其人习于不善，难与言善。洁，修治也。与，许也。往，前日也。

【译】互乡这个地方的习俗不善，难以与人交流。这个地方的一个年轻人受到孔子接见，弟子们很疑惑。孔子说："我们要赞许他们的进步，而不赞许他们不对的地方。你们太过分了。别人洁身前来，我们应当赞许他的洁身进步，不要死记他们的过去。当然也不能保证他们今后从此就向善了。"

【别识】互乡那个地方也许民风刁蛮，其人多不向善，因此当孔子见了从那里来的年轻人时，弟子们大为吃惊。孔子趁机说出了他对不向善之人的看法：要看到他的进步，赞扬他的进步，而不要死死盯住过去不放。看一个人，看一个地方，要用发展的眼光去看，有一丁点进步就要给予充分肯定，促使他向善为仁。这就是孔子的胸襟。很值得我们深思。朱熹说“言人洁己而来，但许其能自洁耳，固不能保其前日所为之善恶也；但许其进而来见耳，非许其既退而为不善也。盖不追其既往，不逆其将来，以是心至，斯受之耳。”

另外，朱熹认为这一段疑有错简之处，“人洁”至“往也”这十四个字应当有“与其进也”之前，应当是，子曰：“人洁已以进，与其进也，不保其往也。与其进也，不与其退也，唯何甚！”这样语气更为流畅。我深以为然。

子曰：“仁远乎哉？我欲仁，斯仁至矣。”

【译】孔子说：“仁离我们很远吗？我想追求仁，仁就来了。”

【别识】仁在哪里？仁在心里。朱子说：“仁者，心之德，非在外也。放而不求，故有以为远者；反而求之，则即此而在矣，夫岂远哉？”程氏也说：“为仁由己，欲之则至，何远之有？”

仁其实存于每个人的心里，并不是离我们很远的，虚无飘渺的东西。心中有仁，并去付诸实践，仁则会在行为中体现出来。我以为孔子说的“我欲仁”不是简单地讲心里要有仁，而是讲要去施行仁、实践仁。光心里有仁，嘴巴上一天到晚讲仁，而不去付诸实践，在现实生活中施行，仁就是一句空话。施行仁，实践仁，仁便自在，仁便自来。

陈司败问：“昭公知礼乎？”孔子曰：“知礼。”孔子退。揖巫马期而进之，曰：“吾闻君子不党，君子亦党乎？君取于吴为同姓，谓之吴孟子。君而知礼，孰不知礼？”巫马期以告。子曰：“丘也幸，苟有过，人必知之。”

【注】陈，国名。司败，官名，司寇也。昭公，鲁昭公。巫马期，孔子弟子，名施。

【译】陈国的司败问孔子鲁昭公知礼吗？孔子回答：“知礼。”说完孔子就走了。陈司败向巫马球期作了个揖，让他走近说：“我听说君子不偏袒，难道君子也偏袒吗？鲁昭公从吴国娶了个同姓的人做妻子，叫吴孟子。鲁君如果知礼，那谁不知礼？”巫马期把这话告诉孔子。孔子说：“这真是孔丘的幸福呵，一旦有错，马上就有人指出来。”

【别识】鲁国与吴国同是周公的后人，同姓姬。古代有规定，同姓之人不能通婚。鲁昭公娶了同姓的吴国女子为妻，这是违礼之举。所以陈司败有此一问。但是他的问题有陷阱，很宽泛地问鲁昭公知礼否。鲁国是孔子的故乡，鲁君是孔子的国君，当然孔子只能泛泛而答，知礼。陈司败这下有话可说了，先给孔子上纲，不是说君子不党吗，你孔子结党朋比呢，你看，鲁昭公违礼娶同姓吴女为妻，你竟还说鲁君知礼。这都叫知礼，天下何人不知礼？

按常理，设个陷阱让你先钻进去，然后再批评你，任谁都会火冒三丈，孔子听了很高兴，认为有人指出他的错误，是他的幸运。

陈司败知道他与批评孔子的话巫马期一定会转告给孔子，所以才有了“君子不党，君子亦党乎”的责问。这说明一，大家知道孔子能接受他人的批评，所以才敢责问孔子；二，孔子胸襟宽阔，听到别人批评非但不恼，反而高兴。因为能听到逆言实为人生之大幸，听不到逆言，说明你已与大家有隔阂了。人如果只喜欢听赞誉，听不进不同意见，就会狂妄自大，离走背运垮台也就不远了。所谓逆言为幸，誉词为毁。

子与人歌而善，必使反之，而后和之。

【注】朱注：反，复也。

【译】孔子与人歌唱，如果别人唱得好，一定让他重复唱，学会了后与他一起唱。

【别识】孔子喜欢音乐，曾订《乐经》后来失传了。不仅喜欢，而且善于从他人那里发现好的加以学习。可见孔子之善于学习。

子曰：“文，莫吾犹人也。躬行君子，则吾未之有得。”

【注】朱注：莫，疑辞。犹人，言不能过人，而尚可以及人。未之有得，则全未有得。

【译】孔子说：“文章学问，我和他人大约差不了好多吧。做一个身体力行的君子，我还没有收获。”

【别识】这是孔子的自谦之辞。在孔子生活的时代，孔子的文章学问要算天下第一的，博古通今无人能及。可以他却自谦说自己和其他人比差不了多少。说到做人，孔子更是公认的君子，待人接物礼仪备至，人伦纲常谨守无违，可谓世之典范。但是他仍是自谦地说自已在做君子方面还没有什么收获。真是谦虚至极。

子曰："若圣与仁，则吾岂敢。抑为之不厌，诲人不倦，则可谓云尔已矣！"公西华曰："正唯弟子不能学也。"

【译】孔子说："讲到圣与仁，我岂敢当呵。我不过是追求总不厌倦，教导人总不会感到疲倦，可以这样讲罢。"公西华说："这正是弟子们学不到的呵。"

【别识】这又是孔子的自谦之辞。

古代把完人分为几等，圣人为一，次为君子，也是贤人，再次为仁者。前面孔子已经说了，他虽然躬行君子之道，却还没有收获。现在他又说圣人和仁者。仍然是不敢当圣与仁，只是努力追求圣与仁而不满足、不停步，不厌倦；教导人是不厌其烦，不知疲劳。而这正是一般人所不容易做到的，所以公西华有"正唯弟子不能学也"的感叹。

为之不厌，有两方面，一为追求仁者乃至圣人的境界永不停步，一为教诲他人是有求必教，有问必答，知无不言，言无不尽，不会心生厌烦，更不会对学生留一手。相比之下，"为之不厌"更难做到，追求做一辈子好人需要恒心，需要坚持。

子疾病，子路请祷。子曰："有诸？"子路对曰："有之。《诔》曰：'祷尔于上下神祇。'"子曰："丘之祷久矣。"

【注】朱注：祷，谓祷于鬼神。《诔》者，哀死而述其行之辞也。上下，谓天地。天曰神，地曰祇。

【译】孔子病重。子路请求祈祷。孔子说："有用吗？"子路说："有呵。祈祷文上说，替你向天神地祇祈祷。"孔子说："我祈祷很久了。"

【别识】这是孔子不信鬼神，至少不说鬼神（前文有"子不语怪、力、乱、神"）之事的例证。孔子精通各种祭祀礼仪，岂有不知祈祷之事的？所以，当子路前来请求为孔子的疾病祈祷时，孔子回答"有诸？"是明知故问。后世学者大都翻译为"有这回事吗？"我认为，孔子是问"有用吗？"这是孔子不信鬼神，不言鬼神的明确表露。后文孔子接着说，我已经祈祷很久了，意思是，你看，我早就在祈祷了，病还是这样，惹得你子路来要求祈祷。所谓向神祇祈祷是没有用的，求人不如求自己。这是一层意思。

另一层意思是，孔子认为做事要诚敬，敬上天，敬鬼神甚至迫不得已做祈祷，不能停留在表面文章，流于形式，而在心中常怀诚敬之心。所以孔子说"丘之祷久矣"，不用你子路来请求提醒，我早已在心中祈祷了。此谓诚不在表，诚在于心是也。

子曰："奢则不孙，俭则固。与其不孙也，宁固。"

【注】 朱注：孙，顺也，逊也。固，陋也。

【译】 孔子说："奢侈铺张就会不谦逊，节俭过度就会简陋。与其不谦逊，不如简陋。"

【别识】 孔子反对奢侈铺张浪费，但这又与他主张豪葬、守孝三年的主张相矛盾。但他在这里说的道理还是中肯的。奢侈过了就是铺张浪费，一旦铺张，就要张扬，一张扬就不逊，最后必然就不顺。太俭节，就陷入鄙陋。不谦逊和鄙陋都不是好事，但是两相权衡，还是取鄙陋的好。朱子说："奢俭俱失中，而奢之害大"，所以孔子才说"与其不孙，宁固"。

子曰："君子坦荡荡，小人常戚戚。"

【注】 程氏注：坦，平也。荡荡，宽广貌。

【译】 孔子说："君子心胸宽广，小人常忧心忡忡。"

【别识】 如果说，"君子喻于义，小人喻于利"是讲君子与小人内在的根本区别，那么孔子在这里讲的"君子坦荡荡，小人常戚戚"则是君子与小人外露的根本区别。为什么会有如此大的差异？程氏说："君子循理，故常舒泰；小人役于物，故多忧戚。"义理与物欲使然。

君子心中常想的是义理，对物质的东西看得很淡，故心胸开阔，乐观无忧；而小人心中常想的是个人私利，故常为小事犯愁。所以不为凡事所扰，不因小事而烦，不因小过而忧，才能心中坦荡荡。君子循理，不会去做有悖常理之事，不会去做坏事，故问心无愧，心胸坦荡；而小人常为利而逐，常悖理而行，故心怀鬼胎，心中不安。

子温而厉，威而不猛，恭而安。

【注】 朱注：厉，严肃也。

【译】 孔子温和而又严肃，威严而不凶猛，永远都是恭敬而安详。

【别识】 这是孔子的弟子对孔子形象的描述和评价。温和的老头，但对人很严厉，看上去威严但又不是凶猛像，安详而恭敬。一个人的外表其实是其内在修养的表现，能象孔子那样，一般人难以做到。

顺便说一句，程氏认为对孔子的这句评价，可能是曾子说的。但无法考证，推测而已。不管谁说是，这个评价已经够高了，常人难以企及。

泰伯第八

泰伯这一篇也是以讲个人修养为主要内容。

泰伯，周大王之长子。周大王有三个儿子，长子泰伯，次子虞仲，三子季历。季历的长子是周文王。泰伯是周文王的伯父，周武王的伯公。周大王想把王位传给泰伯，但泰伯不认同周大王要推翻腐朽荒淫的殷商王朝的想法，认为这是犯上做乱。三次让国，不愿做王。周大王很喜欢季历的儿子周文王，认为他能继承自己的志愿，所以又想把王位传给季历。这在当时是不能被允许认同的，因为长子泰伯还在，王位只能传给泰伯，而不能传给季历。泰伯知道父王的想法后左右为难，既不想承继王位，去推翻殷商，又不能违背父王的意愿。于是出走，与虞仲一起跑到南方躲了起来。周大王后来把王位传给了季历，季历死后传位于周文王，周文王又传位于周武王。周武王兴兵讨伐殷纣王，推翻了殷商统治，建立起周朝。周武王一统天下后，派人到南方把泰伯的后裔找了出来，把现今江苏一带封给他们，为吴国。泰伯又称吴泰伯。

孔子一生最敬重三位古人，泰伯、伯夷、叔齐。三个人都有让国贤举。巧的是，三个人都不赞成推翻腐朽没落的殷商王朝。伯夷、叔齐甚至在周武王出兵之时去拦武王的车驾，认为武王是在犯上作乱。伯夷、叔齐与泰伯的认识一样，殷商是正统的王朝，纣王是天子，哪怕殷纣王腐败暴虐，人心尽失，也不能讨伐，不能推翻。因为这是礼制。否则就是僭越，是大逆不道。

子曰："泰伯其可谓至德也已矣。三以天下让，民无得而称焉。"

【注】朱注：至德，谓德之至极，无以复加者也。无德而称，其逊隐微，无迹可见也。

【译】孔子说："泰伯的品德真是极为崇高呵，多次把天下让给季历。百姓不知道他的事迹从而无法称赞他。”

【别识】孔子对泰伯是极为崇奉的。历史上的史学家和儒家对孔子的看法也持认同态度，从来没有人反对过。我以为孔子的看法是错的。泰伯是因为不同意父王周大王要推翻殷商王朝的主张而让国的，这就有个是促进历史进步还是一味守旧守制的大是大非问题。从历史记载来看，泰伯是反对变革，尤其反对对已经腐朽没落的殷商王朝进行了讨伐，进而推翻、结束殷纣王荒淫暴虐统治的行动。这种举动值得肯定还是否定？孔子是肯定的。

孔子只看到了泰伯让国，而没有分析泰伯让国的原因。我以为孔子不是不知道泰伯让国的原因，而是故意回避。不仅回避，而且还把泰伯这种明白看到殷商腐朽荒淫暴虐，却不同意讨伐，固守旧制的思想捧为“无以复加”的“德之极至”。孔子的这种历史观居然在此后的2000多年里没有一个学者出来质疑，岂不荒唐！

关于伯夷和叔齐的评价，我们在《论语·微子》中再讲。

子曰：“恭而无礼则劳，慎而无礼则葸，勇而无礼则乱，直而无礼则绞。君子笃于亲，则民兴于仁。故旧不遗，则民不偷。”

【注】朱注：葸，畏惧也。绞，急切也。君子，谓在上之上。偷，簿也。

【译】孔子说：“谦恭但不知礼，就会疲劳不堪；谨慎却不知礼，就会畏惧；勇敢却不知礼，就会乱来；直率而不知礼，就会急躁尖刻。在上位的人慈爱亲族，百姓就趋向仁德，不忘故旧，百姓就不会轻薄冷漠。”

【别识】恭、慎、勇、直是孔子推崇的个人修养道德中很重要的四个要素，也是要做一个合格的人的四条必备德性。关键是“礼”。这里所说的“礼”不是简单的礼貌，不是表现上的彬彬有礼，而是讲对“礼”的本质认识，是指要在内心有“礼”，从本质内涵上了解恭、慎、勇、直的含义。

对人恭敬，首先要在内心的尊重你，有尊重别人就是尊重自己的认识。内心尊重，举止就不会失礼。否则，表面恭敬，见人就鞠躬，一句话一鞠躬，就很累，像日本人一样，一天到晚不知要鞠多少个躬，让人看着就累。谨慎行事不是谨小慎微，一旦谨慎过头就变成畏惧，失去谨慎的本来意义。勇敢果断也要有度，不是一味的往前冲往前杀，勇过了头就成了乱来。直率本是人的好品质，但是直率得不讲时间地点，不讲策略，不审时度势，就会操之过急，偏激坏事。

孔子的仁爱思想出发点是从身边的亲人爱起，爱父母、爱子女、爱亲族。如果身边的人都不首先爱，何以爱天下之人。爱身边的人，才能给百姓树立起一个榜样，百姓才有样可循，仁德之见才可能兴起。所以，所谓爱国不是一句空话，爱国首先要爱家，爱亲人，连家人不爱，亲人都不爱的人，你能指望他爱国？爱国更不能只讲大道理，而要从身边的事做起。

故旧不忘，尤其是当了大官，上了位，更不能忘记发小，忘记同窗好友。传统不失，旧友不忘，百姓就不会对人冷漠无礼。这也是一种榜样。

曾子有疾，召门弟子曰："启予足！启予手！诗云：'战战兢兢，如临深渊，如履薄冰。'而今而后，吾知免夫！小子！"

【注】朱注：战战，恐惧。兢兢，戒谨。

【译】曾子有病，召集他的弟子们前来说："看下我的手，看一下我的足。《诗经》上说，小心谨慎呵，好象面临万丈深渊，在薄薄的冰面上行走。从今往后，我可以免除这种危险了。小心呵，小子们！"

【别识】曾子病了，而且病得不轻，手脚大概都不能动了。所以把弟子们召来，首先要他们帮他挪挪手脚。朱子的说法是，"曾子平日以为身体受于父母，不敢毁伤，故于此使弟子开其衾而视之"，叫弟子们打开被盖看看他的手脚，以示父母所赐的手脚完好。

"如临深渊，如履薄冰"是《诗经·小旻》中的一句，也是曾子对自己一生谨慎的总结。作为孔子最好的学生之一，颜回死后，曾子就是第一好的学生了。其个人修养道德非常好，否则，孔子的后代学生们编纂《论语》时不会多次提到曾子，而且将曾子的话单独记下来。"吾日三省吾身。为人谋而不忠乎，与朋友交而不信乎，传不习乎？"以及在本篇中记载的曾子的几段话就是例证。

自己"如临深渊，如履薄冰"般地过了一辈子，终于要解脱了，从今往后不用再如此小心谨慎的过日子了，临到终还不忘语重心长地叮嘱弟子们要小心做人待事，对弟子们的关心爱护真是到了家。

曾子有疾，孟敬子问之。曾子言曰："鸟之将死，其鸣也哀，人之将死，其言也善。君子所贵乎道者三：动容貌，斯远暴慢矣。正颜色，斯近信矣。出辞气，斯远鄙倍矣。笾豆之事，则有司存。"

【注】孟敬子，鲁国大夫仲孙氏，名捷。朱注：贵，犹重也。暴，粗厉也。慢，放肆也。信，实也。鄙，心陋也。倍，与背同，谓背理也。笾，竹豆。盛祭祀食品之竹盘。

【译】曾子病了，鲁大夫孟敬子前去探问。曾子说："鸟儿要死前的鸣叫是哀伤的，人要死之前的话是善意的。君子看重三方面的大道：注意自己的容貌，则远离粗暴放肆；端正自己的容颜，使人相信你；说话的时候，避免粗陋和错误。祭祀上的事，有主管的人在管（不用问我）。"

【别识】孟敬子去探望病中的曾子，大概曾子自知不起，所以有"鸟之将死其鸣也哀，人之将死，其言也善"，说出一段掏心窝子的话。孟敬子探望病人，肯定不只是问问曾子的病情，一定还问了其他方面的事，尤其是祭祀、执政方面的事，否则，曾子不会说出动容貌、正颜色、出辞气这三个君子应当最为看重的大道，更不会说，祭祀方面的事在主管祭祀的管着（你不要来问我）之类的话。而且回答得很隐晦，转弯抹角。

这很能反应出中国传统思维受孔子及其弟子们的影响有多大，后果非常严重。回答别人的问题，不直接回答，而是通过隐喻，转弯抹角地回答，让你自己去想去猜，聪明的一听就明白，笨一点的要想好久，再笨的恐怕一辈子都想不出来。前面说到，冉有问子路，夫子不会去帮卫出公吧？子路说，好，我去问。结果，子路到了孔子那里问的却是伯夷、叔齐的事。子路出来后，很肯定的告诉冉有，夫子不会去帮卫出公。因为他从孔子那里得到了他是肯定伯夷叔齐的答案，因此推论孔子不会去帮卫出公这种不贤之人。问问题不直接问，而是转个弯，问个类似的问题。曾子呢，也是不直接回答孟敬子的问题，而是顾左右而言他。

外国人提问直截了当，回答也直截了当。中国人从孔子及其弟子们那里学到了回答问题的妙法，给你绕圈子，转弯抹角的回答你，弄得你云罩雾遮，不明就里，不得要领。这本是最要不得的思维方式，却被国人发扬光大，运用得无比娴熟。

三国时，曹操在白门楼抓住了吕布，问刘备，吕布该不该杀？刘备回答，他想起了丁原和董卓之死。曹操一听，当即叫人把吕布推出去斩了。这边刚斩，那边曹操就后悔了，心里暗骂：你这个大耳儿，骗老子杀了吕布！可是曹操又打不出喷嚏，人家刘备没有叫你杀呵，人家只是说了丁原和董卓之死，杀吕布是你曹操自己作的决定，与刘备何干？你看，刘备转弯抹角的回答多艺术，既帮曹操下了决心，又没有明说。弯子一绕，无非是想给你提供一个参考，判断决心得你自己下，对了，有我的功劳，错了，与我无关。多好！

可惜的是国人的这种聪明才智没有用到正道上。影响到后来，国人在研究问题，尤其是社会问题时，往往不是直奔主题，不去触及核心问题，而是绕着弯子走，看看有没有捷径他途。往往也就浪费时间，浪费财力，更缺乏创新。

类似的问答，在《论语》中还有很多。这种思维方式经后世的儒家学者们光大发扬，后生们就学会了圆滑。这是我们在读《论语》或儒家经典时要切切注意的一大问题。

曾子曰：“以能问于不能，以多问于寡；有若无，实若虚，犯而不校。昔者吾友尝从事于斯矣。”

【注】朱注：校，计校也。

【译】曾子说：“有能力却向没能力的人请教，学问多的却向学问少的请教，有知识却要象没有一样，充实却虚怀若谷，被能力差的人冒犯也不计较。这是我的朋友（颜回）常做的事呵。”

【别识】这是很难做到的几件事。能力强的向能力弱的请教，满腹经纶的向大字不识几个的人请教，这是个世界性的难题，估计很少有人能真的放下身段，不耻下问。虚怀若谷，谦逊不露，这种美德在很多大学问家那里都能找得到，所谓大师，不是仅仅学问大，而是胸怀大，德性好。

曾子称的“吾友”是谁？东汉经学家马融认为是颜回。后世的儒家学者们大都这样认为。朱熹在《四书章句集注》里说：“友，马氏以为颜渊是也。颜子之心，惟知义理之无穷，不见物我之有间，故能如此。”持肯定态度。但是，颜渊生于公元前521年，死于公元前490年，曾子生于公元前505年，死于公元前435年。颜渊死时曾子才15岁，两人不可能是友。倒是颜渊与曾子的父亲曾皙是同辈人。

曾子曰：“可以托六尺之孤，可以寄百里之命，临大节而不可夺也。君子人与？君子人也。”

【译】曾子说：“可以把幼小的孤儿托付给你，可以反把方圆百里的国家的命运寄托给你，临到关节时刻不会变节失志，这是君子吗？这就是君子。”

【别识】程氏说：“节操如是，可谓君子矣。”曾子在这里说的是君子的节操，用通俗的话说，也是做一个君子的三大标准。古代的一尺相当于现在的七寸，六尺就是幼儿。

托孤有两种，一种是政治托孤，一种是民间百姓之间的托妻寄子。政治托孤就是将年幼的儿子托付给丞相或顾命大臣，也就是把江山临时托给这些丞相大臣们照管，等到幼儿成年后再归政给他们。这可是个风险很大，也很有诱惑的活。把江山托给你，幼主少不更事，等于你说了算，弄不好人家就把江山改名换姓了，所以托孤是要冒风险的。同样，花花江山一下子让你来说了算，没有几个人不动心的。实际上的皇帝，难免会生出异想。与其帮你坐江山，不如我自己来坐，这诱惑可比金山银山，比美女大多了。中国历史上最著名的托孤要数白帝城刘备将刘禅托给诸葛亮的那场托孤了。没有哪次托孤如这次一般那么完美，那么顺畅。所谓顺畅是指托孤之后的始终如一。刘备在白帝城对诸葛亮说："子才胜曹丕十倍，嗣子可辅则辅，不可辅则取而代之。"诸葛亮一听，汗就出来了，赶紧跪下说："臣鞠躬尽瘁，死而后已。"刘备这才放心地去了。果然，诸葛亮信守承诺，竭尽心力辅佐刘禅，直到累死。后世有人说，刘备对诸葛亮说"不可辅则取而代之"是在考验诸葛亮，看看他是否日后有异心。也有的说，刘备要的就是诸葛亮的"鞠躬尽瘁、死而后已"这句话，是用诸葛亮自己的话堵自己的后路。这是后人的猜测而已，当不得真。

纵观中国历史，托孤的事情倒不少，真正象刘备托孤这样完美的还真不多见。这就应了曾子所说，可托六尺之孤，君子也。顺治皇帝和康熙皇帝也受过托孤之苦，顺治年幼时多尔衮占了他的母亲，让人称他为"皇父摄政王"。幸好多尔衮早死，不然，这皇位可能就改了。以至后来顺治皇帝当政后还要掘多尔衮的墓，把尸体挖出来鞭尸。而康熙皇帝年幼时的顾命大臣鳌拜辅政期间也是飞扬跋扈，甚至还动了篡位当皇帝的念头。可见托孤能象诸葛亮一样始终如一不动心的，还真少。

民间托孤的案例倒是有不少，但真正能打动人心的不多。托孤之事是一辈子的事，少则也要十多年，等于幼儿长大成人才能罢手。财力消耗不说，光是感情付出就是一难事。古代托孤托的都是男人，男人感情不细腻是事实，如果家中有个河东狮子，要完成托孤重任就更难。

"可以寄百里之命"，也很重要，将一个国家，一个地区托付与你，等于是把那里的百姓身家都托给你了。既然能把这么大的事托给你，一定是你有能力，更重要的是你有仁德，否则，托给一个德性不好的，甚至托给一个地痞流氓，那就彻底完蛋了，不知道这地痞会怎样鱼肉百姓呢。

“临大节而不可夺其志”是君子的第三个标准。君子可夺其命，不可夺其志，这个专就是节气、操守。当年，蒙古大军抓获了文天祥，元世祖忽必烈希望文天祥能投降，做他的宰相，以至让宰相之位空了三年。文天祥就是不降，在牢里该吃吃该睡睡。最后忽必烈耐不住了，到牢里最后问文天祥。文天祥对忽必烈说，你尊崇我，照顾我，我很感谢。但是也请你成全我。忽必烈知道文天祥志不可夺，于是说，那就明天吧。文天祥长长一揖，说，谢谢你。就这样文天祥在被关了三年后被杀。用现在的话是英勇就义。生死面前，不改其志，这需要很大的勇气，很坚定的志向。

可以托孤，寄百里之命，临大节不改其志，做到了就是君子。

曾子曰：“士不可以不弘毅，任重而道远。仁以为己任，不亦重乎？死而后已，不亦远乎？”

【注】朱注：弘，宽广也。毅，强忍也。

【译】曾子说：“士不可以不胸怀宽大，刚直果毅，因为士子肩上的担子重，道路很远。以实现仁德为不可推辞的责任，难道这责任不重大吗？为此奋斗终生，死而后已，难道路不遥远吗？”

【别识】如果说，前一节讲了做君子的标准，那么曾子在这里就讲君子之道究竟用来做什么。君子，士子肩上的担子重得很，而且是路途遥远，非一日之功就能达成，所以要完成这重任，就一要有宽广的胸怀，长远的目光，二要有刚强的毅力。朱子说：“非弘不能胜其重，非毅无以致其远。”只有宽广、博大的胸怀与坚毅的决心配在一起，才能担起重任，长而久之。程氏也说：“弘而不毅，则无规矩而难立；毅而不弘，则隘陋而无以居之”，“弘大刚毅，然后能胜重任而远到。”

什么重任？实现仁德。儒家讲的仁，就是爱人，爱家、爱民、爱国、爱天下，并要让天下之人都向往、实践仁德。这是很重的任务，不是一时半会就能实现，可能要终其一生精力，所以要死而后已。朱子又说：“仁者，人心之全德，而必欲以身体而力行之，可谓重矣。一息尚存，此志不可少懈，可谓远矣。”

子曰：“兴于《诗》，立于礼，成于乐。”

【译】孔子说："《诗》使我振奋，礼使我能在社会上站住脚，音乐使能完成学业和品德修养。"

【别识】兴，是兴起、振奋的意思。诗，并非单指《诗经》，而可以引申至文学艺术。礼，仪礼、礼节。乐，音乐。朱子对诗、礼、乐三者对人后天品性养成的作用有很精道的注释。

诗。朱子说："《诗》本性情，有邪有正，其为言既易知，而吟咏之间，抑扬反复，其感人又易入。故学者之初，所以兴起其好善恶恶之心，而不能自已者，必于此而得之。"

多学诗，可以从诗中受到深入浅出、潜移默化的熏陶，养成一个人的好恶之心，培养一个人的修养品德。

礼。朱子说："礼以恭敬辞逊为本，而有节文度数之祥，可以固人肌肤之会，筋骸之束。故学者之中，所以能卓然自立，而不为事物之所摇夺者，必于此而得之。"

学会礼，知礼、懂礼、守礼，则可以成为一个君子。礼能培养一个人的品质与气度，坚定意志。

乐。朱子说："可以养人性情，而荡涤其邪秽，消融其渣滓。故学者之终，所以至于义精于熟，而自和顺于道德者，必于此而得之，是学之成也。"

音乐养人性情，开阔胸襟，温润情怀。所以要成成为谦谦君子，要想成才，必从诗、礼、乐三方面入手，缺一不可。而且三者之学还有个先后秩序，初学诗，中学礼，最后才学音乐。

子曰："民可使由之，不可使知之。"

【译】孔子说："可以让老百姓去做事，但不能让他们知道原因。"

【别识】孔子这句话自古以来就被大多数人认为是孔子愚民思想的典型反映。朱子说："民可使之由于是理之当然，而不能使之知其所以然也。"算是对孔子这句话的经典注释。

老百姓是做事的，供驱使之用的，让他们做就行了，不一定要让他们知道原委，更不能让他们知其所以然。这是儒家对普通百姓的经常性看法。

不过，这句话在后世却有不同的理解。最典型的要数康有为、梁启超。有人认为，可字，有三种不同理解，一为可以、容许，二为可能，三为认可赞成。康梁时，正是"五四"运动过后，学者都爱拿民主来说事。所以，康梁认为前人在这句话断句时断错了，应该这样来断句："民可使，由之，不可使，知之"，翻译过来就是，老百姓可以自己选择投票，就给他们自由，老百姓没达到这个水准，就教育开导他们。但是有人不同意康梁的断句，认为应该这样断："民可，使由之，不可，使知之"，老百姓可以民主了，就给他民主自由，老百姓还不可以民主，就教他们民主。我以为康梁及后一种解释都太牵强。

我以为，孔子的愿意，就是愚民。民可使之，谁使民？当然是处于上位的人才能使民。道理由当官的当政的掌握就行了，百姓只管做事，否则何必分别出百姓和士，何必分君臣？孔子还说过一句话叫"唯上知与下愚为不移"，百姓和处于上位的人是不能变动，也不会变动的，百姓就是百姓，当官的就是当官的。

子曰："好勇疾贫，乱也。人而不仁，疾之已甚，乱也。"

【注】 疾，此处作动词用，讨厌、害怕。

【译】 孔子说："崇尚勇武怨恨贫穷，会导致祸乱。人们不存仁爱之心，怨恨太多，也会招致祸乱。"

【别识】 孔子在这时说了社会动乱的三种原因。一是好勇，崇尚武力，以为拳头能解决一切问题，动辄就闹事打架，社会不乱才怪。二是怨恨讨厌贫穷，讨厌贫穷则不安于现状，就嫉富，则会有杀贫济富出现，社会当然就乱。三是，仁心爱心在人们心中淡薄了甚至没有了，加上心中怨恨太多，于是什么事都可能发生，什么伤天害理的事都可能做得出来，社会必然会乱。这比好勇疾贫的危害更大。仁心尽失，社会公德崩坏，社会稳定的基础也就没有了。从古至今，社会动乱都逃不出这三个原因。用今天是话说就是，贫富不均，社会浮躁，道德丧失。

子曰："如有周公之才之美，使骄且吝，其余不足观也已。"

【注】 朱注：才美，谓智能技艺之美。骄，矜夸。吝，鄙啬也。

【译】 孔子说："如果有周公的才能与美德，但只要骄傲而吝啬，别的方面就不值得一看了。"

【别识】 周公是历史上最被人称道的君王之一，以其治世之能和仁德之美为历代君主所效仿。孔子在这里提出了一个合格君王要注意的两种问题。一是骄慢，二是吝啬。上位之人往往会对自己的才能过分自信，进而就骄矜，看不起人，尤其看不起下属，持才傲物。对属下苛刻，不肯帮忙，吝啬无比。这样的人，即使才能很高，也不会有好高的仁德。有这两条，其他方面可想而知，不值得一看。

所以当官的不仅要有才能，还要有不骄不吝的美德，虚怀若谷，又体贴下属，又善于帮人，这才是比较完美的领导。

子曰："三年学，不至于谷，不易得也。"

【注】朱注：谷，禄也。至，疑当作志。

【译】孔子说："读书三年不立志当官拿俸禄的人，不容易找得到了。"

【别识】朱熹把"谷"解释为禄，而不是一般意义上的谋生，"至"疑是"志"之误，我以为是有道理的。否则讲不通。如果把"谷"仅理解为是谋生，那么孔子这句话就是：读书三年还不想去谋生自立的人，不容易找到了。光读书，不求谋生的人只有两种情况，一是年龄还小，孔子所说显然不是指小学童，二是家财万贯，不愁吃穿。这种情况也少见。既然不愁吃穿，那读书来干什么？

学习为了什么？说低一点是为了以后找个职业，往中的说是为了以后的前程，往高处说是为了出人头地，当官，当大官。读书人恐怕都想奋斗去当官，去出人头地。所谓"书中自有颜如玉，书中自有黄金屋"，就是对读书人很明确的导向。尤其是在中国这个有权就会有钱的社会，读好书，才可能走仕途。所以孔子感叹，读书三年不想当官吃俸禄的，很难找哦。不幸的是，孔子二千多年前的感叹，现在仍然切中时弊。

子曰："笃信好学，守死善道。危邦不入，乱邦不居。天下有道则见，无道则隐。邦有道，贫且贱焉，耻也；邦无道，富且贵焉，耻也。"

【注】朱注：笃，厚而力也。

【译】孔子说："坚定信仰大道，爱好学习它，始终如一地信守它。不进入危险之邦，不在混乱的国家居住。天下太平，仁德有治就出来做事；天下混乱，道德失据就隐身起来。天下平安还贫穷卑贱，是耻辱；国家混乱无道还富贵，也是耻辱。"

【别识】朱子极为推崇孔子的这种处世之道，并作了进一步阐释。朱子说："君子见危授命，则仕危邦者无可去之义，在外则不入可也。乱邦未危，而刑政纪纲紊矣，故洁其身而去之。天下，举一世而言。无道，则隐其身而不见也。此惟笃信好学、守死善道者能之。”君子没有见危授命，去危邦治国的义务，如果恰好身处乱邦之外，则也没有进入乱邦的义务，这是君子洁身自好的办法。有道则见，无道则隐，这就是笃信好学、守死善道。这就是朱熹解释的君子之道：危邦乱世，不要去管他，没有要去帮助治理乱世的义务，洁身自好要紧。

不入危邦，不居乱邦，是为了不和无道之人同流合污，是个不错的理由，但却不是君子所为。所谓君子，以天下治为己任，这是儒家格物、致知、修身、齐家、治国、平天下的一贯思想。我很怀疑这段话究竟是不是孔子说的。因为这和他所说的君子责任大相径庭。

但是，让人遗憾的是，孔子就是这么讲的，更让人吃惊的是后世儒家学者竟然把这么不负责、这么落后的观念当成圭臬。

这句话反应了孔子非常消极的人生态度。首先，他提倡自保自全的人生态度。有道则见，无道则隐，不去危险的地方，不住混乱的国家。其次，他表达了仕子可以不对社会负责的观念，而朱子竟然还为这种观念找理论依据。这与孔子的“道义”背道而驰。邦国危乱，君子该干什么？孔子的办法是，不入不居，不要去管，隐而不见。等到社会不危不乱了，天下有道了再出来做事。如果按照孔子的说法去做，天下乱了危了，仕子、君子都不入不居，谁来收拾乱局？谁来治理危邦？

读书人、仕子、君子的作用就是要治理国家，教化民众，国家一有问题，一遇危乱就躲起来，隐而不见，国家太平了就都跑出来捡现成，坐享其成，这样的君子觉悟未免太低了一点，甚至连普通百姓都不如，宁可不要。

子曰：“不在其位，不谋其政。”

【译】孔子说：“不在那个职位上，就不参与那个职位的事情谋划。”

【别识】“不在其位，不谋其政”这句话有多种理解。第一层，不在那个位子，难以知道事情缘由，何以谋政？第二层，不在其位，而去谋政，有乱伸手之嫌，所以莫去谋政；第三层，不在其位，所以不干我事，休得去问，多一事不如少一事；第四层，不在那个位子，不能去问，推托之意。后人大多用孔子这句话作推托之辞。

子曰：“师挚之始，《关雎》之乱，洋洋乎！盈耳哉。”

【注】朱注：师挚，鲁乐师，名挚也。乱，乐之卒章也。

【译】孔子说："从鲁太师挚演奏乐曲开始，到演奏《关雎》合奏终曲，美妙无比的音乐呵，充塞于耳回荡不已。"

【别识】乱，朱子认为是乐曲最后的一章。《说文》、《尔雅》均注为"治"。孔子其实在这里说的不仅是师挚演奏的乐曲美妙，更深的意思是说，有师挚来执掌国乐，乐就得到治理，就结束乱象，走上正轨，音乐就会美妙。

朱熹在注释这句话时说："孔子自卫反鲁而正乐，适师挚在官之初，故乐之美盛如此。"这段话是孔子在返回鲁国后说的。其时，孔子正致力于挽救恢复被世人弄得混乱不堪的礼乐。当他看到师挚率领的乐队，听到奏出的乐曲非常符合规范，美妙无比，于是有此一叹。

子曰："狂而不直，侗而不愿，悾悾而不信，吾不知之矣。"

【注】朱注：侗，无知貌。愿，谨厚也。悾悾，无能貌。吾不知之者，甚绝之之辞，亦不屑之教诲也。

【译】孔子说："狂妄而又不正直，幼稚无知而又不老实，无能而又不讲信用，这样的人我是不会教的。"

【别识】一般来说，狂狷之士都很耿直，愚笨无知的人老实，没有能力的人比较守信，这样的人尚还可用可教。但是，"狂而不直，侗而不愿，悾悾而不信"，这种人就没法理解，没法教了。所以后世有很多学者把"吾不知之"解释为：这种人我无法理解。

苏东坡对此有不同看法。他说："天之生物，气质不齐。其中材以下，有是德则有是病，有是病必有是德，故马之蹄啮者必善走，其不善者必驯。有是病而无是德，是天下之弃才也。"我以为苏东坡的观点值得重视。人非圣贤，孰能无过？德才与缺陷总是相伴相成，有才之人往往有毛病缺点，有德之人呢，又往往无才。关键是如何看待缺点，规避缺点。比如马，走着走着要停下来吃几口草，这是一种毛病，但是这种马善走，如何让这种马扬长避短，驯也。所以有才无德，可以教，有德无才也可以教。既无德又无才，譬如"狂而不直，侗而不愿，悾悾而不信"，这种就没法教了，是天下之弃才。

子曰："学如不及，犹恐失之。"

【译】孔子说："求学问如果不及时学习，恐怕就要失去什么，就要掉队呵。”

【别识】 后人常用孔子这句话来激励自己，尤其是做学问的人。朱子认为孔子是在说，“言人之为学，既如有所不及矣，而其心犹竦然，惟恐其或失之，警学者当如是也。”对待学问，对待知识，自己要常感有所不及，常有竦然之心，惟恐落伍掉队。

曾国藩有句名言：“学如逆水行舟，不进则退”，比孔子这句话更进了一步。一个人学问再大，哪怕是这个行当领头人，如果不及时充电，及时更新知识，就会退步落伍，正所谓学无止境。

子曰：“巍巍乎！舜禹之有天下也，而不与焉。”

子曰：“大哉尧之为君也！巍巍乎！唯天为大，唯尧则之。荡荡乎！民无能名焉。巍巍乎！其有成功也；焕乎，其有文章！”

【注】 朱注：巍巍，高大之貌。不与，犹言不相关，言其不以位为乐也。唯，犹独也。则，犹准也。荡荡，广远之称也。成功，事业也。焕，光明之貌。文章，礼乐法度也。

【译】 孔子说：“多么崇高伟大呵！舜和禹君临天下，却从不为自己。”

孔子说：“尧作为君主，多么伟大呵！多么崇高呵，唯有苍天才如此高远，唯有尧帝才能效法。他的品德如江海一样浩荡，百姓都不知道怎么赞美他。他的功绩真是伟大崇高呵！他的礼仪制度光彩夺目呵！”

【别识】 孔子这两句话表达了他对中国历史上继黄帝之后第一位君主尧和他的继任者舜和禹的推崇赞美。黄帝之后，尧为华夏君主，尧传位于舜，舜传位于禹，三人都不是子孙关系，君主之位属于禅让，而不是世袭，是公天下，而不是家天下。中国历史上有家天下，是禹之后到殷商纣王时。尧、舜、禹三位都是治理天下有成的君主，在他们手上，天下太平，民众祥和。更重要的是他们虽然君临天下，却对帝王之位从不当一回事，也不利用这个位子替自己谋点什么私利，就连众人垂涎的君主之位也不传给儿子，而是禅让给他认为能力治理天下，以天下为公的他人。这种君王的人品当然伟大，所以孔子给出了三个“巍巍乎”。可见孔子对他们是推崇备至。

舜有臣五人而天下治。武王曰：“予有乱臣十人。”

孔子曰："才难，不其然乎？唐虞之际，于斯为盛。有妇人焉，九人而已。三分天下有其二，以服事殷。周之德，其可谓至德也已矣。"

【注】朱注：五人：禹、稷、契、皋陶、伯益。乱，治也。

【译】舜有五位能臣就把天下治理得太平。周武王说："我有十个能治理天下的贤臣。"

孔子说："人才难得，不是这样吗？唐尧、虞舜和周武王时代人才最为兴盛。周武王的十位人才中还有一位是妇人，实际只有九个人才。周文王得了三分之二的天下，依然还是向商纣称臣。周朝的贤德可以说是最高的了。"

【别识】孔子这段话仍然是在赞美他所景仰的唐虞之际的盛世，同时讲明治理天下需要人才，而人才又很难得。周武王的十个人才是：周公旦、召公 、太公望、毕公、荣公、太颠、闳夭、散宜生、南宫适、邑姜。这之中，邑姜是周武王的夫人。男的只有九人，九人治外，邑姜治内。

周文王三分天下有其二，《春秋传》说，"文王率商之畔国以事纣"，天下归文王者六州，荆、梁、雍、豫、徐、杨也，惟有青、兖、冀三州属纣。天下九州，周文王有六，仍然对纣王称臣。只是后来纣王无道，周武王才兴兵伐纣，夺得天下，至有800年周王朝。

需要注意的是，在这里孔子的话是用"孔子曰"来表达的。为什么？朱熹说："称孔子者，上系武王君臣之际"，因为前面用的是，周武王的话，周武王是君，孔子是臣，臣子的话放在君王的话后面，就不能象前面那样直接用"子曰"，而只能用"孔子曰"。在《论语》中，但凡孔子与君王对话，孔子的话者是用"对曰"起头。这是表示君臣有别，充分体现了孔子的君臣等位的思想。

子曰："禹，吾夫间然矣。菲饮食，而致孝乎鬼神；恶衣服，而致美乎黻冕；卑宫室，而尽力乎沟洫。禹，吾无间然矣。"

【注】朱注：间，罅隙也。谓指其罅隙而非议之也。菲，薄也。致孝鬼神，谓享祀丰洁。黻，蔽膝也，冕，冠也，皆祭服也。沟洫，田间水道，以正疆界、备旱潦者也。

【译】孔子说："对大禹我简直没法挑出他的缺点了。他不注重饮食，却把祭品办得很丰盛；他不注重衣服，却把朝堂礼服做得很华美；他不注重自己住的地方，把精力都放在建渠挖沟，治理水旱上了。对大禹，我简直没法挑出他的缺点。”

【别识】舜在传位于大禹前，曾对禹作了几年的考察，派他去治理水患。大禹治水，奠定了中国农耕基础，由此产生了丰厚的农耕文化。大禹在饮食、穿衣、住房等方面都极为节俭，把全副精力都放到了治水上，以至三过家门而不入，传为千古佳话，对于祭祀礼仪、祭祀服饰以及祈祷鬼神方面做得非常认真。传说大禹在治水时常常要先祷告上天，运符念咒。就是这样的人，为孔子极力推崇。禹之后，天下君王之位不再是禅让，成了世袭。这大概也是孔子推崇大禹的重要原因。

北宋理学家杨时对孔子这段话有句注释，一语中的。他说：“薄于自奉，而所勤者民之事，所致饰者宗庙朝廷之礼，所谓有天下而不与也，夫何间然之有。”一个坐有天下而不为自己谋利的人，你能挑出什么毛病？

子罕第九

子罕，这个题看起来就费劲。用白话文就字面解释就是，孔子很少。很少什么？让人摸不着头脑。这种情形在《论语》中随处可找。“学而”“述而”也是，《论语》编排的一大弊病，就是用每一篇的头两个字来作这一篇的题目，既无科学性，又很随意。用人名来作篇名的更多。这个问题我已经在序中作了详细阐述，此处不再多言。

子罕言利与命与仁。

【注】罕，少也。

【译】孔子很少谈论功利、天命、仁德。

【别识】这段孔子弟子们评论孔子的话历来解释分歧最大。在《论语》中，孔子谈到“利”，作利益讲的有6次，作命运讲的“命”有10次，作天命讲有3次，“仁”就讲得更多了，有109次。所以有人说，这里的“仁”是“人”之误，应当是“人性”的“人”。

什么是利、命、仁？为什么说孔子很少谈及利益、天命、仁德？程氏解释说：“计利则害义，命之理微，仁之道大，皆夫子所罕言也。”

在程氏看来，“利”是利益，谈“利”就要忘“义”，就会损害“义”。孔子自己在《论语·里仁》中说“君子喻于义，小人喻于利”，谈利，不是君子所为，所以孔子很少谈到利。不过，孔子为了生计，也要谈利。《述而》篇中，孔子就说：“自行束修以上，吾未尝无诲焉。”还是要言利的。

命，确实是孔子谈得很的一个问题。《论语》中，孔子谈命不过13次，其中作命运讲的“命”10次，作天命讲的“命”3次。连程氏都说“命之理微”所以不大谈。“命是个微不足道的东西，谈有何益？可是，”命“如果作天命讲，就是人之起源，世界之起源的问题，很大一个哲学问题。孔子确实极少谈及天命问题，谈得最多的是人伦纲常等伦理道德问题，而作为世界观的如天命问题，孔子恐怕根本就没有研究过，思考过。这也许就是有后世学者认为孔子只是个伦理学家，而不是哲学家的根据所在。

“仁”要费点口舌来说。首先，这里的“仁”，是“人”之误，抑或不是？我以为不是。说是“人”之误的学者，把“人”理解为人性。孔子的所有学说思想都是围绕着人来展开的，把人理解为人性当然也是正确的。但是，要知道，孔子围绕人谈的人性，均是君臣之道、人伦纲常、礼义廉耻，都是“仁”的内容。作为孔子思想核心的仁，是人性统率纲领，已经融汇于人性之中了。仁是人性的核心，人性是仁的表现。因此可以说，孔子谈人性，就是谈仁。

程氏说“仁之道大”所以孔子才很少谈及，完全是胡言乱语。在孔子思想中，“仁”确实是很大的一个命题，不然不会成为孔子思想的核心。既然是核心，孔子不可以因为是大道理而少谈，而谈得很多很多。一部《论语》孔子谈仁有 109 处。四川大学哲学系教授贾顺先教授将《论语》分为五大部分，其中第一部分就是“仁者爱人的人生观”，选了 138 章。孔子是“罕言”仁，还是大谈仁？

说到这里，再看后世儒家们对孔子，对《论语》的态度，可以看出他们是非常盲目的。明明孔子在《论语》中大谈“仁”，而《子罕》一上来就说孔子很少谈仁，于是程氏就可以置事实于不顾，还找个什么“仁之道大”的理由来为之辩解，看了很令人发笑。孔子很少谈仁，明明是错的，为了维护孔子的权威，维护《论语》的权威，而不惜找点歪歪道理，这就是儒家学者们的盲从、虚伪。

达巷党人曰：“大哉孔子！博学而无所成名。”子闻之，谓门人弟子曰：“吾何执？执御乎？执射乎？吾执御矣。”

【注】朱注：达巷，党名。其人姓名不传。

【译】达巷党里的一个人说：“孔子伟大呵！学问广博，可惜没有一样被人称道的专长。”孔子听了，对门下弟子说：“我专长什么呢？专长驾车？专长射箭？我还是驾车做车夫吧。”

【别识】这是一般老百姓对孔子的评价。说这话的人宋儒们也没能考证出他的姓，孔子是很伟大，但仔细一想，孔子博学，却没有一技之长可以让人称道。孔子听了很大度，我去专长驾车还是专长射箭？驾车好了。这就是孔子。

可是，南怀瑾先生不这样认为。他认为孔子在这里说的“御”不是指驾车，而是指领导，即孔子说自己还是去做文化的领导人吧。我认为南先生的理解完全错误。理由有二，一是孔子时代的“御”就只是指驾车，后来“御”才有驾御、领导的含义，御字才成了皇帝君王的专用词，御驾、御览、御座等等。不能用衍生发展后的词义去解释历史上的古文，而应用当时的词语含义去理解，这是阅读古文的一个基本原则。二是，孔子不会那么自大，要自告奋勇地来当文化艺术的领导人，这不是孔子的为人。

那么，孔子为什么要“执御”？朱熹注释说：“射御皆一艺，而御为人仆，所执尤卑。言欲使我何所执以成名乎？然则吾将执御矣。闻人誉已，承之以谦也。”孔子听到别人褒扬自己，不是喜形于色，而是很谦逊。春秋战国时，弓箭手们在战车上，有一个专门驾车的车夫，位置比箭手卑微。孔子不做箭手，而要做位置更卑微的车夫。我以为这正显出了孔子的谦逊，还是从最下层处做起吧。

子曰：“麻冕，礼也；今也纯，俭。吾从众。拜下，礼也；今拜乎上，泰也。虽违众，吾从下。”

【注】麻冕，缁布冠也。纯，丝也。

【译】孔子说：“用麻来织冠冕，这是符合礼制的。现在用丝来织，节俭了，我遵从大家的做法。臣见君要在堂下拱手鞠躬，这是礼制的要求。现在在堂上拱手鞠躬，这是倨傲的表现。虽然违背大家的意愿，我还是主张在堂下拱手鞠躬。”

【别识】春秋战国时人们戴的帽子开初用麻料来织，很麻烦。后来为了节俭，改为用丝来织。朱子解释说：“缁布冠，以三十升布为之，升八十缕，则其经二千四百缕矣。细密难成，不如用丝之省约。”

拜下与拜上，有两种不同说法。南怀瑾认为拜下是跪下参拜，那么拜上则是拱手鞠躬。宋儒们和很多学者认为拜下是拱手鞠躬，是在朝堂之下互相打招呼的一种很简约的形式，上了朝堂之拜就不能拱手鞠躬了，做臣子的就要跪下来参拜。我以为，孔子在这里说的是把在朝堂之下拱手鞠躬的互相拜见形式用到朝堂之上了，在朝堂上也拱手鞠躬，这就显得做臣子的倨傲不逊，有违礼制。在孔子看来，朝堂之上，君臣相见，做臣子的必须跪下来行参拜大礼，这才符合规矩。因此虽然大家都在朝堂上拱手鞠躬，把跪拜之礼给改了，他还是不赞成，礼制不能坏。

这说明孔子对旧的礼制很看重，凡违礼的尽管众人都赞成，他仍然不同意，仍然要死守旧制。这是孔子的一大特点，不守旧制，不成孔子！

子绝四：毋意、毋必、毋固、毋我。

【注】毋，无也。古文二字通用。

意，《说文》：志也；朱注：私意也；南释：主观意见。

必，《说文》：分极也；朱注：期必也；南释：必然结果。

固，《说文》：四塞也；朱注：执滞也；南释：固执己见。

我，主观自我也。

【译】孔子杜绝了四种事：不坚持主观意见，不追求必然结果，不固执己见，不唯我独尊。

【别识】历代儒家学者对孔子这段话大加赞赏，认为这正是孔子的伟大之处。朱熹说："四者相为终始，起于意，遂于意，留于固，而成于我也。盖意必常在事前，固我常在事后，至于我又生意，则物欲牵引，循环不穷矣。"

南先生认为孔子在这里说了几个很浅显，却常被人忽视的道理。他认为，毋意就是没有（注意，是没有）自己的主观意见，别人有更好的意见，就听取采纳，并不坚持自己原来的意见；毋必就是不一定非要求事情必然做到什么结果，不要去刻意追求；毋固就是不要固执己见，要随遇而变，随变而变；毋我，就是不要只想自己，要多替他人着想，为事着想。

按南先生的理解，孔子杜绝四件事，就很有点佛家的味道了，不坚持己见，做事不刻求必然结果，随遇而安，忘掉自我。这在日常生活中有一定道理，但如果孔子真是这样的话就未免有点圆滑了，不坚持己见，做事不讲结果，恐怕不是孔子的风格。所以我认为正确理解孔子"绝四"，应当是不固执己见，别人有比自己更好的意见就采纳吸收，不先入为主，一定要按自己的意见去办，一定要达成自己的期望；不拘泥固执，不唯我为大。

子畏于匡。曰："文王既没，文不在兹乎？天之将丧斯文也，后死者不得与于斯文也；天之未丧斯文也，匡人其如予何？"

【注】匡，地名。今河南长恒县有匡城。畏，有戒心之谓。

【译】孔子在匡被当地人围困。孔子说："周文王死后，周代的礼乐文化不是都在我这里吗？上天如果要灭掉这种文化，就不会让我接触掌握这种文化；上天没有灭掉这种文化，匡人能把我怎么样？”

【别识】《史记》载：“阳虎曾暴于匡，夫子貌似阳虎，故匡人围之。”在匡这个地方在个叫阳虎的人，做了很多坏事，有说这个叫阳虎的是鲁国季氏家臣。匡人非常恨他。孔子带领弟子们从卫到陈途中经过匡，匡人看到孔子长得很像阳虎，以为是阳虎，于是把孔子一干人围困起来，要杀他们。弟子们很害怕。

在这种情况下，孔子说了这段话，安定人心。如此危急情况，孔子居然以周代文化传承人自居，而且丝毫不乱，气定神闲，没有大修养是做不来的。其自信其自尊，天下恐无人能及！

大宰问于子贡曰：“夫子圣者与？何其多能也？”子贡曰：“固天纵之将圣，又多能也。”子闻之，曰：“大宰知我乎？吾少也贱，故多能鄙事。君子多乎哉？不多也！”

【注】大，音泰。大宰，吴国或宋国官名。朱注：纵，犹肆也，言不为限量也。将，殆也。

【译】吴国大宰问子贡：“孔子是圣人吧？为什么那么多才多能呢？”子贡回答：“那是当然，天生的圣人，又博学多能。”孔子听了后说：“大宰了解我吗？我年少时地位低贱，贫贱中什么事都做过，很多知识才能都是从贫贱中得来的。君子会有这么多技能吗？不会的。”

【别识】孔子不大赞同子贡天生圣人的说法，认为他自己的博学多能是在艰难困苦得靠自己努力。在实践中得来的，而且是在最底层做那些很低贱的事得来的。这是一个普遍真理，任何人的成就，不是天上掉下来的，而必须靠自己的艰苦努力，知识的得来同样如此，书本上的东西要靠勤学，书本上得不来的知识要靠亲历亲为的实践。所以孔子才说，那些只在书斋里的君子是没法博学多能的。

牢曰：“子云，‘吾不试，故艺’。”

【注】朱注：牢，孔子弟子，姓琴，字子开。试，用也。

【译】弟子子牢说：“夫子说，‘我不为世用，所以学习技艺’。”

【别识】这句话有两种不太相同的解释。朱子在《四书章句集注》中说：“言由不为世用，故得以习于艺而通之。”而南怀瑾先生的解释是，孔子学习掌握知识技艺，并非为了谋富贵（不世），所以才潜下心来学习，因而才有艺通。

我认为朱子解释更符合子牢的原意，理解这句话要从孔子的身世出发。孔子生平只做过一次官，在鲁国做司寇。为世所用，仅此一次。其后，孔子周游列国，所到之国皆受到尊重，君王们可以招待他，养他，甚至向他请教从政治国之道，但任何君王都不用他，甚至也不用他的治国之策，真所谓敬而远之。孔子深感无奈，只好向学，教书育人，终成大家。这说明一个道理，求官为仕，为世所用者，多难有建树。因为被用之人，琐事繁多，为事所困，无心向学，更难潜心求学，何能立言成家？

南先生所说，又是另一番道理。学艺不为求功名富贵，没了功利色彩，学艺就不成为求取功名富贵的工具，非为己而艺，是为艺而艺，为学而求，故能清心寡欲，潜心向学，故能立言成家，艺通学成。

按朱子之说，孔子"故艺"，是为世不用在先，从艺在后，是被动为之；南先生之说是为艺而艺，是主动，立意不一样，境界也不一样。但是朱子之说更符合历史，更符合孔子的心态。南先生之说则就成为学人之心态。

两种解释，立意不同，均可存之。

子曰："吾有知乎哉？无知也。有鄙夫问于我，空空如也，我叩其两端而竭焉。"

【注】朱注：叩，发动也。两端，犹言两头。言终始、本末、上下、精粗，无所不尽。

【译】孔子说："我有知识吗？没有呵。没有什么知识的乡下人来问我，我一无所知不知该怎么回答。只好问他事情的来龙去脉，上下左右，尽我所能来回答他。"

【别识】这又是孔子的自谦之辞。这回自谦得很彻底，不以大学问家自居，也不以老师自居，自己是"空空如也"。这种语言在《论语》和有关孔子的典籍中很少见。"自行束修以上，吾未尝无诲焉"，典型的以老师自居。中外历史上不以学问自傲，不以老师自居的人很多，但没有一个及得上苏格拉底。苏格拉底从不认为自己比他人懂多少，多不以老师自居，别人向他求教，他从不直接回答，而是用提问的方式启发你，让你在他的提问中自己去比较，去找答案。苏格拉底是启发，而不是灌输，是育，而非教。培养你的思考习惯，思维能力。这恐怕是同为教育家的苏格拉底与孔子的最大区别，也是中国教育与西方教育的最大区别。

子曰："凤鸟不至，河不出图，吾已矣夫。"

【注】朱注：凤，灵鸟，舜时来仪，文王时鸣于岐山。河图，河中龙马负图，伏羲时出，皆圣王之瑞也。已，止也。

【译】孔子说："凤鸟不来了，黄河也不再现图像了，我恐怕也完了吧。"

【别识】凤鸟、河图均是中国上古时代的圣王的祥瑞传说。凤，即是传说中的凤凰，在舜时曾出现过，周文王时又一次出现。一般说来，有祥瑞之物出现，是盛世的象征。伏羲时，黄河里出现了一条龙马，背上有一副八卦图，据说这就是易经的由来。河图还有一个传说，大禹治水时，有一只白色的乌龟从河时出来，背上有一幅治水图，大禹看了后，据此治水，终于大治。

孔子说这句话，是感叹圣王盛世已经不再，自己也无能为力了。

子见齐者、冕衣裳者与瞽者，见之，虽少必作；过之，必趋。

【注】朱注：齐衰，丧服。冕，冠也，衣，上服，裳，下服。冕而衣裳，贵者之盛世服也。瞽，无目者。作，起也。趋，疾行也。或曰："少，当作坐。"

【译】孔子看见穿丧服的人、盛装的贵族或盲人，即使自己坐着，孔子也会马止站起来，他们经过，孔子一定快行几小步跟上去。

【别识】这是说孔子无认看见什么人，无论是贵族、穿丧服的人或者瞎子，都一样表示出诚敬之心，见到服丧之人同情，见到执政贵族，肃敬，见着盲人，怜悯，非独见冕衣裳者才"少而作"，对任何人都一样，一样的尊重，一样的诚敬，只是心情略有不同。

也有学者将"虽少而作"解释为"虽然他们年轻，孔子也会马上站起来"。

颜渊喟然叹曰："仰之弥高，钻之弥坚；瞻之在前，忽焉在后。夫子循循然善诱人，博我以文，约我以礼。欲罢不能，既竭吾才，如有所立卓尔。虽欲从之，末由也已。"

【注】朱注：喟，叹也。仰弥高，不可及，钻弥坚，不可入。

【译】颜渊感叹地说："仰面看老师，高不见顶，高不可及，越是钻研老师的学问，越是感到深不可测，看到他在前面，忽而又在后面。老师总是有步骤的引导我们学习，以其渊博的学识来充实我的知识和胸怀，用礼仪制度来约束我的行为。跟着他学习真是欲罢不能，竭尽我的能力，好象已小有成就了，但要想跟上老师，却不知从何着手呵。”

【别识】颜渊是孔子最好的学生，即使是最好，在孔子面前也自叹弗如，自觉无能，学不到老师学识的精髓，即使小有成就，与孔子博大精深的学问相比，仍不及其万一。

孔子教人，一是博文，二为礼约，三是坚持。博文，博学以厚识，不仅要有广博的知识面，而且要有深厚的人文底蕴；礼约，教会你守礼尊制，学会以礼待人，以诚待人，约礼以节行；坚持，学无止境，欲罢不能才是求学之路。有此三者，方能成就，始能卓立。

宋代理学家胡安国对这段话的体会很是精道。他说：“无上事而喟然叹，此颜子学既有得，故述其先难之故，后得之由，而归功于圣人也。高坚前后，语道体也。仰钻瞻忽，未领其要也。惟夫子循循善诱，先博我以文，使我知古今，达事变；然后约我以礼，使我尊所闻，行所知。如行者之赴家，食者之求饱，是以欲罢而不能，尽心尽力，不少休废。然后见夫子所立之卓然，虽欲从之，末由也已。是盖不怠所从，必欲至乎卓立之地也。”

子疾病，子路使门人为臣。病间，曰：“久矣哉！由之行诈也，无臣而为有臣。吾谁欺？欺天乎？且予与其死于臣之手也，无宁死于二三子之手乎？且予纵不得大葬，予死于道路乎？”

【注】朱注：大葬，谓君臣礼葬。

【译】孔子病重，子路组织孔子的弟子们以家臣身份去料理照顾。孔子病好转，说：“很长时间了，仲由为了我做这些弄虚作假的事。明明没有家臣却要做出有家臣的样子。我在欺骗谁？在欺骗上天吗？与其我死在家臣的手里，不如死在弟子的手里。我死了纵然得不到国葬、大葬，难道会被丢在路上没人埋我吗？”

【别识】朱熹说，孔子生病之时，已经不是鲁国司寇，所以身边是不会有家臣的。因而子路组织同学们（孔子的弟子）去孔子那里做一些家臣的事，照顾他，并且预先准备丧事。预先准备丧事，是很多学者的解释，我以为不妥，你怎么知道孔子要死了？家臣要干的事就只有预备丧事吗？所以我认为是去照顾病中的孔子。即使是这样，孔子也不领情。明明没有家臣，非要把同学们组织起来当家臣，这不是弄虚作假么？我骗谁呢？骗上天呵！表面看孔子是在自责，实际是在责备子路，你不该这样呵，行欺骗之事，有损孔子清誉呵！

孔子自己很明白，他死后不一定得到大夫之葬礼，但不至于没人管。可是他想没想过，他身后的丧事，还是要由这些弟子们来操办，弟子们还不是要象家臣一样来料理他的后事。我以为孔子是想到了的，否则他不可能说“且予纵不得大葬，予死于道路乎？”

不欺骗人，不欺骗社会是对的。可是孔子身边没有仆人，只有弟子是事实，弟子们不照顾病中的孔子，谁来照顾？退一步讲，如果子路不组织弟子们“为臣”去照顾孔子，孔子的病能好转么？说不定早就死了。由此可见孔子在要面子、要形象上是比较虚伪的。

子贡曰：“有美玉于斯，韫椟而藏诸？求善贾而沽诸？”子曰：“沽之哉！沽之哉！我待贾者也。”

【注】朱注：韫，藏也。椟，匮也（木匣）。沽，卖也。

【译】子贡说：“这里有块美玉，是用木匣藏起来好呢，还是找个识货的商人卖给他？”孔子说：“卖掉！卖掉！我坐在这里等识货的买家。”

【别识】《论语》为何要收录这段对话？后人解释，这其实是表达了孔子对自己的思想、政治主张没人采纳，又没人请他做事当官一展抱负的烦恼，故而借卖玉而发的感叹。朱熹说：“子贡以孔子有道不仕，故设此二端以问也。孔子言固当卖之，但当待贾，而不当求之耳。”孔子的主张不被人采用，子贡借美玉而设了两个题要孔子回答。孔子主张卖掉，但不是“沽”，而是“待贾”。古代对行商和坐商的用词是有区别的，有行商坐贾之分，行商就是“沽”，是沿街叫卖，坐贾是有铺面，坐在店里等买家上门。孔子要“待贾”，不能拿着块玉，满街乱跑，追着别人问：这儿有块玉，你买不买？那样是很掉价的，手上既然有块美玉，当然要待价而沽，卖个好价钱；另一方面，有好货当然要把架子端起，你问上门来，识货，价钱好就卖给你，不识货价钱再好也不一定卖给你。

这也说明孔子是不甘心自己的思想和政治主张被冷落，宁肯像卖东西一样把它推销出去，也不愿意藏之深山无人识。

子欲居九夷。或曰：“陋，如之何？”子曰：“君子居之，何陋之有？”

【注】九夷，散居于淮河、泗水之间的夷族，古代中原各国对东部少数民族的通称。

【译】孔子想到九夷之地去住。有人说："那地方很简陋，怎么能住？"孔子说："君子居住到那里，怎么会简陋？"

【别识】孔子怎么会想到要去九夷之地居住？按当时中原文化的标准去衡量，九夷之地文化落后，交通闭塞，是个鄙陋之地。孔子认为，君子居住之地，不会简陋，因为君子是文化的代表，君子所居之地，文化自然就带了过去，君子当然会用他所掌握的先进文化去教化鄙陋之地的人们，使之开化，脱离鄙陋。

子曰："吾自卫反鲁，然后乐正，《雅》《颂》各得其所。"

【注】朱注：鲁哀公十一年冬，孔子自卫反鲁。

【译】孔子说："我从卫国回到鲁国，整理订正了乐章，雅乐和颂乐才有了规范。"

【别识】孔子从卫国返回鲁国，结束周流列国生涯时，是公元前 484 年，孔子时年 68 岁，距他去世（公元前 479 年），只有五年，已是孔子晚年了。为何孔子在晚年回到鲁后才想起整理《诗》乐？而不是在他周流列国时？朱熹在《四书章句集注》中在一段注解可代参考。朱子说："是时周礼在鲁，然《诗》乐亦颇残阙失次。孔子周流四方，参互考订，以知其说。晚知道终不行，故归而正之。"这里有个很重要的问题，在孔子晚年，经过二十余年周流四方的生活，孔子终于弄明白了一个道理，他的"道"，他的思想和政治主张，不被列国君王赏识，不能行之于世，所以才回到周礼尚很完备的鲁国，开始订正《诗》乐。

正是孔子的"道"不能行，才使孔子在晚年沉下心来订正《诗》乐，周代的很多礼仪文化才得以传承下来。如果孔子的主张被哪一个君王看中，让孔子来执政，孔子能潜心教书吗？恐怕不能。中国或许会因此多了一个政治家，却少了一个思想家。从这一角度来说，孔子的"道"不能行，还是中华传统文化的一大幸事呢！

子曰："出则事公卿，入则事父兄，丧事不敢不勉，不为酒困，何有于我哉？"

【译】孔子说："在外敬事公卿，办好公事，回家则敬事父兄，遇有丧事尽心尽力，不敢懈怠，不被酒所困扰，这些事对我有什么什么困难呢？”

【别识】这是孔子为人处事的四条原则，办公事一丝不苟，回家孝敬父母，尊重善待兄弟，遇有丧事则不掉以轻心，不贪杯恋酒，因酒误事。这四条在孔子哪里根本算不了什么，难不到孔子的。

子在川上曰："逝者如斯夫！不舍昼夜。"

【译】孔子站在河边说："时光就象这川流不息的河水呵，不分昼夜地流去。"

【别识】很多学者认为，孔子这句是勉励学生进学不已。朱熹是代表。他说："天地之化，往者过，来者续，无一息之停，乃道体之本然也。然其可指而易见者，莫如川流。故于此发以示人，欲学者时时省察，而无毫发之间断也。"他还认为，《子罕》篇中，"自此至篇终，皆勉人进学不已之辞。"勉励后生进学不已，这是一层意思。

河中流水，后浪推前浪，日夜不停。水流不是简单的流淌，而是在不断地变化，不断更替。所以，人间事物永远都在不分时间不停地变化更新，就象河水一样，后浪推前浪。

深入理解这句话，关键在"斯"。斯，《尔雅》：此也。这时指流动的河水。中国有句成语：流水不腐，户枢不蠹。只有流水才能永保清新、朝气。因此，一个人、一个团体要想保持旺盛的生命力，保持清新的面貌，必须象流水一样，不断前进，不停学习，不停更新。

子曰："吾未见好德如好色者也。"

【译】孔子说："我没有见过象喜好美色那样喜好道德的人。"

【别识】爱美之心人皆有之。可是一旦把喜好美色与喜好道德放到一起来考校，问题就来了。在孔子看来，这世上喜好美色的多于喜好道德的人。好德者难过美色这一关，这是历史人物的通病。实际上，性、色问题是左右、支配人活动的重要因素。所谓江山一怒为红颜的故事，常常上演。

孔子为什么要说这句话？宋儒谢良佐认为说："《史记》：'孔子居卫，灵公与夫人同车，使孔子为次乘，招摇过市之。'孔子丑之，故有是言。"孔子在卫国时，卫灵公有一次出行，灵公与美丽的夫人南子同乘一辆车，让孔子坐在第二辆车上，一起招摇过市，引得众人围观。孔子很以为耻。灵公招摇过市都想着美人，而把一个读书人放在后面做陪衬，当然孔子要心生厌恶。恶谁？恶卫灵公，恶南子。

不过，孔子以此事为耻，心生厌恶，说明孔子很不满自己当了美色的陪衬。那么孔子是好色还是好德呢？他自己没说，他的弟子们也没说。假如孔子好德而不好色，则一定有记载，或者弟子记之，言之。遗憾，没有。

子曰："譬如为山，未成一篑。止，吾止也；譬如平地，虽覆一篑，进，吾往也。

【注】朱注：篑，土笼也。《书》曰"为山九仞，功亏一篑。"夫子之言盖出于此。

【译】孔子说，"好比堆土为山，就差一筐土了。谁停下的？我自己停下来的。比如在平地倒上一筐土，有进步了。谁使你进步的？我自己努力的。"

【别识】朱子对孔子这句话的注解非常精彩。朱子说："言山成而少一篑，其止者，吾自止耳；平地而方覆一篑，其进者，吾自往耳。盖学者自强不息，而积少成多；中道而止，则前功尽弃。其止其往，皆在我而不在人。"

在人的学习工作中，进步与后退，主观是最根本的原因，是决定性的因素，外力和客观原因只是条件。我止，是主观想止；我不止，哪怕外力干预，强迫止之，我心不止则不止；吾进，只要心存进取，一点小进步积少成多就是大进步。

子曰："语之而不惰者，其回也与！"

子谓颜渊，曰："惜乎！吾见其进也，未见其止也。"

子曰："苗而不秀者有矣夫！秀而不实者有矣夫！"

【注】朱注：惰，懈怠也。谷之始生曰苗，吐华曰秀，成谷曰实。

【译】孔子说："听了我的话而不懈怠的，大概只有颜回一人呵。"

谈到颜渊时，孔子说："可惜呵！我看到他不断进步，从未看到他停止不前。"

孔子说："生出了苗而不开花的有呵！开了花却不结果实的有呵！"

【别识】孔子说的这三句话，均与颜回有关。

第一句，表扬颜回。孔子说，我说的话，都认真去身体力行，不懒惰懈怠的，只有颜回。表扬颜回的同时是在批评其他弟子，对孔子的话，其他弟子就不象颜回那样句句照着办，且从不偷懒懈怠，否则，孔子不会说“其回也与”。这里有个问题，孔子说的话句句都对吗？对的照办，错了的也照办，也毫不懈怠地去身体力行？如果这样，就完全没有个人主张，没有独立思考。

第二句，是孔子在颜回死后的感叹。孔子对颜回的评价是很高的：颜回呀，我看到的是你学而不止，不断进步，未见你中止过学习与进步。这是一般学者的解释。南怀瑾先生的解释稍有不同：颜回不断进取，好学不停，可惜死得早，没有成果！这又是孔子在变相批评其他弟子，学习中不如颜回，时有中止，时有停顿，而颜回从未有半分懈怠。

第三句，孔子说，有苗但不优秀的大有人在，优秀而没有成就的大有人在。这是前面两句话的结果。为什么会这样？孔子没有明说。还是以颜回为例。那么优秀一个学生，为什么没有令人称道的成就？没有自己的东西？短命是一个原因，但根本原因恐怕就在颜回本身。遵从老师，身体力行老师所讲的一切，但不独立思考，没有自己的主张见解，始终跳不出老师的窠臼，哪里来成果？凡成果，必有创新，像颜回那样，可苗，可秀，却无实。

反过来，如果不认真学习，时有满足，时有中止，不能不断进取，虽然能独立思考，但终会因为学习不够，学识不足，基础不牢，难有突破，这种情形的人，亦可苗，可秀，却无实。

从孔子这三句话中可以得出一个结论，学习上不能不断进取，半途而止，一定不会有成就果实；不独立思考不创新，也不会有成就果实。两者相结合，学习不止，不拘前人，才能有成果，此成就之道也！

子曰：“后生可畏，焉知来者之不如今也？四十、五十而无闻焉，斯亦不足畏也已。”

【译】孔子说：“年轻人值得敬畏呵。怎么知道后一代就不如前一代呢？人到了四五十岁还默默无闻没有名望，也就没有什么可敬畏的了。”

【别识】孔子始终对年轻人抱以厚望，始终认为后一代一定比前一代强。朱子的理解是：“孔子言后生年富力强，足以积学而有待，其势可畏，安知其将来不如我之今日乎？然或不能自勉，至于老而无闻，则不足畏矣。言此以警人，使及时勉学也。”

年轻人使人敬畏，有个前提，就是勤学肯干。如果又不学习，又不下功夫苦干，到了中年，四五十岁的时候还默默无闻，无所建树，就没有什么值得大家敬畏的了。中国有句老话叫“少壮不努力，老大徒伤悲”，说的就是这个道理。

子曰：“法语之言，能无从乎？改之为贵。巽与之言，能无说乎？绎之为贵。说而不绎，从而不改，吾末如之何也已矣，”

【注】朱注：法语者，正言之也。巽言者，婉而导之也。绎，寻其绪也。杨雄注：法言，若孟子论行王政之类是也。巽言，若其论好货好色之类是也。

巽，古文通逊，顺从，通顺也。

【译】孔子说：“符合礼法的格言，能不听从吗？照着它来改正错误，是很可贵的。顺着别人的意思去做，会让人很高兴的。再演绎一下，是很可贵的。只顾高兴而不加演绎，只是顺从而不改正，我也不知道拿他们怎么办。”

【别识】孔子说的前一段话是对的，后一段则有问题。遵从符合礼仪法度的格言，并据此去改正错误，这是对的。但顺从别人的意见，只为让人高兴，还要进一步推释演绎，就很成问题。他人，不管是老人还是权臣或者学术权威，说得对我服从，并且还要深切去体会演绎阐释，这不成问题。但如果说得不对呢？如果是乱说，是给干坏事找理由，你也顺从，并且还要违心地加以演绎，这当然能让说话的人高兴，难道也是对的？

子曰：“主忠信，毋友不如己者，过则勿惮改。”

【译】孔子说：“对人要忠实诚信。不要以为朋友不如你，有了过错不要怕改正。”

【别识】这段话在《学而》里已经有了，重句。

子曰：“三军可夺帅也，匹夫不可夺志也。”

【译】孔子说：“军队可以夺取他的主帅，一个人却不能强迫他改变自己的志向和理想。”

【别识】三军，古时作占分上、中、下军，也分左、中、右军，称三军，到后来，三军就成为军队的代名词了。

宋儒候仲良说：“三军之勇在人，匹夫之志在己。故帅可夺而志不可夺，如可夺，则亦不足谓之志矣。”匹夫之志就是一个人的志向、理想。志向与理想是支撑一个人、一个组织、一个民族、一个国家能独立于世长久不衰的根基。中国之所以几次被异族统治，而最终统治者被同化，原因就是中国传统文化中的坚定意志和理想。

三军夺帅，匹夫夺志，从字面上看是对比的。三军是一个组织，一群人，匹夫是代表队的是个人，组织之帅可夺，不可夺的是个人之志。帅者，领袖也。这就给领导者提出一个问题，铁打的营盘流水的兵，一个人不可能一辈子当领导，领导就像走马灯一样可以不停地换，但是这个组织，这群人的理想、意志不能换。同样，如果领导的理念、意志很正确，被匹夫们接受，进而成为匹夫们自己的理念意志，成为他们的精神财富，则领导一旦被夺，一旦不在位了，思想却仍然在，此之谓人不在位，意留人间。反过来，如果你乱来，思想志向不对，匹夫们不接受，在位也等于不在位，匹夫们不服你，心里不认同你，很可能你人一走，骂声就来了。

匹夫者，庶民也，百姓也。一个地区一个国家最要紧的是归拢民心，凝聚民心。要把自己的思想、意志变为百姓自己的思想意志，你这个思想意志就必须从百姓中来，为百姓所接受。如此一来，纵有天大难事，纵使帅被夺去，“志”却在民间，百姓精神不会垮，也会照着你的思想意志去干。

子曰：“衣敝缊袍，与衣狐貉者立，而不耻者，其由也与？‘不忮不求，何用不臧？’”子路终身诵之。子曰：“是道也，何足以臧？”

【注】朱注：敝，坏也。缊，枲着也。忮，害也。求，贪也。臧，善也。忮，嫉妒。

【译】孔子说：“穿着破旧的丝绵袍子，与穿着狐貉皮衣的人站在一起，不感到自卑惭愧，只有子路能做到呵。《诗经》上说：‘不嫉妒，不贪求，不是很好吗？’”子路经常念诵这句话。孔子说；“这么简单的道理，用得着臭美吗？”

【别识】“不忮不求，何用以臧”出自《诗经·卫风·雄雉》篇。

与衣着光鲜华丽的人站在一起，不会因为自己穿得比别人差而自惭形秽，这本身需要一点自信与勇气。与官位比自己高的人在一起，也不会感到自卑，也需要自信与勇气。我以为，用上面一句“三军可夺其帅也，匹夫不可夺其志也”来解释最恰当不过。不自卑，不自惭形秽，就是志气的表现。人要有志，方能立于世，这个志，不只是志向，更重要的是自信。

子曰："岁寒，然后知松柏之后凋也。"

【译】孔子说："天气寒冷了，才知道松柏是最后落叶的。"

【别识】孔子从自然现象讲出人的品格问题。数九寒天，百草万木凋零，唯有松柏仍然青葱，最后落叶。春夏之时万木复苏，不一定能看出哪种花木能经受得住严寒季节的考验，唯有在寒冬，方能见分晓。引申到人就有"疾风知劲草，板荡识英雄"之说，危难之际方能见出一个人的胆识和节气。

宋儒范祖禹说："小人之在治世，或与君子无异。惟临利害，遇事变，然后君子之所守可见也。"谢良佐说："士穷见节义，世乱识忠臣。欲学者必周于德。"平常时节看不出一个人的忠节，遇大事大变，则可看出一个人的节气，这是历史给出的结论。

子曰："知者不惑，仁者不忧，勇者不惧。"

【译】孔子说："有智能的人不会被迷惑，有仁德的人不会忧愁，有勇气的人不会惧怕。"

【别识】朱子的解释是："明足以烛理，故不惑；理足以胜私，故不忧；气足以配道义，故不惧。此学之序也。"朱子把道理说清楚了，但他把孔子说的这三条仅限于学习，局限了。我以为孔子说的这三条，其实主要是说个人修养的三个重点。

子曰："可与共学，未可与适道；可与适道，未可与立；可与立，未可与权。"

【译】孔子说："可以一起学习，未必能一起趋向大道；可以一起趋向大道，未必能一起立身处世；可以一起立身处世，未必能随机权变应对。"

【别识】这是大多数学者对孔子这句话的解释。南怀瑾的解释大大不同。他认为"适道"是一起从事同一个事业，"立"是创业，创立；"权"，是权力。由此一来他的解释就是：可以一起学习，但不能一起共事，可以共事，但不能一起创业，可以一起创业，但不能一起掌权。

《说文》对学、适、立、权的解释分另是：学，觉悟也，本作教，篆作学；适，往也；立，住也；权，黄华木。

南先生的解释很符合现实情况。历史上常有这种事发生，一起同窗，但不能共事，一起共事但不能一起创业，一起创了业，但不能一起有权力。所谓能共患难，不能共享受，一山不能容二虎就是这道理。但这未必就是孔子的愿意。究竟哪种理解更符合原意，还是留给后人参详。程氏有句注释也可供参考。程氏说“可与共学，知所以求之也。可与适道，知所往也。可与立者，笃志固执而不变也。权，称锤也，所以称物而知轻重者也。可与权，谓能权轻重，使合义也。”

“唐棣之华，偏其反而。岂不尔思？室是远而。”子曰：“未之思也，夫何远之有？”

【注】朱注：唐棣，郁李也，偏，《晋书》作翩。

【译】逸诗上说：“唐棣开花了，翩翩起舞，叫人好想呵。只是家离那里太远了。”孔子说：“是你没有真心想呵，真的思念它，有什么遥远呢？”

【别识】南先生的解释又有不同。他的理解是，唐棣开花了，怎么看到的只是一面，有点偏呢？是因为你离得太近了，远一点看就对了。孔子说，这是你没有认真思考，与远近无关呵。南先生的解释很有哲理。但凡我们看一件事，近看总会有偏差，只看到局部，远一点就看得要全一些。苏轼的诗“横看成岭侧成峰，远近高低各不同。不识庐山真面目，只缘身在此山中”说的就是这个道理。而孔子则又进一步，不是远近问题，是思考问题，凡事只要认真思考了，就不会被现象、假象所迷惑蒙蔽，也不会片面。

乡党第十

乡党，是孔子弟子们记载孔子日常生活和言行的一篇。南先生说，乡党是孔子日常生活的花絮。北宋理学家杨时说："圣人之所谓道者，不离乎日用之间也。故夫子之平日，一动一静，门人皆审视而祥记之。"孔子的日常言行举动，无不透出他的道德观念，所以弟子们专辟一篇记载孔子的日常生活。

孔子于乡党，恂恂如也，似不能言者。其在宗庙朝廷，便便言，唯谨尔。

【注】朱注：恂恂，信实之貌。似不能言者，谦卑逊顺。乡党，父兄宗族之所在。便便，辩也。宗庙，礼法之所在；朝廷，政事之所出。

【译】孔子在乡亲面前谦恭温和，好象不善言辞。在宗庙朝堂上，能言善辩，只是说话很谨慎。

【别识】在乡亲面前，孔子不摆架子，很谦恭逊顺，且作木讷状。但是在朝堂上，在宗庙里，却又是另一面，能言善辩，条理清晰，不过不会乱说，比较谨慎。这是说孔子对等到乡亲和朝堂官员们的两种不同态度。

但是，在乡亲们面前掩饰自己能言善辩的一面，做出木讷状，好不好呢？我以为不好。孔子之所以这样，无非两种可能，其一，不想谈乡里乡事，怕惹上麻烦，清官难断家事，乡里之事，搞不好就会把自己搅和进去。所以，做出木讷状，话都说不清楚，乡亲们能找你明断是非吗？而国家大事，宗庙之事，说的都是大道理，治国之道，无论怎样说都不会把自己搅进去。其二，孔子不想在乡亲面前卖弄自己的学识，更不想让乡亲们知道自己能言善辩，故意掩饰自己。为什么要把自己装扮成两种不同的面貌呢？累不累呵？

朝，与下大夫言，侃侃如也；与上大夫言，訚訚如也。

君在，踧踖如也。与与如也。

【注】《说文》：侃侃，刚直也。訚訚，和悦而诤也。踧（音促）踖（音籍），恭敬不宁之貌。与与，威仪中适之貌。

【译】孔子上朝的时候，（君王不在时）与下大夫交谈，温和而快乐；与上大夫交谈直率而恭敬。君王在场时，恭敬而内心不安，仪态安详逊顺。

【别识】这句也是说孔子在与不同的人打交道时所取的不同仪态。君王不在时与君王在场时所取的态度是不相同的，而且是君王在时内心会恭敬不安。

君如使摈，色勃如也，足躩如也。揖所与立，左右手。衣前后，襜如也。趋进，翼如也。宾退，必复命曰："宾不顾也。"

【注】朱注：摈，主国之君所使出接摈者。勃，变色貌。躩，盘辟貌。皆敬君命故也。襜，整貌。

【译】国君召用孔子去接待宾客，孔子的容貌立即整肃庄重起来。脚步也快起来。向两旁的人揖手，或向左边作揖，或向右边作揖，衣服前后摆动，却丝毫不乱。快步向前时，衣服就象鸟儿展开双翅。宾客走了，他必会向君王报告："客人已经走了，不会回来了。"

【别识】国君召用孔子去接待客人，让他做礼宾司长，孔子一定做得很好。容貌后立即庄重整肃，向人作揖，向前快走，都有一定法度，而且事后会向国君报告客人去向。

孔子使摈，是鲁庄公时的事。被鲁庄公用了几年，官至司寇后，孔子去官，从此周游列国，以教书为生，再也没有做过官。弟子们记录下他使摈时的容貌举止。孔子教书时一定和颜悦色，温和如父，一旦上朝使摈，又是另一种仪态。既为君使，又作的是接待宾客的工作，其容貌举止不只关乎孔子个人形象，更关乎国家形象，故孔子必须庄重对待。

入公门，鞠躬如也，如不容。立不中门，行不履阈。过位，色勃如也，足躩如也，其言似不足者。摄齐升堂，鞠躬如也，屏气似不息者。出，降一等，逞颜色，怡怡如也。没阶趋，翼如也。复其位，踧踖如也。

【注】公门，朝堂也。鞠躬如，恭敬谨慎也。阈，门限也。中门，君出入处。摄，抠也。齐，衣下缝也。逞，放也。怡怡，和悦也。

【译】进入朝堂，孔子非常恭敬谨慎，好象在朝堂上没有容身之地。站，站在君王用的中门处，行走不踩门坎。经过君王之位，面色庄重肃穆，快步前行，说话声音放小好象中气不足，提着衣服升堂，恭敬谨慎，屏息静气就象没有呼吸一样。下朝出来，走下一级台阶，神色放松，怡然自得。下完台阶快步行走，如鸟儿展翅。回到自己的位子，仍然恭敬而内心不安的样子。

【别识】这一段仍然是讲孔子在朝堂之上的仪表仪态：端庄肃穆，恭敬谨慎，小心翼翼。特别是讲孔子经过君主之位时的表现："过位，色勃如也，足躩如也，其言似不足者。"为什么？朱子解释说，"位，君之虚位。谓门屏之间，人君宁立之处，所谓宁也。君虽不在，过之必敬，不敢以虚位而慢之也。言似不足，不敢肆也。"君虽不在，君位却在，过君之位，如君在位，所以要屏息静气，大气不敢出，此乃尊君恭敬之态也。

执圭，鞠躬如也，如不胜。上如揖，下如授。勃如战色，足蹜蹜如有循。享礼，有容色。私觌，愉愉如也。

【注】圭，古时典礼、朝礼时臣工、使臣所执礼器。朱注：诸侯命圭。聘问邻国，则使大夫执以通信。蹜，举足促狭也，小步疾走。享，献也。觌，见也。

【译】孔子受命做使臣，上朝时，手持圭见他国君王，鞠躬行礼，恭敬谨慎，好象举不起来。玉圭执中，向上举象是作揖，向下如传递东西，脸色庄重肃穆，按照规矩小步快走上前。献完礼。满脸和气，淡定从容。私下与他国国君相见，神色愉悦。

【别识】大部份学者认为这是描写孔子做为使臣出使他国时，在朝堂之上与他国国君相见时的仪态。但是，北宋经学家晁说之认为不是，他说："孔子，定公九年仕鲁，至十三年适齐，其间绝无朝聘往来之事。疑使摈执圭两条，但孔子尝言其礼当如此尔。"孔子一生只是在鲁定公九年至十三年间，在鲁定公手下做过朝臣，这期间孔子从未做为使臣到过他国，所以这不是记载孔子朝见他国国君时的仪态，而是孔子认为做为使臣应该有的仪态。我以为晁说之所说是对的。

君子不以绀緅饰。红紫不以为亵服。当暑，袗絺绤，必表而出

之。缁衣羔裘，素衣麑裘，黄衣狐裘。亵裘长。短右袂。必有寝衣，长一身有半。狐貉之厚以居。去丧，无所不佩。非帷裳，必杀之。羔裘玄冠不以吊。吉月，必朝服而朝。

【注】朱注：君子，谓孔子。绀，深青扬赤色。緅，绛色。饰，领缘也。亵服，私居服也。袗，单认。葛之精曰絺，粗者曰绤。表而出之，谓先着里衣，表絺绤而出之于外，欲其不见体也。缁，黑色。羔裘，用黑羊皮。麑，鹿子，色白。狐，色黄。长，欲其温。短，所以便作事。

吉月，月朔也。

【译】孔子从不用青里透红或黑里透红的布料来做衣服的饰边。红色和紫色也不会做为平常居家时的衣服。夏天，穿粗布或细布时，里面必还有内衣，把单衣穿在外面才会外出。黑衣配黑羔羊皮，白衣配麑皮，黄衣配狐裘。在家穿的裘衣要长一些，但右袂要短些，方便做事。家里用的寝衣被子要有一身半长。厚实保暖的狐貉皮裘最适合在家里用。丧事办完了，什么都可以佩戴了。不是上朝或祭祀，不必什么都穿戴，可以减掉多余的东西。羔皮袍子和黑色礼帽，都不能穿戴着去参加吊丧。每月初一，要穿好朝服去上朝见君王。

【别识】这是讲孔子对穿衣的讲究，什么颜色相配，什么时候穿什么衣服，居家用哪些衣饰，吊丧忌讳穿什么，都一清二楚。可见孔子并不穷呵。

齐，必有明衣，布。齐必变食，居必迁坐。

【注】齐，通斋。明衣，浴衣。变食，谓不饮酒，不茹荤。迁坐，易常处也。布，麻衣。

【译】斋戒或沐浴时必穿用麻织的浴衣，而且要变更日常饮食，不吃酒，不吃荤腥、辛辣之物，要另找地方住，不与妻子同房。

食不厌精，脍不厌细。食饐而餲，鱼馁而肉败，不食。色恶，不食。臭恶，不食。失饪，不食。不时，不食。割不正，不食。不得其酱，不食。肉虽多，不使胜食气。惟酒无量，不及乱。沽酒市脯不食。不撤姜食。不多食。祭于公，不宿肉。祭肉不出三日。出三日，不食之矣。食不语，寝不言。虽疏食菜羹，瓜祭，必齐如也。

【注】朱注：食，饭也，精，凿也。牛羊与鱼之腥，聂而切之为脍。食精则

能养人，脍粗则能害人。不厌，言以是为善，非谓必欲如是也。饐，饭伤热湿也。餲，味变也。鱼烂曰馁。肉腐曰败。不时，五谷不成，果实未熟之类。沽、市，皆买也。姜，通神明，去秽恶，故不撤。《鲁论》瓜作必。

【译】孔子吃东西，米粮最好是精作的，肉要切细。饭食馊了，肉变质腐败了，不吃。颜色不对，不吃。味道不正，不吃。烹饪方法不对，不吃。没有成熟的瓜果菜蔬不吃。肉割切得不方方正正，不吃，调料酱不好，不吃。肉虽多，但不能超过主食。只有酒不限量，但要以不醉不乱性为前提。从酒市肉食店买来的东西不吃。姜不能下桌，但不多吃。去参加祭祀分得的肉胙，不能过夜，要马上处理。祭肉不能放过三天，过了三天，不能吃。吃饭时不说话，睡觉时不说话。即使只有糙米饭，粗菜蔬，也一定先祭祀祖先。祭祀时要庄严恭敬。

【别识】这是讲孔子对食物的要求，可以看出孔子的味口是相当高的，而且对烹饪很讲究，调味料不对，不吃，烹饪方法不对也不吃，就是肉，切割方法不对，切得不方正也不会吃。完全是贵族式的讲究。但是有三点值得注意。其一，肉食不能过多，不能超过主食。其二，每餐必有姜，但不多食。姜这个东西去秽恶，且通神明，现在的大菜系，无不用姜。其三，可以饮酒，但有前提，不醉，不乱性，不胡言乱语。

赵元任的夫人杨步伟读《论语》读到这段时说，都象孔子这样，只吃切得方方正正的肉，不知道要浪费多少。

席不正，不坐。乡人饮酒，杖者出，斯出矣。乡人傩，朝服而立于阼阶。

【注】朱注：杖者，老者。六十杖于乡。傩，所以逐疫，《周礼》方相氏掌之。阼阶，东阶也。

【译】座席摆得不合礼制，不坐。乡人一起饮酒，要等柱杖的老者出去了，自己才走。乡人举行驱鬼迎神的仪式，自己要穿着朝服站在东面的台阶上。

【别识】尊老，从这一节里可以看出来。乡人一起饮酒，柱杖的年长者起身走了，其他人才能走。不能老者未走年轻人先走。这不仅是礼，而且关乎是否尊老。乡人举行驱鬼迎神仪式，一定身穿朝服立于东面的台阶上，因为这是乡里的大事。逢大事，必如在朝一般。

问人于他邦，再拜而送之。

康子馈药，拜而受之。曰："丘未达，不敢尝。"

【注】康子，季康子。

【译】托人向在他邦的朋友问好，再三拜谢所托信使。

季康子送药给孔子，孔子拜谢接受后说："我不了解这药的药性，所以不敢吃。"

【别识】孔子待人接物大致如此，可以见出孔子对人的直率。一般人接受他人馈赠药品，谢过接受也就行了，不会说你这药我不了解，所以不会吃。那样的话是明摆着不信任送药的人，往人家的热脸上贴冰块，让人家下不来台。可是孔子不，偏要这样说。

范祖禹说："凡赐食，必尝以拜。药未达则不敢尝。受而不饮，则虚人之赐，故告之如此。然则可饮而饮，不可饮而不饮，皆在其中矣。"杨时说："大夫有赐，拜而受之，礼也。未达不敢尝，谨疾也。必告之，直也。"朱熹也说："此一节，记孔子与人交之诚意。"

厩焚。子退朝，曰："伤人乎？"不问马。

【译】马棚失火。孔子退朝后问："伤着人了吗？"不问马是否被烧了。

【别识】朱子认为孔子只问人而不问马，是理所当然之事。"非不爱马，然恐伤人之意多，故未暇问。盖贵人贱畜，理当如此。"

君赐食，必正席先尝之；君赐腥，必熟而荐之；君赐生，必畜之。侍食于君，君祭，先饭。疾，君视之，东首，加朝服，拖绅。君命召，不俟驾行矣。

【注】朱注：腥，生肉。

【译】君王赐给饭食，一定把座席摆正后再吃；君王赐给生肉，一定煮熟后先向祖先进贡；君王赐给活物，一定养起来。陪侍君王吃饭，君王祭祀后，先尝饭食。自己生病了，君王来探视，一定面向东面，把上朝的礼服盖在身上，礼服的绅带拖到地上。君王召见，不等车驾准备好就步行赶去。

【别识】君王给孔子的赐予，孔子一定非常慎重对待，没有一丝一毫马虎。为何君王来探视病中的孔子，孔子一定要面向东？而且要"加朝服，拖绅"？朱子解释说："东首，以受生气也。病卧不能著衣束带，又不可以亵服见君，故加朝服于身，又引大带于上也。”向东，是为了尊君，病卧在床，身穿睡衣，这模样见君是不尊不敬，但又不能身穿朝服，所以，为尊为敬起见，把朝服盖在身上，再把朝服的绅带放在上面，拖曳至地，这样既合礼仪，又合现状。

入太庙，每事问。

【译】孔子进入太庙，每件事都要向人请教。

【别识】这是一句重话，在《论语·八佾》里已有。

朋友死，无所归，曰："于我殡。"

朋友之馈，虽车马，非祭肉，不拜。

【译】朋友死了无法安葬，孔子说："我来料理他的后事吧。"

朋友馈赠的东西，虽然是车马，不是祭祀用的肉，孔子是不会拜谢的。

【别识】这两句是讲孔子交朋友之义。

寝不尸，居不容。

见齐衰者，虽狎，必变。见冕者与瞽者，虽亵，必以貌。凶服者式之。式负版者。有盛馔，必变色而作。迅雷风烈，必变。

【注】齐衰，重丧服装。朱注：狎，谓素亲狎。亵，谓燕见。式，车前横木。负版，持邦国图籍者。迅，疾也。烈，猛也。必变者，所以敬天之怒。

【译】孔子在家睡觉不会象尸体一样躺着。在家里坐时不会拘束。

看见身穿重丧服装的人，虽然平时很亲密，也一定改变表情。看到带礼帽的人或盲人，虽然平时常见，一定改变容貌。在车上看见穿丧服的人，一定俯身手扶车前的横木。看见背负国家图籍的人，一定手扶车前横木。有丰富的菜肴，一定改变容貌站立起来。遇到狂风暴雨，一定改变表情。

【别识】这一节是讲孔子容貌之变。

升车，必正立，执绥。车中，不内顾，不疾言，不亲指。

【注】朱注：绥，挽以上车之索。内顾，回顾也。

【译】孔子上车，一定端端正正站好，挽着车索上车。在车上不回头东张西望，不快速说话，不指指画画。

【别识】这一节是讲孔子升车之容。

色斯举矣，翔而后集。曰：“山梁雌雉，时哉！时哉！”子路共之，三嗅而作。

【译】人们脸色稍有变动，野鸡就飞起来了。盘旋了一阵后又都落在一起。孔子说：“山梁这些野鸡呀，真是懂得时机呵！真是懂得时机呵。”子路向野鸡们撒了食物，野鸡们闻了几下，便飞走了。

【别识】此一段历来有争议。争议在“嗅”字，怎么理解“嗅”？北宋经学家邢丙认为，“嗅”就是闻。他说：“梁，桥也，时哉，言雉之饮啄得其时。子路不达，以为时物而共具之。孔子不食，三嗅其气而起。”

晁说之则是另一看法。他说：“《石经》‘嗅’作戛，谓雉鸣也。”照这个说法“三嗅而作”就应该是，野鸡叫了几声飞走了。宋儒刘聘君的看法则相反。他说：“嗅，当作臭，古阒反，张两翅也。见《尔雅》。”在他看来，这里的“嗅”，作振翅讲，“三嗅而作”就是振动几次翅膀然后飞走了。朱熹在《四书章句集注》中把这两种看法都列了出来，并加了他的按语：“如后两说则共字当为拱执之义。然此必有阙文，不可强为之说。姑记所闻，以俟知者。”认为“共之”后掉了文字，究竟是什么字，不知道。因此不能强行解释。所以把两种不同解释都列出来供参考。朱子这种治学方法很值得后人推崇。

先进第十一

朱熹说："此篇多评弟子贤否。"胡安国则说："此篇记闵子骞言行者四，而其一直称闵子，疑闵氏门人所记也。"因为在这一篇中多处有记闵子骞的，所以胡氏怀疑是闵氏门人记录编纂的。

子曰："先进于礼乐，野人也；后进于礼乐，君子也。如用之，则吾从先进。"

【注】朱注：先进后进，犹言前辈后辈。野人，谓郊外之民。君子，谓贤士大夫。

【译】孔子说："先辈讲礼乐，象郊外乡野村夫一样质朴；后辈讲礼乐，象贤士大夫一样文质彬彬。如用礼乐，我愿意象先辈们那样质朴无华为好。"

【别识】有学者这样解释这段话：先学习并讲礼乐的人，是没有爵禄的乡野村夫；后学习并实行礼乐的人是有地位有爵位的人。我以为完全错误。程氏对这句话有一段解释，我认为很精道："先进于礼乐，文质得宜，今反谓之质朴，而以为野人。后进之于礼乐，文过其质，今反谓之彬彬，而以为君子。盖周末文胜，故时人之言如此，不自知其过于文也。"

孔子这段话是提倡讲礼乐，还是质朴为好，不要弄得褥文繁节，文过饰非，过于夸张。先辈讲礼乐，质朴得如乡野村夫，没那么多讲究，没那么多过场。而后人讲礼乐，有很多世故经验参杂其中，难免就心机太重，失去了礼乐本身的实际意义，失去了礼乐的本质：和睦相处。讲礼太过，则是虚伪，讲礼时心机太重，就要权衡利弊，这就已经失去了礼的本性了。所以孔子讲礼乐，宁肯象先进那样，如乡野村夫般质朴。

子曰："从我于陈蔡者，皆不及门也。德行：颜渊、闵子骞、冉伯牛、仲弓。言语：宰我、子贡。政事：冉有、季路。文学：子游、子夏。"

【译】孔子说："当年跟着我在陈国和蔡国受困的人，现在都不在我身边了。德行最好的是颜渊、闵子骞、冉伯牛和仲弓。能言善辩的是宰我和子贡。做政事最好的是冉有、子路。写文章文献最好的是子游、子夏。"

【别识】孔子在这里分四类评价当年跟随他受陈蔡之厄的十个弟子。程氏认为，孔子门下弟子中的贤人其实不止这十人，曾子就不在其列。孔子只是说当年跟他一起受陈蔡之厄的十个最好的弟子。

陈蔡之厄是讲当年孔子有次从卫国经陈国到蔡国，在那里住了三年。其时，吴国攻陈，楚昭王派兵救陈，听说孔子在蔡国，于是派人去请孔子。孔子答应了准备前往。陈蔡两国国君知道后，生怕对自己不利，于是派兵将孔子及其弟子们围困在陈蔡之间的山野里。围了七天七夜，并断了他们的粮。师生们只靠野花充饥，个个饿得脸色发青。后来孔子派人去向楚昭王通信，楚昭五立即派兵将孔子接出来，陈蔡之围就此结束。孔子对这段经历记尤深。

子曰："回也非助我者也，于吾言无所不说。"

【注】说，悦也。

【译】孔子说："颜回不是对我有帮助的人，他对我说的话没有不悦服，从来不反对。"

【别识】孔子这句话表面上是赞扬颜渊，实际上是带一点批评味道。颜渊对孔子的话和思想从来不反对，没有不心悦诚服的，这对孔子来说不是好事。因为一个人的思想，是在不断的质疑和诘问中进步和完善的。颜渊对孔子的思想从来不反对，孔子已经意识到了，而且非常明白地说颜渊对他没有帮助，是很大的遗憾。这应当是孔子在批评颜渊。

然而，历代儒家学者对此却是另一番解释。朱熹和胡安国是其代表。朱熹说："颜子于圣人之言，默识心通，无所疑问。故夫子云然，其辞若有憾焉，其实乃深喜之。"胡安国说："夫子之于回，岂真以助我望之，盖圣人之谦德，又以深赞颜氏云尔。"明明孔子是对颜回不能相助于他而有所遗憾，言语之间暗藏批评，却被这些儒家学者解读为"深喜"、"深赞"，典型的唯上之风，唯圣人是从之风。古往今来，儒家学者向来不敢对孔子有所质疑，更不敢有所批评，竟把孔子批评颜渊的话解读为赞许。此种思潮延至今日，就开成了中国唯上、唯大的恶劣风气，至今难改！

子曰："孝哉闵子骞！人不间于其父母昆弟之言。"

【注】 间，离间、隔隙也。昆弟，兄弟。

【译】 孔子说："孝子呵闵子骞！对人们离间他与父母兄弟的语言毫不所动。"

【别识】 闵子骞是个孝子，中国历史上二十四孝中有一个就是闵子骞。闵子骞早年丧母，其继母对他很不好。冬天到了，继母为他们兄弟缝制棉衣，继母亲生的儿子用的是棉花，而闵子骞的用芦花。衣服破了芦花露出来，邻居们看不下去，就有批评继母的言语。闵子骞不为所动，依然孝敬继母。最后继母终于被感动。这种孝行，孔子当然叹而赞之。

南容三复白圭，孔子以其兄之子妻之。

【注】 南容，孔子弟子。

【译】 南容每天要把《诗》上关于白圭的诗句反复吟诵。孔子就把兄弟的女儿嫁给他为妻。

【别识】《诗·大雅·抑》曰："白圭之玷，尚可磨也；斯言之玷，不可为也。"意思是说，白碧无暇的白圭如有污点，还可以打磨掉，一个人的言语行为不能出现任何差错，有了污点就不容易去掉了。南容三复白圭，就是在时时提醒自己要注意自己的言行。孔子当然也就放心地将侄女嫁给南容。

季康子问："弟子孰为好学？"孔子对曰："有颜回者好学，不幸短命死矣！今也则亡。"

【注】 季康子，鲁国大夫。

【译】 季康子问孔子："你的弟子中谁好学习？"孔子回答："有个叫颜回的好学习。不幸的是他短命死了。再也没有比他好学习的弟子了。"

【别识】 孔子叹惜颜回死得太早，且又是他三千弟子中最好学习的一个。颜回一死，弟子中再也找不到好学习的人了。这是孔子自己在打自己的嘴巴。前面他才用德行、言语、政事、文学四类称赞过十个出类拔萃的弟子，这里又说颜回一死，再无好学弟子，岂不矛盾？假如真的像孔子说的那样，那么孔子的教育是失败的，三千弟子难道就颜回一人好学？曾子呢？子贡呢？上一节说到“三复白圭”的南容呢？孔子痛惜颜回死得太早，怕是伤心过了头，说的是昏话，胡话。不然的话，何至于为一个颜回把所有弟子全部归入不好学之列，何至于自己否定自己？

颜渊死，颜路请子之车以为之椁。子曰：“才不才，亦各言其子也。鲤也死，有棺而无椁。吾不徒行以为之椁。以吾从大夫之后，不可徒行也。”

【注】朱注：颜路，渊之父。名无繇。少孔子六岁。椁，外棺也。鲤，孔子之子伯鱼也，先孔子卒。

【译】颜渊死了，他的父亲颜路请求孔子把车子卖了为颜渊做外棺。孔子说：“不管他们（颜渊、孔鲤）有才还是没才，都是你我的儿子。孔鲤死了也是有内棺而无外棺。我也没有卖掉车子替他做外棺。我是做过大夫的，不能无车而步行的呵。”

【别识】颜路为儿子请求孔子卖了车子夫颜渊做外棺，孔子不干，说了两条理由。前一条在理，孔子自己的儿子鲤死了也是只有外棺而无内棺，孔子没有卖车以为之做外棺。所以不能卖车为颜回做外棺。第二理由有点牵强，孔子做过大夫，大夫是只能乘车不能步行的，所以孔子不能没有车，更不能为了给颜渊做外棺而卖车。当过大夫，就不能没有车，不能步行，即使是现在不做大夫了，是百姓了，也不能步行，这是孔子的虚荣心在做怪，不当大夫了还把自己当大夫，架子要摆起，让大家知道我曾经做过大夫。另一方面，孔子直话直说，不转弯抹角，有什么说什么。

颜渊死。子曰：“噫！天丧予！天丧予！”

颜渊死，子哭之恸。从者曰：“子恸矣。”曰：“有恸乎？非夫人之为恸而谁为？”

【译】颜渊死了。孔子长叹：“这是老天要我的命呵！老天要我的命呵！”

颜渊死了，孔子哭得很伤心。跟随他的人说：“夫子哭得太伤心了。”孔子说：“我太伤心了吗？我不为这样的人伤心，还能为什么样的人伤心？”

【别识】颜渊一死，孔子竟仰天第叹，而且哭得伤心，其痛惜颜渊，爱怜颜渊之情溢于言表。

颜渊死，门人欲厚葬，子曰：“不可。”门人厚葬之。子曰：“回也视予犹父也，予不得视犹子也。非我也，夫二三子也。”

【译】颜渊死了，孔子弟子们提出要厚葬颜渊。孔子说：“不可以。”弟子们仍厚葬了颜渊。孔子说：“颜回待我象父亲一般，我却不能象对待亲生儿子一样对待他。厚葬你不是我的主意，是你那些同学干的呵。”

【别识】门人提出要厚葬颜渊，因为颜渊是孔子最喜欢的弟子。但孔子反对。朱熹认为是“丧具称家之有无，贫而厚葬，不循理也。故夫子止之。”本来家境就很贫穷，平常就是一箪壶一瓢饮的颜渊，如果死后厚葬，一来家里没这个经济实力，二来不合常理。颜渊有棺无椁，其父向孔子请求卖掉车子以为椁，被孔子拒绝，就连孔子自己的儿子也是有棺无椁，是薄葬，颜渊能厚葬吗？量力而行操办葬礼，孔子是对的。可是弟子们不听。于是孔子赶快撇清自己，是同学们要厚葬你，不是我，把责任推给弟子们。可见孔子在有些事上是不敢担当的。

季路问事鬼神。子曰：“未能事人，焉能事鬼？”敢问死。曰：“未知生，焉知死？”

【译】子路问孔子如何服服事鬼神。孔子说：“人都没有服事好，怎么能服事鬼？”子路又问：“冒昧地问一下死的问题”孔子说：“生的问题都没搞清楚，怎么谈死的问题？”

【别识】鬼神、生死从古自今就是人们一直在探求的大问题。世间究竟有没有鬼神，人从何而生，死后又是怎么回事？都是人们想弄明白却一直弄不明白的问题。说玄一点就要扯到世界观上去，成了形而上的东西。

孔子是相信有鬼神存在的。“敬鬼神而远之”是也。但是孔子认为先要把人的事办好，然后才说得上事鬼神的事。同样，先弄清楚生的问题，再说死的问题，人、生是主，鬼神、死是次。朱熹说：“问事鬼神，盖求所以奉祭祀之意。而死者人之所必有，不可不知，皆切问也。然非诚敬足以事人，则必不能事神；非原始而知所以生，则必不能反终而知所以死，盖幽明始终，初无二理，但学之有序，不可躐等，故夫子告之如此。”也就是说，人与鬼神，生与死是有先后主次的，先把人的事办好再说鬼神之事，先弄明白生，把生的事办好，再说死的问题。用现在通俗的话说就是，先把当下的事弄好，再考虑那些形而上的东西。

闵子侍侧，訚訚如也；子路，行行如也；冉有、子贡侃侃如也。子乐。“由若也，不得其死然。”

【注】訚，恭敬、谦和貌。行，刚强也。

【译】闵子骞站在孔子身旁，恭敬谦和；子路则显得刚强正直；冉有和子贡侃侃而谈。孔子很高兴。说：“子路那样呵，恐怕不得善终。”

【别识】这是孔子对弟子们的观察和评价，非常中肯而准确。子路不得善终，果然应验。子路在卫国的一次政变中死于战乱。不过子路之死很悲壮。子路在政变中身负重伤，自知不起，乃坐起来，整理好衣冠，端坐而死。

鲁人为长府。闵子骞曰：“仍旧贯，如之何？何必改作？”子曰：“夫人不言，言必有中。”

【注】朱注：长府，藏名。藏货财曰府。为，盖改作之。

【译】鲁国改造翻修金库。闵子骞说：“仍旧用原来的府库怎么样？何改翻修改造呢？”孔子说：“闵子骞这人平常不大说话，一说话就切中要害。”

【别识】“为长府”，大多学者理解为翻修改造藏财货的府库，有的干脆翻成改造金库。王安石说：“改作，劳民伤财。在于得已，则不如仍旧贯之善。”他也认为是翻修府库，花费大量钱财，劳民伤财。南怀瑾则认为是鲁国有一个新任的管钱财的大夫，想要对旧有的钱财管理制度作一些改动，于是遭到闵子骞的反对。因为制度的改变影响比较大，会牵涉到社会的各个方面。南先生的理解我以为有道理。因为如果仅仅理解为翻修府库，不能说服人。如果府库确实已经腐烂不堪，非翻修不可，怎么“仍旧贯”呢？

子曰：“由之瑟奚为于丘之门？”门人不敬子路。子曰：“由也升堂矣，未入于室也。”

【译】孔子说：“仲由鼓瑟还没有入我的门呵。”听了这话，孔子的门人就不大看得起仲由。孔子说：“仲由已经登堂了，只是还没有领会到精微之处，没有入室而已。”

【别识】为何孔子说子路鼓瑟还没有入孔门？程氏说："言其声之不和，与己不同也。"又《家语》云："子路鼓瑟，有北鄙杀伐之声。"朱子说："盖其气质刚勇，而不足于中和，故其发于声者如此。"子路性格刚勇率直，所以在鼓瑟时，琴声中就刚勇之气过盛而柔和平顺不足，这与孔子谦和平顺不大一样。所以孔子说他"奚为于丘之门"。

孔子一说不打紧，门人们一听孔子批评子路，于是也瞧不起子路。孔子知道了，于是又批评这些门人，子路已经是我孔门弟子，只是还未体味到精微之处罢了，就好比一个人已经到了大堂里，还没有进入内里一探精妙。朱子说："升堂入室，喻入道之次弟。言子路之学，已造乎正大高明之域，特未深入精微之奥耳，未可以一事之失而遽忽之也。"朱熹倒是说了句公道话，对待一个人，不能因为一事之失而全盘否定。

门人因孔子一句批评子路的话而瞧不起子路，害得孔子赶紧出来作解释，这从一个侧面反映出孔子的教育有点问题。为什么因为孔子一句话，门人就有如此反应？我以为就是盲目崇拜，盲目听信。孔子的话就是圣旨，必须听信，不得怀疑，这是长久以来儒学留给后人最坏的习惯。所谓一言兴邦，一言丧邦，一言兴人，一言废人就从孔子这里来。

初学者或天资缺乏或努力不够，或未能掌握方法，初必粗漏，但切不可低看。假以时日，只要坚持不懈，方法得当，必有精进，定可既登堂又入室。

子贡问："师与商也孰贤？"子曰："师也过，高也不及。"曰："然则师愈与？"子曰："过犹不及。"

【注】师，颛孙师，字子张。商，卜商，字子夏。朱注：愈，犹胜也。

【译】子贡问："颛孙师与卜商哪个要强些？"孔子说："子张做得有点过头，子夏过于保守谨慎，有些不足。"子贡又说："这样说来，子张要好些？"孔子说："过头未必就比不足好。"

【别识】理解孔子与子贡的对话，关键是对"过"与"不足"的理解。朱熹这样解释："子张才高意广，而好为苟难，故常过中。子夏笃信谨守，而规模狭隘，故常不及。"子张做事做学问高调得过头，而子夏则谨慎保守，气度不足。

朱子说子张过头，是"常过中"，这个中就是儒家提倡的中庸。儒学讲究中庸之道，因此，"过"或"不及"在孔子看来都不妥。做人做事做学问，太高调太张扬，过头了不好；太谨慎保守，志向不高，气度不足也不好，最好的状态是在过与不及之间，既有气度进取又不张扬冒进，中和平顺。所以当子贡问及子张的过比张夏的不足要略胜一筹时，孔子说，过头未必就比不足好。尹焞对这段对话的注解是："中庸之为德也，其至矣乎！夫过与不及，均也。差之毫厘，缪以千里。故圣人之教，抑其过，引其不及，归于中道而已。"

季氏富于周公，而求也为之聚敛而附益之。子曰："非吾徒也。小子鸣鼓而攻之，可也。"

【注】季氏，季孙氏，鲁国执政大夫。周公，指鲁国公室，鲁国是周公旦的后代。求，冉求，时为季氏家臣。

【译】季孙氏的财富比鲁国始祖周公旦的还多。冉求还在当他家臣，替他聚敛财富。孔子说："他不是我的学生。你们可以声讨他。"

【别识】孔子不愿自己的弟子去给乱臣当家臣做助手，更痛恨为这些人谋财，所以一旦冉求去当季孙氏的家臣，为其理财，孔子毅然决然把冉求开除。朱熹注解说："周公以王室至亲，有大功，位冢宰，其富宜矣。季氏以诸侯之卿，而富过之，非攘夺其君、刻剥其民，何以得此？冉有为季氏宰，又为之急赋税以益其富。"一则冉有是助纣为虐，二则冉有不好好读书向学，而去帮人理财经商，有悖孔子教导。须知，孔子最不喜欢的就是弟子们去经商言利。所以不仅把冉有开除出孔门，而且要弟子们去声讨他，"鸣鼓而攻之"。

由此可以想见，孔子培养出来的都是一心只想读书做学问的，而且是绝对不能言商言利，四体不勤、五谷不分的书呆子。

【译】柴也愚，参也鲁，师也辟，由也喭。

【注】朱注：柴，孔子弟子，姓高，字子羔。愚者，知不足而厚有余。鲁，钝也。辟，便辟也。谓习于容止，少诚实也。喭，粗俗也。

【译】高柴愚笨，曾参迟钝，颛孙师偏执，子路粗俗。

【别识】儒家学者认为，这是孔子对四个弟子的评价。问题是，为何有此评价？曾参居然迟钝，子路居然粗俗。看看宋儒们怎么说。对高柴，朱子说："愚者，知不足而厚有余。《家语》记其'足不履影，启蛰不杀，方长不折。执亲之丧，泣血三年，未尝见齿。避难而行，不径不窦。'可以见其为人矣。"对曾参，程氏感叹："参也竟以鲁得之"，又说："曾子之学，诚笃而已。圣门学者，聪明才辩，不为不多，而卒传其道，乃质鲁之人尔。故学以诚实为贵也。"认为曾参之鲁钝，其实是鲁人的质朴、诚笃、踏实。对子路，儒家们均没有考证出个明确说法，倒是杨安国对孔子的这几句评语有个解释，他说："四者性之偏，语之使知自励也。"孔子之说不过是评价了这四个弟子性格的一个比较欠缺的方面，说出来是要警醒他们时刻注意。

我对这四句评语有一点疑问，是否真是孔子对四个弟子的评价，值得怀疑。一部《论语》凡是孔子的话，都用"子曰"来表示，像这种既无引号，又无"子曰"的很少见。如果孔子说过这话，弟子们在编纂《论语》时就该用"子曰"，可是没有。可见这不是孔子说过的话。《论语》中还编入了很多不是孔子的话，比如《论语》第二句就是有子的话："有子曰'其为人也孝悌……'"，《泰伯》里集中用了曾子五句话。不管用谁的话，都有出处。唯独这句关系到四个弟子声誉的评价没有出处，历代儒家学者也都没有进行考证。只有宋代音韵训诂学家吴棫有过怀疑，他认为"此章之首，脱'子曰'二字。"但是，如此重大之事，弟子们在编纂《论语》时不该有此疏忽。存疑于此，留待后人解读吧。

子曰："回也其庶乎，屡空。赐不受命，而货殖焉，亿则屡中。

【注】朱注：庶，近也，言近道也。屡空，数至空匮也。命，谓天命。货殖，货财生殖也。亿，意度也。

【译】孔子说："颜回的学问道德修养差不多了吧，却经常处于贫困之中。端木赐不信天命去经商发财，每次猜测行情，屡屡猜中。"

【别识】一个颜回，是孔子最喜欢的学生，其学问道德已接近于道了；一个子贡，是在孔子晚年对孔子帮助最大的学生，孔子对他们都有赞许。尤其是颜回，孔子盛赞他能安贫乐道。朱子认为颜回是"不以贫窭动心而求富，故屡至于空匮也。言其近道，又能安贫也。"而子贡呢，评价也不低。朱子认为孔子之言是"言子贡不如颜子之安贫乐道，然其才识之明，亦能料事而多中也。"如果不是子贡经商货殖有方，恐怕在孔子晚年时也拿不出钱来安排孔子的生活，孔子晚年恐怕会很潦倒。

子张问善人之道。子曰："不践迹，亦不入于室。"

【注】朱注：善人，质美而未学者也。

【译】子张问如何才是成为善人的路径。孔子说："如果不循着古圣先贤的路子走，其道德修养就不能到家。"

【别识】这是按照朱子的解释翻译。朱熹说，善人就是先天质朴而还没有学习圣人之道的人，不是我们所理解的做好事善事的善人。

善，《說文》吉也。《玉篇》大也。《廣韻》良也，佳也。按古文原意解释，善人，就是好人，做好事，做善事的人。南怀瑾认为子张所说的善人就是做好事做善事的人。那么这句话就应该译成：子张问怎样才能成为一个做好事做善事的人？孔子说：做了好事不留声名，不留痕迹，也不为善名所困，不为善而善。即，做一个善人首先是做了善事不留痕迹，帮人在无形之中，其次是做善事不要为自己定一个标准，不要为这个标准和名声约束住，不会因善而善，为善而善，更不会为名而善。做好事，做善事是发自内心的愿望，是自觉自愿的行动。我以为南先生的解释更有道理。

子曰："论笃是与，君子者乎？色庄者乎？"

【注】笃，笃实，质朴，谦和。与，赞许。

【译】孔子说："赞许一个人言辞质朴笃实，这人真的是君子吗？表情真的庄重谦和吗？"

【别识】朱熹这样注解："言但以其言论笃实而与之，则未知其为君子者乎？为色庄者乎？言不可以言貌取人也。"于是，就有了另一种解释。

孔子说："一个人的言辞笃实厚重，不能只看外表是否文质彬彬，是否象个君子，也不能只看他表面是否庄重谦和。"

子路问"闻斯行诸？"子曰："有父兄在，如之何其闻斯行之？"冉有问："闻斯行诸？"子曰："闻斯行之。"公西华曰："由也问闻斯行诸，子曰'有父兄在'；求也问闻斯行诸，子曰'闻斯行之'。赤也惑，敢问。"子曰："求也退，故进之；由也兼人，故退之。"

【注】朱注：兼人，谓胜人也。

【译】子路问："听明白一个道理，要马上去实践行动吗？"孔子说："你的父亲兄弟还在（不着急）。"冉有问："听明白一个道理，要马上去实践行动吗？"孔子说："马上去实践行动。"公西华说："子路来问明白了一个道理是否马上实践，你回答'你的父亲兄弟还在'；冉有也问听明白一个道理是否马上去实践，你回答马上实践。我很迷惑，斗胆问一下为什么（有两种不同回答）？"孔子说："冉求胆子小，做事瞻前顾后，我激励他；子路胆子大，我要约束他（要他三思而后行)。”

【别识】同一个问题，不同的回答，这就是孔子在施教过程中因人而异的个性化教育方法。根据不同人的不同特点，作出不同的回答，这是孔子的教育特点。在《论语》一书中这一特点非常显著。比如，政与仁，不同的人问孔子，孔子有不同的回答。

子畏于匡，颜渊后。子曰：“吾以女为死矣。”曰：“子在，回何敢死？”

【注】朱注：后，谓相失于后。

【译】孔子（与弟子们）在匡地被当地时间人围困，逃出来后很久，颜渊才回来。孔子一见面就说：“我以为你已经死了。”颜渊说：“老师还健在，我怎敢先死。”

【别识】孔子及其弟子们在匡地被围，《子罕》一篇中已有详细介绍。孔子与颜渊的这段对话表明了他们之间的师生情谊，孔子挂今念弟子的安危，弟子则以老师为尊，恩义深重。宋儒胡安国说：“先王之制，民生于三，事之如一。惟其所在，则致死焉。况颜渊之于孔子，恩义兼尽，又非他人之为师弟子者而已。即夫子不幸遇难，回必捐生以赴之矣。捐生以赴之，幸而不死，则必上告天子、下告方伯，请讨以复仇，不但已也。夫子而在，则回何为而不爱其死，以犯匡人之锋乎？”

季子然问：“仲由、冉求可谓大臣与？”子曰：“吾以子为异之问。曾由与求之问。所谓大臣者：以道事君，不可则止。今由与求也可谓具臣矣。”曰：“然则从之者与？”子曰：“弑父与君，亦不从也。”

【注】朱注：子然，季氏子弟。异，非常也。曾，犹乃也。具臣，谓备臣数而已。

【译】季子然问：“仲由和冉求可以算是大臣吗？”孔子说：“我以为你要问什么特别的事呢，原来是问子路与冉求的事。所谓大臣，应该是用道义去辅佐君王，如果君王不按道义行事，宁肯辞职不干。仲由和冉求只能算是充数的，具体办事的臣子而已。”季子然说：“那他们一定服从上级了？”孔子说：“如果让他们去杀父弑君，他们是不会服从的。”

【别识】季子然是鲁国执政的季孙氏的子弟。其时，仲由（子路）和冉求正在季氏那里做家臣，故季子然有此一问。古代国家君王之下大臣，后人多有定论。历史上将臣子分为名臣、大臣、忠臣、具臣、奸臣、佞臣。名臣如诸葛亮、曾国藩，在位上有所建树，千古一人；大臣，地位高，一人之下，万人之上，孔子心中的大臣应当是以道义尽心辅佐君王，为国之栋梁，君王之股肱，王道之倡者；具臣，具体办事的臣工，或是充数备用的臣子。尽管孔子认为子路和冉求只是具臣，还不够大臣的格，但对他们的道德品质还是很肯定的，杀父弑君的事，他们是坚决不会干的。

子路使子羔为费宰。子曰："贼夫人之子。"子路曰："有民人焉，有社稷焉。何必读书，然后为学？"子曰："是故恶夫佞者。"

【注】子羔，孔子弟子。贼，害也。

【译】子路让子羔去做费邑的主官。孔子说："你这是在害人子弟呵。"子路说："那里有老百姓，有社稷，治理百姓、祭祀祖先神灵都是学习，难道一定要读书才算是学习吗？"孔子说："我讨厌尖牙利嘴狡辩的人。"

【别识】这段对话牵出一个话题，是学有所成之后再去为仕，还是边仕边学？

子路想让子羔到费地为地方长官，孔子认为子路是在害人子弟，按朱子的解释是"言子羔质美而未学，遽使治民，适以害之"子羔学业还未成，你就让他去为官，这是害他，也不是读书人之道。

子路的回答是，任地方官是治理百姓，祭祀神灵，何必一定要先读好书然后再去为仕？朱子认为子路的意思是"言治民事神所以为学"，即治民事神也是一种学习。

但是，子路的这一思想宋儒们不认同。朱子说："治民事神，固学者事，然必学之已成，然后可仕以行其学。若初未尝学，而使之即仕以为学，其不至于慢神而虐民者几稀矣。"范祖禹说："古者学而后入政。未闻以政学者也。盖道之本在于修身，而后及于治人，其说具于方册。读而知之，然后能行。何可以不读书也？子路乃欲使子羔以政为学，失先后本末之序矣。不知其过而以口给御人，故夫子恶其佞也。"

朱范二人的看法相同。其一，必学成方能入仕，坚决反对学业不成而入仕；其二，以仕为学、仕中以学都是不行的，即反对在实践中学。

什么情况才能叫“学之以成”？从《论语》及宋儒们的解读看，孔子的“学之已成”标准甚高，要“具以方册”才能算是“学之已成”，用现在的话说就是要著书立说才算“学之已成”。那么，不要说孔子的弟子，天下大多数读书人恐怕都不能算是“学之以成”，不能入仕，不能为官。反过来，如果照孔子的标准，入仕的应该都是学业有成者，此大谬也！

从孔子一贯的教育思想而言，他是只讲书本学习，而忽视实践，尤其忽视从实践中学习。他的三千弟子，稍微象样的贤人只有七十二人，这说明他的教育效果很是一般的。这就是个大问题，问题大就大在教出来的学生只知道啃书本，只知道修身养性，不知道如何治理天下。天下人没有哪一个生来就会治民事神的，治理天下的经验和能力书本上是学不来的。这种本领只能在实践中积累增长，仕中以学是最好的学习方法，把书本上的东西与实践结合起来，在实践中验证书本知识，丰富个人学识，提高治事能力。子路就是这个意思，但孔子却“恶其佞”，全盘加以否决。可见孔子对实践，尤其是对在实践中学是非常反对的。退一步说，学之以成后，未必就会仕，未必就能治民事神，未必就会处理好各种纷纭复杂的社会矛盾。治民事神的能力只能在实践中慢慢积累提高，没有一个人是入仕就有经验的。

在我看来，子路的想法是对。不是不要学习，学成以后，有了丰富的书本知识后再入仕当然最好，但是，学得再好，也必须经过实践这个关，也需要在实践中进一步学习，更需要边实践边学习。

子路、曾皙、冉有、公西华侍坐。子曰：“以吾一日长乎尔，毋吾以也。居则曰：‘不吾知也！’如或知尔，则何以哉？”子路率尔而对曰：“千乘之国摄乎大国之间，加之以师旅，因之以饥馑；由也为之，比及三年，可使有勇，且知方也。”夫子哂之。“求，尔何如？”对曰：“方六七十，如五六十，求也为之，比及三年，可使足民。如其礼乐，以俟君子。”“赤，尔何如？”对曰：“非曰能之，愿学焉。宗庙之事，如会同，端章甫，愿为小相焉。”

【注】曾皙，孔子弟子，名点，曾参父亲。朱注：率尔，轻遽之貌。摄，管束也。三千五百人为师，五百人为旅。因，角也。谷不熟曰饥，菜不熟曰馑。方，向也。哂，微笑也。宗庙之事，谓祭祀。诸侯时见曰会。端，玄端服。章

甫，礼冠。

【译】子路、曾皙、冉有、公西华陪坐在孔子身旁。孔子说：“不要认为我比你们年长，就不敢尽情说话。你们平时常说‘没有人了解我呵’，如果有人了解你，那你们的志向是什么呢?”子路率直，率先说：“一个有一千辆战车的国家，夹在大国之间，经常受到大国的侵犯，国内又闹饥荒。如果让我去治理，只要三年，就能让百姓勇敢善战，并且懂得礼仪。”孔子听了微微一笑。孔子问：“冉求，你怎么样呢?”冉求回答：“六七十里或五六十里大小的国家让我去治理，三年以后使百姓富足，但是要让百姓知道礼仪道德，则要等高明的君子来治理了。”孔子又问公西华：“赤，你怎么样呢?”公西华说：“我不敢说我有多能干，但我愿意学习。在祭祀宗庙、诸侯会盟的活动中我会整寇以待，做祭祀会盟的司仪小官。”

【别识】从子路到冉求，再到公西华，志向一个比一个小，为何？因为子路说完志向后，孔子笑了一下，不是赞许的笑，是“哂”，带点讽刺的微笑。其实孔子对治民事神，为仕官相早有态度。“哂”之者也，含义颇多，有轻蔑之意，有不认可之意，有批评之意。有孔子一笑，子路后面的冉求、公西华说话就谨慎了，不敢象子路那样说宏大志向了。朱熹说：“冉有谦退，又以子路见哂，故其辞益逊。”朱子看到了问题所在。

“点，尔何如?”鼓瑟希，铿尔，舍瑟而作。对曰：“异乎三子者之撰。”子曰：“何伤乎？亦各言其志也。”曰：“莫春者，春服既成。冠者五六人，童子六七人，浴乎沂，风乎舞雩，咏而归。”夫子喟然叹曰：“吾与点也！”

三子者出，曾皙后。曾皙曰：“夫三子者之言何如?”子曰：“亦各言其志也已矣。”曰：“夫子何哂由也?”曰：“为国以礼，其言不让，是故哂之。”“唯求则非邦也与?”“安见方六七十如五六十而非邦也者?”“唯赤则非邦也与?”“宗庙会同，非诸侯而何？赤也为之小，孰能为之大?”

【注】朱注：希，间歇也。撰，具也。沂，水名，在鲁城南，地志以为有温泉焉。舞雩，祭天祷雨之处。

【译】孔子问曾皙：“曾点，你怎么样呢?”正在鼓瑟的曾皙放慢瑟声节奏，铿锵一下停止鼓瑟，离开瑟站起来说："我的想法和他们三位的都不一样。"孔子说："那有什么关系，各人谈各人的志向麻。"曾皙说："暮春三月，穿上春装，约五六个朋友，带上六七个少年，去沂河里洗澡，在祭祀用的舞雩台上吹吹春风，然后一路唱着歌漫步回家。"孔子长叹一声："我也是这种愿望呵！"

子路、冉有、公西华三人都出去了留下曾皙在里面。曾皙问："他们三人说得怎么样？"孔子说："也就是说说各人的志向而已。"曾皙说："那老师为何要笑仲由呢？"孔子说："治理国家要靠礼仪道德。子路一点都不谦逊，所以我笑他。"曾皙说："那么冉有讲的是不是治理国家呢？"孔子说："哪能说六七十里或者五六十里就不是国家呢？"曾皙又问："那么公西华讲的是不是治理国家呢？"孔子说："宗庙祭祀，诸侯会盟，不是国家大事是什么呢？公西华觉得这是小官，天下哪里还有比这大的事呢？"

【别识】整个这一段对话，可以看出孔子的志向，治国安邦，他不大愿做，也没人请他去做。他愿意像曾皙一样，穿上春服，拂着春风，约一帮朋友，带几个少年，在春风时泡泡温泉，然后哼着小曲，沿着河边，漫步回家。这与前面孔子反对子路让子羔去做费宰，反对冉有去经商理财一脉相承。

颜渊第十二

颜渊问仁。子曰："克己复礼为仁。一日克己复礼，天下归仁焉。为仁由己，而由人乎哉?"

【译】颜渊问什么是仁。孔子说："克服自己的私欲，返回到正确的礼仪德行中去就是仁。一旦所有的人都能这样，天下就太平，就是仁德社会了。克己复礼要靠自己，不能靠他人，也不要受别人的干预。"

【别识】仁，是孔子思想最核心的一大问题。颜渊问什么是仁，孔子给出答案，克服个人私欲，回到过去的礼仪制度中去，就是仁。孔子在这里讲的"仁"是什么?"礼"又是什么?何为"己"?这个大问题宋儒们当然非常重视，朱熹在《四书章句集注》中有大段注解。朱熹说："仁者，本心之全德。克，胜也。己，谓身之私欲也。复，反也。礼者，天理之节文也。为仁者，所以全其心之德也。盖心之全德，莫非天理，而亦不能不坏于人欲。故为仁者必有以胜私欲而复于礼，则事皆天理，而本心之德复全于我矣。归，犹与也。又言一日克己复礼，则天下之人皆与其仁，极言其效之甚速而至大也。又言为仁由己而非他人所能预，又见其机之在我而无难也。日日克之，不以为难，则私欲净尽，天理流行，而仁不可胜用矣。"程氏说："非礼处便是私意。既是私意，如何得仁?须是克尽己私，皆归于礼，方始是仁。"

孔子说这段话的大背景是，春秋末战国初，礼乐崩坏，道德沦丧，社会颓败，尤其是各邦国的君主们，毫不遵守先人传下来的尊卑秩序，长幼之分，君臣之礼，毁崩殆说。弑君、僭越、奸嫂、乱伦之事常有发生。这些都是私欲的表现。所以孔子说要克服个人私欲，返归正常，回到周朝礼仪中来，这就是仁。人人如此，天天如此，则天下就归仁，是仁德社会了。这反映出孔子痛恨列强纷争，痛恨不守规矩的征伐、敛财、僭越，更痛恨那些用奸诈、欺骗手段妄图成就霸业的君王们，因此宣扬以克服私欲、回归古礼古制的“仁”。这当然不能为各邦国君王们所用，对孔子敬而远之也就是自然之事。孔子也只能望政兴叹。

南怀瑾把孔子的“天下归仁”与哲学、佛教上的天人合一放到了一起。他说：“‘天下归仁’就是归到这种天人合一，物我同体的仁境。真能做到‘克己复礼’，就可以达到（不是理论上）心物一元的真实境界，宇宙万象便与身心会合，成为一体了”。此言大谬。纵观儒学，深察孔子，从来没有对人，对社会、对宇宙、对万物做过哲学上的思考。孔子考虑的是个人内心的道德修养，很实际很实用的“仁”，从来不谈形而上的东西，更不会象老庄那样谈玄之又玄的“道”，更少辩证看待事物。《列子》中记载有两个小儿与孔子辩日而难倒孔子之事就反映出孔子不能辩证看待事物，看到孔子思维机械狭窄，根本不涉及哲学问题。当然，后世儒家将庄子的著作中和《列子》中对孔子不敬不利的记载都说成是伪托之辞，究竟是不是伪托，是另一个话题了。所以我认为，南先生是误读了。

话又说回来，正是因为孔子不谈世界本源这种比较玄的所谓哲学世界观的问题，不像道家、佛家那样出世，而是只谈与百姓生活息息相关的事，谈社会现象、谈身边事，入世，所以孔子学说才被后世的儒家们发扬光大，也才被后来的统治者们看到孔学对普通百姓的统治力量，于是二千多年来，权变之术成为争夺天下的手段，而儒学则成为治理天下，驾驭百姓的思想基础。

颜渊曰：“请问其目。”子曰：“非礼勿视，非礼勿听，非礼勿言，非礼勿动。”颜渊曰：“回虽不敏，请事斯语矣。”

【译】颜渊问：“怎么做到（克己复礼）呢？”孔子说：“不符合礼仪规范的不看，不听，不说，不做。”颜渊说：“我虽然不聪敏，但我会按照这些去做。”

【别识】克己复礼为仁，这是一个大方向，怎么样才能做到？孔子给出方法：四不。不看，不听，不说，不做。那么，何谓非礼？朱熹解释：“非礼者，己之私也。勿者，禁止之辞。是人心之所以为主，而胜私复礼之机也。私胜，则动容周旋无不中礼，而日用之间，莫非天理之流行矣。”所谓非礼，根源都在个人之私欲，私欲存，非礼之事存，私欲动，非礼之事行。

孔子在这里所说的礼，不是一般的礼节、礼貌，而是指纲常秩序、礼仪规范，上至君臣父子、夫妻兄弟之纲、国家之序，下至于邻里、朋友、国家交往之礼，既是国家祭祀之礼，也包括家庭、家族之礼。所谓非礼，既是违背这些早已固定传承下来的国家、社会、家庭、人际之间的伦理纲常、政治秩序，如弑君、弑父、僭越、乱伦、虐民、征伐、不敬，乃至日常生活中的乱穿衣、乱行礼等等，都是非礼。

对非礼行为，不听、不看、不说、不做，是比较消极的四条标准。之所以消极，只是要求自己做到。但是，在这“四不”中，不说不做完全可以做到，不看不听则做不到，因为，大千世界，总有非礼之事和非礼之人，你要想不看不听非礼之事，除非把自己关在家里不出门，而且要禁止家人说社会上的非礼之事。那样的话，你就生活在与世隔绝的环境中了。事实上这是做不到的。既然做不到，那么看到了、听到了非礼之事，怎么办？转过身去不看，把耳朵塞住不听？如果人人都这样，那不是听任非礼之人、非礼之事在世上横行？孔子所说的“天下归仁”恐怕永远不会到来。

看到听到非礼之人非礼之事，不能听之任之，而要出面干预。不能只是自己不说不做。否则，这个社会就成了各人自扫门前雪，休管他人瓦上霜，毫无正义感的社会了。所以，孔子的“非礼勿言，非礼勿行”是对的，“非礼勿视，非礼勿听”行不通，也不对，不符合社会正义价值观。

仲弓问仁。子曰：“出门如见大宾，使民如承大祭。己所不欲，勿施于人。在邦无怨，在家无怨。”仲弓曰：“雍虽不敏，请事斯语矣。”

【译】仲弓问什么是仁。孔子说：“出门要象去见贵宾一样整肃，使唤百姓要象祭祀一样庄重。自己不喜欢的事，不要强加给他人。在朝堂上不要结怨也不要怨这怨那，在家里也是这样。”仲弓说：“我虽然不很敏慧，但要照着这样做。”

【别识】仲弓即雍也，是孔子比较喜欢看重的弟子之一。《论语·雍也》第一句就是“雍也可使南面”，被孔子认为是有帝王之才的弟子，至少可以去做地方长官，做封疆大吏。所以当他来问什么是仁时，孔子针对他的情况给予回答，与上一段颜渊问仁时的回答大有不同。孔子在这里说的“仁”，更具体实用，尤其更适合那些为官为仕之人。

出门在外，遇到任何人者要象见到宾客一样，见到贵宾一样整肃，不能因为你是当官的，有社会地位的人，就看不起一般人，看不起老百姓。“出门如见大宾”，就是说，不论你当怎样的大官，甚至你是君王，也不能看不起普通老百姓，对每个人都要诚敬。让百姓替你办事，使唤百姓，要象祭祀一样庄重、谨重。自己不喜欢，不想做的事，不要强加给人，要替别人想一想，换位思考一下。在朝堂，在家里，不要做结怨的事，也不要有牢骚，怨这怨那，要排除掉自己的私欲。这都是说为仕当官人最容易犯的毛病。当了官看不起普通人，使唤下级太随便，且经常把个人的爱好和意志强加于人。如此一来必然结怨，一旦不顺就会怨天尤人。

司马牛问仁。子曰："仁者，其言也讱。"曰："其言也讱，斯谓之仁已乎？"子曰："为之难，言之得无讱乎？"

【注】司马牛，孔子弟子，名犁，向魋之弟。《史记》，司马耕，字子牛。讱，《说文》，顿也。朱注：讱，忍也，难也。

【译】司马牛问什么是仁？孔子说："仁人就是言语谨慎。"司马牛说："言语谨慎就是仁吗？"孔子说："这很难做到呵。难道说话能不谨慎小心吗？"

【别识】同样是问"仁"，为何孔子这样回答司马牛？朱熹说："夫子以牛多言而躁，故告之以此。"司马牛这个人爱说话，且很急躁，所以出言常常走调放炮。因此孔子告诉他仁就是言语要谨慎，很有针对性，从"讱"做起，就是从仁做起。

司马牛问君子。子曰："君子不忧不惧。"曰："不忧不惧，斯谓之君子已乎？"子曰："内省不疚，夫何忧何惧？"

司马牛忧曰："人皆有兄弟，我独亡。"子夏曰："商闻之矣：'死生有命，富贵在天'。君子敬而无失，与人恭而有礼。四海之内，皆兄弟也。君子何患乎无兄弟也？"

【译】司马牛问怎样才是君子。孔子说："不忧不惧就是君子。"司马牛说："不忧不惧就是君子了吗？"孔子说："反省内心而无愧疚，何来忧愁惧怕？"

司马牛面带忧愁说："人人都有兄弟，而我却没有。"子夏说："我曾听说，人的生与死是命中注定的，富贵是上天安排的。君子只要做事认真慎重而无过失，对人恭敬有礼，那么四海之内到处都是兄弟。君子何愁没有兄弟呢？"

【别识】司马牛有个哥哥叫向魋，在宋国参与作乱而死。所以司马牛有此二问。孔子知道司马牛的情况，所以对他说，君子就是无忧无惧。可是司马牛领会得很狭隘，反问孔子，无忧无惧就是君子？孔子知道他意会错了，所以进一步说，自己反省自己的言行，不会为自己的言行感到愧疚，无愧于世，无愧于人，无愧于心，哪里还有什么忧惧？所谓君子不忧不惧，不是忧虑衣食住行，也不是惧怕天灾人祸降于其身，更不是怕别人做于己不利的事，不是怕他人的事殃及自己，而是要约束、规范自己的言行，使其合符君子之道，待人行事无愧无疚，这才是君子的无忧无惧。

君子无忧无惧，做事光明磊落，普天之下，四海之内就会朋友遍天下，兄弟充四海。而司马牛担心哥哥在宋国家参与作乱，不会有好下场，所以面带忧色。子夏用“生死有命，富贵在天”来开导他，生与死是命中注定，向魋在宋国参与作乱，命中该有一劫，不必为此事忧愁。只要你做事端正，心存仁善，四海之内，兄弟到处都是。

后世有学者把“死生有命，富贵在天”、“四海之内皆兄弟”说成是孔子说的话，那是没有认真读《论语》的缘故。也有学者把“生死有命，富贵在天”这句话认定是儒家天命论思想的证据。我以为孔子思想中，以及后来孔门弟子发展起来的儒学，是有天命论思想的。中国历史上各种学派以及民间习俗中，天命论思想是一大特色和支撑点，没有天命论思想，中国历史上的各种民风民俗就没有思想基础。天命论再往前走一步就是宿命论，儒家发展到后来，就有浓厚的宿命论色彩，历代统治者选择儒学作为其驾驭民众，奴化百姓的统治思想，除了表面上的社会道德规范以外，统治者们最看重并最强调的就是忠君思想和宿命论思想。

子张问明。子曰：“浸润之谮，肤受之愬，不行焉。可谓明也已矣。浸润之谮，肤受之愬不行焉，可谓远也已矣。”

【注】朱注：浸润，如水之浸灌滋润，渐渍而不骤也。谮，毁人之行也。肤受，谓肌肤所受，利害切身。愬，愬己之冤也。愬，同诉。《说文》：谮，愬也。《玉篇》，谗也。誣诬之词，谗言之语。

【译】子张问什么样的才是明白人。孔子说：“像水一样慢慢浸润的谗言，如同小刀子伤人肌肤的诬告，在你这里行不通，你不听不信，这就是明智之人。这些谗言诬告行不通，你就会是有远见的人了。”

【别识】谗言诬告你不听不信，是为明白人，但这只是明白人的浅层次。老子说：“知人者智，自知者明。”知道别人说的话是正确还是错误，明白这个人说的是谗言还是忠告，这只能说明你是一个智者。这是孔子的标准。老子更进了一步，知人者易，自知者难，尤其是看到自己的缺点错误就更难。所以能够看到自己的长处与短处，能够看到自己的缺点和错误，才是真正的智者，真正的明白人。

子贡问政。子曰："足食。足兵。民信之矣。"子贡曰："必不得已而去，于斯三者何先？"曰："去兵。"子贡曰："必不得已而去，于斯二者何先？"曰："去食。自古皆有死，民无信不立。"

【译】子贡问政事。孔子说："丰衣足食，军队强大，百姓诚信。"子贡说："如果迫不得已要在这三项中去掉一项，先去掉哪一项？"孔子说："去掉军队。"子贡又说："如果在丰衣足食和百姓诚信两者中去掉一个，去掉哪一个？"孔子说："去掉丰衣足食。自古以来人必有一死，民众如果没有诚信就不能立足、立家、立国。"

【别识】朱熹说："仓廪实而武备修，然后教化行，而民信于我，不离叛也。"使百姓丰衣足食，人民生活富足，再拥有一支强大的军队保卫国家，使国家不受外人欺辱，百姓生活安定，再通过教化让百姓诚信笃实，三条是孔子开出的为政三大要事。但是子贡不满足于此，乃有步步紧逼之问。三者必去一，去谁？去兵。足食与信必去其一，去谁？去足食。宁肯吃差点，饿肚子，也要百姓讲诚信。人生自古必有一死，但民众如果不讲诚信，无信仰，尽管穷一点，但仍可立于不败之地，如果吃得很好，军队也很强大，但民众无诚信，无信仰，则民不能自立，国亦不能自立，会一击就败。这就是孔子治国的理念。民信，则有精神支撑，虽穷虽饿却不能被人打败打倒，不能被征服。倘无信，锦衣玉食也可能丧邦。所以治理国家，民众的诚信和信仰最重要。当然，民众讲诚信，又丰衣足食，军队又强大三者齐备，乃是治理国家的最佳境界。

棘子成曰："君子质而已矣，何以文为？"子贡曰："惜乎！夫子之说，君子也。驷不及舌。文犹质也，质犹文也。虎豹之鞟犹犬羊之鞟。"

【注】棘子成，卫国大夫。朱注：鞟，皮去毛者也。

【译】棘子成说："君子只要本质好就行了，何必一定要受文化熏陶呢？"子贡说："可惜呀！先生怎么这样谈论君子呢？君子一言，驷马难追。文化和本质是相互关联影响的。去掉了彩色毛的虎豹皮与去掉了毛的狗皮羊皮有什么区别呢？"

【别识】这里提出一个很重要的问题，一个人的先天条件再好，没有经过文化的浸润与熏陶，是难以成才，难以成为君子的。反过来，一个人受到很好的文化熏陶和教育，但先天质地不行，也很难成才。比如绘画和音乐，那是要天赋的，有了天赋，再加上后天名师培养教育，就可能成为大画家大音乐家。但是没有这方面的天赋，后天有再好的名家培养教育指导，恐怕也不能成才。所以，"文犹质也，质犹文也"。文化的熏陶与质地是成才缺一不可的。

哀公问于有若曰："年饥，用不足，如之何？"有若对曰："盍彻乎？"曰："二，吾犹不足，如之何其彻也？"对曰："百姓足，君孰与不足？百姓不足，君孰与足？"

【注】有若，孔子弟子。朱注：用，谓国用。彻，通也，均也。周之税制。

【译】鲁哀公问有若："现在年成不好，国库用度不足，怎么办才好？"有若说："何不实行十抽一的税制？"哀公说："十抽二还不够用，怎么实行十抽一的税制？"有若说："百姓富足了君王就能富足。百姓不能富足，君王怎么能富足？"

【别识】彻，是周朝税制的专用名词，十抽一谓彻。朱熹注解说："周制，一夫受田百亩，而与同沟共井之人通力合作，计亩均收。大率民得其九，公取其一，故谓之彻（税为十分之一，为彻）。鲁自宣公税亩，又逐亩什取其一，则为什而取二矣。故有若请但专行彻法，欲公节用以厚民也。"

周以来，税制就是十取其一。而鲁国从宣公开始，就改为十取其二。哀公是鲁国诸君王最后一个，在他之前还有五位：宣公、成公、襄公、昭公、定公。宣公至定公共 114 年。

弄清楚这个背景，才能明白这段对话的意义。

鲁哀公沿用 100 多年前宣公实行的十取二的税制，还是感到用度不足，不够开销，问有若怎么办？有若给出的答案是实行十取一的税法。在遭到哀公反对后说出了一个治国的原则：你是要民富呢还是要君王独富？民富，则君王无不能富。君王独富，民不富，最终君王也不能富。用现在的话说，是藏富于民还是国库充盈？可惜，哀公不能理解这之中的辩证关系。十取其二，尚感用度不足，怎么还能十取其一？其实，十取一，是让富于民，刺激百姓生产，产生多了，收成好了，税也自然就多了。表面上十取一是让利于民了，最终结果会是，百姓收成多了，交的税也多了，君王收入也多了，用度何来不足？所谓欲先取之，必先与之，就是这个道理。

子张问崇德、辨惑。子曰："主忠信，徙义，崇德也。爱之欲其生，恶之欲其死，既欲其生，又欲其死，是惑也。'诚不以富，亦祗以异'。"

【注】祗，《说文》，敬也。

【译】子张问如何提高道德修养，辨别迷惑。孔子说："以忠诚和信义为标准，服从道义，就能提高品德修养。爱一个人希望他长寿，恨一个人希望他马上死去，又想他长寿，又想他死，这就是迷惑。'这不算富，但与富也差不多。'"

【别识】"诚不以富，亦祗以异"出自《诗经·小雅·我行其野》。程氏认为，这段话末尾缀上《诗经》里的的两句，是错简："此错简，当在第十六篇齐景公有马千驷之上。因此下文亦有齐景公字而误也。"确如程氏所言，这里突然出现"诚不以富，亦祗以异"，有点不伦不类，前后不搭界。

提高个人品德修养，一要忠信，二要循规蹈矩，合情合理的办事。这就是崇德。但是，孔子对辨惑的回答就有值得商榷之处。

孔子把对一个人的好恶、评价转变而为"惑"，既爱又恨谓之惑，这就给人以误导了。首先，对一个人的评价，肯定有好有坏，不可能十全十美。数理化学得好，不一定文史哲也好，办事能力强，不一定操行也好，这个世界上十全十美的人是很少的。相反，对一个人有不同评价，既有好的评价又有差的甚至坏的评价则很正常，合情合理。随着时间的推移，个人的事业发展，地位会有所变化，个人品行也会改变，对他的评价与好恶，也理所当然会有所变化。因此，爱欲其生，恶欲其死是相对而言的。彼时爱欲其生，此时恶欲其死都有原因，都是可能存在，并非是使人迷惑不解的事。既然事出有因，就不能叫惑。子张问辨惑，孔子没有做出出实质性回答。所谓辨惑，即识别假象，看清本质，消除疑惑。也就是我们常说的怎样透过现象看本质。孔子回答有点滑头，"既欲其生，又欲其死，是惑也"，根本没有回答"辨惑"，而是说了什么是惑。正如前述，欲其生是因为爱，欲其死是因为恶，是有爱与恶的原因的，既有因，何来惑？倒是孔子把后人弄迷惑了。所以读孔不可盲从，不可“惑”。

齐景公问政于孔子。孔子对曰：“君君、臣臣、父父、子子。”公曰：“善哉！信如君不君、臣不臣、父不父、子不子，虽有粟，吾得而食诸？”

【译】齐景公向孔子问政事。孔子说：“君要象个君的样子，臣要象臣，父亲要象父亲，儿子要象儿子。”齐公说：“太好了！如果君不象君，臣不象臣，父亲不象父亲，儿子不象儿子，即使是有粮食，我能吃得下去吗？”

【别识】这段对话反映了孔子很重要的施政思想，也是孔子仁政仁德思想和守制守礼思想的核心。

朱熹注解说：“此人道之大经，政事之根本也。是时景公失政，而大夫陈氏厚施于国，景公又多内嬖，而不立太子。其君臣父子之间，皆失其道，故夫子告之以此。”从朱注可以看出，孔子在到了齐国后了解到齐国的政事一沓糊涂，陈氏执国擅权，景公宠信内嬖，又不立太子，君臣父子之间已经不成体统。所以当景公问政于孔子时，孔子针对齐国的情况，有的放矢的说了这番话。这是孔子很了不起的地方，回答问题不是泛泛而谈，而是有根有据，针对必极强。

在君臣父子四者之间，孔子将君放到第一位，提出做君主的要象个君主的样子，要按照君王的首先标准来行事驭下，按照君王的伦常规范来施政，上行下效，只有君王做出了表率，臣子们才能按照臣子们的标准道德规范来行事，父子之间也会守制守序，不会乱来。这里，君王的以身作则非常重要，是君王为政的第一要务。这当然是对的，但往往又是君王们所不愿遵从的。所为天下政事纷乱，大抵都是先从君王自身乱起。

同时，也要看到孔子这种君臣父子思想的另一面，即约束个人独立思想，反对创新。君臣父子要各守其道，不得僭越，不得违制，更不要做背离祖宗礼制的事情。这不仅约束人们的日常行为，更约束人们的思想。中国人千百年来的禁锢概由此出，罪莫大焉。历史上中国的统治者们都用这句话约束臣工子民，而且只讲臣、父、子，不讲君，由此形成了国人根深蒂固的一种思想：只有绝对的权力，没有绝对的真理，影响非常之坏。

子曰：“片言可折狱者，其由也与？”子路无宿诺。

【注】朱注：片言，半言。折，断也。宿，留也。

【译】孔子说："凭一方说的话就能判断官司，只有仲由做得到呵。"子路从来不拖延兑现自己的承诺。

【别识】古时候打官司把被告与原告两方称为两造，判案必须听取两造之辞，叫两造对质。所谓片言，即指单方面之辞。子路仅凭一方之辞就能断案，且当事人会信服，说明子路很有明断力。朱子说："子路忠信明决，故言出而人信服之，不待其辞之毕也。"看来子路这个人除了决事明断外，还很有忠信，很有侠义，所以能一句话就把事情搞定，当事人之所以信服，是相信子路这人忠义侠胆，处事公正，不会偏袒任何一方。即守信侠义仗义，又明辨是非，这样的人出来决断官司，有谁不听？有谁不服？所以尹焞说："小邾射以句绎奔鲁，曰：'使季路要我，吾无盟矣。'千乘之国，不信其盟，而信子路之一言，其见信于人可知矣。一言而折狱者，信在言前，人自信之故也。不留诺，所以全其信也。"你看国与国之间订盟都不可信，只信子路一言，因为子路之忠信在世，而且凡有承诺必马上兑现，这种人不信都难，所以子路能一言而折狱。

子曰："听讼，吾犹人也，必也使无讼乎？"

【译】孔子说："听取诉讼断案，我像当事人一样认真听取，必须这样做，才能使天下没有诉讼。"

【别识】很多学者把孔子这段话译为：听取诉讼，我和其他人一样，只是我的目的是消除诉讼。我以为孔子在这段话中说出了听讼断案的一个大原则：要站在当事人的的立场上，客观公正地对待诉讼。"吾犹人也"，我要象当事人一样，原告说原告的观点，我要站在原告的立场上听取，被告说被告的观点，我要站在被告的立场上听取，只有这样，才能杜绝先入为主，做到客观公正，才能做到不偏听偏信，不会断错案，判错人，不会断案后又出冤案，又出新的诉讼。但是要做到无讼，则很难。宋代理学家范祖禹说："听讼者，治其末，塞其流也。正其本，清其源，则无讼矣。"怎样才能"正其本，清其源"？唯一的办法就是客观公正，不先入为主。客观断案，使那些奸佞之徒无机可乘，就可以少一些诬陷冤案。

子张问政。子曰："居之无倦，行之以忠。"

子曰："博学于文，约之以礼，亦可以弗畔矣夫！"

子曰："君子成人之美，不成人之恶。小人反是。"

【译】 子张问政事。孔子说："当官在位不懈怠，办事要忠信。"

孔子说："要广泛学习典籍文化，用礼仪伦常来约束自己，这样就可以不离经叛道。"

孔子说："做君子要帮助别人成功，成全别人的好事，不要帮助他人做坏事。小人却反其道而行之。"

【别识】 我们在前面已经说过，孔子对向他询问学问、政事、仁德等问题时，孔子的回答是不一样的，总是针对提问人的具体情况，有针对性地给予回答。对子张问政，亦是如此。程氏说："子张少仁，无诚心爱民，则必倦而不尽心，故告之以此。"子张少仁，程氏是怎么得知的？怎么考证出来的？是个大疑问。我以为子张做事比较懈怠，而且不尽心，所以孔子有此一说，但是，仅是懈怠不尽心，还不能武断地给子张扣上"少仁"的帽子，要知道，"少仁"是个很重的罪名，一般人是承受不起的。程氏是有点想当然。

所谓成人之美，不只是成全别人的好事，更主要是的帮助别人成功，帮助他行善做好事；不成人之恶，是不要帮助他人做坏事，不助纣为虐，否则就祸害天下了。

季康子问政于孔子。孔子对曰："政者，正也。子帅以正，孰敢不正？"

【译】 季康子向孔子问政事。孔子说："政事就是先要自身端正，自己正，谁敢不正？"

【别识】 季康子是鲁国当时执政的正卿，大概也是自身有很多不检点，不正派的行为，所以孔子要这样回答他。所谓己身正，方能正人，己身不正，焉能正人。民间说的上梁不正下梁歪，也是说的这个道理。

季康子患盗，问于孔子。孔子对曰："苟子之不欲，虽赏之不窃。"

【译】 季康子担心鲁国的盗贼多，问孔子怎么办。孔子说："如果你自己不贪欲，纵使奖励盗贼，也不会有人去偷盗。"

【别识】 宋代理学家胡安国说："季氏窃柄，康子夺嫡，民之为盗，固其所也。盍亦反其本耶？孔子以不欲启之，其旨深矣。"季氏贪欲很强，不仅擅权，而且干出夺嫡之事，所以当他向孔子问及如何对付盗贼之事时，孔子用"不欲"

来敲打他，教育他。

一般的解释如上。南怀瑾先生的解释稍有不同。他的解释是：季康子担心盗贼多，问孔子怎么办，孔子说，把你不要的东西丢到外面去，就不会有人去偷盗了。进一步说就是你要俭朴，盗贼不会去盗油盐衣服等一般的东西，而是要盗金银珠宝，你不要贪，不要拥有财富珠宝的欲望，由此教育全民，使民众都象你一样，则无东西可盗。

朱子解释说："言子不贪欲，则虽赏民使之为盗，民亦知耻而不窃。"我以为朱子解释更为贴切。联系到上一句，孔子要求季康子要"子帅以正，孰敢不正"，孔子在这里也是告诉季康子，治理盗贼最好、最根本的办法就是己身正，要"不欲"，自己不贪，百姓就不会贪，不会用偷盗的手段去获得财富。

季康子问政于孔子曰："如杀无道，以就有道，何如？"孔子对曰："子为政，焉用杀？子欲善，而民善矣。君子之德风，小人之德草。草上之风，必偃。"

【注】朱注：上，一作尚，加也。偃，仆也。

【译】季康子向孔子请教政事说："如果说杀掉那些无道的人成全有道的人，这办法如何？"孔子说："你为政治理国家，岂能用杀戮。你倡导仁善，百姓就会从善。君子的仁德就象风，百姓的仁德就象草。君子的仁德之风从草上吹过，百姓就会顺着你走。"

【别识】这是孔子的治国理念。严法酷政并不能使民心归顺，也不能让社会风气从根本上好转，即使有也是局部的、暂时的。一个国家要长治久安，从根本上解决问题，要重要的是君王带头从善行德，重修养，施仁政，广仁德。

子张问："士何如斯可谓之达矣？"子曰："何哉，尔所谓达者？"子张对曰："在邦必闻，在家必闻。"子曰："是闻也，非达也。夫达也者，质直而好义，察言而观色，虑以下人。在邦必达，在家必达。夫闻也者，色取仁而行违，居之不疑。在邦必闻，在家必闻。"

【译】子张问："知识分子怎样才能称为达？"孔子说："你说的达是什么意思？"子张说："在邦国有很高的声望，在乡里有很高的声望。"孔子说："这是知名，不是达。所谓达，是秉性忠直为人正直，且好义慷慨，能够审时度势察言观色，能为下面的人着想。在邦国里如此，在乡里也如此。所谓知名，表面上讲仁义，而实际行动中却违背仁义，并且对自己这种言行不一的做法毫不怀疑，这种人在邦国能骗取名义，在乡里也能骗取名义。”

【别识】所谓“达”，朱子的解读是：“达者，德孚于人而行无不得之谓。”即仁德善行在普通人之上，且言行一致，所谓德高于众者。所谓“闻”，朱子认为是“名誉著闻也”，比“达”要差好多档次。朱子对二者加以比较，“闻与达相似而不同，乃诚伪之所以分，学者不可不审也。”

有名望不一定就是贤达之士，名人不一定就是贤人。在孔子看来，名人往往披着仁的外衣，表面上很善很仁，实际上却常干违背仁义道德的事，而且从来不反省，对自己这种言行不一的行为毫不怀疑，居之若素，心安理得。而要做一个贤达之人，有三个条件，其一忠直，秉性正直；其二，行善好义；其三，为他人着想，尤其是为下面的人着想。

闻人与达人还有一个很重要的区别，闻人追求看重声誉，贤达之人从不追求声誉。朱子对闻人的解读是：“善其颜色以取于仁，而行实背之，又自以为是而无所忌惮。此不务实而专务求名者，故虚誉虽隆而实德则病矣。”程氏说：“学者须是务实，不要近名。有意近名，大本已失。更学何事？为名而学，则是伪也。今之学者，大抵为名。为名与为利虽清浊不同，然其利心则一也。”程氏好象在一千多年前就看到了今日学界的弊端，为名而学者多矣。远哉，程氏！当今所谓名人，有几个言行一致，有几个好仁行善？

樊迟从游于舞雩之下，曰：“敢问崇德、修慝、辨惑。”子曰：“善哉问！先事后得，非崇德与？攻其恶，无攻人之恶，非修慝与？一朝之忿，忘其身，以及其亲，非惑与？”

【注】樊迟，孔子弟子。慝，奸、恶、秽也。胡安国注：慝之字从心从匿，盖恶之匿于心者。修者，治而去之。

【译】樊迟陪同孔子在舞雩台下游玩时问孔子：“斗胆请教怎样提高品德，消除心中怨恨，去除疑惑明辨是非？”孔子说：“问得好！把事情先做好，不计较个人所得，这不就能提高品德吗？反省自己批判自己的缺点坏处，不要去指责他人的缺点，这不就能消除心中怨恨吗？逞一时之忿而不顾及自身，不考虑亲人，这不就是迷惑，不明是非吗？”

【别识】一般人做一件事，往往要先考虑做了这事对自己有没有好处，有好处就做，且做好，没好处就不做，迫不得已要做也不会尽心去做，这种无利不起早的行事方法永远不会起到提高个人品德修养的效果。相反，先不考虑个人得失，不考虑个人利益，把事情做好，不以个人利益来作为做事的衡量标准，才能提高品德修养。常想自己的不足，反省自己的缺点与错误，内心的怨恨、不平衡都会自然而然地消除。我以为"攻其恶，无攻人之恶"还有一层意思，即为人首先要检讨自己的，批判自己的不良行为，然后再去看他人，批评他人。但是批评他人时只能就事论事，不能进行人身攻击。假如真象许多儒家学者们说的那样，不能去批评他人。明明看到了他人的错误，而置若罔闻，那这个世界就没有是非了。逞一时之忿，不虑后果，当然是惑。

樊迟问仁。子曰："爱人。"问知。子曰："知人。"樊迟未达。子曰："举直错诸枉，能使枉者直。"樊迟退，见子夏。曰："乡也，吾见于夫子而问知，子曰：'举直错诸枉，能使枉者直'，何也？"子夏曰："富哉言乎！舜有天下，选于众。举皋陶，不仁者远矣。汤有天下，选于众，举伊尹，不仁者远矣。"

【注】朱注：伊尹，汤之相。

【译】樊迟向孔子问什么是仁。孔子说："爱人。"樊迟又问什么是智。孔子说："善于识人。"樊迟未能了解。孔子进一步说："选用正直的人，把有问题有邪念的人放在一边，就能使邪恶之人改正。"樊迟退出来见子夏说："刚才见老师问他什么是智。老师说'举直错诸枉，能使枉者直'。这是什么意思？"子夏说："老师这话含义丰富呵。舜帝有天下时，在众多人中选人才，把皋陶选出来治理国家，不仁的事和人就疏远消失了。汤有天下时，在众人中把伊尹选出来做宰相，不仁的事和人也疏远消失了。"

【别识】樊迟问的"知"，是智。即什么才是智慧。孔子的回答的知人，即了解人。朱子说："知人，知之务。"知人识人乃智慧之第一要务。子夏为此做了很好的注解。舜在众多人中选了皋陶，因为他了解皋陶。结果证明舜选对了人。选对人的前提是了解这个人，知道这个人。汤选人也很特别，把尚还是厨子的伊尹选来做相，邦他治理天下，结果证明汤选对了。舜和汤识人的眼光是正确的。这就告诉我们，一个国家，一个地区乃至一个行业，一个单位要治理好，选用一把手很关键。而有选人用人权的人的眼光就非常重要，识人知人就是关键之关键。

子贡问友。子曰：“忠告以善道之，不可则止，无自辱焉。”

曾子曰：“君子以文会友，以友辅仁。”

【译】 子贡问孔子怎样对待朋友。孔子说：“交朋友要忠诚，用仁德来引导，互相启发，有不对的地方要直言忠告，如果朋友不听就不要再说，不要自取其辱。”

曾子说：“君子以文章学问相交相会成为朋友，依靠朋友互相启发帮助以提高仁德修养。”

【别识】“不可则止，无自辱焉”，这个辱不是朋友骂你了，公开羞辱你了才叫辱，而是指朋友因为你的多次劝说而疏远你了。朱子说：“友所以辅仁，故尽其心以告之，善其说以道之。然以义合者也，故不可则止。若以数而见疏，则自辱矣。”朋友之间本来关系很好，无话不谈，但你因为朋友的一个错误而反复劝告朋友甚至批评朋友，而朋友不听，你又不停地劝，不停地说，几次下来，朋友之间的关系就疏远了，相互之间就产生不信任了，这也叫辱，心辱。

曾子说的以文会友，并不是后人理解的你的文章好，我的文章也好，我们都是文人才成为朋友，而是既有文章，又有相互交流，更有互相学习，相互借鉴，这样的友才是真友。真友之间相互砥砺，才会在仁德修养上得到提高。

子路第十三

这一章主要是谈为政之道和为政之德。

子路问政。子曰："先之，劳之。"请益。曰："无倦。"

【译】子路向孔子问怎样管理政事。孔子说："率先垂范，不辞辛劳。"子路要求孔子多讲点。孔子又说："做事不懈怠。"

【别识】子路问从政之道。孔子一共讲了三点，首先是身先士卒。所谓"先之"就是执政、为官者做事必身先士卒，率先垂范，要他人做到的事，自己先做到，打仗冲锋在前，有了错要先承担责任，颁布法令要率先躬践。其二，不辞辛劳。"劳之"就是在处理政事、民事各个方面不怕辛苦，无怨无悔。其三，不懈怠。"无倦"就是做事做人要孜孜不倦。"先之，劳之"是对从政者说的普遍原则，"无倦"则是专门对子路说的。因为子路好勇，所以孔子提醒他，不要逞一时之勇，不要激情一过就倦怠下来。宋代学者吴棫说"勇者喜于有为而不能持久，故以此告之。"

苏东坡对这三个原则有段注释："凡民之行，以身先之，则不令而行。凡民之事，以身劳之，则虽勤不怨。"领导人做到了"先之，劳之"，百姓就会跟着你做。南怀瑾认为"劳之"还有一层意思，就是不光是执政者要"劳"，而且要让老百姓也"劳"，有事做。老百姓没事可做容易懒散倦怠，滋生淫逸之心，从而生怨，从而不治，以至生事。

仲弓为季氏宰，问政。子曰："先有司，赦小过，举贤才。"曰："焉知贤才而举之？"曰："举尔所知。尔所不知，人其舍诸。"

【注】朱注：有司，众职也。

【译】仲弓在鲁国季氏那里做总管，问政于孔子。孔子说："首先要明确责任，各司其职。原谅赦免下属的小过错，把有德有才的人推举提拔上来。"仲弓问："我怎么知道哪些人有德有才，把他们推举提拔上来呢?"孔子说："推举提拔你所知道了解的人。那些你不了解知道的，其他人会埋没他们吗?"

【别识】孔子提出为政三原则，首先是要明确责任，各司其职，要按制度、按程序来，不能乱套。所谓有司，就是要按照周礼、周制来行事，这是最重要的原则。其次才说得上赦小过，第三是举贤才。如果不按规矩办事，不循规蹈矩，则会君行臣权，臣僭君位。范祖禹说："不先有司，则君行臣职矣；不赦小过，则下无全人矣；不举贤才，则百职废矣。失此三者，不可以为季氏宰，况天下乎?"

关于赦小过，举贤才，朱子说："过，失误也。大者于事或有所害，不得不惩；小者赦之，则刑不滥而人心悦矣。贤，有德者，才，有能者。举而用之，则有司皆得其人而政益修矣。"

子路曰："卫君待子而为政，子将奚先?"子曰："必也正名乎!"子路曰："有是哉，子之迂也。奚其正?"子曰："野哉由也！君子于其所不知，盖阙如也。名不正，则言不顺，言不顺，则事不成，事不成，则礼乐不兴，礼乐不兴，则刑罚不中，刑罚不中，则民无所措手足。故君子名之必可言也，言之必可行也。君子于其言，无所苟而已矣。"

【注】朱注：卫君，谓出公辄也。是时鲁哀公之十年，孔子自楚反乎卫。

【译】子路对孔子说："卫出公如果让你去执政，你首先做什么事?"孔子说："必须先正名。"子路说："有这么做的吗? 老师迂腐呵，为何要先正名?"孔子说："子路粗俗呵！君子对不懂的事总是采取存疑的态度。名份不正，则言语就不顺达，言语不顺达则事情就做不成，事情做不成，则礼乐就不能兴起，礼乐不兴，则刑罚制度就不当，刑罚不当，则百姓就行事无方，无所措手足。所以君子的名份和思想必定是可以说出来的，说出来必须是可以施行的。君子对待自己的言语从来不会马虎。"

【别识】先说一段背景。子路在这里说的卫君，是卫出公辄，卫灵公的孙子，蒯聩之子。蒯聩在做世子时，很讨厌其母南子的淫乱，想杀掉南子。却不想计划落空，不得已逃离卫国。灵公于是想立公子郢，郢辞，卫灵公死后，夫人南子想立郢为卫君，郢又辞。无奈之下乃立蒯聩之子辄为卫君，是为卫出公。辄做了卫君公拒绝其父蒯聩。对于此事，程氏评说曰："蒯聩欲杀母，得罪于父，而辄据国拒父，皆无父之人也。其不可有国也明矣。"言下之义辄之卫君名不正也，蒯聩之名也不正。

所以，当子路问及孔子，如果卫出公让他去执政，第一件事要做什么时，孔子回答，正名。为谁正名？为卫出公，而不是为自己。正因为有程式氏这段评语，后人多把孔子在这里通外国说的"名"解读为名份，所谓"正名"也就解读为明确身份，明确名份。实为误也。

孔子在这里说的"名"当然有"名份"、身份的意思，但更重要的是指思想。所谓"名不正，则言不顺，言不顺，则事不成"这个"名"不仅是身份、名份，而更多的是指施政思想。思想不正确，不合理，身份再高贵，名份再正确，有人听吗？你的君王地位来得正当，是嫡传，如果你说老百姓去偷，去抢，这样的"言"能顺当地让百姓执行吗？所以我以为，名份之名在其次，思想之名才是首位重要的事。君王的执政理念、执政思想正确，说出来的话，发出来的号令才会有人听，才会很顺当的让老百姓执行，否则，名份再正当，说出来的话是不会有人听，不会顺当被执行的。"君子之名必可言也，言之必可行也"，再明白不过地是指君王、君子的思想了，而不是一味单指"名份"。

这其实是任何一个国家的执政者必须要解决的第一要务：理清执政理念，端正执政思想，如此政令才会畅通，政令畅通事情才办得好，礼乐制度才会有效建立，刑罚制度才会有效执行，国家也才能得到有效治理。否则光是说我这个政权来得正当，我这个君王位承继有名，执政思想不对，政令也难以畅通。

樊迟请学稼，子曰："吾不如老农。"请学为圃。曰："吾不如老圃。"樊迟出。子曰："小人哉，樊须也！上好礼，则民莫敢不敬；上好义，则民莫敢不服；上好信，则民莫敢不用情。夫如是，则四方之民襁负其子而至矣，焉用稼？"

【注】朱注：种五谷曰稼，种蔬菜曰圃。小人，谓细民，孟子所谓小人之事者也。

【译】樊迟向孔子请教种庄稼。孔子说："我不如老农。"樊迟又请教学种蔬菜。孔子说："我不如老圃。"樊迟退出去。孔子说："樊迟真是只知小事的细民呵。在上位的人（有身份的人）只要讲究礼节，百姓没有不敬重的；只要爱好义理，百姓没有不服从的；只要诚信忠实，百姓没有不敢用真心的。这样，四面八方的百姓都会带着子女来投奔你，哪里还用得着种庄稼？”

【别识】这段对话里有几个问题值得一说。其一，孔子很老实，不懂稼圃之事就是不懂，直说，不会不懂装懂。其二，孔子不主张读书人去侍弄庄稼，干粗活。进而不主张上位之人，有身份的人自己动手做些小事，而主张上位之人好礼、好义、好信，把个人的礼、义、信修养搞好就行了。后世儒家们由此发展成为一整套修身养性的理论。反对干具体的事，更反对种庄稼，弄苗圃之类小民才做的事。后世儒家们就此形成了好空谈清谈，请大道理，不重实践的学风。

子曰：“诵《诗》三百，授之以政，不达；使于四方，不能专对；虽多，亦奚以为？”

【注】朱注：专，独也。

【译】孔子说：“熟读三百篇《诗》，派他去处理政务却办不了事，让他出使诸侯国，却不能独立应对。诗读得再多，又有什么用呢？”

【别识】为什么要读了《诗》才授之以政，使于四方？《诗》有什么作用？朱子说：“《诗》本人情，该物理，可以验风俗之盛衰，见政治之得失。其言温厚和平，长于风谕。故诵之者，必达于政而能言也。”也就是说，从三百篇《诗》中，可以观民情，察世风，格物理，是从政者必读之书。但是孔子认为读得再多，如果不能与实际结合，不在实践中验证，一样的办事不达，为使不能独立应对。书读得再多，诗诵得再好，也只是个书呆子，没有用的。

子曰：“其身正，不令而行；其身不正，虽令不从。”

【译】孔子说：“自身端正，虽然不发命令，人们也会跟着去干；自身不端正，虽然发了命令，人们也不会服从。”

【别识】还是讲个人的德性修养在从政中的作用。身正，德行高尚，人民就佩服。你不说，不下命百姓也会跟着你干。自己不检点，德行败坏，民众不会服从你，即使你发号施令，也不会有人服从。即使服从也是敷衍了事，不会心服。

子曰："鲁卫之政，兄弟也。"

【译】 孔子说："鲁国和卫国的政治，象兄弟一般相似。"

【别识】 朱熹说："鲁，周公之后，卫，康叔之后。本兄弟之国，而是时衰乱，政亦相似，故孔子叹之。"但两国的政治究竟有哪些相似之处？没人考证。孔子在鲁国做过官，最大做到司寇，但只有一年时间。在卫国，卫灵公曾动了让孔子来执政的念头，但很快打消了，并且还想杀掉孔子。孔子想执政，实现自己政治理想的抱负最终成了泡影。孔子是否是因为鲁国和卫国的政治环境和文化环境很合他的口味，很适合实现他的政治理想，然而却终于不能的感叹呢？

子谓卫公子荆："善居室。始有，曰：'苟合矣。'少有，曰：'苟完矣。'富有，曰：'苟美矣。'"

【注】 公子荆，卫大夫。朱注：苟，聊且粗略之意。合，聚也。完，备也。

【译】 孔子谈到卫国公子荆时说："他很善于居家过日子。房子有一点他就说：'差不多合适了。'房子又增加了点，他说：'很完备了。'房子再多一点且装饰很好，他说：'很完美了。'"

【别识】 有的学者把"始有"解读为有了一点财产，有的解读为房子。我以为意思都差不多，都是指物质财富。

孔子很崇赞公子荆的物质观。公子荆对物质财富的欲望很淡，不论是房子还是财产，够用就行，多一点就感到很完备，房子装饰一下，就觉得很完美。按理说，做为一国的大夫、大臣，住房是公家配给，君王还时不时有赏赐，而公子荆对这些并不在意，并不追求太多太好。孔子推崇公子荆的居家观，推而广之是提倡一种节俭适度的物质观。天下物质太多，而个人用度有限，据为己者，够用就行，贪欲太盛则会为物所累，成为物质财富的奴隶，容易产生堕性。北宋理学家杨时注曰："务为全美，则累物而骄吝之心生。公子荆皆曰'苟'而已，则不以外物为心，其欲易足故也。"将物质财富视为身外之物，则人心容易满足，欲望不会至贪，也不会心为物所累。

子适卫，冉有仆。子曰："庶矣哉！"冉有曰："既庶矣，又何加焉？"曰："富之。"曰："既富矣，又何加焉？"曰："教之。"

子曰："苟有用我者，期月而已可也，三年有成。"

【注】朱注：仆，御车也。庶，众也。期月，谓周一岁之月也。

【译】孔子到卫国，冉有为他驾车。孔子说："（卫国）人真多呵。"冉有问："人多了后又该怎么做呢？"孔子说："让他们富裕起来。"冉有又问："富裕了后又该怎么做？"孔子说："教化他们。"

孔子说："假若有人用我执政，一年可见起色，三年就会见成效。"

【别识】这两段话很有意思，前一段是孔子提出的治国三步骤，后一句是孔子的感叹牢骚。

人口繁荣后怎么办？让他们富裕，怎么富裕？孔子没说。到是后世的儒家学者替他说。朱熹说："庶而不富，则民生不遂，故制田里，薄赋敛以富之。"要让百姓富裕，轻徭薄赋是根本手段。富了后就要教化，要兴教育，办学校，让百姓懂得礼义廉耻，懂得仁义礼智信，使国家成为一个富裕文明的国家，百姓成为有教养有素质的公民。

可是，孔子空有这些想法，却不能施行。于是就有了后面一段牢骚话。假如有人用我，一年有起色，三年见成效。听来很有点酸。孔子周游列国，在卫国呆的时间比较久，曾经离他执政很近很近，要不是南子等人的阻碍，恐怕早就如愿了。孔子周游列国，受到冷遇很多，君王们偶有向孔子问政的，对他的方略大政至多不过是一句：诚哉是言，赞美一下而已，从来没有哪个君王或执政大臣在向他问政后，施用他的大政方略。孔子一腔抱负，一脑袋想法只能付诸东流。

反过来检讨，孔子的治国方略务虚的多，务实的少，大多是修身养性一类的仁道思想，既不针对邦国实际，又无丝毫操作可能，清谈加空谈，不为君王所用很是自然。加上孔子要求克己复礼，要君王们克己奉公，检点自己的行为，这不符合君王们随心所欲，我为天下，天下为我的想法。同时，春秋战国时期各邦国矛盾交错，形势瞬息万变，如不进取，突破常规礼制，就可能被邻邦邻国打败吞并。这也是君王们不敢用孔子的根本原因。为什么那个时期纵横家们普遍受到君王们的欢迎和重用？因为纵横家们没有那么多的大道理，也不墨守成规，不为周礼周制所约束，他们对君王们所讲的，所分析的都是具体现时现实的问题和矛盾，提出来的办法和治国方略有很强的针对性，教给君王们的都是如何化解矛盾，如何攻城略地的具体办法，纵横家们的权变、机谋比孔子讲的仁德、教化、礼义、诚信实用多了。这些权变、机谋要求君王们突破旧制，不要恪守成规，用各种手段来谋取财富和地盘。孔子提倡的以克己复礼，恪守旧制为基本点的治国方略不为所用就是理所当然的事。

子曰："'善人为邦百年，亦可以胜残去杀矣。'诚哉是言也！"

【译】孔子说："'善人用仁政治理邦国百年，就可以去除残暴，免除刑罚杀戮之心。'这话说得真好呵。"

【别识】"善人为邦百年，亦可以胜残去杀矣"这是一句古人的话。朱熹解释说："胜残，化残暴之人，使不恶也。去杀，谓民化于善，可以不用刑杀也。盖古有是言，而夫子称之。"一个邦国繁荣富强，几年、十几年就可以做到，但是要彻底去掉人们心中的残暴之气，去掉刑杀之心，非百年不可，而且前提还是要有仁德的人执政，连续不断地百年以上。这就是说，一种文化，一种善德，要推行百年才能成为文化主流，才能深入人心，被培育出来。因此，文化的形成需要积淀，一定要有一个长期的过程。同样，文人也不是几年时间就可以造就的，而要经年累月的熏陶，不是在大学读了几年书，就成了文人。

子曰："如有王者，必世而后仁。"

【注】朱注：王者谓圣人受命而兴也。三十年为一世。仁，谓教化浃也。

【译】孔子说："如果有圣人兴起，也要经过三十年才能使仁政实现。"

【别识】一个国家长治久安不是几年十来年就能做到，孔子认为至少要三十年。上古时代称三十年为一世。

这里就出现一个问题。前面孔子说："苟有用我者，期月而已可也，三年有成"。这句话是紧接着他对冉有说出治国三个步骤即，人口众多，民众富庶，得以教化后说的，所以孔子说的"有成"就应当是教化有方了。王者现世，需要三十年才能实现仁政，而孔子自己施政则只要三年，这就很矛盾，要么是孔子太高看自己，要么就是《论语》的编排者疏忽大意了。历史上很多学者都对这么明显的矛盾视而不见，倒是宋代的程氏兄弟看到了，作了解释。程氏说："周自文武而至于成王，而后礼乐兴，即其效也。""三年，必世，迟速不同，何也?"程氏又说："三年有成，谓法度纲纪有成而化行也。渐民以仁，摩民以义，使之浃于肌肤，沦于骨髓，而礼乐可兴，所谓仁也。此非积久，何以能致?"程氏的意思是说，孔子说的"三年有成"是指三年内，法度纲纪形成，且成为百姓行事的准则。这样解释倒与"必世而后仁"相吻合。可是，孔子说的"期月而已可也"又指什么呢?我以为孔子指的就是法度纲纪形成，成为百姓行事的准则指南，即规矩立起来，大家依法行事。否则很难解释“期月而已可”。因此，孔子如果执政，一年就能使法纪纲常有度，百姓遵纪守法，三年有成就是社会教化有度，仁政得以实现，百姓素质得到提高，自觉守法，而不是以前那样被迫守法。

孔子在说这两段话时的气度是大有区别的，说到自己是“苟有用我者”，一副志在必得，信心满满的口气；说到别人是“如有王者”，用的是假设语气，口气是不一样的。

子曰：“苟其身正矣，于从政乎何有？不能正其身，如正人何？”

【译】孔子说：“假若端正了自身，从政还会有什么难处？自身不正，如何去纠正别人？”

【别识】这也是说执政者的带头作用，自身正方能正人，自身不正，何以正人？

冉子退朝。子曰：“何晏也？”对曰：“有政。”子曰：“其事也。如有政，虽不吾以，吾其与闻之。”

【注】朱注：冉有时为季氏宰。朝，季氏之私朝也。晏，晚也。政，国政。事，家事。以，用也。

【译】冉有退朝出来（遇到孔子）。孔子问：“为何这么晚才出来？”冉有回答：“有政务商量。”孔子说：“你们商量的是季氏的家事。如果有国家政务，我虽然不参加，也知道是什么政务。”

【别识】朱熹把“朝”定义为季氏私朝，很武断。虽然当时季氏不臣之迹象已经很明显，但还不敢公开僭越，不至于设立私朝议政。因为朱子不把“朝”定义为季氏私朝，就不能为孔子把冉有的“有政”说成“其事也”打圆场。圆场不能打，那就只能说孔子武断主观。你孔子又没有参与朝政，何以知道冉有他们在朝上议论的什么事？凭什么认为冉有说的国政是季氏家事？所以我认为孔子很主观武断，不象他一贯的作为，而朱子的解释就更为荒唐。

孔子的这段话还反映出他的一种难以言表的心志，吃不到葡萄说葡萄酸。孔子不为各邦国君王所用，学生们去当一些邦国执政大臣的总管从政，孔子也很少有满意的，时不时要显露出妒嫉心态。不只如此，孔子在这里还一反他所倡导的做人要低调的作风，有点卖弄自己的才智：虽然我孔子不参与政务，但你们议论的事我都知道，都能猜出。话里有讽刺的味道，更多的是妒嫉：你那点破事，再怎么商量，再怎么秘密，都在我的意料之中，有什么密可保？有什么商量头？

定公问："一言可以兴邦，有诸？"孔子对曰："言不可以若是其几也。人有言曰：'为君难，为臣不易。'如知为君之难也，不几乎一言而兴邦乎？"曰："一言而丧邦，有诸？"孔子对曰："言不可以若是其几也。人之言曰：'予无乐乎为君，唯其言而莫予违也。'如其善而莫之违也，不亦善乎？如不善而莫之违也，不几乎一言而丧邦乎？"

【注】定公，鲁定公。朱注：几，期也。

【译】鲁定公问孔子："一句话可以兴盛邦国，有这事吗？"孔子说："话不能说得这么绝对。有人说：'为君王很难，当臣子也不容易。'如果能知道体谅君王的难处，这不就接近一句话能兴盛邦国吗？"鲁定公又问："一句话能丧失一个邦国，有这事吗？"孔子说："话也不能说得这么绝对。有人说：'做君上没有什么值得高兴的，唯一有的就是说的话下面的人不敢违背。'如果君王说的话正确，下面的人不违背，不是很好吗？如果说的话做的决定不正确，下面的人不违背，那不就接近于一句话能丧失邦国了吗？"

【别识】历史上一言兴邦很少，一言丧邦的事倒不少。有一个问题值得提出来一说。为什么人都想搏上位，想当官当大官，甚至做一国之主，当君王？当君王，当官没有什么乐趣，受限很多，尤其是现在，不能象百姓一样随意四处逛街，丧失了很多平常人的快乐。但是，当官，做君王最大的乐趣在于说话有人听，下面的人不会违背，所谓一言九鼎，颐指气使就是做官最大的乐趣。这种乐趣不只是感官上的满足，更重要的是心理上的满足。人就是这么一个怪物，心理上满足了，比什么满足的乐趣都大。所以人们拼命都想往高处爬，拼命想当官，当大官，做君王。

叶公问政。子曰："近者说，远者来。"

【注】叶公，叶县长官。叶，在今河南叶县境内，当时属楚。当时之叶公名沈诸梁，字子高。

【译】叶公向孔子问政事。孔子说："让境内的人愉悦，远方的人来投奔。"

【别识】叶公问政于孔子，孔子并没有说如何从政，而是说了两种仁政的效果：让自己境内的百姓愉悦高兴，这样就能吸引远地的人慕名而来。

子夏为莒父宰，问政。子曰："无欲速，无见小利。欲速，则不达；见小利，则大事不成。"

【注】朱注：莒，鲁邑名。

【译】子夏在莒当官从政，问政于孔子。孔子说："不要求快，不要追求小利。求快，反而不能达到目的；追求小利，则不能成就大事。"

【别识】这又是孔子因材施教的例子。程氏说："子张问政，子曰：'居之无倦，行之以忠。'子夏问政，子曰：'无欲速，无见小利。'子张常过高而未仁，子夏之病常在近小，故各以切己之事告之。"孔子总是这样，根据每个人的不同情况给予回答，针对性很强，是因材施教的典范。

叶公语孔子曰："吾党有直躬者，其父攘羊，而子证之。"孔子曰："吾党之直者异于是。父为子隐，子为父隐，直在其中矣。"

【注】朱注：直躬，直身而行者。有因而盗曰攘。

【译】叶公对孔子说："我们这里的正直的人这样，父亲如果偷了羊，儿子会出来告发并作证。"孔子说："我们这里正直的人与你那里不同，父亲为儿子隐瞒，儿子为父亲隐瞒。正直就在其中了。"

【别识】父亲偷羊，儿子站出来告发父亲并作证，这当然是一种正直的行为。但是孔子不认为这样就对，在孔子眼里，父亲为儿子隐瞒错误，儿子为父亲隐瞒错误，这里面就有正直。用我们正常的道德观念，无论如何在这种互相隐瞒错误中看得出什么正直。父子相互隐瞒，隐瞒做的好事当然对，但是隐瞒做的坏事，就不对，就没有了是非正义感，对社会的伦理道德就是一种挑战，而孔子居然还说这种互相隐瞒错误中有正直。

后世的儒家学者们大约看出了问题，于是想办法为孔子遮掩。朱熹说："父子相隐，天理人情之至也。故不求为直，而直在其中。"父子之间当然有天然的亲情，相互隐瞒错误也是人情使然，但这种人情的表露是违背社会偷道德的行为，哪里有什么正直可言。如果父子相互隐瞒错误也算正直，那么我们现在的所谓包庇罪就要划个问号。

我以为，这是孔子反对法治提倡人治的思想根源。人治是个人之治，人情之治，亲情之治。父子相互隐瞒错误，是天理人情，是正直之举，相反，父亲偷了羊，做了错事，儿子出来做证告发，则是违背了天理人情，这是哪家的正直?

五四运动时有学者批评儒家满嘴仁义道德，一肚子男盗女娼，虽然有点偏激，但却有道理。孔子这段话正好做了注解：亲情面前，坏事恶事都该互相隐瞒，这就是孔子提倡的正直，仁义。

北宋理学家谢良佐感觉到了孔子所说为了亲情而包庇恶事有点不妥，于是出来做出另一番解释。他说："顺理为直。父不为子隐，子不为父隐，于理顺邪？瞽瞍杀人，舜窃负而逃，遵海滨而处。当是时，爱亲之心胜，其于直不直，何暇计哉?"瞽瞍杀人，舜负而逃，出自《孟子》。《孟子·尽心上》："桃应问曰：舜为天子，皋陶为士，瞽瞍杀人，则如之何？孟子曰：执之而已矣。然则舜不禁与？曰：夫舜恶得而禁之？夫有所受之也。然则舜如之何？曰：舜视弃天下犹弃敝也。窃负而逃，遵海滨而处，终身然，乐而忘天下。"

瞽瞍是舜的父亲（是个瞎子)，杀了人，被执法严格的皋陶拘押起来。当时为天子的舜怕父亲受到惩罚，把父亲从监狱弄出来，背着跑到一个海滨之处住下来，连天子都不做了。谢氏认为，舜当时这样做是亲情战胜了理智，根本没有思考这样做是不是正直，对不对。看来儒家学者对孔子也是存在一些疑问的，只是碍于圣人的面子，不好批评指责太过而已。

这段历史上很著名的公案后来成为著名的伦理命题：亲人做了坏事，该不该为之隐瞒？现代学者的观点大多是否定的，认为孔子的看法有背人伦道德和社会公德。

樊迟问仁。子曰："居处恭，执事敬，与人忠。虽之夷狄，不可弃也。"

【译】樊迟问怎样做到仁。孔子说："处事言行要谦恭，做事要认真，与人相交要忠信诚实。即使到了偏僻没有开化之地，也不能放弃。"

【别识】孔子对樊迟讲仁，是讲仁的用，而不是讲仁的体，不讲大道理。仁的用，就是仁怎样表现出来，具体就是三条，做人谦恭，做事认真，待人忠诚。

子贡问曰："何如斯可谓之士矣?"子曰："行己有耻，使于四方，不辱君命，可谓士矣。"曰："敢问其次。"曰："宗族称孝焉，乡党称

弟焉。”曰：“又敢问其次。”曰：“言必行，行必果，硁硁然小人哉！抑亦可以为次矣。”曰：“今之从政者何如？”子曰：“噫，斗筲之人，何足算也。”

【注】弟，悌也。《说文》，悌，善兄长也。朱注：斗，量名，容十升。筲，竹器，容斗二升。斗筲之人，言鄙细也。

【译】子贡问孔子：“什么样的人可以称为士？”孔子说：“做人行事有廉耻之心，出使他国，能完成使命，可以称为士。”子贡又问：“请问次一等的呢？”孔子说：“宗族里的人称他有孝心，乡里乡邻称他尊敬兄长。”子贡又问：“请问再次一等的呢？”孔子说：“说了的话就做，做事一定有结果，这种固执倔强的普通人，也可算是次一等的士。”子贡说：“那么现在的执政诸公算不算士？”孔子说：“这些器量狭小的人，怎么能算士。”

【别识】春秋战国时代，士的标准究竟是什么？士，一般是指知识分子，但又不完全是，有了知识不一定就是士，士还要有节气，品格。孔子把士分为三等。一等，有廉耻心，做事不辱君命；二等，孝悌之举受到宗族和乡里的称赞；三等，说到做到，言而有信。对执政者，孔子一竿子扫尽，统统不能算士，因为他们器量狭小。

子曰：“不得中行而与之，必也狂狷乎！狂者进取，狷者有所不为。”

【注】朱注：行，道也。狂者，志极高而行不掩，狷者，知未及而守有余。

【译】孔子说：“找不到奉行中庸之道的人与之结交，就与狂放狷介的人交往了。狂放的人敢作敢为，狷介的人拘谨不会做坏事。”

【别识】孔子交友奉行的基本原则是，首先与奉行中庸之道的人交往，因为懂得中庸之道的人知道调合人际关系，不会做激进的事，做事中规中矩，可靠。找不到奉行中庸之道的人就求其次，与狂放之人结交，这种人敢作敢为，做事果断，不拘小节。再次就是和狷介之人交往。这种人知道自己的能力或智识有缺失，所以谨慎，不会去做出格的事，更不会去做坏事。

子曰：“南人有言曰：‘人而无恒，不可以作巫医。’善夫！”“不恒其德，或承之羞。”子曰：“不占而已矣。”

【注】朱注：南人，南国之人。恒，常久也。巫，所以交鬼神。医，所以寄生死。

【译】孔子说："南方的人有句话：'一个人如果没有恒心，就不能作巫医。'这话说得好呵。"

"（《易·恒·九三》爻辞）不持之以恒的保持仁德，就会遭受耻辱。"孔子说："如果有恒心，不用占卦就能成功。"

【别识】最后这句话，也有学者译为"没有恒心的人，不用占爻就会知道他的命运。"

子曰："君子和而不同，小人同而不和。"

【注】朱注：和者，无乖戾之心。同者，有阿比之意。

【译】孔子说："君子主张和谐但不会没有原则。一般人则是没有原则的和谐。"

【别识】这段话有多种解释。南怀瑾解释是：君子能调和矛盾，综合他人的意见，但又不失去自己的立场主张。一般人则随大流，与他人意见一致，没有自己的主见。有学者解释是：君子讲和谐，但不同流合污。一般人爱同流合污的和谐。

子贡问曰："乡人皆好之，何如？"子曰："未可也。""乡人皆恶之，何如？"子曰："未可也。不如乡人之善者好之，其不善者恶之。"

【译】子贡问孔子："乡里人都喜欢一个人，能说这人好吗？"孔子说："不能断定他是好人。""乡里的人都讨厌一个人，能说他坏吗？"孔子说："不能断定他是坏人。只有乡里德性好的人喜欢他，乡里德性不好的人讨厌他，才能说这人是好人。"

【别识】这段对话反映了孔子看人识人，评价人要客观、全面的观点。乡里人都说他好，但乡里的坏人也说他好，不讨厌他，说明这人还是有缺点，有让坏人称道的地方；反过来也是一样，乡里人的坏人不讨厌他，而好人也不讨厌他，说明他有可取之处。朱熹对此的注解很值得思考。他说："一乡之人，宜有公论矣，然其间亦各以类自为好恶也。故善者好之而恶者不恶，则必有苟合之行。恶者恶之而善者不好，则必其无可好之实。"

子曰："君子易事而难说也：说之不以道，不说也；及其使人也，器之。小人难事而易说也；说之虽不以道，说也；及其使人也，求备焉。"

【注】说，悦也。朱注：器之，谓随其材器而使之也。

【译】孔子说："君子容易共事（容易办事），但要取悦他很难；如果用不正道方法取悦，不会取悦他；君子在使用人时，会量材而用。小人很难共事（不容易办事），但容易取悦他；用不正道方法去很容易取悦于他。小人在使用人时，对人求全责备。"

【别识】君子和小人在当了官后会有两种截然不同的做法。君子容易共事，在他那里也容易办成事；而小人不容易共事，在他那里不容易办成事。这是第一个不同。君子不容易讨他的喜欢，即使用拍马屁、吹捧、贿赂等不正道的方法去也很难取悦于他，而小人则相反。这是第二个不同。君子用人会量材而用，而小人用人则对下属求全责备。这是第三个不同。为什么会这样？朱熹说："君子之心公而恕，小人之心私而刻。天理人欲之间，每相反而已矣。"公心和私心，宽恕与刻薄，天理与人欲使然也。

子曰："君子泰而不骄，小人骄而不泰。"

【译】孔子说："君子坦然雍容，但不骄傲无礼；小人骄傲无礼，不坦然雍容。"

【别识】这是君子和小人平时待人接物最常的表现。泰，泰然，从容不迫，雍容大度，有大家风范和气度。为何君子和小人待人接物差距这么大？朱熹的解读一语中的："君子循礼，故安舒而不矜肆。小人逞欲，故反是。"

子曰："刚、毅、木、讷，近仁。"

【译】孔子说："刚强、坚毅、朴实、谨慎，（有这四种品格）就接近仁了。"

【别识】大多学者认为孔子在这里讲的是四种品格，南怀瑾先生认为是讲的三种品格，刚强（刚）、坚毅（毅）、朴实忠厚（木讷）。刚、毅没得说，是指刚强、坚毅两种品格，对木讷的理解就稍有分歧。程氏说："木者，质朴。讷者，迟钝。四者，质之近乎于仁者也。"

三种品格也好，四种也罢，意思都差不太多。为什么有这四种品格就离仁很近了？北宋理学家杨时说：“刚毅则不屈于物欲，木讷则不至于外驰，故近仁。”

子路问曰：“何如斯可谓之士矣？”子曰：“切切、偲偲，怡怡如也，可谓士矣。朋友切切、偲偲，兄弟怡怡。”

【注】胡安国注：切切，恳到也。偲偲，详勉也。怡怡，和悦也。

【译】子路问孔子：“什么样的人才能称为士？”孔子说：“对人恳切，相互勉励，和颜悦色待人，就可以称为士。对朋友要恳切，相互勉励，对兄弟要和睦关爱。”

【别识】在这一篇里，子贡曾经问孔子何谓士，孔子的回答是：“行已有耻，使于四方，不辱君命，可谓士矣”。与回答子路“何谓士”完全不同。胡安国说，孔子说的这几条“皆子路所不足，故告之。又恐其混于所施，则兄弟有贼恩之祸，朋友有善柔之损，故又别而言之。”士对于朋友、兄弟，是有重点有区别的，朋友重点要相互勉励，兄弟重点要和睦关爱。

子曰：“善人教民七年，亦可以即戎矣。”

子曰：“以不教民战，是谓弃之。”

【注】朱注：即，就也。戎，兵也。以，用也。

【译】孔子说：“善人教导人民七年，就可以让他们打仗卫国了。”

孔子说：“用没有训练过的百姓去打仗，等于是抛弃他们。”

【别识】教导人民，教什么？朱熹说：“教民者，教之孝悌忠信之行，务农讲武之法。”既要用文化礼仪来教化百姓，又要教他们军事战斗知识和格斗技能，如此才能让他们去打仗。如果只教他们文化、礼仪，一天到晚只让他们学习孝悌忠信，不训练他们的军事战斗能力，那么，让他们上战场打仗，等于叫他们去送死，就是在抛弃他们。

宪问第十四

北宋理学家胡安国认为，“此篇为原宪所记。”原宪。孔子弟子，七十二贤人之一。孔子死后原宪退隐江湖，成为游侠。司马迁《史记·游侠列传》有记。

宪问耻。子曰：“邦有道，谷；邦无道，谷，耻也。”

“克、伐、怨、欲不行焉，可以为仁矣?”子曰：“可以为难矣，仁则吾不知也。”

【注】朱注：谷，禄也。克，好胜。伐，自矜，怨，忿恨。欲，贪欲。

【译】原宪问什么是耻。孔子说：“邦国安定有序，做官吃俸禄，邦国混乱无序，做官吃俸禄，就是可耻的。”

原宪又问：“争强好胜、骄傲自夸、忿恨他人、贪婪无际，这四种毛病都没有的人，可以算仁吧?”孔子说：“克服这四种种毛病已经很难了，算不算仁我也不知道。”

【别识】有学者把“邦有道，谷；邦无道，谷，耻也”译为：邦国安定有序，当官吃俸禄是应该的；邦国混乱无序，当官吃俸禄就是可耻的。

朱子不这样认为。他的解释是：“邦有道不能有为，邦无道不能独善，而但知食禄，皆可耻也。宪之狷介，其于邦无道谷之可耻，固知之矣；至于邦有道谷之可耻，则未必知也。故夫子因其问而并言之，以广其志，使知所以自勉，而进于有为也。”首先，孔子对原宪的回答是针对原宪狷介独行，将会在邦国混乱无序之时隐退江湖，无所作为的情况而说的。其次，孔子认为邦有道或邦无道两种情况下食禄，皆为可耻。按照朱子的说法，之所以可耻，是因为在两种情况下，你当官都无所作为，邦有道时心安理得，无所事事，白吃俸禄，邦无道时你置身事外，不为国家做事，当然都是可耻的。这样问题就来了。白吃俸禄，无论在邦有道还是无道时，当然是可耻的。但是“邦有道，谷；邦无道，谷，耻也”并没有说你在邦有道或无道的情况下，是否有作为，是否是在白吃俸禄？怎么就能说“耻也”？此其一。其二，邦有道时吃俸禄可耻，邦无道时吃俸禄也可耻，那么什么时候，什么情况下吃俸禄才不可耻？孔子没说，我想他也没法说。因为邦国要么安定有序，要么混乱无道，除开这两种情况，很难再有第三种情况。所以我认为，孔子这话说了等于没说，完全没有意义。

原宪再问，克服了好胜、自夸、忿恨、贪婪四种毛病后，算不算仁？孔子的回答也很令人费解，甚至有点滑头。“仁”是孔子思想的核心，他不可能不知道什么是“仁”，也不可能不清楚仁的外在表现形式。《论语》中，樊迟、子张、仲弓、子贡、司马牛等人都明确地向孔子提出过什么是仁的问题。孔子均给予了回答，有的回答是“仁”的体，如回答樊迟“爱人”（《颜渊》），有的回答是“仁”的用，如回答子张的“恭、宽、信、敏、惠”（《阳货》），回答仲弓的是：“出门如见大宾，使民如承大祭，己所不欲勿施于人。在邦无怨，在家无怨”（《颜渊》）。注意，孔子告诉仲弓“仁”的表现之一就是“无怨”，在邦、在家都要无怨，这个“怨”与原宪所说“怨”是一回事。回答仲弓何谓仁，孔子说其中之一就是无怨，而原宪问克服了怨算不算仁，孔子却说不知道，这岂不自相矛盾？可见孔子的滑头。

在我看来，克服了“克、伐、怨、欲”这四种毛病，已经是仁德的一种表现了，已经“近仁”了。

子曰：“士而怀居，不足以为士矣。”

【译】孔子说：“读书人如果一心惦记着居所、财产一类的事，那就不配为读书人了。”

【别识】古代所谓士，仕子也，专指那些读过书，有学识、有修养的社会贤达。因此有的学者把这句话译为：读书人如果贪恋小家庭的安逸生活，那就不配做读书人。换句话，读书人要胸怀大志，要想大家，谋大家，不要为小家所累。

子曰：“邦有道，危言危行；邦无道，危行言孙。”

【注】朱注：危，高峻也。孙，卑顺也。南怀瑾解释，危，正也，孙，通逊。

【译】孔子说："国家政治清明，说话要正直，行为要正直；国家政治混浊，行为要正直，说话要谨慎。"

【别识】这段话又体现出孔子的两面性。国家政治清明，说话做事都要正直，这是对的，国家政治混乱，行事要正直，说话要谨慎。这给人明确的指示，不要在国家混乱时乱说话，要保身。尹焞对这段话的注解是："君子之持身不可变也，至于言则有时而不敢尽，以避祸也。然则为国者使士言孙，岂不殆哉？"明确对孔子"邦无道，危行言孙"提出质疑。所谓"言孙"，就是为了避免祸从口出，要明哲保身，尤其是在乱世。但是这样一来，要你这些士干什么呢？国家混乱，大家都不说正直的话，都三缄其口，这不是殆害国家，殆害百姓，殆害天下吗？事实上，孔子提出士的言行标准很多是保身避祸的。一方面君子、士子要爱人，要有仁德，要无怨，一方面又要在乱世"言孙"，以自保为要务，这不是很两面吗？

子曰："有德者必有言，有言者不必有德；仁者必有勇，勇者不必有仁。"

【译】孔子说："有道德的人必定有名言，但有名言的人不一定有道德；仁德之人一定勇敢，但勇敢的人不一定仁德。"

【别识】德与言，仁与勇，在孔子这里有个因果关系，德先言后，则有德必有言，而言先则不一定有德；仁者必勇，勇则未必有仁。朱熹解释说："有德者，和顺积中，英华发外。能言者，或便佞口给而已。仁者，心无私累，见义必为。勇者，或血气之强而已。"能言之人，或许是因为他本身就能说会道，而且可能巧言令色，有佞言之能，不是有德在胸；勇敢的人可能是血气方刚，逞一时之强，而不是有仁义在心。换言之，德中本就有言，仁中本已含勇。

南宫适问于孔子曰："羿善射，奡荡舟，俱不得其死然；禹稷躬稼，而有天下。"夫子不答。南宫适出。子曰："君子哉若人！尚德哉若人！"

【注】朱注：羿，有穷之君，善射。灭夏后相而篡其位。其臣寒浞又杀羿而代之。奡，《春秋》传作"浇"，浞之子也。力能陆地行舟，后为夏后少康所诛。禹平水土暨稷播种，身亲稼穑之事。禹受舜禅而有天下，稷之后至周武王亦有天下。

【译】南宫适问孔子："羿擅长射箭，奡力大能陆地行船，他们都不得好死。禹和稷自己下地种田，后来都得了天下。"孔子不答。南宫适出去后，孔子说："这个南宫适是一个君子呵！很推崇道德呵！"

【别识】中国历史和神话传说中有两个羿，一是神话传说中的后羿，射下九个太阳的那个后羿。一个是历史中的羿。这个羿一样擅长射箭，孔武有力，是有穷国的国君，但不得好死，后来被他的臣下寒浞所杀。奡力大无穷，据说能把船从水里拖到陆地上行走，就象在水中行船一样。后来也不得好死，被夏朝的中兴之主少康诛杀。而禹和稷就不同。这两个人没有特别大的本事，一个治水有功，后来舜把天下禅主给他，让他做了天下之主。稷能稼穑，舜时他担任农官，教百姓怎样种庄稼。他的后人到周武王时得了天下，建立起周朝。周朝奉稷为先祖。

南宫适和孔子的这段对话表达了一个很重要的思想，就是做事要踏实，从百姓关心的小事做起就能成功，得民心就能得天下，而不能靠武力，靠技能得天下。

朱熹有这样一段注解："适之意盖以羿、奡比当世之有权力者，而以禹、稷比孔子也。故孔子不答。然适之言如此，可谓君子之人，而有尚德之心矣，不可以不与。故俟其出而赞美之。"孔子为何不当面回答南宫适，而在他出去之后才赞美他，原来南宫适将孔子比为禹稷，将当时各邦国的君王或执政的大臣们比为羿奡。这种相比正中孔子下怀，挠痒挠到痒处。所以孔子对南宫适大加赞赏。可见孔子把自己有残疾的哥哥的女儿嫁给南宫适是有道理的。

可是我很怀疑朱子的说法。凭什么说南宫适"以羿奡比当世之有权力者，而以禹稷比孔子"？禹能治水，稷善稼穑，孔子能做这些具体事么？孔子称赞南宫适是个君子，是个尚德之人，是很赞同南说的，羿奡孔武却不得好死，而禹稷躬稼具有天下的认识，尚德之人最终才能得天下，个人能力再强，不尚德，最终下场不会好。恐怕孔子自己从未想与禹稷相比，更不敢与他们相提并论，朱子之说完全是臆断。孔子听了南宫适的话，比较受用是可能的，孔子不为当权者所用，心中有怨气是肯定的，把羿奡比为当权者，孔子内心是乐意的。不过这仍然是我们的猜想。

子曰："君子而不仁者有矣夫，未有小人而仁者也。"

【译】孔子说："君子做出不仁的事是有的，但小人做出仁德之事则不可能。”

【别识】所谓君子，以仁为本乃为君子，但君子总会有疏漏、大意之时，有时未免会有不仁的事。孔子的这个人无完人的观点是对的。但后一句话却值得商榷。小人无善心，无仁心，强盗无仁慈，所以不会做出有仁德之事，未免太绝对。好人是人，好人无完人，坏人也是人，有缺点也会有优点。依照孔子的说法，一旦成了坏人，做了强盗成了无仁德的小人，就永远是坏人是强盗，永远改造不过来，变不成好人君子，永世不得超生。这显然太绝对。强盗、坏人、小人也会有人性的一面，也会有良心发现，绝对的坏，永远坏的只是极少数，正如绝对的君子是极少数一样。君子尚且允许其有不仁之举，为什么就断定小人不能有仁德之举呢？

子曰：“爱之，能勿劳乎？忠焉，能勿诲乎？”

【译】孔子说：“爱他，能不让他知道劳苦吗？忠于他，能不教诲他吗？”

【别识】喜爱一个人，尤其是喜爱自己的子女，不能太溺爱，不能让他有太舒适的环境，而要让他知道劳作之苦，知道生活的艰难；与人交要忠诚，尤其是对忠诚于你的朋友下属，也不能迁就，而要经常提醒他，规劝他，教育他。苏轼说：“爱而勿劳，禽犊之爱也；忠而勿诲，妇寺之忠也。爱而知劳之，则其为爱也深矣；忠而知诲之，则其为忠也大矣。”说得很透彻。

子曰：“为命，裨谌草创之，世叔讨论之，行人子羽修饰之，东里子产润色之。”

【注】裨谌、世叔、子羽、子产，皆为郑国大夫，称郑国四贤人。朱注：草，略也。创，谓造为草藁也。讨，寻究也。论，讲议也。行人，掌使之官。修饰，谓增损之。东里地名，子产所居也。润色，谓加以文采也。

【译】孔子说：“郑国制定颁布文告，先由裨谌起草文稿，交给世叔讨论研究，再给担任外交官的子羽修改，最后由子产润色。”

【别识】郑国是春秋初五霸之一，曾是五霸之首。为何郑国能称雄诸侯？原因就在于他有四贤人，并且国家治理有条有理，连制定颁布一个命令都要经过多人之手，丝毫不敢马虎。孔子用这事告诉后人，做事一定要周全细致，做学问如此，治理国家也要如此。这是国家强盛的基本保证。

或问子产。子曰："惠人也。"问子西。曰："彼哉！彼哉！"问管仲。曰："人也。夺伯氏骈邑三百，饭疏食，没齿无怨言。"

【注】子产，郑国大夫。子西，楚公子申。管仲，齐国大夫。伯氏，齐大夫。骈邑，地名。

【译】有人问子产这人怎么样。孔子说："是个慈惠的人。"又问子西。孔子说："他呀，他呀。"又问管仲。孔子说："这是个人才。齐恒公把伯氏在骈邑的三百亩地夺了交给管仲管，伯氏穷得吃粗茶淡饭，到死都没有怨言。"

【别识】子产和管仲都早于孔子，子产大孔子近百岁，管仲则早了200多年。子西与孔子是同时代人。把这三个对比起来，依次问孔子，是个很有意思的问题。孔子对三人的评价大为不同，子产是个慈惠的人，惠在何方？朱子说："子产之政，不专于宽，然其心则一以爱人为主。故孔子以为惠人，盖举其重而言也。"

对子西就不同，没有评价，一句"他呀！他呀！"带过。历史上记载，孔子到楚国时，楚昭王想用孔子，当时身为楚国大夫的子西大概在楚昭王面前说了不利于孔子的话，楚昭王放弃了用孔子的打算。孔子对此心有不满。但是，孔子并不说子西的坏话，打了个哈哈，轻轻带过了事。

管仲是法家代表，帮齐桓公崛起。齐桓公夺伯氏封地，交给管仲，使其贫困，但至死都没有怨言，这说明管仲处事很公正，不然的话，从一国大夫跌落到贫民，无论如何都会有怨言的。

子曰："贫而无怨难，富而无骄易。"

【译】孔子说："贫穷而无怨言很难做到，富贵而不骄傲比较容易做到。"

【别识】孔子这两句话都有问题。第一句"贫而无怨难"，一般意义上讲贫穷怨言多，是对的，但是要看这怨言是对谁而发。怨天怨地，怨命运不济，怨别人不给机会，不帮助，这种怨言对改变贫穷状况毫无用处。怨自己呢？如果是怨自己不努力，就有进步意义了，至少有开始反思自己的积极苗头了。古人常说，知耻而后勇。如果在贫穷中知道怨自己，尤其是怨自己不努力，那就是一种知耻的觉醒，然后才会有奋力改变贫穷状况的举动。这种怨，未尝不是好事。

第二句，"富而不骄易"，这话不对。富了不骄傲，不骄奢很容易做到吗？我以为恰恰相反，富而不骄比贫而无怨还难。中国还有句古话叫饱暖思淫欲，吃饱了穿暖了，不愁衣食住行了，奢侈淫欲念头就会冒出来了。历史上有几个富贵之人不骄不奢的？富了有钱了，就要讲究吃穿，要锦衣玉食，还要讲排场，要在乡人族里炫耀，讲话也中气足了，声音也大了，骄傲之色不知不觉就会露了出来。所以我认为，孔子这句“富而无骄易”有误，恐怕应该是“富而无骄难”才对，贫而无怨难，富而不骄也难，贫穷了，不要怨天尤人，牢骚满腹，要怨就怨自己；反省自己，奋力改变贫穷；富贵了要节俭，切勿骄傲奢侈，要处富思贫。

子曰：“孟公绰为赵魏老则优，不可以为滕薛大夫。”

【注】朱注：公绰，鲁大夫。赵魏，晋卿之家。老，家臣之长。滕薛，二国名。

【译】孔子说：“孟公绰做赵魏的家臣，才具是够的，但不能做滕国、薛国这种小国的执政大夫。”

【别识】孟公绰可以做赵魏这种比滕、薛大的大国的卿大夫的掌管家臣，却不能去执政当大夫，为何？朱子注曰：“公绰廉静寡欲而短于才者也。”公绰是很廉静，做家臣之长是够格合适的，但他才具不高，去做事繁政多的执政大夫，却是才能不够。孔子在这里提出了一个重要思想，使用人要量才而用，切不可赶着鸭子上架。

我认识一个青年学者，搞理科的，27岁就破格当了教授。可是他不安于实验室的冷清，一门心思想从政。把自己的物理专业丢了，到处写政论、经济改革方面的文章，被有关领导看中，以为是一块从政的好料，派到一个县上去当副县长，然后又到地区当副专员，结果搞得一塌糊涂。地区改为市时本来安排他做副市长，结果一摸底，反对他的基层代表不少，认为他只好空谈，不求实际，怕选不上。组织上只好让他不参加选举，而是在市人代会后再补选。最后仍然不受基层欢迎，回到省里搞政策研究。有很多人为他惋惜，假如他一直从事自己的科学研究，说不定已经是院士了。这就是不量才而用的典型。

子路问成人。子曰：“若臧武仲之知，公绰之不欲，卞庄子之勇，冉求之艺，文之以礼乐，亦可以为成人矣。”曰：“今之成人者何必然？见利思义，见危授命，久要不忘平生之言，亦可以为成人矣。”

【注】朱注：成人，犹言全人。武仲，鲁大夫，名纥。庄子，鲁卞邑大夫。

久要，旧约也。要通约，约，穷困也。

【译】子路问什么是全才？孔子说：“智慧象臧武仲，清廉象公绰，勇敢象卞庄子，多才多艺象冉求，再用礼乐来教化丰富他的文采，这就可以称为全才。”又说：“现在的全才不一定都要这样。利益面前想想该不该得，危难之际敢于挺身而出，久居贫困却不忘平生之志，这样的人也可以称为全才。”

【别识】孔子提出的全才标准是很高的，一般人做不到，既要有智慧，又要清廉少欲，还要勇敢过人，多才多艺，并要有礼乐方面的知识和文采。不过孔子也考虑到这种全才不好找，所以又说了三条：见利要思义，不是见利忘义，想想这利来得正当不，该不该得；临危不惧敢于挺身而出，身虽贫困，却不坠青云之志，这也是全才。准确说也可以成为全才。“久要不忘平生之言”，南怀瑾解释为：忙于日常事务不要忘了自己的志向。也说得通。

为什么要知、不欲、勇、艺并文之以礼乐才为全人？朱子这样解释：“知足以穷理，廉足以养心，勇足以力行，艺足以泛应，而又节之以礼、和之以乐，使德成于内，而文见乎外。则材全德备，浑然不见一善成名之迹；中正和乐，粹然无复偏倚驳杂之蔽，而其为人也亦成矣。然亦之为言，非其至者，盖就子路之所可及而语之也。若论其至，则非圣人之尽人道，不足以语此。”

臧武仲为何智慧？《左传·襄公二十三年》载，臧武仲从鲁国逃到齐国后，齐庄公准备给臧武仲封地，臧武仲预见到齐国将内乱，庄公会被人所杀，想了个办法，故意说了句很不得体的话，把齐庄公气坏了，打消给他田地的念头。孔子由此称赞臧武仲聪明有智慧。原文是这样的：

【译】齐侯将为臧纥田。臧孙闻之，见齐侯。与之言伐晋。对曰：“多则多矣，抑君似鼠。夫鼠昼伏夜动，不穴于寝庙，畏人故也。今君闻晋之乱而后作焉。宁将事之，非鼠如休?”乃弗与田。仲尼曰：“知之难也，有臧武仲之知，而不容于鲁国，抑在由也，作不顺而施不恕也。《夏书》曰：‘念兹在兹’，顺事恕施也。”

【别识】臧武仲把齐庄公比为老鼠，说攻打晋国的战功太多了，但君王却象个老鼠。老鼠白天躲起来，晚上出来活动，不是在宗庙里打洞。现在你听到晋国动乱然后起兵去打，亚国安宁就准备事傣，不是老鼠是什么？于是齐庄公生气了，不给他田了。你看，又把封田给辞了，又不至于说话得罪庄公掉了脑袋，多有智慧，多聪明。

子问公叔文子于公明贾曰："信乎，夫子不言、不笑、不取乎？"公明贾对曰："以告者过也。夫子时然后言，人不厌其言；乐然后笑，人不厌其笑；义然后取，人不厌其取。"子曰："其然，岂其然乎？"

【注】朱注：公叔文子，卫大夫公孙拔也。公明姓，贾名，亦卫人。

【译】孔子向公明贾问到公叔文子："他老人家不说话，不笑，不取，是真的吗？"公明贾说："说这话的人有点过了。该说话的时候他是要说话的，所以人们不讨厌他说话；快乐了他就笑，所以人们不讨厌他笑；应该取才取，所以人们不讨厌他取。"孔子说："是这样吗？真是这样吗？"

【别识】有关公叔文子的记载很少，只在《檀弓》里有少量记载，很简略。

这里说到一个人说话、笑、取，怎样才不招人讨厌。说话、笑，取要东西，这是生活中不能避免的事。可是不恰当的言行却容易招人讨厌。言要恰逢其时，言之有理，言有分寸，包括说话时的表情拿捏恰当，人家才不会讨厌你说话。快乐了才笑，值得笑才笑就是正常的笑，不该笑时笑，不好笑时也笑，别人就可能理解为你是在哂笑，在嘲笑，人家就会不舒服，会心生厌烦。义然后再取，就正当。不义之财，无理之财你去取就失理失义。君子爱财取之有道。买彩票中了1000万，正当有理，该取；路上捡到一元钱，不是你的，不该要。取或不取，全在一个理，一个义，理在其中，义在之先，不论多少就可以取，人们也不会说三道四，讨厌你。相反，不义之财也取，就会招致非议，惹来麻烦。

子曰："臧武仲以防求为后于鲁，虽曰不要君，吾不信也。"

【注】防，地名，武仲所封邑也。要，有挟而求也。

【译】孔子说："臧武仲凭籍他的封邑地防城，要求鲁君封他的子孙做继承人，纵然有人说他不是要挟鲁君，我是不信的。"

【别识】臧武仲在从鲁国逃到齐国之前，先到了他的采邑防城，据此备武修兵，要鲁君让他的子孙当继承人，事见《左传·襄公二十三年》。

子曰："晋文公谲而不正，齐桓公正而不谲。"

【注】晋文公，重耳，春秋五霸之一。齐桓公，小白也，春秋五霸之首。谲，诡也。

【译】孔子说："晋文公好诡计不正派，齐桓公正派不而诡计。"

【别识】晋文公重耳以诡谲之道取胜谋国，所以孔子认为他心术不正。而齐桓公小白则相反，以正道信义取胜。这段话看似是对重耳和小白这两个春秋霸主的评价，实则反应出孔子对纵横家的批评和对儒家的褒扬。孔子主张，君子治国要走正道，不能靠阴谋诡计。但这在春秋战国时代行不通，走正道要吃亏，用纵横术才能立国成事。

历史上的学者们大都认为，以诡计谋略治国的是霸道，而以道德治国的才是王道，孔子也是这种看法，所以他倡导王道反对霸道。中国历史上的历代帝王均是治国、开疆拓土用霸道，对内忽悠百姓则用王道，要求百姓遵守孔孟的道德规范。一统天下前主用霸道之术纵横之术，一统天下后，治世谋国用霸道，维系社会用王道。

子路曰："桓公杀公子纠，召忽死之，管仲不死。"曰："未仁乎?"子曰："桓公九合诸侯，不以兵车，管仲之力也。如其仁！如其仁！"

【注】朱注：九，《春秋传》作纠，督也，古字通用。不以兵车，言不假威力也。

【译】子路说："齐桓公杀了（哥哥）公子纠，召忽为公子纠自杀，管仲却活着。"又说："管仲不仁吧?"孔子说："齐桓公多次召集诸侯盟会，停止战争，这都是管仲的力量。这是管仲的仁德！这是管种的仁德！"

【别识】这里讲了春秋战国时一个著名的故事。齐襄公无道，他的两个弟弟公子纠和公子小白怕被齐襄公杀掉，逃离齐国。公子纠在召忽和管仲的侍候下逃到鲁国，公子小白在鲍叔牙侍候下逃到莒国。不久，齐襄公被无知所杀。公子小白先于公子纠回国，立为齐桓公。齐桓公立即兴兵讨伐鲁，迫鲁杀死公子纠，然后召用召忽和管仲。召忽不肯听命，自杀殉公子纠，管仲不愿自杀，被齐桓公关进大狱。鲍叔牙与管仲从小就是朋友，管仲家境贫寒，鲍叔牙学接济他。两人一起做生意，赚了钱管仲自己拿大头，鲍叔牙也不以为意。齐桓公问鲍叔牙，何人可以做宰相，帮他治理国家？鲍叔牙推荐了管仲。齐桓公说，他曾帮过公子纠，还用箭射过我，我不处死他就算对得起他了，你怎么还向我推荐仇人？鲍叔牙说，你是要振兴国家，还是要报私仇？你如果要成霸业，就不要记私仇。管仲是个人才，当年用箭射你射中你的衣钩，那时他在帮公子纠，各为其主，应该的。齐桓公听了鲍叔牙的话，任用管仲，结果齐国很快崛起。

所以孔子称赞管仲有仁德，因为齐桓公在他的帮助下，多次召集诸侯会盟，停止了彼此间的战争，齐国才有了快速发展的外部环境。

管仲与鲍叔牙是中国历史上知交朋友唯一的例子。鲍叔牙向齐桓公推荐了管仲。管仲死前齐桓公问他，鲍叔牙可不可以接替他的位置当宰相。管仲说不行。按一般常理，既然主公都提出来了，管仲又是鲍叔牙推荐的，管仲顺口说是就行了，可他偏偏说不。齐桓公不解。管仲告诉他，鲍叔牙这人心胸广大，疾恶如仇，正是这疾恶如仇不能做宰相。一个宰相要能藏污纳垢，能容忍他人的坏处，但鲍叔牙不能。让他当宰相等于害他，也害你齐桓公。这话传到鲍叔牙耳里，鲍叔牙很高兴，说，还是管仲知我呵！

子贡曰："管仲非仁者与？桓公杀公子纠，不能死，又相之。"子曰："管仲相桓公，霸诸侯，一匡天下，民到于今受其赐。微管仲，吾其被发左衽矣。岂若匹夫匹妇之为谅也，自经于沟渎而莫之知也。"

【注】朱注：霸，与伯同，长也。匡，正也。尊周室，攘夷狄，皆所以正天下也。微，无也。衽，衣衿也。被发左衽，夷狄之俗也。谅，小信也。经，缢也。莫之知，人不知也。

【译】子贡说："管仲算得上仁人吗？桓公杀了公子纠，他不但不自杀，还去做桓公的宰相。"孔子说："管仲辅相桓公，使齐国称霸诸侯，使天下一切都得到匡正，人民今天还感受到他的好处。如果没有管仲，人民恐怕还披着头发，衣襟向左边开，露着左膀（象没开化的夷狄一样）。他们难道要象普通老百姓一样守着小信小节，在山沟里上吊自杀还无人知道吗？"

【别识】孔子表明一个观点，做大事，成大业，不要守小信小节。看一个人是否是君子仁人，也要从大局大处着眼，不要看小节。

公叔文子之臣大夫僎，与文子同升诸公。子闻之曰："可以为文矣。"

【注】僎，人名，公叔拔之家臣。朱注，臣，家臣。公，公朝。文者，顺理成章之谓。

【译】公叔文子的家臣僎，（经公叔文子推荐）与文子一样做了国家大臣。孔子知道后说："这便可以谥为文了。"

【别识】按照春秋时的制度，平民百姓是不能做国家大臣的，国家大臣是贵族世家的专利。身为家臣的僎，经过公叔文子的推荐提拔，和他一道成了国家大臣。孔子说公叔拔死后可谥“文”了。古代谥号是在人死后给予的一种荣誉称号。够得上称“文”的有六种情况：经天纬地、道德博闻、勤学好问、慈惠爱民、愍民惠礼、赐民爵位。曾国藩又称曾文正公，文正，就是他死后的谥号。

子言卫灵公之无道也，康子曰：“夫如是，奚而不丧？”孔子曰：“仲叔圉治宾客，祝鮀治宗庙，王孙贾治军旅。夫如是，奚其丧？”

【注】康子，季康子。仲叔圉、祝鮀、王孙贾，皆卫国大夫。

【译】孔子谈到卫灵公昏乱，季康子说：“如果这样，那为什么卫国不亡败？”孔子说：“（卫灵公虽然昏乱无道，但用人好）有仲叔圉办外交接待宾客，祝鮀办祭祀，王孙贾率军。这样用人，为什么要亡败？”

【别识】这里讲到用人问题。领导不一定要能干，但一定要善于用人。刘备就是历史上一个典型。他本人没有什么能耐，但爱哭，善下矮桩，同时善用人。文不如诸葛亮，武不及关羽张飞，但会笼络人心，善于把手下的人用好。尽管本事不行，见识又短浅，但手下猛将谋士如云，一个靠买草鞋出身的居然后来与曹操、孙权分土裂疆，三分天下，雄踞蜀中。所以，领导本事不大没有关系，把人用好就行。相反，有的领导人本事太强，又自信，又不肯用能力比他还强的人，对手下又不放心。这样的领导人尽管能力强，但手下可用之人不会很多，往往办不好事，办不成大事。

子曰：“其言之不怍，则为之也难。”

【注】怍，羞愧。

【译】孔子说：“这个人如果大言不惭，他实行起来就不容易。”

【别识】爱吹牛说大话的人往往大言不惭，话说得越大，就越不靠谱，兑现就难，朱子说：“大言不惭，则无必为之志，而不自度其能否矣。欲践其言，岂不难哉？”

陈成子弑简公。孔子沐浴而朝，告于哀公曰：“陈恒弑其君，请讨之。”公曰：“告夫三子。”孔子曰：“以吾从大夫之后，不敢不告

也。君曰‘告夫三子’者。”之三子告，不可。孔子曰：“以吾从大夫之后，不敢不告也。”

【注】朱注：成子，齐大夫，名恒。简公，齐君，名壬。三子，鲁国季氏三子，季孙、仲孙、孟孙。

【译】齐国大夫陈恒以下犯上杀了齐君齐简公。孔子郑重其事地淋浴更衣上朝面见鲁哀公，说：“陈恒杀了他的君主，请你出兵讨伐。”鲁哀公说：“去告诉季孙、仲孙、孟孙三人吧。”孔子说：“因为我曾做过鲁国大夫，所以不敢不来报告。君主却对我说‘去向那三人报告吧’。”孔子到季孙、仲孙、孟孙三人那里报告了，三人不同意出兵。孔子说：“我曾做过大夫，不敢不来报告。”

【别识】对以下犯上，目无纲纪的人和事，孔子非常痛恨。所以当陈恒弑简公消息传来，孔子认为兹事体大，尽管已告老还家，也立即沐浴更衣，郑重其事地上朝报告鲁哀公。当时，鲁国政权掌握在季氏三子手上，哀公虽为一国之君，出兵之类的大事，他也不能独专，所以让孔子去报告三子，自己都不肯把三子召来商量对策。孔子只有哀叹的份了。

子路问事君。子曰：“勿欺也，而犯之。”

【注】朱注：犯，谓犯颜谏争。

【译】子路问怎样侍奉君主。孔子说：“不要欺骗他，但可以当面触犯他。”

【别识】侍奉君主，侍候上级，首先要忠诚信实，不要欺骗。这是首要原则。其次可以当面触犯。但要注意，当面触犯有个前提，就是不能欺骗，勿欺在先。必先忠诚，而后可犯上。如果你又欺骗，又犯上，那就是找死。再者，犯上是言犯，如朱子所说是犯颜谏争，言语触犯，而不是行动触犯。行犯是造反，言犯是辅政。

子曰：“君子上达，小人下达。”

【译】孔子说：“君子通达天理，小人通达财利。”

【别识】宋儒们把“上”解释为天理仁义。把“下”解释为人欲财利。朱子说：“君子循天理，故日进乎高明；小人徇人欲，故日究乎污下。”

子曰：“古之学者为己，今之学者为人。”

【译】孔子说："古代的学者是为修养自己的道德学问，现在的学者是为了装饰自己给别人看。"

【别识】这是最普通的一种解释，也是历史上所有儒家学者们的解释。程氏说："为己，欲得之于己也；为人，欲见之于人也。"又说："古之学者为己，其终至于成物。今之学者为人，其终至于丧己。"

现代一些学者有另一种理解：古代的学者是为了提高自己的声誉，现在的学者是为了他人。我以为这种解释有点牵强。孔子的学说从来都是围绕着如何提高个人修养、达到仁义来进行的。孔子很少谈及文化如何服务大众。对普通百姓而言，孔子是看不起的，认为是很难教化的。这是孔子的一个核心思想。不过，用现在的观点来看，学习不应只是为自己，而应扩大到为社会，为他人，为民众，这才是学习、修养的最终目的。孔子的提倡学习为加强自身的道德修养，而不是为了炫耀自己，显摆自己，不是为了虚名。

蘧伯玉使人于孔子。孔子与之坐而问焉。曰："夫子何为？"对曰："夫子欲寡其过而未能也。"使者出。子曰："使乎！使乎！"

【注】朱注：蘧伯玉，卫大夫，名瑗。孔子居卫，尝主于其家。

【译】蘧伯玉派人去看望孔子。孔子和使者对坐后问："蘧夫子最近几年在做什么？"使者说："他老人家想减少过错却还没做到。"使者退出去后，孔子说："好一个使者！好一个使者！"

【别识】蘧伯玉是卫国的大夫。孔子在卫国时，曾在蘧伯玉家住过。得知孔子在离开卫国了，蘧伯玉特派使者前去看望孔子。孔子也很尊重蘧伯玉，给使者座位，并与之对坐。然后就有了这样一段对话。

这是个很有意思的对话。使者如何在他人面前评价自己的主子上司？使者很聪明，既不乱吹捧，也不批评，只是客观介绍，而且介绍中有褒扬，他老人家在努力减少过错却还没有达成，恰如其分。从使者的回答也可以看出蘧伯玉的为人。所以在使者走后孔子有好一个使者的感叹。

子曰："不在其位，不谋其政。"

【别识】重句，见《泰伯》。

南怀瑾的解释是，没有在其位，无法谋其政，因为不了解情况。我认为这句话可以从三个方面去理解，有三种不同的意思。其一，不要多管闲事，少过问那些与你无关的事。这反应出一种对政治、对权力的厌恶，近而又是对权力政治的一种渴望。其二，不在其位，无法了解情况，无法提供意见，当然也就无法谋政。其三，你不在那个位置，就不要乱伸手，不要去干扰别人，这主要是指那些退休后的政治人物。孔子的愿意是指第一种情况。

孔子一生只有在鲁国短暂的几年从政经历，大多数时候是空有一腔抱负而不得志。但是，但凡有人问政，孔子必答，而且有针对性，不是泛泛而谈。这说明，孔子虽然没有当政，但一直在关注所在邦国的政治和当政人物的情况，一直在做比较研究，否则孔子不会有针对性的做出回答。这是孔子对政的关心，不在其位，而谋其政的表现，尽管这“谋”是为他人谋。这当然也表露了孔子对政治权力的渴望。

这句话对后人的有益之处是从反面来理解，在其位谋其政，谋好政，不能碌碌无为。对孔子的话，要在理解原意的基础上，根据现在的实际，引申出更多理深广的含意，有益的我们就采用，不对的就摒弃。这是现代读孔用孔的要意所在。

曾子曰：“君子思不出其位。”

【译】曾子说：“君子所思虑的不能超出自己的工作职位。”

【别识】这是对上一句的补充。在一个位置上所思所虑，所干所行，不能越职越权，不要超出自己的职权范围。这是一层意思。君子，指士、大夫、国君，有文化知识有地位、有修养的人。对君子的道德标准和要求比下民、小人高很多，因此，君子所想所行，要符合君子之道，不能超出、违背君子之道，不能用下民、小人的道德标准来要求自己，来衡量自己的言行，想都不行。思想不出位，行动才可能不出位。

子曰：“君子耻其言而过其行。”

【译】孔子说：“说得多做得少，君子认为是可耻的。”

【别识】言过其行有两种情况，第一种，说得多做得少，或者说了不做，吹牛；第二种，做了一点，说成十点，虚报浮夸。用孔子的君子标准来衡量，从古至今当官的难有几个君子，跟小人差不多。孔子对君子的道德要求是很高的，大大高于下民、小人，所以统治者们不喜欢孔子来执政。设如孔子当政，君王耳边一天到晚有个人在唠叨君子之德，这不能做，那不能想，岂不自找烦恼。

历代统治者都是想用孔子这一套来约束小民，而不想用这一套来约束自己，所以宁肯用孔子思想，也不能用孔子这个人。

子曰："君子道者三，我无能焉：仁者不忧，知者不惑，勇者不惧。"子贡曰："夫子自道也。"

【注】朱注：自道，犹云谦辞。

【译】孔子说："君子要做的三件事我都没有做到：仁德的人不忧愁，智慧的人不迷惑；勇敢的人不惧怕。"子贡说："这是夫子谦逊呵。"

【别识】仁者不忧，一不为眼下处境而忧虑，包括生活境况、工作环境、人际交往等等；二不为以后的出路忧虑，处变不惊，困境不烦，安然处之，平心对待所有事所有困难所有困苦，方能叫有仁德之人。无忧不等于不虑，处于困境不等于不想办法改变困境。后一句就解决这个问题，知者不惑。不被现象迷惑，不被困境吓倒，不被难题困住。君子靠智慧应对解决难题，脱离困境。接下来就是行动，勇者不惧。有困难不惧，危急不惧，生死不惧，只因有义有勇。不忧、不惑、不惧三者是一个相互关联的系统，不可分解开来解读，而要联系起来思考领会。要做到这三点很难，孔子都自谦没有做到，何况凡人呢？

子贡方人。子曰："赐也贤乎哉？夫我则不暇。"

【注】朱注：方，比也。通谤。

【译】子贡讥评他人。孔子说："你就贤德吗？我可没有这闲功夫。"

【别识】孔子是个很矛盾的人，一方面，他当面要指出学生们的过错，除了颜回他没有批评过，其他学生在《论语》这部书中全部被他批评过，一方面又说没有闲功夫批评他人。真不知道信哪个为好。

这个"方"，有地方语言味道，四川话的"方人"就有让人难堪的意味，也有耿介中直、直言不讳的意思。批评议论人，甚至讥评人其实不完全是坏事，但要看批评得对不对，中不中肯，时机好不好，场合恰不恰当，方法得不得体。当面批评人是需要勇气，需要智慧的。孔子前面说勇者不惧，就有这个含义。可是当子贡批评他人时，孔子又认为不是贤德之举。一部《论语》一句一句地看，句句都在理，句句都对，可是综合起来看，前后照应起来看，问题又很多，自相矛盾不一致的地方很多。

子曰："不患人之不己知，患其不能也。"

【译】孔子说："不怕别人不知道你，就怕自己没有能力。"

【别识】此语为重出。《里仁》："不患莫己知，求为可知也。"意思一样，字句稍有不同。

子曰："不逆诈，不亿不信。抑亦先觉者，是贤乎！"

【注】《说文》：逆，迎也。亿。猜测，臆断。朱注：逆，未至而迎之。亿，未见而意之。诈，谓人欺己。不信，谓人疑己。

【译】孔子说："不预先怀疑别人在欺诈你，不无根据地猜测别人不忠实，却能预先察觉，这样的人是贤人罢。"

【别识】南怀瑾的解释有不同，他认为第一句应解读为，知道别人在欺骗你，却不揭穿他，让他骗一骗。他把"逆"注角为拂逆，背逆。我以为他的解释有点牵强。欺骗乃不道德行为，孔子向来反对，也主张要揭穿，怎可能容忍，更不可能将容忍欺骗看做是贤德之事。如果按南先生的解释，岂不是将纵容欺骗作为贤者待人处事的原则了？岂不是鼓励说谎？如果这样，那我们这个世界恐怕要谎话满天飞了。所以作为贤者待人处事的原则，孔子这句话只能解读为"不预先怀疑别人在欺诈你，不无根据地猜测别人对你不忠实"，贤者要做的就是要看清他人，有所警惕、对欺骗、不忠信有所察觉，如此而已。

微生亩谓孔子曰："丘何为是栖栖者与？无乃为佞乎？"孔子曰："非敢为佞也，疾固也。"

【注】微生，姓，亩，名。隐士。佞，口才。疾，恶也。

【译】微生亩对孔子说："你为何这么忙碌？不就是为了逞口才吗？"孔子说："我不敢逞口才呵，是讨厌那些顽固不通的人。"

【别识】孔子说讨厌那些顽固不通的人，潜台词是，要教化这些顽固不通的人，我只好四处奔波忙碌，用三寸不烂之舌去教育他们呵。也有学者解释说，孔子自嘲，这是我的老毛病呵，闲不下来。南先生的解释很妙，说，孔子对微生亩说，你们隐起来谈道，那我就只有入世去做实在的工作，不象你们隐者，躲在山里。这种解释还是有点牵强。

子曰“骥不称其力，称其德也。”

【注】朱注：骥，善马之名。

【译】孔子说：“称好马为骥，不是称赞它的力气，而称赞它的品质。”

【别识】也有学者把骥称为千里马。事实上孔子在这里并不单指马，而是指人。一个人是否是良才，不能只看其能力、才能，而要看他的品德、品质。司马迁在《史记》中曾说，才者，德之资也，德者，才之帅也。有德有才，上人；有德无才，中人；无德有才，下人；无德无才，贱人也。所以看一个人是否优秀，主要看其德，其次看其能力。

或曰：“以德报怨，何如？”子曰：“何以报德？以直报怨，以德报德。”

【注】朱注：德。谓恩惠也。

【译】有人说：“用恩惠来回报别人的怨恨，如何？”孔子说：“那用什么来回报别人的恩惠呢？用公平正直来回报怨恨，用恩惠来回报恩惠。”

【别识】回报怨恨和恩惠是两种不同的心态。一般回报恩惠是抱着感恩的心情，而回报怨恨就要看人的胸襟了。孔子主张回报怨恨要用公平正直，如果用恩惠来回报怨恨，那么用什么来回报恩惠呢？这是儒家的思想。

道家则不同。以德报怨，是老子说的。《老子》上说：“大小多少，报怨以德”。道家的主张是，别人怨恨你，作弄你，侮辱你甚至伤害你，你也要用恩惠来回报。这是一种常人不能及的胸怀，比儒家的以公平正直高了几个层次。想一想，别人作了伤害你的事，你心中不怨恨，用公平正直的态度来对待，这已经很了不起了，已经是一种与人为善的思想了，但在道家看来还不够，公平正直只是一种正确态度，并不能化解怨恨。所以道家主张要用恩惠来回报怨恨，以化解怨恨。以直报怨只是不再生怨，而以德报怨则是要化解怨恨，境界立见高下。

子曰：“莫我知也夫！”子贡曰：“何为其莫知子也？”子曰：“不怨天，不尤人。下学而上达。知我者其天乎！”

【译】孔子说：“没有人了解我呵！”子贡说：“为什么没有人了解你呢？”孔子说：“我不抱怨天，不责备人，下学人事情理，上达天理，从实际中知道明白了许多人事世事的道理规律。只有天知道罢！”

【别识】下学而上达，儒家们大多解释为下学，学人事，上达，达天命。朱熹说："不得于天而不怨天，不合于人而不尤人，但知下学而自然上达。此但自言其反己自修，循序渐进耳，无以甚异于人而致其知也。"程氏也说："盖凡下学人事，便是上达天理。"

这又是孔子在发牢骚。他为什么说没人了解他？教了三千学生，就没有人了解他的思想？了解他的学问？显然不对。因此只能理解为孔子在发牢骚。他的治国理念、安邦思想，所有认识他的君王都不采用，只是尊敬礼遇他，所以只好发发牢骚。但孔子仍有修养，不骂人，水怨天，不尤人，只好说没人了解他。悲夫，孔子！

公伯寮愬子路于季孙。子服景伯以告，曰："夫子固有惑志于公伯寮，吾力犹能肆诸市朝。"子曰："道之将行也与？命也。道之将废也与？命也。公伯寮其如命何！"

【注】公伯寮，鲁国人。子服，孔子弟子，名何，字伯，景为谥号，时为鲁国大夫。愬，同诉。肆，陈尸也。市朝，示众。

【译】公伯寮在季孙面前毁谤子路。子服知道后告诉孔子说："季孙已经被公伯寮迷惑了。以我现在的力量可以诛杀公伯寮并将他陈尸于众。"孔子说："我的主张将实现吗？听之于天命；我的主张不会实现吗？听之于天命。公伯寮能把天命怎么样呢？"

【别识】当时，子路在季孙氏那里做家臣。公伯寮是鲁国很有地位的人，在季孙氏面前说子路的坏话，实际上也是间接攻击孔子。在鲁国做大夫的子服是孔子的弟子，知道后去告诉孔子，要他当心公伯寮，并说可以动用他的力量杀掉公伯寮。可是孔子却不这样想，他认为他的主张，他的思想、道的实现推行与否，都是天命所决定的，公伯寮几句话能改变天命吗？

子曰："贤者辟世，其次辟地，其次辟色，其次辟言。"子曰："作者七人矣。"

【注】辟，通避。

【译】孔子说："贤者避开混浊社会隐居，次一等的就离开乱世择地而居，再次一等的回避那些没有礼貌的人，再次的回避恶言。"孔子又说："这样作的有七个人了。”

【别识】四个回避，表达了孔子的处世态度。朱子这样解注四辟：辟世，“天下无道而隐，若伯夷太公是也”；辟地，“夫乱国，适治邦”；辟色，“礼貌衰而去”；辟言，“有违言而后去也”。换句话说，贤者遇到无道之国、乱世，不礼貌的人，有恶言的人都要离去，不与这混浊之世、恶浊之人打交道，剩下的乱世，浊人管他呢。那么这样一来，谁来治国家？孔子的治国理想怎么实现。总不至于孔子只治理治安好、政治清明、人民礼貌的国家吧？如其那样，何劳你孔子来治理？

贤者四避，孔子呢？他没有回避，没有隐居，没有去乱国适治邦，也没有辟色。在卫国他曾遭到围攻，国君不给他好脸色看，甚至百姓还将他和弟子们围起来要打，他还是在卫国逗留了很长一段时间。孔子连最基本的辟色也没有做到，经常发牢骚。可见孔子说的贤者四辟很难做到，连他自己都没做到，从上古到孔子时代也只有七人那样做了。哪七人？孔子没说，儒家们大概考评了半天也没有定论，所以《四书章句集注》上没说，许多《论语》注释一类的书上也没有说。南怀瑾先生说了几个，也没凑足七人。南先生说的几个人是：楚狂、长沮、桀溺、荷条丈人、荷蒉者、晨门等。

子路宿于石门。晨门曰：“奚自？”子路曰：“自孔氏。”曰：“是知其不可而为之者与？”

【注】朱注：石门，地名。郑玄认为是鲁城外门。晨门，掌晨启门。

【译】子路在石门外住了一晚。第二天一早，开城门的人问：“从哪里来？”子路答：“从孔氏那里来。”开城门的说：“是那个明知不可能却偏要去做的人吗？”

【别识】这个晨门不是一般的守门人。一般守门人是问不出这样的问题的。所以后来的学者认为这个晨门是个隐士。朱熹说：“盖贤人隐于抱关者也”，是个隐士。连接上一句，辟世、辟地、辟色、辟言，说明当时有很多隐士，而世人对孔子的看法一般认为不可理喻，知其不可而为之，是个白费功夫的孔子，固执的孔子，认死理的孔子。但是，从另一角度看，又是孔子的执着、坚持，明知不可，偏要为之，大概是精神支撑所至，否则不会这么执着。胡安国的解读是：“然不知圣人之视天下，无不可为之时也。”

子击磬于卫。有荷蒉而过孔氏之门者，曰："有心哉！击磬乎！"既而曰："鄙哉！硁硁乎！莫己知也，斯己而已矣。深则厉，浅则揭。"

子曰："果哉！末之难矣。"

【注】朱注：磬，乐器。荷，担也。蒉，草器。硁硁，石声。以衣涉水曰厉，摄衣涉水曰揭。

【译】孔子在卫国，一天在家里击磬。一个担着草筐的汉子从孔子门前经过。听到磬声说："这个击磬的人有心呵！"听了一会又说："磬声硁硁的，这个敲磬的人可鄙呀！社会世道已经这样了，你能拉回来吗？就象过河，水深了就和着衣裳涉水过去，水浅了，就提起衣裳涉水过去。"孔子听到了说："这个人弃世很坚决呵，没办法说服他呵！"

【别识】"深厉浅揭"出自《诗经·卫风·匏有苦叶》。

这一段话有两处有不同解释。其一，"莫己知也，斯己而已矣。"大多数学者解释为：没有人知道你（孔子），就算了吧。我以为是：（这敲磬之人）没有自知之明呵，社会世道已这样了，能拉回来吗？其二，果哉！末之难矣。宋儒们的解释是：这人弃世坚决呵，没法与之交流了。末，作无讲。南怀瑾认为末字就作最后讲，所以他的解释是，最后的事还难说呵。因为孔子对他的救世治国理想是很执着的，不会轻易放弃。

一个担草筐的人听了孔子的磬声，居然听出了孔子的心思，听到了孔子的志向。听音辨志，听音识情，乃高人也。荷蒉者是个隐士无疑。上一节说到晨门，这里又说到荷蒉者，见识都不一定比孔子低，都看清、看透了世道，但又都是闲云野鹤，道家思想很重，出世了。孔子恰恰相反，入世，要想救国、救世、救百姓，可惜又不为君王所用，所以只有击磬表露心迹，不想却又被一担草筐的人识破。于是也有人这样解释孔子"果哉！末之难矣"，这人弃世坚决呵，我很难做到呵。朱子说："圣人心同天地，视天下犹一家，中国犹一人，不能一日忘也。故闻荷蒉之言，而呈叹其果于忘世。且言人之出处若但如此，则亦无所难矣。"

子张曰："《书》云：'高宗谅阴，三年不言。'何谓也？"子曰："何必高宗，古之人皆然。君薨，百官总己以听于冢宰三年。"

【注】朱注：高宗，商王武丁也。谅阴，天子居丧之名。杨伯峻注：谅阴，居丧时所住的房子。又叫凶庐。

【译】子张问："《尚书》上说，殷高宗守孝，住在居丧时住的房子里，三年不说话。什么意思？"

孔子说："岂止殷高宗，古代人都这样。君王死了，继承的君王三年不过问政事，各部门的官员者听命于宰相。"

【别识】不言，不是不说话，而是指不理国政，交给宰相去办理。上古时代是这样规定的，但是，君王三年时间不过问政事，由宰相全权代理，有这三年时间，足够谋乱叛国，发动政变。但是历史上从没有哪个君王继位后三年不问政事，一直住在凶庐里。三年守孝，后来倒是大量用在大臣们身上，但是大臣们也不甘心三年守孝脱离政坛，回家守制。明朝的张居正、清末的曾国藩在丁忧时都在想如何早日复出。张居正还演过一台夺情之剧。

子曰："上好礼，则民易使也。"

【译】孔子说："在上位的人守礼尊制依礼而行，民众就容易听指挥。"

【别识】有权、有地位的人称上位之人。所谓上行下效，此之谓也。有权势的人不乱来，一切遵从礼仪仁德，则百姓尊礼守制。中国有句古话，上梁不正下梁歪，百姓不遵守礼仪制度，根子不在百姓，而在上面，一定是在上位的人做了不守礼，不讲仁德，违背良心，违背民意的事，百姓才会效仿，跟着你去做。所以一切社会问题、社会矛盾，不是百姓制造的，而是高层领导集团制造的，要想化解社会矛盾，治理社会乱象，必须首先解决统治阶层的问题。否则，上不好礼，民难服，民难使。

子路问君子。子曰："修己以敬。"曰："如斯而已乎？"曰："修己以安人。"曰："如斯而已乎？"曰："修己以安百姓。修己以安百姓，尧舜其犹病诸！"

【译】子路问什么样子才算君子。孔子说："提高自己的修养，严肃恭敬对待人和事。"子路说："这就够了吗？"孔子说："修养自己以影响他人，教化他人。"子路说："这样就够了吗？"孔子说："修养自己安定百姓。修养自己安定百姓，尧舜也没有完全做到呵。"

【别识】正如孔子所说，要靠提高自己的修养来影响他人，影响并教化百姓，安定百姓安定社会，是个很难做到的事，尧舜都没有完全做到，何况现在呢？因为个人修养总不会面面俱到，即使面面俱到，你的亲属朋友也会有这样那样的问题和缺陷，并且要来影响你，牵制你，甚至破坏你的形象，所以靠个人修养来安定社会是难以做到的，安定社会安定百姓还要靠制度，靠法制。

原壤夷俟。子曰："幼而不孙弟，长而无述焉，老而不死，是为贼！"以杖叩其胫。

【注】朱注：原壤，孔子故人。夷，蹲踞也。俟，待也。

【译】原壤两腿张开坐在地上等孔子。孔子骂他："你小的时候不懂礼节，长大了毫无贡献，老了不死，白吃粮食，真是个害人精！"用手杖轻击他的小腿。

【别识】原壤本来就不大讲礼法，不讲礼法到什么程度？《礼记·檀弓》里记了这么一件事。原壤的母亲死了，孔子去帮他办理丧事。他却站在母亲的棺材上唱起歌来，孔子气得不行，又不好说，只好装作没听见。后人推测，原壤大概反对孔子什么事情都要讲礼仪的主张。所以，虽然是老相识，孔子却不大喜欢他。正因为是老相识，是故交，所以当孔子看见原壤两腿分开坐在地上的姿势时，就忍不住骂开了，而且骂得比较粗鲁，居然还骂"老不死的"，可见两人的关系。在孔子看来，任何人相见是要讲礼仪的，老相识也不例外。以杖叩其胫，是要让原壤站起来，重新坐好，坐要有个坐相。

阙党童子将命。或问之曰："益者与？"子曰："吾见其居于位也，见其与先生并行也。非求益者也，欲速成者也。"

【注】朱注：阙党，党名。童子，未冠者之称。将命，谓传宾主之言。

【译】阙党有个童子来向孔子传达信息。有人问孔子："这个少年不是很上进吗？"孔子说："我看见他大模大样坐在正位上，又见他与长辈并肩而行。他不是求上进呵，是要急于求成。"

【别识】一个年青人来传递信息，孔子凭他看见的这个年青人的表现，坐的位置，与前辈并户而行就断言这人不求上进，只是想急于求成。为什么？因为这个年青人的坐与行违背了礼。童子是未满二十岁的弱冠。《礼记》这样规定弱冠者的坐与行。坐："童子无事则立于主人之北，南面"；行："五年以长，则肩随行"。朱熹说："礼，童子当隅坐随行。"就是说，童子在长辈面前，只能坐在偏席，隅坐，只能跟在长辈身后而行。这个将命的童子“居位并行”，坐在正位上，与长辈并肩而行，犯了大忌，违背了礼仪，所以孔子批他只是急于求成，不求上进。

孔子的礼仪真是害死人，坐与行稍有不对，不是老不死就是不求上进。坐在正位有何不可呢？如果是主人或长辈叫他坐的，要与他谈论问题或者传授知识也未可知，并肩而行更是如此，行走之间教他知识，并肩谈话不是很方便么，难不成长辈要扭过头与与童子谈话，那多别扭，多不方便？可见孔子用礼仪来衡量判断一个人，是多么的武断。

卫灵公第十五

卫灵公问陈于孔子。孔子对曰："俎豆之事，则尝闻之矣，军旅之事，未之学也。"明日遂行。去陈绝粮，从者病，莫能兴。子路愠见曰："君子亦有穷乎？"子曰："君子固穷，小人穷斯滥矣。"

【注】朱注：陈，谓军师行伍之列。俎豆，礼器。兴，起也。滥，溢也。

【译】卫灵公向孔子询问军队打仗方面的事。孔子说："祭祀礼器之类的事我还听说过，军队打仗的事没有学过。"第二天孔子离开卫国。在陈国没有粮食了，跟随的人都病了，连床都起不来。子路很不高兴地去见孔子说："君子也有穷得没有办法的时候吗？"孔子说："君子虽穷，但还坚持着，小人穷了就要乱来。"

【别识】孔子说了君子与小人的又一个区别：穷困时的表现。君子可以固守穷困，不会因为贫穷就违仁背德，会安于穷困，不乱性，不胡来。小人则不同，一穷就要乱来。三国魏时玄学家何晏这样解释："君子固有穷时，不若小人穷则放溢为非。"给小人下了个断语：穷则滥，则胡作非为。

但是，现实历史中，许多下民（小人）并不是如孔子说的那样穷则乱来，大多数还是安于现状，守规守法的，不会去偷盗抢劫杀人放火。历史上造反的穷人，都是被逼得走投无路才起事的，谁逼的？官府、劣绅。如果真象孔子说的那样小人穷则斯滥，那这个社会就不会有一天的安定，因为百分之八十以上的人都是穷人。因此我认为孔子这句话打击了大多数穷困百姓，显然不符合历史事实。这也反映出孔子对小民、下人一贯看不起的态度。

子曰："赐也，女以予为多学而识之者与？"对曰："然，非与？"

曰："非也予一以贯之。"

【译】孔子说："子贡呵，你以为我是广泛学习博闻强记吗？"子贡说："对呵，难道不是吗？"

孔子说："不是这样，我是用一种基本思想贯穿始终。"

【别识】如何理解孔子在这里说的"一"？有人理解为"仁"，有人理解为指一种基本原则、思想、精神等等，以此来串联贯通全部学识。

这里提出了一个问题，广泛涉猎、博闻强记固然是一种学习方法，但不是最好的学习方法。最好、最有效的学习应当是用一种基本思想、基本原则来指导学习，并贯穿于学习始终，坚持不懈，会收到事半功倍的效果。

子曰："由！知德者鲜矣。"

【译】孔子对子路说："由呵，现在懂得仁德的人很少呵。"

【别识】孔子感叹世事纷乱，战争频仍，纲常败坏，人心不古，知德、守德的人越来越少！孔子是痛心疾首。

子曰："无为而治者，其舜也与？夫何为哉？恭己正南面而已矣。"

【译】孔子说："表面上什么也没做而使天下大治的，除了舜还有其他人吗？他做了什么？修养端正自己，端坐在朝廷上罢了。"

【别识】无为而治，是道家思想。所谓无为，并不是什么事都不做，而是做得让人看起来没做。舜做了什么？孔子说是"恭己正南面"，恭己，就是修养自己，让自己严肃恭敬，用自己的言行来教化百姓。这种示范表面上看来没做什么，实际上是做了一种垂范。还有一种君王或在上位的人，不做事，但用好人，不上前台，在幕后策划，或者是顺势而作，做些水到渠成，顺水推舟的事。孔子在这里褒扬舜，也是在间接批评一些国君胡作非为，做了很多事，却把国家弄得很乱。

子张问行。子曰："言忠信，行笃敬，虽蛮貊之邦行矣；言不忠信，行不笃敬，虽州里行乎哉？立，则见其参于前也；在舆，则见其倚于衡也。夫然后行。"子张书诸绅。

【注】 朱注：蛮，南蛮。貊，北狄。二千五百家为州。衡，轭也。绅，大带之垂者。

【译】 子张问孔子如何才行事通达。孔子说："言语忠诚老实，行事笃厚敬慎，虽然到了蛮族之地，也能行得通；言语欺诈不实，行事轻浮刻薄，就是在本乡本士，也行不通。站在那里，仿佛看到这几个字立在面前，在车上，就象看见这几个字刻在横木上，这样就行得通了。"子张赶紧把这几个字写在衣服的垂带上。

【别识】 孔子在这里泛指礼仪行为，因为"言忠信，行笃敬"是一般人都应当做到的起码礼仪。对人忠信诚直，恭敬慎严，不只是对外宾客交往要这样，对邻里乡亲也要这样，并要时刻记在心上。记于心，表于言行，行事就能通达。

子曰："直哉史鱼！邦有道，如矢；邦无道，如矢。君子哉蘧伯玉！邦有道；则仕；邦无道，则可卷而怀之。"

【注】 朱注：史，官名。鱼，卫大夫。

【译】 孔子说："好一个刚直的史鱼！政治清明时象箭一样，政治混乱时也象箭一样。好一个君子蘧伯玉！政治清明时就出来做官，政治混乱时就把自己的志向藏起来。"

【别识】 史鱼是卫国大夫。生前曾多次劝卫灵公不要信用小人弥子瑕等人。卫灵公不听。史鱼死前告诉儿子，他死后不要在大堂里办丧事，把他的尸体放在卧室里，以此表示没有尽到臣子劝谏君王的责任，后人将此称为尸谏。

史鱼说话直来直去，如箭矢一般，不管是政治清明的盛世也好，是政治混浊的乱世也好，都一样直来直去。而蘧伯玉不同，政治清明出来当官做事，政治混浊社会无道，他就躲起来。这两种人哪种好？很明显史鱼比蘧伯玉好得多。可是只得了个"直"的评价，而蘧伯玉去得了个"君子"的评价。这就是孔子的是非观。显然，孔子是不太赞成那种说话刚直的人，推崇称赞的是因时局而动，能洁身自保的人。说话刚直，社会安定有道时最多别人听着不舒服，不顺耳，讨厌你而已，社会动乱时就不是讨厌你的问题了，就可能引来杀身之祸。但是，说话直来直去，虽然尖锐，但往往警醒别人，直中要害，对治乱世大有好处。但这种人，孔子给出的评价最多是"直"。相反，社会安定时出来做官坐享其成，而社会混乱最需要有才能的人出来治乱世时，有才能的人却躲在家中，把自己的志向良策藏起来，"卷而怀之"，采取避世自保的态度，放弃自己做人、做君子的社会责任。这种行为孔子居然给出的评价是“君子”！可见孔子眼中的君子也很矮小，乱世中与小人没什么差别。怪就怪在明明是很糟糕的观点，是糟粕，千百年来却受到儒家学者的追捧，还被奉为经典！可见儒学中的糟粕毒素有多深！

子曰：“可与言而不与之言，失人；不可与言而与之言，失言。知者不失人，亦不失言。”

【译】孔子说：“能够说实话的时候不说实话，是对不起人；不能够说实话时说实话，是言语不当。聪明的人既不会对不起人，也不会言语不当。”

【别识】对这段话有不同理解，重点在怎样理解“失人”。很多学者理解力为错过人才。南怀瑾认为是对不起人，得罪人。我比较赞成南怀瑾的说法。因为不能断定孔子在这里说的“人”就是人才。更不能说“失人”就是错过人才。孔子在这里说的“言”不仅是交谈的意思，我以为主要是说在交谈中指出对方的问题、不足、缺点。而不是简单的交谈。

子曰：“志士仁人，无求生以害仁，有杀身以成仁。”

【注】朱注：志士，有志之士。仁人，则成德之人也。

【译】孔子说：“有仁有德的人，不会为了生存而去损害仁德，但会为了仁德而以命相取。

【别识】后世的“杀身成仁”就从此而来。历史上有不少志士，为了理想而牺牲生命的都是被“杀身成仁”激励的。

子贡问为仁。子曰：“工欲善其事，必先利其器。居是邦也，事其大夫之贤者，友其士之仁者。”

【译】子贡问孔子怎样培养仁德，成为仁人？孔子说：“如果要做好一件事，就先要准备好做这件事的工具。在一个国家居住做事，要敬奉那些大官中的贤者，结交士人中有仁德的人。”

【别识】为何子贡问为仁，孔子说出结交官人朋友一类的话？程氏说：“子贡问为仁，非问仁也，故孔子告之以为仁之资而已。”子贡是个干实事的人，又会外交，又会经商敛财，所以孔子告诉他为仁的一些条件和做法、手段。敬奉高官、结交士人都是有条件的，不是见官就拜，见人就交，而是要敬奉那些贤明的官员，口碑好的官员，结交有仁德的士子。否则一味滥交，只会结交一批酷吏、贪官、文痞、恶霸之类的人，不但成不了仁德高尚的人，反而学坏，成了恶人。

颜渊问为邦。子曰：“行夏之时，乘殷之辂，服周之冕，乐则《韶》舞。放郑声，远佞人。郑声淫，佞人殆。”

【译】颜渊问孔子怎样治理国家。孔子说：“用夏朝的历法，乘坐殷商的大车，戴周朝的帽子，音乐就用虞舜的韶乐和周武王武乐。舍弃郑国的乐曲，远离谄媚之人。郑国乐曲淫荡，谄媚小人危险。”

【别识】夏历使用的是自然历，也就是我们现在用的阴历。夏历以建寅之月（旧历正月）为每年的第一个月，周历以建子之月（旧历十一月）为每年第一个月，以冬至为元日。周朝时，仍有很多诸侯国使用夏历。按照夏历，春、夏、秋、冬更符合自然现象，更适宜农耕。殷商时期的车是木车，质朴好用，而周朝的车更华美。朱熹注说：“古者以木为车而已，至商而有辂之名，盖始异其制也。周人饰以金玉，则过侈而易败，不若商辂之朴素浑坚而等威已辨，为质而得其中也。”周朝的礼帽自然也比以前华美很多。韶乐、武乐在孔子看来是尽善尽美。

治理国家，孔子的思路大体是对的，弃绝淫靡之声，斥退谄媚小人，用历朝历代留下来的好东西。

但是，仅此是完全不够的。古人留下来的好东西要传承，但不能一成不变的照搬照用，应当根据时代的变化和需要加以创新改造。我以为孔子所主张的传承是简单的复古。在孔子生活的时代，殷辂、周冕、韶舞都被好多诸侯国打破了，服饰更简单，车驾更实用，乐舞更平民化，但孔子要求以先朝为榜样，这就是个大问题。特别是礼仪，孔子向来主张用周朝礼仪，要“克己复礼”，反对有所改变，有所简化。这就是为什么孔子在这句话里主张“乘殷之辂，服周之冕”，乘车用殷代简朴实用之车，不用周朝饰玉之车，戴礼帽要用周朝更华美的礼帽的原因。这是孔子治国思想中不可取的一面。

子曰：“人无远虑，必有近忧。”

【译】孔子说：“如果没有长远的考虑，一定有眼前的忧患。”

【别识】做人做事必须从长计议，不要只看眼前利益。只顾眼前，必然会有忧患。苏东坡说："人之所履者，容足之外，皆为无用之地，而不可废也。故虑不在千里之外，则患在几席之下矣。"

子曰："已矣乎！吾未见好德如好色者也。"

【译】孔子说："完了吧！我还没有见到过喜好美貌一般喜好仁德的人。"

【别识】好色与好德，在孔子这里是不能两全的，二者只能居其一，不能二者同居。有学者考证，孔子这个感叹是在他居卫时发的。当时，卫灵公迷恋夫人南子的美色，什么都听南子的。《史记·孔子世家》记载，孔子"居卫月余，灵公与夫人（南子）同车，宦者雍渠参乘出，使孔子为次乘，招摇市过之"，引起孔子的不满，故有此叹。

子曰："臧文仲其窃位者与！知柳下惠之贤，而不与立也。"

【注】朱注：臧文仲，鲁国大夫。柳下惠，鲁人，姓展获，名禽，食邑柳下，谥曰惠。与立，谓与之并立于朝。

【译】孔子说："臧文仲是个占着官位不干事的人。明明知道柳下惠贤良，却不给他官位。"

【别识】所谓窃位，居于位而不做事。朱熹说："窃位，言不称其位而有愧于心，如盗得而阴据之也。"范祖禹说："臧文仲为政于鲁，若不知贤，是不明也；知而不举，是蔽贤也。不明之罪小，蔽贤之罪大，故孔子以为不仁，又以为窃位。"话就说得很明确了，不知道哪个人贤良，是过错，而知道了却不使用，就是犯罪。有的人当官，自己本事不大，或者在位不做事，但是用人用得好，能发挥每个手下的才能，这也很好。历史上不乏这种人。在位不做事，还不让有才能的人做事，问题就大了，只能用尸位素餐来形容了，孔子说窃位都说轻了。

子曰："躬自厚而薄责于人，则远怨矣。"

【注】躬，自躬，反省。

【译】孔子说："重责备自己，轻责备别人，怨恨就远离了。"

朱熹说："责己厚，故身益修；责人薄，故人易从。所以人不得而怨之。"朱子是从避免怨恨来解读孔子这句话，我以为过于狭隘了。多自我反省，严厉责备自己的，出了错自己多承担责任，对他人的过错，不要求全责备，这是一种人格修养，容易获得他人的理解，也能让他人服气。

责人薄要看对象，我以为不能一概而论。人与人之间要责人薄，这样能和谐相处，怨恨减少。但是弱者对强者，尤其是对强权的责备就不能薄，而要厚责，尤其是百姓对政府的责备更应如此，不能轻描淡写。反过来，政府对百姓之过错要薄责，这才会使人心顺从。如果把责人薄推及到所有事物，则就是要百姓做顺民，做良民。这对强权政府没有好处，只有坏处，容易滋长政府的虐民心理。百姓与政府相比，处于劣势，厚责政府之错，是警醒政府，监督政府，这是平衡社会心理，调整社会关系，缓解社会矛盾的重要方面。

子曰："不曰'如之何，如之何'者，吾末如之何也已矣。"

【译】孔子说："不想想怎么办，怎么办的人，我对他也不知道怎么办了。"

【别识】一个人要做好一件事，就要发出怎么办的疑问。发出疑问才能有所思考，有了思考，做事才会慎重，做事就有计划，这才能把事情做好。不知道发问思考，遇到困难，面临具体事就真的不知道怎么办了。

子曰："群居终日，言不及义，好行小慧，难矣哉！"

【注】朱注：小慧，私智也。言不及义，则放辟邪侈之心滋。好行小慧，则行险侥幸之机熟。难矣哉，言其无以入德，而将有患害也。

【译】孔子说："整天聚在一起，不说一句有道理的话，又喜欢卖弄小聪明，这样的人难教育呵。"

【别识】与"群居终日，言不及义"相同的是饱食终日，无所用心，都是说那些没有志向、理想和生活目标的人的一种生活态度和状态。而且还喜欢卖弄小聪明，显摆显摆。这就象现在的微博一样，典型的行小慧、言不及义。玩微博的人都想利用这一平台表现自己，而表现的内容大多是鸡毛蒜皮的小事，或者是一种小资情调，或者怨天尤人，无聊之极。我以为，玩微博过度，实际上是一种病态心理，一种自恋心理。

子曰："君子义以为质，礼以行之，孙以出之，信以成之。君子哉！"

【译】孔子说："君子以义理为本，按礼实行它，谦逊地说出它，诚实地完成它。这就是君子!”

【别识】杨伯峻先生在他的《论语译注》中把这段话译为:“君子(对于事业),以合宜为原则,依礼节实行它,用谦逊的语言说出它,用诚实的态度完成它。”把“义以为质”局限于“合宜”,且将礼、逊、信局限于用来对等事业。我以为不妥。

朱熹说:“义者制事之本,故以为质干。而行之必有节文,出之必以退逊,成之必在诚实,乃君子之道也。”南怀瑾认为“义”有三层含义,其一为孟子所说,义者宜也,也就是适宜,合宜;二为仁义;三为义理。这是君子的本质,质干。义为质,义的含义很丰富,要具体体现出来,就是要做到礼、逊、信这三点。以义为本质原则,以义为统帅,以礼节来实行,用谦逊的语言来表达,用诚实的态度来完成,做到了就是君子。

子曰:“君子病无能焉,不病人之不己知也。”

【译】孔子说:“君子只怕自己无能,不怕别人不了解自己。”

【别识】现在社会上很多人爱咋乎,生怕别人不知道他,从不想一想自己是否有能力,是否名符其实。真正有能力有本事的人是耐得住寂寞的,不怕别人不了解,也不怕别人不知道自己。有能力有本事终会在社会上脱颖而出。自身无能又怕别人不知道自己,想要别人知道你,办法就只有一个,乱咋乎,瞎吹牛。这不是君子是小人。

子曰:“君子疾没世而名不称焉。”

【译】孔子说:“君子以死后人们的评价与自己的声名不相符为遗恨。”

【别识】范祖禹解释这句话时说:“君子学以为己,不求人知。然没世而名不称焉,则无为善之实可知矣。”按照他的解释,君子没世而名不称,就无为善之实,实在有点莫名其妙。君子死后要为人称道,要青史留名,实在是一件很难的事。中国历史上百来位皇帝,有几个人们记得住?何况君子。

历代学者把孔子这句话译为:到死而声名都不被他人称道,君子引以为遗恨。我以为不妥,因为如果这样翻译,则与孔子前一句和孔子的一贯主张大相径庭。

如果这样解释,那么,孔子眼中的君子也不过如此,很在意死后留名,这和他前面说的“君子病无能焉,不病人之不己知”相矛盾。一方面孔子心中的君子要自甘寂寞，不要怕别人不知道你，一方面又为死后没人称道你而感到遗憾，这种矛盾让人弄不懂孔子心中的君子究竟应该是哪一种。君子以“没世而名不称焉”为恨，要青史留名，这就很功利了，与孔子提倡的君子不争名不争利相去甚远。因此，我以为这句话要译为：君子以死后人们的评价与自己的声名不相符为遗恨。

子曰：“君子求诸己，小人求诸人。”

子曰：“君子矜而不争，群而不党。”

子曰：“君子不以言举人，不以言废人。”

【注】朱注：庄以持己曰矜。

【译】孔子说：“君子求自己，小人求别人。”

孔子说：“君子庄重而不争斗，合群但不结私党。”

孔子说：“君子不因为一句话说得好就举荐提拔他，不因为这人品格不好就鄙弃他说得好的话。”

【别识】这都是做人的一些基本原则，君子要这样，一般百姓也应该这样。

子贡曰：“有一言而可以终身行之者乎？”子曰：“其恕乎！己所不欲，勿施于人。”

【译】子贡问：“有没有一句可以终身奉行的话呢？”孔子说：“大概是恕吧！自己不想要的任何事物，不要强加给别人。”

【别识】恕，不是现代汉语意义上的宽恕。在古文字里，恕的主要含义是推己及人，以己度人。就是站在他人的立场上对他人做的事或是犯的过错，设身处地的想一想，这样就会了解他人为什么会犯过错，就会有谅解。此为恕的第一层意思。由此而来，自己做不到的事，不要要求别人做到，要求别人做到的事，自己先要做到，此其二。自己不想做的，不想要的，不要强迫别人去做，不要强加于人，此其三。总之，恕的核心就是要抛弃以自我为中心的思想，多为他人着想。这样一来，天下事就会豁然开朗。

子曰：“吾之于人也，谁毁谁誉？如有所誉者，其有所试矣。斯民也，三代之所以直道而行也。”

【注】朱注：毁者，称人之恶而损其真。誉者，扬人之善而过其实。斯民者，今此之人也。三代，夏、商、周也。直道，无私曲也。

【译】孔子说："我对于别人，诋毁了谁？赞誉了谁？如果我有赞誉，一定是经过考验的。夏、商、周三代的民众都如此，所以三代民众能直道而行。"

【别识】朱熹对毁与誉的注解很到位，很精确。所谓毁，就是夸大一个人的缺点过错而忽视其优点；誉则相反，是夸大一个人的优点而掩盖缺点，都是"过"的表现。拍马屁、私下诋毁人都是言过其实，所以不可当真，不必害怕。难的是不为毁誉所左右，毁誉而前保持本色，淡定对之，照样我行我素，如庄子所说：举世誉之而不加劝，举世毁之而不加沮。全社会、全世界都在称赞你，只把他当成鼓励劝勉；全社会全世界都在骂你攻击你也不沮丧，权当是激励，这才是君子胸怀。

子曰："吾犹及史之阙文也，有马者借人乘之。今亡矣夫！"

【注】阙文：史书上遗留下来的存疑不写或脱漏的文字。亡，无也。

【译】孔子说："我还能看到史书上存疑的地方，有马的人把马借给别人用。这种事现在已经没有了。"

【别识】这段话正如孔子所说"史之阙文"一样，给后人留下许多疑惑。"史之阙文"与"有马者借人乘之"两句话完全不搭界，很难理解。因此就有很多穿凿附会的解释，也有学者认为"有马者借人乘之"是衍文。宋儒胡安国认为"此章义疑，不可强解。"既然有疑义，就不要去勉强解释，姑存之。

子曰："巧言乱德，小不忍则乱大谋。"

【注】朱注：巧言，变乱是非，听之使人丧其所守。小不忍，如妇人之仁，匹夫之勇皆是。

【译】孔子说："花言巧语败坏道德，小事不忍耐，则会坏了大事。"

【别识】通常把这句话理解为要忍耐，忍耐小愤怒，有学者把这个"不忍"引申到不忍小恩小惠和吝财不忍舍。南怀瑾先生更有新解释。他认为忍小愤怒只是一个方面，另一个方面是对事要当机立断，哪怕很小的事也不能忍，忍了就是姑息养奸，就会蚁穴溃堤，反而坏了大事。因此，对人，忍作包容忍耐用，对事，则须当机立断。

子曰："众恶之，必察焉；众好之，必察焉。"

【译】孔子说："大家都厌恶他，一定要考察他；大家都喜欢他，一定要考察他。"

【别识】《子路》篇中有类似一段话："子贡问曰：'乡人皆好之，何如？'子曰：'未可也。''乡皆恶之，何如？'子曰：'未可也。不如乡人之善者好之，其不善者恶之。'"

这个考察含义多层，一是要亲自去考察，不能人云亦云；二是要长时间考察，不要看一时；三是要多方面考察，不要只看到一面，犯片面错误。

子曰："人能弘道，非道弘人。"

【注】朱注：弘，廓而大之也。

【译】孔子说："人能够宏扬道，不是道能宏扬人。"

【别识】这里说到人与真理的关系。真理是客观的摆在哪里，需要人来掌握，并将之宏扬廓大，人有这个能力。但是，掌握了真理的人，却不能因为你掌握了真理就能使自己伟大起来，也不会因为你明白道理，掌握真理就高人一等。这很重要。朱熹说："人外无道，道外无人。然人心有觉，而道体无为；故人能大其道，道不能大其人也。"

子曰："过而不改，是谓过矣。"

【译】孔子说："有错误不改正，那这错误就真是错误了。"

【别识】朱熹说："过而能改，则复于无过。惟不改则其过遂成，而将不及改矣。"过而能改，则过复无焉，过而不改，过上加过。

子曰："吾尝终日不食，终日不寝，以思，无益，不如学也。

【译】孔子说："我曾经整天不吃不睡，思考问题，没有好处，不如去学习。"

【别识】孔子的尝试涉及到学与思的关系。学而不思，学无长进，思而不学，思不得益。面对难题不要一味只去思考探究，而要学思相结合，互相启迪方能收益。

子曰："君子谋道不谋食。耕也，馁在其中矣；学也，禄在其中矣。君子忧道不忧贫。"

【译】孔子说："君子谋求道，不谋求衣食。耕种会挨饿，学习，会得到俸禄。君子只为道操心，不会为贫穷而忧愁。"

【别识】孔子心中的君子是不能劳动的，因为你去耕作，还可能挨饿，去读书学习呢，俸禄就在那里自然而然地等着你。所以与其辛苦耕种庄稼还要挨饿，不如坐在屋子里读书安逸舒适。孔子就没有想过，为何"耕也，馁在其中"？为何挨饿的不是读书人，而必然是种庄稼的劳动者？为什么读书人必然就有俸禄？就不会挨饿？制度上的问题，孔子用一个谋道就轻描淡写地遮掩过去。这表明孔子从内心瞧不起劳动者，也从来不会为劳动着想。不过，如果天下人都去求道而不谋食，谁来耕作？如果耕作者明白了挨饿的道理，不给你交税，也不耕作，岂不是要饿死这帮只求道不谋食的君子！

子曰："知及之，仁不能守之；虽得之，必失之。知及之，仁能守之。不庄以莅之，则民不敬。知及之，仁能守之，庄以莅之。动之不以礼，未善也。"

【注】朱注：莅，临也。谓临民也。动之，动民也。犹曰鼓舞而作兴之云尔。

【译】孔子说："凭聪明才智得到的东西，但不能尊仁行事，也不能保持它；即使得到了，也会失去。聪明才智得到的东西，仁德能保持它。不用严肃庄重的态度来治理老百姓，则老百姓不会认真敬重。聪明才智得到它，仁德保持它，又能用庄重严肃态度治理百姓，但不按理行动，还不够完善。"

【别识】人的一生能够得到的东西很多，但未必都能守得住，关键看你这东西是怎么得来的，得到了后能否依然依礼、依仁德行事。比如名誉，比如财富。沽名钓誉得来的名誉，总有一天会被揭穿，一夜暴富也会一夜赤贫。

子曰："君子不可小知，而可大受也；小人不可大受，而可小知也。"

【译】孔子说："君子不可以通过小事情来识别，而要以接受重大事务来识别；小人不能接受重大事务，而只可以通过小事来识别。"

【别识】怎么看一个人？孔子给出一个方法。朱熹的注解说："知，我知之也。受，彼所受也。盖君子于细事未必可观，而材德足以任重；小人虽器量浅狭，而未必无一长可取。"君子小人均有所长，君子一般指才德较高之人，不必从细小事情去识别他，不必让他去干小事，而要委之以大事务；小人呢，虽然能力不够，眼光不及君子那样远大，但做小事是可以的。君子做大事，但不一定做得好小事，小人做不了大事，但能把小事做好。所以对君子和小人（这里的小人不是指谄媚之小人）要量材而用。

一般而言，儒家学者将孔子这段话看成是识人观人的方法，我以为还可更深地理解为怎样看待君子与小人。看一个人是否是君子，不能只看小处，只看局部，而要看大局。进一步说，要想成为一个君子，一定要经过大事磨砺，有大事务才能有大锻炼，有大挫折才有大进步，不经大风大浪，难以有大眼光、大胸怀，要做好大事情恐怕也不那么容易。

还有学者把这段话解译为：君子不可以用小事情来考验他，却可以接受重大事务。我以为不妥。如果照此说法，那么君子就不能做小事，只能做大事。但是，小事如果做不好，何以知道你能做好大事？做好大事的前提条件是，你要做得好小事，否则，所谓"可大受"的君子就很值得怀疑是否能做大事。

子曰："民之于仁也，甚于水火。水火，吾见蹈而死者矣，未见蹈仁而死者也。"

【译】孔子说："民众需要仁德，比需要水火更甚。我见到过赴汤蹈火而死的人，没有见到过践履仁德而死的人。"

【别识】这段话实际上透露了孔子对民众仁德缺失的失望，表露了他对恢复推行仁德的渴望。朱熹的解读非常精彩："民之于水火，所赖以生，不可一日无。其于仁也亦然。但水火外物，而仁在己。无水火，不过害人之身，而不仁则失其心。是仁有甚于水火，而尤不可以一日无也。况水火或有时而杀人，仁则未尝杀人，亦何惮而不为哉？"就民从日常生活而言，水与火是必需品，不可一日无。缺水无火，对人的伤害不过是伤害身体，但如果不讲仁德，伤的是看不见的人心，是心灵，是灵魂。

但是，问题也就在这里。仁德是个虚的东西，水与火是人生存的必备条件，人要生存就离不开水火，而仁一不能饱肚子，二不能暖身体，只是一种内心的理想理念而已。所以对百姓而言，首要问题是解决温饱，然后才说得上仁义道德。所谓仓廪足知礼节是也。所以对孔子说的“民之于仁也，甚于水火”要客观看待。

子曰：“当仁不让于师。”

【译】 孔子说：“施行仁德，即使是面对老师，也不要谦让。”

【别识】 仁德的施行、追求是每个人都应当做的事，不能因为有老师在就谦让谦逊。朱熹说：“当仁，以仁为己任也。虽师亦无所逊，言当勇往而必为也。盖仁者，人所自有而自为之，非有争也，何逊之有？”程氏说：“为仁在己，无所与逊。若善名为外，则不可不逊。”仁德之事，是每个人必须去践行的，从来不能谦逊谦让。

我以为，孔子在这里说的“仁”还有真理的意思。真理面前不能向任何人让步，即使是老师也不能让，要坚持真理。老师如果错了，就更要坚持真理。为真理可以顶老师、顶皇帝、顶父母。亚里斯多德有句名言：“吾爱吾师，吾更爱真理”，就是这个道理。

子曰：“君子贞而不谅。”

【注】 朱注：贞，正而固也。谅，则不择是非而必于信。

【译】 孔子说：“君子恪守信义，但不固执。”

【别识】 一些儒家学者把“谅”解释为讲诚信而不顾是非，杨伯峻先生将这段话译为：“君子讲大信，却不讲小信。”我以为不妥。诚信，言行一致，言出必行。诚信本身就明是去非，正确的我履行，不对的，有违仁德的事不做，并不是明知是错的有害的也要去兑现承诺。再者，大凡正常的人，明是非的人在做出承诺之时，不会做出有违仁德、有害社会的承诺，因此，所谓不择是非的“信”，不是君子所为。诚信就是诚信，不存在大诚信小诚信之分。

子曰：“事君，敬其事而后其食。”

【注】 朱注：后，与后获之后同。食，禄也。

【译】 孔子说：“事奉君上，要把事情做好，把报酬俸禄的事放到后面。”

【别识】 做事不要一上来就先想到该拿多少报酬，而要先把事情做好，这不仅是对上级如此，对任何事都应如此。

子曰："有教无类。"

【译】孔子说："人人我都教育，不分贫富贵贱。"

【别识】这是孔子最重要的教育思想。每个人都有接受教育的权利，而教育者对任何一个接受教育的人都要一视同仁，不分贵贱贫富、不分种族性别，更不能分智力上下。可是，我们的教育发展到今天，早已违背了孔子的这一思想，过去有权的上好学校，现在是有钱的上好学校，权学生变成钱学生，学校还根据学生的学习成绩把学生分成三六九等，已经远离孔子的教育思想，沾满了铜臭。

子曰："道不同，不相为谋。"

【译】孔子说："主张不同，不相互商议。"

【别识】孔子在这里说的"道"不是道理，而应理解为志向、主张，带原则性的、根本的东西，而不是一般所说的看法、意见。否则，为一点看法不同而互不沟通，也未免太过。只有志向不一样、价值观不一样，根本就说不到一起，所以才没必要相互商议。

子曰："辞达而已矣。"

【译】孔子说："言辞表达出意思也就行了。"

【别识】朱熹的解释是："辞，取达意而止，不以富丽为工。"意思表达清楚就行了，不要用华丽的辞藻去修饰，言简意赅最好。

师冕见，及阶，子曰："阶也。"及席，子曰："席也。"皆坐，子告之曰："某在斯，某在斯。"师冕出。子张问曰："与师言之道与？"子曰："然。固相师之道也。"

【注】朱注：师，乐师，瞽者。冕，名。相，助也。

【译】瞎子乐师冕来见孔子。到了台阶，孔子说："这是台阶。"到了坐席，孔子说："这是坐席。"大家都坐下了，孔子介绍说："某人在这里，某人在这里。"师冕走后，子张问："这是与盲乐师讲话的方式吗？"孔子说："对呵。这就是帮助盲乐师的方式。"

【别识】春秋战国时代，乐师一般由盲人担任。由此可见孔子对残疾人的关照和帮助，非常细心的。

季氏第十六

季氏将伐颛臾。冉有、季路见于孔子曰："季氏将有事于颛臾。"孔子曰："求！无乃尔是过与？夫颛臾，昔者先王以为东蒙主，且在邦域之中矣，是社稷之臣也。何以伐为？"冉有曰："夫子欲之，吾二臣者皆不欲也。"孔子曰："求！周任有言曰：'陈力就列，不能者止。'危而不持，颠而不扶，则将焉用彼相矣？且尔言过矣。虎兕出于柙，龟玉毁于椟中，是谁之过与？"

冉有曰："今夫颛臾，固而近于费。今不取，后世必为子孙忧。"孔子曰："求！君子疾夫舍曰欲之，而必为之辞。丘也闻：有国有家者，不患寡而患不均，不患贫而患不安。盖均无贫，和无寡，安无倾。夫如是，故远人不服，则修文德以来之。既来之，则安之。今由与求也，相夫子，远人不服而不能来也；邦分崩离析而不能守也。而谋动干戈于邦内。吾恐季孙之忧，不在颛臾，而在萧墙之内也。"

【注】 朱注：颛臾，国名。鲁附庸也。东蒙，山名。夫子，指季孙。周任，古之良史。陈，布也。列，位也。相，瞽者之相也（帮助盲人的人）。兕，野牛也。柙，槛也。椟，匮也。固，谓城郭完固。费，季氏之私邑。欲之，谓贪其利。寡，谓民少。贫，谓财乏。均，谓各得其分。安，谓上下相安。萧墙，屏也。

【译】 季孙氏准备攻打颛臾。冉有子路两人去见孔子，说："季氏准备要打颛臾。"孔子说："冉求！这难道不应该责备你吗？颛臾，上代君王让他主持东蒙山的祭祀，而且他的国境早就在我们最初被封时的疆土之内，这正是与鲁国共安危的藩属，怎么能去攻打他呢？"冉有说："季孙氏要这么干，我们二人是不同意的。”孔子说：“冉求！周任有句话说：‘有能力就去任职，没有就辞职。’比如瞎子遇到危险你不去帮助，将要摔倒了，你不去搀扶，那又何必要助手呢？你的话错了，老虎野牛从槛里逃出来，龟壳美玉在匣子里毁坏了，这是谁的责任呢？”

冉有说：“颛臾城墙很坚固，而且离季孙氏的私邑费很近。现在不把它占领，今后会给子孙留下祸害。”孔子说：“冉求！君子就讨厌那种不说自己贪心，却偏要找借口的态度。我听说过，无论是诸侯还是大夫，不担心财富不多，而担心财富不平均。不担心人民太少，而担心境内不安。若是财富平均，则无所谓贫穷，境内和平团结，便不会觉得人民太少。境内平安便不会倾危。如果做到这样，远方的人还不归服，便再修仁义礼信之德来招致教化他们。他们来了，就使他们安心。如今子路和冉求辅助季孙氏，远方之人不归服，国家又支离破碎不能保全，反而想在国境之内动兵戈，我担心季孙氏的忧患不在颛臾，而在自己宫廷内部呵。”

【别识】关于季氏将要讨伐自己境内的藩属国颛臾，引出孔子大段议论。最为重要的是“不患寡而患不均，不患贫而患不安”的思想。学者们认为这句应该是：“不患贫而患不均，不患寡而患不安”，疑寡应为贫，贫应为寡，这样才和下文“均无贫，和无寡，安无倾”对得上。一个国家，财富多少不是最重要的，最重要的是财富分配要大体均衡，社会财富分配不合理，贫富悬殊自古以来就是引发社会矛盾冲突甚至大动荡的根源。朱熹说：“均则不患于贫而和，和则不患于寡而安，安则不相疑忌，而无倾覆之患。”

孔子曰：“天下有道，则礼乐征伐自天子出；天下无道，则礼乐征伐自诸侯出。自诸侯出，盖十世希不失矣；自大夫出，五世希不失矣；陪臣执国命，三世希不失矣。天下有道，则政不在大夫。天下有道，则庶人不议。”

【注】30年为一世。希，通稀，少有。陪臣，家臣也。

【译】孔子说：“天下太平，制作礼乐，发布征伐的命令都由天子发出；天下昏乱，制作礼乐出兵讨伐便决定于诸侯。决定于诸侯，大约传到十世，很少能继续下去的；政令决定于大夫，大约传到五世，很少能继续下去；若是家臣把持国家政权，传到三代，很少能继续下去。天下太平，国家政权就不会由大夫把持，天下太平，老百姓就不会议论纷纷。”

【别识】孔子这一说，是有根据的。孔子认为，尧、舜、禹、汤以及西周都是“礼乐征伐自天子出”，到了春秋后期，齐桓公称霸，周天子已经无法发号施令了，即使发号施令，也没人听了，诸侯们开始各行其是，各自为政，“礼乐征伐自诸侯出”了。从齐桓公称霸起，历孝公、昭公、懿公、惠公、顷公、灵公、庄公、景公、悼公、简公十公，至简公为大夫陈恒所杀，这是孔子亲自见证了的。晋自文公称霸始，历襄公、灵公、成公、景公、厉公、平公、昭公、顷公九公，然后是六卿专权，也是孔子亲见。所以孔子说“自诸侯出，十世希不失矣”，只能传十世。鲁国自季友专权，把鲁君架空放在一边，历文子、武子、平子、桓子而为家臣阳虎所执，也是孔子亲见。所以孔子说：“自大夫出，五世希不失矣。”而在季氏专权时，由家臣执政如南蒯、公山弗扰、阳虎等都是当身而败，连二世都不到，何谈三世。所以孔子说：“陪臣执国命，三世希不失矣。”

还有一句话值得注意，尤其值得当政者重视。“天下有道，庶人不议。”天下政令有序，社会公平，老百姓就不会议论纷纷。反过来，如果老百姓对社会现象，对政令议论纷纷，甚至有怨言，说明政令一定出了问题，社会一定有不公平之事，财富分配一定不均衡。可惜的是我们有些当政者从来不反思自己，从来不把庶民之议当回事，等到民怨沸腾时再来补救，为时已晚。

孔子曰：“禄之去公室，五世矣；政逮于大夫，四世矣；故夫三桓之子孙，微矣。”

【注】 禄，俸禄，此指赐予俸禄之权。三桓，指鲁桓公三房子孙：孟孙、叔孙、季孙，故称三桓。微，衰微。

【译】 孔子说：“国家政权离开鲁君已五代了；政权到了大夫手中已经四代了；所以桓公的三房子孙现在衰微了。”

【别识】 自鲁君丧失政权到孔子说这番话时，已经历了宣公、成公、襄公、昭公、定公五代；自季氏把持鲁国国政到孔子说话番话，经历了文子、武子、平子、桓子四代。所以孔子有此一说。这是孔子感叹时代社会之乱，已经不可收拾，无可奈何了。

孔子曰：“益者三友，损者三友。友直，友谅，友多闻，益矣。友便辟，友善柔，友便佞，损矣。”

【译】 孔子说：“有益的朋友有三种，有害的朋友有三种。与正直的人交友，与信实的人交友，与见多识广的人交友都有益。同谄媚奉承的人交友，同当面顺从背后诽谤的人交友，同夸夸其谈的人交友，便有害了。”

【别识】人之一生交友无数，可是很多人并不注意与哪种人交友有益，与哪种人交友有害。孔子在这里提出了有益的三种人，有害的三种人。朱熹的注解很为精当，他说：“友直，则闻其过。友谅，则进于诚。友多闻，则进于明。便，习熟也。便辟，谓习于威仪而不直。善柔，谓工于媚悦而不谅。便佞，谓习于口语而无闻见之实。三者损益正相反也。”

孔子曰：“益者三乐，损者三乐。乐节礼乐，乐道人之善，乐多贤友，益矣。乐骄乐，乐佚游，乐宴乐，损矣。”

【译】孔子说：“有益的快乐有三种，有害的快乐有三种。以得到礼乐的调节为快乐，以颂扬他人好处为快乐，以交了不少贤友为快乐，是有益的快乐。以骄纵为快乐，以游荡忘返为快乐，以无度宴饮为快乐，是有害的快乐。”

【别识】快乐也分有损有益，不是所有快乐都能给人带来好处，有些快乐带的就是坏处和损害。比如无度宴饮大吃大喝，伤肝伤胃，有时酒后失言还伤朋友感情。朱熹说：“骄乐，则侈肆而不知节。佚游，则惰慢而恶闻善。宴乐，则淫溺而狎小人。三者损益，亦相反也。”

孔子曰：“侍于君子有三愆：言未及之而言，谓之躁；言及之而不言，谓之隐；未见颜色而言，谓之瞽。”

【注】朱注：君子，有德位之通称。愆，过也。瞽，无目，不能察言观色。

【译】孔子说：“陪着君子（或上级）有三种过失：不该说的时候抢先说，叫急躁；该说的时候不说，叫隐瞒；不看君子的脸色便贸然说话，叫眼瞎。”

【别识】朱熹把君子解释为“有德位之通称”我以为很准确。孔子在这里说的君子，一是道德修养高的人，二是指有社会地位，在上位的人。与地位比自己高（职位和社会地位或年长者）的人说话是要讲究分寸的，该你说的时候才说，不该说的时候不说。最重要的是要看准时机再说。尤其是下级向上级报告事情，希望得到批准的时候，这个说话的时机就更重要。上级高兴时报告，很容易得到批准，上级不高兴时报告，多半被枪毙。所以朱子说，要察颜观色说话。尹焞注解说：“时然后言，则无三者之过矣。”掌握好说话的时机，就不会有这三种过失。

孔子曰："君子有三戒：少之时，血气未定，戒之在色；及其壮也，血气方刚，戒之在斗；及其老也，血气既衰，戒之在得。"

【注】朱注：血气，形之所待以生者，血阴而气阳也。得，贪得也。

【译】孔子说："君子有三件事要警惕戒备：年轻时血气未定，要警戒迷恋女色；到了壮年，血气正旺盛，在警戒争喜斗好胜；年纪大了，血气已衰，要警戒，莫要贪求无厌。"

【别识】孔子这一段是说人的一生三个阶段应当慎戒什么。年少时不要迷恋女色，因为此时血气未定，迷恋女色伤元气。人到壮年，各方面有基础了，社会阅历有些积累了，血气方刚，中气也足了，这时最好争斗，所以要戒争强好胜。到了老年，身体不行了，血气已衰，不要再在乎名利之得了，所以要戒得。

北宋理学家范祖禹的解注很精当："圣人同于人者血气也，异于人者志气也。血气有时而衰，志气则无时而衰也。少未定、壮而刚、老而衰者，血气也。戒于色、戒于斗、戒于得者，志气也。君子养其志气，故不为血气所动，是以年弥高而德弥邵也。"

孔子曰："君子有三畏：畏天命，畏大人，畏圣人之言。小人不知天命而不畏也，狎大人，侮圣人之言。"

【注】朱注：畏者，严惮之意也。天命者，天所赋之正理也。侮，戏玩也。

【译】孔子说："君子有三种敬惧：敬惧天命，敬惧王公大人，敬惧圣人的言语。小人不懂得天命，所以他不怕，轻视王公大人，轻侮圣人的言语。"

【别识】这里所说的大人、圣人均为泛指，大人既是上位之人，也可理解为长辈，圣人多指智者、学者。圣人之言也应理解为正确的道理、正确的话。同样，天命不能只理解为上天安排，不能只理解的命运，更多的是指真理，正如朱子所说是"天所赋之正理也"。

小人不知天命而不惧，乃是无知者无畏的根源。从反面来理解孔子这段话也许更有意义。要想成为君子，要想有所成，必须要有敬畏之心，敬畏知识、敬畏文化、敬畏智者，敬畏长辈，敬畏自然规律，敬畏天命，否则就会在社会上乱闯一气，到处碰壁，不会成功，也成不了君子。

孔子曰："生而知之者，上也；学而知之者，次也；困而学之，

又其次也；困而不学，民斯为下矣。”

【注】朱注：困，谓有所不通。

【译】孔子说：“生来就知道的是上等；学过之后才知道的次一等；有了困惑后再去学习，又次一等；有了困惑又不学习，这就是最下等的人了。”

【别识】生而知之是天才，音乐、艺术、科学等如是也，个人天赋与生俱来，一点即通。朱熹说：“言人气质不同，大约有此四等。”不是天才的人也能成功，办法就是学习。要从下等人变为上等人，办法只有一个，努力学习，掌握知识。一个人如果懒到有了困惑、遇到困难都不想去学习，那就只能是下等人了，怨不得别人，也怨不得天命了。天才是天生的，而下等人却不是天生的，是后天的，困而不学乃为下矣。

孔子曰：“君子有九思：视思明，听思聪，色思温、貌思恭，言思忠，事思敬，疑思问，忿思难，见得思义。”

【译】孔子说：“君子有九种考虑：看的时候，考虑看明白没有；听的时候，考虑听清楚没有；脸上的颜色，考虑是否温和；容貌态度，考虑是否恭敬谦和；说话言语，考虑忠信诚实；做事情，考虑认真尽心；有了疑问，考虑向人请教；情绪冲动时，考虑有什么后患；看到可得的，考虑是否该得。”

【别识】孔子说的九思，实际上是做人的一些基本原则，为人处事之道，做到了就是儒雅之人，就是君子。朱熹说：“视无所蔽，则明无不见。听无所壅，则聪无不闻。色，见于面者。貌，举身而言。思问，则疑不蓄。思难，则忿必惩。思义，则得不苟。”

孔子曰：“见善如不及，见不善如探汤。吾见其人矣，吾闻其语矣。隐居以求其志，行义以达其道。吾闻其语矣，未见其人也。

【译】孔子说：“看见善良，赶快去做，生怕赶不上；看到邪恶，马上避开，就象把手伸进开水里。我见过这种人，听到过这种话。避世隐居以保全自己的志向，依义行动来贯彻他的主张。我听到过这种说法，没见过这种人。”

【别识】前一种人，朱子认为颜渊、曾子、闵子牛、冉有均是“真知善恶而诚好恶之”。后一种人，既要隐居避世，不出头，又想实现自己的主张，达成自己的目的，很难，几乎做不到。躲进深山老林，或者隐于市中不出头，或者到庙里青灯黄卷，如何行义？不行义如何达道？道不达，志何能守？守志也就成了空话。

齐景公有马千驷，死之日，民无德而称焉。伯夷叔齐饿于首阳之下，民到于今称之。其斯之谓与？

【译】齐景公有四千匹马，死了之后，谁都不觉得他有什么值得称道的。伯夷叔齐饿死在首阳山，百姓到今天仍在称颂他们。那说是这个意思吧？

【别识】后世学者认为这一段话开头没有“子曰”，下文难叙。又认为，“其斯之谓与”前应有曾在第十二篇中出现过的“诚不以富，亦只以异”，不然的话“其斯之谓与”就很唐突。

齐景公当做为一国之君，当然富有，但富有并不能给他带来好名声，死后没有留下值得人们称道的事。而伯夷叔齐不同，饿死在首阳山，死后多年，人们还在称道他们。果真是不在于富有，而在于行为优异。富有只是身前事，死后之富不在财，而在德，死后之富在民口，而不在己身，此乃名言也！

陈亢问于伯鱼曰：“子亦有异闻乎？”对曰：“未也。尝独立，鲤趋而过庭。曰：‘学诗乎？’对曰：‘未也。’‘不学诗，无以言。’鲤退而学诗。他日又独立，鲤趋而过庭。曰：‘学礼乎？’对曰：‘未也。’‘不学礼，无以立。’鲤退而学礼。闻斯二者。”陈亢退而喜曰：“问一得三：闻诗，闻礼，又闻君子之远其子也。”

【注】陈亢，孔子学生，名子禽。伯鱼，孔子之子孔鲤，字伯鱼。

【译】陈亢问伯鱼：“你在老师那里得到过与众不同的传授吗？”伯鱼说：“没有。有一次他老人家独自站在院里，我恭敬地快步从那里经过，他问我：‘学过诗吗？’我回答：‘没有。’他说：‘不学诗就不会说话。’我退下来就学诗。又有一次他独自站在院落里，我恭敬地快步从庭里经过。他问我：‘学过礼吗？’我回答：‘没有。’他说：‘不学礼，就没有自立于社会的依据。’我退下来学礼。只听到这两件。”

陈亢回去高兴地说：“我问一件事，得到三个事。知道诗，知道礼，又知道君子对他儿子的态度。”

【别识】这段陈亢与伯鱼的对话，反映也孔子教书育人的理念，无论对谁都一视同仁，没有特殊，哪怕是对自己的儿子也没有特殊照顾。所以，陈亢得到伯鱼的回答后喜形于色，认为孔子“远其子”，这是陈亢一问三得中最重要之得。教书育人者对学生当一视同仁。

邦君之妻，君称之曰夫人，夫人自称曰小童；邦人称之曰君夫人，称诸异邦曰寡小君；异邦之人称之，亦曰君夫人。

【注】朱注：寡，寡德，谦辞。

【译】国君的妻子，国君称她为夫人，她自称为小童。国内的人称她为君夫人，对外国人称她为寡小君，外国人称她是君夫人。

阳货第十七

阳货欲见孔子，孔子不见，归孔子豚。孔子时其亡也，而往拜之，遇诸涂。谓孔子曰："来！予与尔言。"曰："怀其宝而迷其邦，可谓仁乎？"曰："不可。""好从事而亟失时，可谓知乎？"曰："不可。""日月逝矣，岁不我与。"孔子曰："诺。吾将仕矣。"

【注】朱注：阳货，季氏家臣，名虎。怀宝迷邦，谓怀藏道德，不救国之迷乱。亟，数也。失时，谓不及事机之会。

【译】阳货想见孔子，孔子不见。阳货送给孔子一个蒸熟的小猪。孔子打听到阳货不在家时去回拜他，在路上遇到了。阳货说："你过来！我与你说话。"阳货说："自己有一身本领，却听任国家迷乱，可以叫仁爱吗？"孔子说："不可以。"阳货又说："一个人喜欢做官，却屡屡错失机会，这可以叫聪明吗？"孔子说："不可以。"阳货说："时光流逝，不能再回来呵。"孔子说："好吧，我准备出来当官做事。"

【别识】其时，阳货做为季氏家臣。鲁定公五年，阳货把季桓子囚禁起来把持国政，很做了一些恶事。阳货与孔子长相很象，孔子在陈蔡里，那里的人把孔子当成阳货围了起来，要杀掉孔子，把孔子吓得不轻。就是这个阳货，在把持了国政后，想见孔子。对这样一个恶人，孔子当然不想见。于是，阳货送了一个蒸好的小猪（有学者说是猪膀）给孔子。因为当时的规矩是，大夫送东西给士子，士子是要登门拜谢的。所以阳货的算盘是，你不见我，送你个小猪，你总要来拜谢我吧。孔子呢，碍于礼节，必须得去拜谢阳货，内心又不想见他，于是打听到阳货不在家时前往拜谢。心想，我来拜谢你，你又不在家，怨不得我不见你了。不想，孔子在去阳货家的半路上遇见了阳货。于是有了这一段对话。为了见一面想了个送礼的办法，为了不见面而又不失礼节，故意在别人不在家时前去拜谢，双方都很虚伪。天算不如人算，最后还是在路上不期而遇了。

对话很精彩。阳货想孔子出来帮他，大概知道孔子不大看得起他，所以转弯抹角的提问，间接地质问孔子你有那么多本事，为什么不出来做官？还提高到仁的高度来挤兑孔子。孔子被逼得没法，最后只好说，我准备出来做官了。阳货是想这样挤兑孔子让他出来当官做事，孔子呢，并不是不想当官，而是不想为阳货做事。朱熹注解说："货语皆讥孔子而讽使速仕。孔子固未尝如此，而亦非不欲仕也，但不仕于货耳。故直据理答之，不复与辨，若不谕其意者。"

朱子还为孔子前往拜阳货开脱说："阳货之欲见孔子，虽其善意，然不过欲使助己为乱耳，故孔子不见者，义也。其往拜者，礼也。必时其亡而往者，欲其称也。遇诸途而不避者，不终绝也。随问而对者，理之直也。对而不辩者，言之孙而亦无所诎也。"

学者杨伯峻认为在这段对话中，孔子只说了最后一句"诺。吾将仕矣。"其间的两次"不可"都是在孔子不言语后，阳货自己说的。朱熹的《四书章句集注》认为两次"不可"都是孔子说的。后世大多学者认同朱子之说。我认为朱子的理解是对的。

子曰："性相近也，习相远也。"

【译】孔子说："人的性情是相近的，因习染不同便相距远了。"

【别识】朱子的解注比较精当。他说："此所谓性，兼气质而言者也。气质之性，固有美恶之不同矣。然以其初而言，则皆不甚相远也。但习于善则善，习于恶则恶，于是始相远耳。"相近之性，天生也，相远之习，后天养成也。

子曰："唯上知与下愚不移。"

【译】孔子说："只有上等的智者与下等的愚人是不能改变的。"

【别识】关于上知与下愚有不同的理解。一种以《汉书》为准："可与为善，不可与为恶，是谓上智。可与为恶，不可与为善，是谓下愚。"是以其品质而言，以与善或与恶而区分上智与下愚。一种理解是兼以知识与品质而言，以孙星衍的"上知谓生而知之，下愚谓困而不学"。

正确理解这段话，要与上一句"性相近，习相远"联系起来理解。所谓习相远，是后天养成的，即后天影响改变。从习开始改变，继而影响到性。南怀瑾认为聪明绝顶和愚笨到家的人是不会受环境影响而有所改变的。因为聪明绝顶（上知）的人有思想，有主见，轻易不受影响，而笨（下愚）的人笨到你无法影响他，所以不移。这两种人毕竟是少数，中间的有点聪明又不太笨的人可塑性强，能够“移”，受好的影响则变成聪明人（上知），受坏的影响则变成笨蛋（下愚）。

程氏对下愚有不同解释：“人性本善，有不可移者何也？语其性则皆善也，语其才则有下愚之不移。所谓下愚有二焉：自暴自弃也。人苟以善自治，则无不可移。虽昏愚之至，皆可渐磨而进也，惟自暴者拒之以不信，自弃者绝之以不为，虽圣人与居，不能化而入也，仲尼之所谓下愚也。”就是说每个人以善之本性态度来指导自己的生活、工作，虽然有才具方面的缺陷，有点笨，但可以通过磨砺而成才，成聪明人。但如果自暴自弃，则将自己划入不肯改变，不肯接受新东西，不肯接受正确思想的行列，自己与善绝缘，且又不作为。这种人就不能教化了，下愚之态也就不能“移”了。

子之武城，闻弦歌之声。夫子莞尔而笑，曰：“割鸡焉用牛刀？

子游对曰：“昔者偃也闻诸夫子曰：‘君子学道则爱人，小人学道则易使也。’”子曰：“二三子！偃之言是也。前言戏之耳。”

【注】子游，孔子弟子言偃，字子游。武城，地名，时子游为截止城邑宰。莞尔，微笑貌。

【译】孔子到（子游当县长的）武城，听到弹琴瑟唱诗的弦乐声，微微一笑说：“宰鸡，何必用杀牛的刀？”

子游对他说：“我以前曾听夫子说过：‘君子学道，就会爱人；小人学了道就容易使唤。’”孔子说：“你们几个听着，言偃说的是对的，我刚才那句话是和他开玩笑。”

【别识】孔子这个玩笑开得有点大，被言偃不动声色地顶了回去。孔子的“割鸡焉用牛刀”是说，治理这么小一个县邑，用得着这么大的礼乐吗。子游用孔子以前说过的“君子学道则爱人，小人学道则易使”给他顶了回去，提醒他邑大邑小都得用礼乐来治理，难道礼乐还分治大郡和治小邑之分？孔子一听就知道自己说漏了嘴，马上纠正，用“前言戏之耳”来掩饰。朱熹为此专门有段话为孔子打圆场“治有大小，而其治之必用礼乐，则其为道一也。但众人多不能用，而子游独行之。故夫子骤闻而深喜之，因反其言以戏之。而子游以正对，故复是其言，而自实其戏也。”孔子走到一个小县，骤然听闻弦歌礼乐之声，高兴坏了，可是再高兴也不能昏头，拿礼乐来开玩笑。所以朱子的圆场打得并不好。所以我以为礼乐之仪，礼乐之教岂能戏言，孔子的玩笑开得很不恰当。

公山弗扰以费畔，召，子欲往。

子路不说，曰："末之也已，何必公山氏之之也。"子曰："夫召我者而岂徒哉？如有用我者，吾其为东周乎？"

【注】朱注：弗，季氏宰。与阳货共执桓子，据邑以叛。末，无也。岂徒哉，言必用我也。为东周，言兴周道于东方。

【译】公山弗扰在费邑图谋叛乱，叫孔子前去（帮忙），孔子准备去。

子路很不高兴，说："没地方去就算了，难道一定要去公山氏那里吗？"孔子说："叫我去的人，难道会白白叫我去吗？如果有人用我，我就会让周朝之王道在东方复兴。"

【别识】叛臣将要作乱，召孔子前去帮忙，孔子准备前去，学生子路极为不满，出语阻拦，可见孔子已经耐不住寂寞了。孔子一直想实践并实现自己的政治抱负，政治理想，却一直没人理会他，把他视为无物。所以当公山弗扰召孔子前去，孔子一下子就被冲晕了头脑，连召他去的人是好是坏都不管了。管他是谁，管他是不是要叛乱造反，只要有人用自己，给自己一个平台，自己就有办法去恢复过去的礼仪秩序。可见孔子为了实现自己的政治理想，是可以不要是非的，可以不讲仁德的，当然也是没有是非标准的，甚至连学生都不如。学生都知道前去帮人，要看这人值不值得帮，该不该帮。这是一。

其二，面对老师要去帮助准备叛乱造反的人，身为学生敢于当面向老师表露不满，并出言阻拦，直接质问于老师，明确反对前去，这说明孔子的教育是成功的，一方面要尊重老师，更重要的是老师有错了，能敢于站出来指出，甚至批评，这就比较难。

孔子最后去没去，史书上没有记载。我估计没去，因为如果孔子去了，就难免背上一个参与反叛作乱的罪名，形象会大大受损。史家们一定不会放过，儒家的对立面，法家、道家、阴阳家、名家等等是不会放过这种贬损孔子和儒家的事件的。不过，尽管孔子没去，但其内心想去，这已经足够了，足以表明孔子是非观的随意模糊，足以表明孔子的虚伪。

南怀瑾认为孔子是在逗着子路玩，很是荒谬。

子张问仁于孔子。孔子曰："能行五者于天下，为仁矣。"请问之。曰："恭、宽、信、敏、惠。恭则不侮，宽则得众，信则人任焉，敏则有功，惠则足以使人。"

【译】子张问孔子什么是仁。孔子说："能够时时刻刻实行五种品德，便是仁。"子张问："请问那五种品德？"孔子说："庄重、宽厚、诚信、勤敏、慈惠。庄重则不会被侮辱，宽厚则得到大家拥戴，诚信就会有人任用你，勤敏则会有成绩，慈惠则能使唤人。"

【别识】为什么孔子要对子张说要实行恭、宽、信、敏、惠这五种品德？朱熹说："盖因子张所不足而言耳。"子张在这五个方面有缺陷，所以孔子强调这五种品德。朱子又进一步注解说："行是五者，则心存而理得矣。于天下，言无适而不然，犹所谓虽之夷狄不可弃者。"

佛肸召，子欲往。子路曰："昔者由也闻诸夫子曰：'亲于其身为不善者，君子不入也。'佛肸以中牟畔，子之往也，如之何？"子曰："然。有是言也。不曰坚乎，磨而不磷；不曰白乎，涅而不缁。吾岂匏瓜也哉？焉能系而不食。"

【注】朱注：佛肸，晋大夫赵氏之中牟宰也。磷，薄也。涅，染皂物。匏，瓠也。

【译】（在中牟叛乱的）佛肸叫孔子去，孔子准备去。子路说："过去我曾听夫子说过：'亲身做过坏事的人那里，君子是不去的。'佛肸现在盘踞在中牟谋反，你却要去，怎么说得过去呢？"孔子说："是的，我是说过那句话。但是，最坚硬的东西再怎么磨也不会磨薄，最白的东西，染也染不黑。我难道是匏瓜吗？难道只能系在那里而不能给人食用吗？"

又是一个谋反叛乱的人叫孔子去，孔子又准备去。公山弗扰召，现在又是佛肸召。一而再了。两次都是子路出来阻拦。这次子路更直接，用孔子说过的"亲于身不为善者，君子不入也"来挤兑孔子。孔子很狡猾，不否认自己说过的话，但却顾左右而言他，用坚硬的东西，磨也磨不薄，白的东西染也染不黑来搪塞。最后一句话去道出了孔子不甘寂寞的心理："吾岂匏瓜哉？焉能系而不食。"我有一身本事，岂能空放在那里无所作为呵！可是孔子忘了，施展本事，为人所用，还是得讲仁德，要看是谁在用你呵，暴君用你，你能去助纣为虐吗？

强盗用你，你能去打家劫舍吗？可见孔子的从政原则是很模糊的，其政治操守很值得质疑。

孔子两次想去帮那些准备叛乱谋反的人，很令后世的儒学者头痛，想尽办法为其开脱。南怀瑾说是孔子在与子路开玩笑，很是荒唐。一般人一眼就看出，孔子是想去实现自己的政治理想，孔子是在开玩笑吗？宋儒张敬夫说得更离奇，他说："子路昔者之所闻，君子守身之常法。夫子今日之所言，圣人体道之大权也。然夫子于公山佛肸之召皆欲往者，以天下无不可变之人，无不可为之事也。其卒不往者，知其人之终不可变而事之终不可为耳。一则生物之仁，一则知人之智也。"用公山弗扰与佛肸皆可改变来替孔子掩饰未免牵强。面对孔子的错误，儒家学者不敢断然批评，更不敢象子路那样质疑阻拦，而是想办法替孔子打圆场，做遮掩，这不是很虚伪吗？

这两段记载了孔子两次想应召前去帮助反叛分子，两次都是子路阻拦未能成行。孔子的这一举动与庄子相比就显得精神境界差了太多。《史记》记载，楚威王曾拜庄子为相，庄子不干。《庄子·秋水》这样记载：

【译】庄子钓于濮水。楚大夫二人往先焉，曰："愿以境内累矣！"

庄子持竿不顾，曰："吾闻楚有神龟，死已三千岁矣。王巾笥而藏之庙堂之上。此龟者，宁其死为留骨而贵乎？宁其生而曳尾于涂中乎？"二大夫曰："宁生而曳尾涂中。"庄子曰："往矣！吾将曳尾于涂中。"

【别识】庄子在濮水（今河南濮阳县）钓鱼。楚威王派两个大夫去找到他，转达楚威王的意思："楚王想把楚国境内的事托付给先生。"庄子自顾自地钓鱼，头也不回地说："听说你们楚国有一只死了三千年的神龟，你们大王很宝贝恭恭敬敬的奉侍在庙堂之上？你说，这神龟是死了后留下骨头让人象宝贝一样敬奉起来好呢，不是拖着尾巴在泥巴里打滚活着好？"两个大夫异口同声地说："当然愿意活着在泥里打滚。"庄子说："你们回去吧，我还是拖着尾巴在泥里打滚的好。"庄子与孔子相比，孰高孰低？

子曰："由也，女闻六言六蔽矣乎？"对曰："未也。""居！吾语女。好仁不好学，其蔽也愚；好知不好学，其蔽也荡；好信不好学，其蔽也贼；好直不好学，其蔽也绞；好勇不好学，其蔽也乱；好刚不好学，其蔽也狂。"

【注】朱注：愚，若可陷可罔之类。荡，谓穷高极广而无所止。贼，谓伤害

于物。勇者，刚之发。刚者，勇之体。狂，躁率也。

【译】孔子说："子路，你听过有六种品德便会有六种弊病吗？"子路答："没有听过。"

孔子说："坐下，听我给你说。爱仁，却不好学，其弊病就是容易被人愚弄；爱智慧却不好学，其弊病就是放荡无根基；爱诚实，却不好学，其弊病就是（容易被人利用）伤害自己；爱直率，却不好学，其弊病就是说话尖刻；爱勇敢，却不好学，其弊病就是捣乱闯祸；爱刚强，却不好学，其弊病就是狂妄急躁。"

【别识】仁、知、信、直、勇、刚，此人之六种美德修养也，然而如不时常学习砥进，不以学习来充实丰富这种美德，则其弊病就会显现出来。所以朱熹说："六言皆美德，然徒好之而不学以明其理，则各有所蔽。"

子曰："小子！何莫学夫诗？诗，可以兴，可以观，可以群，可以怨。迩之事父，远之事君。多识于鸟兽草木之名。"

【译】孔子说："弟子们！为什么没有人研究诗？诗可以感发志向，可以考见得失，可以学会合作，合群，可以讽刺。近可以用其中的道理侍奉父母，远可以用其中道理事奉君主。还可以多多知道鸟兽草木的名称。"

【别识】朱熹说："学诗之法，此章尽之。"学诗的好处，孔子在这里说得很透彻了。

子谓伯鱼曰："女为《周南》、《召南》矣乎？人而不为《周南》、《召南》，其犹正墙面而立也与？"

【注】伯鱼，孔子之子。《周南》、《召南》，《诗·国风》头两篇篇名。朱注：为，犹学也。

【译】孔子对伯鱼说："你学习研究过《周南》、《召南》吗？人如果不学习研究《周南》、《召南》，就会象面对着墙壁站着。"

【别识】面墙而立，看到的只是墙，且无路可走，等于瞎子残腿。朱子说："所言皆修身齐家之事。正墙面而立，言即其至近之地，而一物无所见，一步不可行。"学习《周南》、《召南》，可以开阔眼界，拓展道路。

子曰："礼云礼云，玉帛云乎哉？乐云乐云，钟鼓云乎哉？"

【译】孔子说："礼呀礼呀，仅仅是说玉帛等礼物吗？乐呀乐呀，仅仅是说钟鼓等乐器吗？"

【别识】礼，不只是送人礼物这么简单，乐，也不是和着钟鼓乐器唱歌跳舞这么简单。送礼只是礼的一种外在表现形式，和着乐器跳舞，也只是乐的一种外在表现形式。礼乐的本质在于内心的修养、文化精神。朱子注解说："敬而将之以玉帛，则为礼；和而发之以钟鼓，则为乐。遗其本而专事其末，则岂礼乐之谓哉？"将之以玉帛，和之于钟鼓，此乃礼乐之末也，其本乃文化之精神，个人之仁德修养。

子曰："色厉而内荏，譬诸小人，其犹穿窬之盗也与？"

【注】窬，孔穴。一说通逾，翻墙。

【译】孔子说："脸色严厉，内心怯弱，如果用小人比喻，大概象打洞穿墙而来的小偷吧？"

【别识】朱子注解这句话说："言其无实盗名，而常畏人知也。"常有这样一种人，不学无术，却又装得满腹经纶，又怕别人知道他的底细，心中虚弱，所以要装出一幅强大威猛的样子，颜色严厉。大凡看见那种盛气凌人的人，多半是底气不足之人，怕别人看穿他，所以装模作样。

子曰："乡原，德之贼也。"

【注】朱注：乡者，鄙俗之意。原，与愿同。乡原，乡人之愿者也。

【译】孔子说："那种不分是非的好好先生，是败坏道德的小人。"

【别识】这段话的关键在对"乡原"的理解。朱熹说："盖其同流合污以媚于世，故在乡人之中，独以愿称。夫子以其似德非德，而反乱乎德，故以为德之贼而深恶之。"所谓乡原，指那种在乡里表面谨慎，却不分是非的好好先生，表面上一团和气，对谁都好，但不明是非，这种人在善与恶、好与坏面前是非不分，就成了败坏道德的小人。

子曰："道听而涂说，德之弃也。"

【译】孔子说："道路上听来的传言又四处传播，这是应当摈弃的品德。"

子曰："鄙夫可与事君也与哉？其未得之也，患得之；既得之，患失之。苟患失之，无所不至矣。"

【注】朱注：鄙夫，庸恶陋劣之称。患得之，谓患不能得之。

【译】孔子说："庸恶陋劣的人，能与他一起共事吗？当他没有得到职位时，生怕得不到；得到职位了，又生怕失去。害怕失去职位，便什么事都干得出来。"

【别识】现实生活中这种人还很多，"苟患失之，无所不至矣"，会干些什么事？朱子说："小则吮痈舐痔，大则弑父与君，皆生于患失而已。"拍马屁，舐屁股，杀父弑君，滥杀无辜，什么事都干得出来。宋代理学家胡安国说："许昌靳裁之有言曰：'士之品大概有三：志于道德者，功名不足以累其心；志于功名者，富贵不足以累其心；志于富贵而已者，则亦无所不至矣。'志于富贵，即孔子所谓鄙夫也。"志于富贵者，能算士吗？只能是庸恶陋劣的鄙夫。

子曰："古者民有三疾，今也或是之亡也。古之狂也肆，今之狂也荡；古之矜也廉，今之矜也忿戾；古之愚也直，今之愚也诈而已矣。"

【注】朱注：狂者，志愿太高。肆，谓不拘小节。荡则逾大闲矣。矜者，持守太严。廉，谓棱角峭厉。忿戾则至于争矣。愚者，暗昧不明。直，谓径行自遂。诈则挟私妄作矣。

【译】孔子说："古代的人有三种（可贵的）毛病，现在的人连这都不如。古代的狂人肆意直言，现在的狂人放荡不羁；古代矜持的人廉洁自守，现在矜持的人却易怒乖戾；古代的愚人直率，现在的愚人却欺诈。"

【别识】这又是孔子在叹息，今不如昔，人心不古。

子曰："巧言令色，鲜矣仁。"

【注】重出。见《学而》篇。

子曰："恶紫之夺朱也。恶郑声之乱雅乐也。恶利口之覆邦家者。"

【注】朱注：朱，正色。紫，间色。雅，正也。利口，捷给。覆，倾败也。

【译】孔子说："紫色代替了正红色，可恶；郑国的乐曲扰乱了典雅的乐曲，可恶；强嘴利舌使国家倾覆，可恶。"

【别识】在孔子看来，紫色、郑乐均属于不正，红色，雅乐才是正统、正规的东西。周朝时，红色礼服是官员们的朝服之色，故为正色。到了春秋时，诸侯大夫们开始用紫色来做朝服。鲁桓公和齐桓公就喜欢穿紫色服装。

范祖禹说："天下之理，正而胜者常少，不正而胜者常多，圣人所以恶之也。利口之人，以是为非，以非为是，以贤为不肖，以不肖为贤。人君苟悦而信之，则国家之覆也不难矣。"强嘴利舌，花言巧语，颠倒是非足以乱国倾国，当然可恶。孔子恶之是有道理的。可是，恶紫色夺了红色，郑乐乱了雅乐就毫无道理。正如范祖禹所说，为何不正而胜者多？所谓正与不正，是相对而言的。用传统眼光看来是正的，用非传统眼光来看未必就正。紫替红，甚至夺红，应当是正常现象。红色太抢眼，且不易染正，不象紫色，深一点浅一点都没关系。由紫替红在春秋时代应当是一种潮流，用世俗的眼光看，紫替红并非不正，而是潮流使然。郑乐也是如此，宫廷用的雅乐，百姓肯定不喜欢，郑乐指民间所用之乐，来于百姓，娱乐百姓，乃百姓之乐，与宫廷之雅乐互不相干，何乱之有？所以我说，孔子恶利口是对的，恶紫恶郑乐毫无道理。

子曰："予欲无言。"子贡曰："子如不言，则小子何述焉？"子曰："天何言哉？四时行焉，百物生焉，天何言哉？"

【译】孔子说："我想不再说了。"子贡说："你如不说话，我们怎么传述呢？"孔子说："天说了什么呢？四季运行，百物生长，天说了什么呢？"

【别识】孔子在这里表达了一个朴素的思想，天道自然运行，自然自有其规律，不是哪个人主观在那里想怎么说就怎么样的，此其一，其二，你不说，规律、道理也在那里不会变，说了也在那里，不会因为你说了就有所改变，也不会因为你说了就有所改变。朱子注解时说："四时行，百物生，莫非天理发见流行之实，不待言而可见。圣人一动一静，莫非妙道精义之发，亦天而已，岂待言而显哉？"

孔子自比于天，很是自信，自己不说，与天不言相提并论，颇有王者之气。

孺悲欲见孔子。孔子辞以疾。将命者出户，取瑟而歌，使之闻之。

【注】朱注：孺悲，鲁人，尝学士丧礼于孔子。

【译】孺悲来见孔子。孔子托以有病不见。传命的人刚出房门，孔子就取来瑟弹，并歌唱起来，让孺悲听到。

【别识】你去见一个曾经教过你的长者，长者说有病在身不见，你却又听到房里有弹瑟歌唱之声，唱歌的正是你想见的长者。遇到这种情景，你会是一种什么心情？感到受到侮辱，被人藐视。孔子提倡的仁，教人要待人宽厚，而孔子此举显然有悖于仁。为什么推说有病在身而不见孺悲，却又取瑟而歌，还要大声唱，让孺悲听到，这显然是对来访者的不尊重，甚至是侮辱。朱子为此辩护说："当是时，必有以得罪者。故辞以疾，而又使知其非疾，以警教之也。"程氏也说："此孟子所谓不屑之教诲，所以深教之也。"孟子在《告子下》中说："教亦多术矣，予不屑之教诲也者，是亦教诲之而已矣。"照朱子的解释，孺悲是得罪了孔子，所以孔子不见，而且用这种近乎侮辱人的方式教训孺悲。这种举动说轻点是有失长者的身份，说重点是心胸狭窄，言行不一，违背了他"有教无类"的思想。可见孔子也不是没有个性，也不是不会不犯错误的圣人。问题在于后世儒家学者大凡遇到孔子此类有失仁德的举动，不是正确看待，而是出面千方百计为其遮掩，把孔子打扮成圣人。

宰我问："三年之丧，期已久矣。君子三年不为礼，礼必坏，三年不为乐，乐必崩。旧谷既没，新谷既升，钻燧改火，期可已矣。"子曰："食夫稻，衣夫锦，于女安乎？"曰："安。""女安则为之！夫君子之居丧，食旨不甘，闻乐不乐，居处不安，故不为也。今女安，则为之！"宰我出。子曰："予之不仁也！子生三年，然后免于父母之怀。夫三年之丧，天下之通丧也。予也有三年之爱于其父母乎？"

【注】朱注：期，周年也。没，尽也。升，登也。燧，取火之木也。改火，春取榆柳之火，夏取枣杏之火，夏季取桑柘之火，秋取柞楢之火，冬取槐檀之火，亦一年而周也。已，止也。礼，父母之丧，既殡，食粥、粗衰。既葬，疏食、水饮，受以成布。期而小祥，始食菜果，练冠缘缘，要绖不除，无食稻衣锦之理。

【译】宰我问："父母死了，三年守丧，为期也太久了。君子如果三年不研习礼，礼就会废弃了，三年不习乐，乐就会失传。旧谷子吃完了，新谷子又登场了，钻木取火用的燧木已轮换了一次，一年守丧也就可以了。”孔子说：“父母死了不到三年就吃白米饭，穿锦衣，你心安吗?”宰我说：“心安。”孔子说：“你心安你就去做吧！君子在守丧期间，吃美味不感到甜，听到乐声不会快乐，住在家里会感到不安，所以不那样做。既然你感到心安，你就去那样做吧！”宰我退出来。孔子说：“宰我不仁呵！一个人生下来，三年之后才能脱离父母的怀抱。替父母守三年丧，天下都这样呵。宰予难道没有从父母那里得到三年怀抱的爱吗?”

【别识】宰我感到三年守丧时间太长，提出来一年就够了，可是孔子认为这是不仁，坚持要守丧三年，且在守丧期间不吃白米饭，不穿锦缎衣，不住在家里，要在墓旁守孝，以报父母三年怀抱之恩。从孝的角度讲，孔子是对的。但从制的角度讲又太死板。孔子生活的那个年代，人的平均奉命不到50岁，守丧就要花去近十分之一的时间，确实有点长。且孔子主张丧葬的厚葬，出殡前，守丧的人只能喝稀粥，穿粗布衣，父母安葬了才能吃粗粮喝水，一年后才能吃蔬菜水果。难怪宰我要提出不同意见。到现代社会，孔子这套守丧制度根本就行不通，能行的只是他那种要感恩父母的思想。

子曰：“饱食终日，无所用心，难矣哉！不有博弈者乎，为之犹贤乎已。”

【注】朱注：博，局戏也。弈，围棋也。

【译】孔子说：“一天到晚吃饱了饭，什么事都不做，不行的呵。不是有掷采下棋的游戏吗？玩一玩也比闲着好呵。”

【别识】宋代理学家李侗解释孔子这段话说：“圣人非教人博弈也，所以甚言无所用心之不可尔。”吃饱了饭无事可干，就游手好闲，游手好闲就会胡思乱想，胡思乱想就容易做出违礼、违法的事，还不如找点事来干，哪怕是下下棋，打打游戏。用现在的话说就是太闲了会闲出毛病，搓搓麻将，打打网络游戏，不仅消磨时光，还动脑筋，防止得老年痴呆。

子路问：“君子尚勇乎?”子曰：“君子义以为上。君子有勇而无义为乱，小人有勇而无义为盗。”

【译】子路问：“君子崇尚勇敢吗?”孔子说：“君子认为义是最该崇尚的。君子只有勇敢，没有义，就会捣乱；小人只有勇敢没有义，就会做强盗。”

【别识】朱子注曰："君子为乱，小人为盗，皆以位而言者也。"这很成问题。君子之乱造成祸害甚于小人，这是历朝历代证明了的。君子位高，一旦作乱，乱的就是天下，乱的是国家，是邦族，而小人之盗无非乱了乡邻。所以君子无义之乱为大盗，小人无义为盗是小盗。大盗窃国，小盗窃家。

子贡曰："君子亦有恶乎?"子曰："有恶：恶称人之恶者，恶居下流而讪上者，恶勇而无礼者，恶果敢而窒者。"曰："赐也亦有恶乎?""恶徼以为知者，恶不孙以为勇者，恶讦以为直者。"

【注】朱注：讪，谤毁也。窒，不通也。徼，伺察也（窃取、剽窃）。讦，谓攻发人之阴私。

【译】子贡问："君子有憎恶吗?"孔子说："有憎恶：憎恶一味说人坏话的人，憎恶在下位谤毁上级的人，憎恶勇敢而无礼的人，憎恶办事果断却刚愎自用顽固执拗的人。"孔子问子贡："赐呵，你也有憎恶吗?"子贡回答："我憎恶窃取别人东西还自认为聪明的人，憎恶不谦逊而又自称勇敢的人，憎恶专门说他人阴私还自认为直率的人。"

【别识】孔子所说的四种人，为什么要被他憎恶?朱子解释说："称人恶，则无仁厚之意。下讪上，则无忠敬之心。勇无礼，则为乱。果而窒，则妄作。故夫子恶之。"注解得比较精当。

子曰："唯女子与小人为难养也，近之则不孙，远之则怨。"

【译】孔子说："只有女人与小人难以共处。亲近了，他们会无礼，疏远了，他们又会报怨。"

【别识】这句话向来被人诟病，做为孔子看不起妇女的把柄。但大多数时候，人们只引用前面一句话，后面两句则弃之不用。这是国人引用经典最坏的文风之一，断章取义。

女人与小人一样难以共处，难以伺候。因为在孔子所处的年代，女人与下民是得不到教育的，所以你对他好，与他亲近，他会不谦逊，言行会无礼；不理他们，又能要招他们报怨。所以孔子有此一说。从春秋战国时代的情况看，孔子说的是实情。到现代，这句话当然就有问题。但是把下面两句孔子说"难养"的原因连起来还是有一定道理的。

子曰："年四十而见恶焉，其终也已。"

【注】朱注：四十，成德之时。

【译】孔子说："到了四十岁，还被人厌恶，他这一生就完了。"

【别识】南怀瑾认为，孔子此说是，人到四十岁就定型了，想改也难，如果到了四十还被人厌恶，这一生就完了。我更赞成这样理解：人到四十岁还被大家所讨厌，他这辈子就过得很失败。

苏东坡认为孔子这句话是有所指"此亦有为而言，不知其为谁也"，只是不知道孔子在谈哪个人。

微子第十八

朱熹注曰："此篇多记圣贤之出处。"即记载的是春秋战国之前那些圣贤的事迹

微子去之，箕子为之奴，比干谏而死。孔子曰："殷有三仁焉。"

【注】朱注：微、箕，二国名。子爵也。微子，纣庶兄。箕子、比干，纣诸父（叔父）。

【译】（看到纣王无道），微子离开朝堂，箕子做了纣的奴隶，比干劝谏他被杀。孔子说："殷商有三位仁人。"

【别识】微子，是纣王的哥哥，胞兄弟。微子出生时，他的母亲还是帝乙之妾。其后帝乙才立微子的母亲为后，之后又生了纣。帝乙死后，纣得嗣立，而微子不得立。箕子和比干都是纣王的叔父。微子见纣王无道，于是离开朝堂，隐于民间。朱子说是"微子见纣无道，去之以存宗祀。"箕子见纣王无道，多次劝谏纣王，纣王不听。箕子于是披发装疯，被纣王降为奴隶。比干也是多次劝谏纣王，弄得纣王很烦。纣王对比干说，听说圣人的心有七个孔，你是不是也有七个孔？叫人把比干的心挖出来，比干由是而死。周武王灭纣后，派人把微子箕子找出来，箕子被封于朝鲜，微子被封于宋，是为宋国开国国君。这三人的贤举为后世称道，所以孔子称他们为仁人。

柳下惠为士师，三黜。人曰："子未可以去乎？"曰："直道而事人，焉往而不三黜？枉道而事人，何必去父母之邦。"

【注】柳下惠，鲁国大夫，姓展，名获，字禽。因居柳下，故名之。朱注：士师，狱官。黜，退也。

【译】柳下惠在鲁国做狱官时，多次被罢免。有人对他说："你为什么不离

开鲁国呢?”柳下惠说:“正直的工作对人，到哪里都可能被多次罢免。不正直的工作，曲意迎合君主，何必要离开我的国家呢?”

【别识】率真必说真话，率真必言弊端，率直必有批评。故率直事君，直言为事，必有贬黜。此乃真理。上位之人毕竟都想听美好的话，奉承的话，而不想听率真的真话，更不想听率真的批评。所以，直道而事人，焉有不被黜之理。官场政治从来如此，古今中外概莫能外。

齐景公待孔子，曰：“若季氏则吾不能，以季、孟之间待之。”曰：“吾老矣，不能用也。”孔子行。

【注】季，季氏，鲁国上卿，孟氏为鲁国下卿。朱注：鲁三卿，季氏最贵，孟氏为下卿。

【译】齐景公在谈孔子的待遇时说：“要我象鲁国对季氏（上卿）那样对孔子，我做不到，就以季氏（上卿）和孟氏（下卿）之间吧。”又说：“我老了不能用孔子了。”孔子离开了齐国。

【别识】这本是很浅显的一段话，南怀瑾先生却说，鲁国的大夫季氏对孔子很好，孔子很多弟子都在季氏手下做事，但季氏就是不用孔子，只给他很好的待遇。于是齐景公说，我不能象季氏那样对待孔子。如果照南先生的说法，那么后一句“以季、孟之间待之”又怎么理解?

齐景公对孔子还是有点不放心，既想用他，又不想给他太大的权利，但是又不能太小看孔子，于是想出了个给孔子在上卿与下卿之间待遇的办法。这样，齐景公既用了孔子，又没有把国家大权交给孔子，面子上又过得去。可是，齐景后可能觉得还是不好，过不久又补充一句：我老了，不能用你了。在这种情况下，孔子只好离去。人家都明确说不能用你了，还赖在齐国干什么?

齐人归女乐，季桓子受之。三日不朝，孔子行。

【注】归，通馈。季桓子，鲁大夫，名斯，鲁定公至哀公初的执政上卿。

【译】齐国馈送歌姬舞女给鲁国，执政大夫季桓子欣然接受，三天不上朝理事。孔子就离职走了。

【别识】《史记》载，“定公十四年，孔子为鲁国司寇，摄行相事。齐人惧，归女乐以沮之。”原来齐国送美女给鲁国是有原因的，怕孔子执掌鲁国大权，所以送歌姬舞女来腐蚀鲁国的国君和大夫们。鲁国的人果然中计，居然三日不朝。

孔子一看不对，这些人不是仁人，不能共事，于是辞职一走了之。其实，这只是孔子辞职出走的原因之一。春秋战国之交，凡有国家祭祀，祭祀完后，所用祭品要分给大夫。鲁定公在一次祭祀完后，没有按常规给孔子分祭肉。这不是一般的疏忽，作为司寇，不该被忘记的，尤其是分祭肉这样重大的事。孔子由此知道，鲁定公已经不信任他了。这件事促使孔子下决心辞职，带着学生离开鲁国。

楚狂接舆歌而过孔子曰："凤兮！凤兮！何德之衰？往者不可谏，来者犹可追。已而，已而！今之从政者殆而！"孔子下，欲与之言。趋而避之，不得与之言。

【注】朱注：接舆，楚人，佯狂而辟世。已，止也。殆，危也。

【译】楚国狂人接舆唱着歌经过孔子的车："凤凰呵！凤凰呵！为什么道德如此败坏！过去的已不能劝阻，未来的还可挽回。算了吧，算了吧！现在从政的人很危险呵！"孔子下车想与他交谈。接舆避开了。孔子没法与他交谈。

【别识】接舆是有名的隐士，又是个狂人，但狂而不疯。知道孔子要到楚国来求官，所以就如此讥讽孔子。可惜孔子不清醒，还想下车与之交谈，结果人家不接招，赶快躲了。

接舆所歌"往者不可谏，来者犹可追"是明白告诉孔子，你想挽救过去那些已经过时了的周朝礼仪制度，那是不现实的，还是着眼未来，怎么把未来的事办好，建立一个新的理想秩序才是正理。实际上就是劝孔子要顺时而动，不要逆时而行。但孔子可能没听懂，偏要抱残守缺，死守周朝那些旧东西。奇怪的是后世人对孔子这种守旧思想和做法竟大加推崇。这就难怪中国几千年来停滞不前，落后挨打。

长沮、桀溺耦而耕，孔子过之，使子路问津焉。长沮曰："夫执舆者为谁？"子路曰："为孔丘。"曰："是鲁孔丘与？"曰："是也。"曰："是知津矣。"问于桀溺，桀溺曰："子为谁？"曰："为仲由。"曰："是鲁孔丘之徒与？"对曰："然。"曰："滔滔者天下皆是也，而谁以易之？且而与其从辟人之士也，岂若从避世之士哉？"耰而不辍。

子路行以告。夫子怃然曰："鸟兽不可与同群，吾非斯人之徒与

而谁与？天下有道，丘不与易也。”

【注】朱注：长沮、桀溺，二人隐者。耦，并耕也。津，济渡处。执舆，执辔在车也。耰，覆种也。

【译】长沮和桀溺一起在地里耕种，孔子从那里经过。子路前去问到渡口的路怎么走。长沮问他：“那个在车上拉着疆绳的是谁？”子路回答：“是孔丘。”长沮说：“是鲁国的孔丘吗？”答：“是的。”长沮说：“那他知道渡口在哪里。”子路又问桀溺。桀溺问：“你是谁？”答：“我是仲由。”问：“是鲁国孔丘的徒弟吗？”答：“是的”。桀溺说：“天下时事如滔滔洪水，谁能改变得了呢？你与其跟着躲避坏人的人，为什么不跟着躲避社会的人呢？”说完又去覆盖种子。

子路回去把这些话告诉孔子。孔子惆怅地说：“我们既然不能同鸟兽在一起生活，若不同人群打交道，又去同谁打交道呢？天下如果太平，我也不会从事去改变他了。”

【别识】长沮把孔子讥讽了一番，不是说孔子天下尽知吗？怎么还叫徒弟来问路？所以长沮说孔子“是知津矣”。这是很挖苦人的话。

避人之士与避世之士，是理解这段话的关键，也是隐士与孔子的根本区别。面对剧变的社会，如何待之？如何自处？孔子做的是避人之士，避开坏人，寻找好的国君，好的邦国居住，以便实现自己改造社会、改变社会的梦想。而长沮与桀溺则选择避世，管你天下如何，躲进深山，与世隔绝，不闻不问，优哉游哉，自过自活。孔子不愿这样，认为世事躲是躲不掉的，君子也不应该躲，要尽人事。这是孔子的社会责任感。但是这与孔子的另一段话又很矛盾。在《卫灵公》中说：“邦有道，则仕，邦无道，则卷而怀之”相矛盾。可见孔子的君子之道本身很不确定，时常有变。

子路从而后，遇丈人，以杖荷蓧。子路问曰：“子见夫子乎？”丈人曰：“四体不勤，五谷不分，孰为夫子？”植其杖而芸。子路拱而立。止子路宿，杀鸡为黍而食之，见其二子焉。明日，子路行以告。子曰：“隐者也。”使子路反见之。至则行矣。子路曰：“不仕无义。长幼之节，不可废也；君臣之义，如之何其废之？欲洁其身，而乱大伦。君子之仕也，行其义也。道之不行，已知之矣。”

【注】朱注：蓧，竹器。分，辨也。植，立之也。芸，去草也。

【译】子路跟随孔子，掉在后面。路上遇着一位老者，柱个拐杖拿着除草用的工具。子路上前问道："看见我的老师了吗？"老者说："四肢不劳动，五谷都分不清，谁知道你的老师是什么人？"子路恭敬地站在路旁。老丈晚上把子路请回家，杀鸡做饭给他吃，又把两个儿子请出来相见。第二天子路赶上孔子，告诉了孔子。孔子说："这是个隐者："叫子路返回去找老者。子路到了那里，老丈人却走了。子路说："当官为仕不能做不合道义的事。长幼间的关系，是不能废弃的；君臣的关系，怎么能废弃呢？他不想玷污自身，却忽视了君臣之间的大伦理。君子出来做官，是为了实行道义。我们的政治理想行不通，早就知道了。"

【别识】以杖荷蓧的丈人对"夫子"的评价是比较尖锐的，"四体不勤，五谷不分"后来成为那些专享现成之食，百无一用的书生的专用评语。子路一听就知道这个要去除草的老者不是一般的农夫，而是个隐士，所以在路边拱手而立了许久。也许是老者毫不客气地批评了孔子，子路心中不舒服，当他再次回来寻访老者时，老者走开了，子路于是说出你不想玷污自身，却坏了君臣之间的大伦理的话，算是回击了一下。可惜老者没有听见。我想，依老者的智慧，子路不定还会受到老者的教训。

有不少学者将"不仕无义"译为不出来做官，不合义理。我以为错误。应当译为，当官为仕，不要做不合义理的事，这与下文"君子之仕也，行其义也"是一脉相承的。士子，想做官的有，但能作官的毕竟是少数，有的志在文学，有的志在工技，有的志在学问，你能说他们都不义？所以我以为"不仕无义"的意思不是"不做官不合义理"，而是"做官不能做不合义理的事"。

逸民：伯夷、叔齐、虞仲、夷逸、朱张、柳下惠、少连。

子曰："不降其志，不辱其身，伯夷、叔齐与！"谓："柳下惠、少连，降志辱身矣。言中伦，行中虑，其斯而已矣。"谓："虞仲、夷逸，隐居放言。身中清，废中权。我则异于是，无可无不可。"

【注】朱注：逸，遗逸。民者，无位之称。

【译】被遗忘了的古今士人有：伯夷、叔齐、虞仲、夷逸、朱张、柳下惠、少连。

孔子说："不降低自己的志向，不辱没身份，是伯夷、叔齐吧。"又说："降低自己的志向，又辱没了身份，是柳下惠和少连，可是他们的言语符合法度，行为经过思虑，那也不过如此罢。”又说：“虞仲、夷逸隐居世外，放肆直言，自身行为清廉，隐居的举止符合道义权变。我则和他们不同，没有什么可以，也没有什么不可以。”

【别识】孔子说的这七个逸民，伯夷、叔齐、柳下惠前面都已提到过。其余几人事不可考。有人说，虞仲就是仲雍，是吴太伯的之弟，与吴太伯一同跑到荆蛮之地。朱子说：“仲雍居吴，断发文身，裸以为饰。”少连事也不可考，《礼记》说他“善居丧，三日不怠，三月不懈。期悲哀，三年忧。”朱张、夷逸根本没有记载。

对逸民的评价，孔子分了三个层次，首要为伯夷、叔齐，连国君都不想当，跑到首阳山中，不降其志，不辱其身，此为逸民的最高境界。柳下惠、少连为第二层次，柳下惠之事在本篇一开头就说了，他在鲁国做管刑狱的官，因为率直，三次被免职，又辱身，又降志，但行为中规中矩，符合义理，做事不乱来。再次一点，就是根本不出来做事，还站在旁边放肆直言，评论时事，但能保持自身清廉节操。孔子对逸民均看不上眼，他不做逸民，不会去遁世隐居，一则要显示他的社会责任感，二是孔子舍不得出世，要入世。

逸民，不管哪种情况，核心就是出世。出世，则对时事不闻不问。不闻则无行，不行则无义，这是孔子不愿意的。孔子一心想要救民于水火，挽世于既倒。所以他不能象逸民一样出世隐居，否则其宏大的政治理想就无法实现，教育学生也就没了最终目的。北宋理学家谢良佐的注解可作参考：“七人隐遁不污则同，其立心造行则异。伯夷、叔齐，天子不得臣，诸侯不得友，盖已遁世离群矣，下圣人一等。此其最高与！柳下惠、少连，虽降志而不枉己，虽辱身而不求合，其心有不屑也。故言能中伦，行能中虑。虞仲、夷逸隐居放言，则言不合先王之法者多矣。然清而不污也，权而适宜也，与方外之士害义伤教而乱大伦者殊科。是以均谓之逸民。”

孔子为什么说自己可以这样，也可以那样？孟子的解释是：“孔子可以仕则仕，可以止则止，可以久则久，可以速则速。”随便怎样都行。

在《公治长》和《述而》中，孔子两次提到伯夷、叔齐，对他们评价很高。这二人在孔子眼里是古之贤人，是“不降其志，不辱其身”，被人们遗忘了的人才。

伯夷与叔齐的故事，我在前面已经说到。他们是因为不满周武王以臣子身份去讨伐殷纣王，推翻了商王朝，建立了周王朝。伯夷、叔齐认为周王朝来得不正，以食周粟为耻，跑到首阳山中躲起来，最后饿死在首阳山。

孔子说伯夷、叔齐不降其志，这个“志”就是两人在周武王诛灭暴虐无道的商纣王后，认为周武王是以下犯上，是以臣弑君，以食周粟为耻的“志”。这个“志”无非是为商纣王鸣不平，是反对讨伐暴虐无道之君，反对救民于水火，反对历史进步。如果按照孔子的说法，凡是象伯夷叔齐一样，反对以臣子身份讨伐暴虐无道之君的，都是不降其“志”，是“贤人”，是被遗忘了的人才。

孔子对他们二人的评价一点也不奇怪，孔子一贯主张君臣父子不能错位，更不能僭越，臣伐君、子弑父就是无道，不管君父做了什么坏事，都不能僭越。说白了，下位的人起来造反，不管你的理由多充分，多正义，都是无道，都是叛逆。这显然是无视历史进步，是在为暴虐无道的殷纣王张目。

我以为伯夷叔齐躲进首阳山，不食周粟被饿死，是不识时务，不分是非，不能与时俱进的结果，是咎由自取。

再来看孟子怎么评价这件事。《孟子·梁惠王章句下》载：

【译】齐宣王问曰：“汤放桀，武王伐纣，有诸?”孟子对曰：“于传有之。”曰：“臣弑其君可乎?”曰：“贼仁者谓之贼。贼义者谓之残。残贼之人，谓之一夫。闻诛一夫纣矣，未闻弑君也。”

【别识】翻译过来就是：齐宣王问道：“商汤流放夏桀，武王讨伐殷纣，真有这回事吗?”孟子回答说：“史籍上有这样的记载。”宣王说：“臣子（以下犯上）杀掉他们的君王，这可以吗?”孟子说：“破坏仁爱的人叫贼，破坏道义的人叫残。这样的人，人们叫他是‘独夫’。我只听说周武王讨伐了独夫殷纣，没有听说他是杀了君主。”

在孟子眼里，暴虐无道的殷纣王就是独夫民贼，讨伐他，推翻他的统治，是正义之事，而不是人们说的“弑君”。显然孟子是肯定周武王讨伐无道纣王的，也就是变相不同意孔子对伯夷叔齐的评价。

可是，孔子对伯夷叔齐的评价影响后世二千多年，司马迁在《史记·伯夷列传》中也持孔子的观点，显然是爱了他的影响。孔子逆历史潮流而动的历史观，二千年来竟没有人站出来反对，至其流毒至今，这不能不说是神化孔子，把儒家学说奉为至高无上的恶果。

大师挚适齐，亚饭干适楚，三饭缭适蔡，四饭缺适秦。鼓方叔入于河，播鼗武入于汉，少师阳，击磬襄入于海。

【注】朱注：大师，鲁乐官之长。挚，其名也。亚饭以下，以乐侑食之官。方叔，名。河，河内。播，摇也。鼗，小鼓（拨浪鼓），两旁有耳，持其柄而摇之，则旁耳还自击。少师，乐官之佐。阳、襄，二人名。海，海岛也。

【译】乐官之长挚大师逃到了齐国，二饭乐师干逃到了楚国，三饭乐师缭逃到了蔡国，四饭乐师缺逃到了秦国。打鼓的方叔跑到黄河之滨居住，摇鼓的武到了汉水，少师阳和击磬的襄跑到海边居住。

古时天子诸侯吃饭时要奏乐，乐师们分工明确，领头的叫大师，然后是亚饭，三饭、四饭，打鼓的，摇拨浪鼓的，击磬的。挚、干、缭、缺、方叔、武、少师、襄都是乐师们的名字。

这段是说鲁国礼崩乐坏，社会已分崩离析，乐师们都纷纷跑了。另谋出路。

周公谓鲁公曰："君子不施其亲，不使大臣怨乎不以。故旧无大故，则不弃也。无求备于一人。"

【注】朱注：鲁公，周公子伯禽也。弛，遗弃也。以，用也。大故，谓恶逆。

【译】周公对鲁公说："君子不疏远亲属，不让大臣报怨不被信用。老臣如无大的过错，就不要遗弃他们。不要对一个人要求具备各种才德。"

【别识】周公即周朝开国大臣周公旦，被封为鲁国开国国君。因为要留周朝辅佐周武王，所以派儿子伯禽到鲁国去执政，伯禽又被称为鲁公。行前周公对鲁公说了这一番话。一国之君对待下属要有这四个基本原则，如此才能留住人才，才能使大家心情舒畅，国家治理才有章法。

周有八士，伯达、伯适、仲突、仲忽、叔夜、叔夏、季随、季騧。

【译】周朝有八个杰出人士：伯达、伯适、仲突、仲忽、叔夜、叔夏、季随、季騧。

【别识】周朝这八位杰出人士，事已不可考，有说是周成王时的人，有说是周宣王时的人。朱熹说是"盖一母四乳而生八子也"，即一母生的四对双胞胎。

子张第十九

朱熹说："此篇皆记弟子之言，而子夏为多，子贡次之。盖孔门自颜子以下，颖悟莫若子贡；自曾子以下，笃实无若子夏。"

子张曰："士见危致命，见得思义，祭思敬，丧思哀，其可已矣。"

【注】朱注：致命，谓委致其命，犹言授命也。

【译】子张说："读书人面对危险肯豁出性命，见到有所得便想想是否该得，祭祀时恭敬，居丧时哀伤悲痛，那也就可以了。"

【别识】士，与此前孔子常说的君子有些差别，君子乃道德完美者，大儒，但不一定做官；士则主要指读书人，贤者，且能为官一方。朱熹说："四者立身之大节，一有不至，则余无足观。"见危致命，见得思义，祭思敬，丧思哀，此士子安身立命之本也。

子张曰："执德不弘，信道不笃，焉能为有？焉能为亡？"

【译】子张说："知晓道德之理却不弘扬，信仰道德却不忠实，（这种人）有他不为多，无他不为少。"

【别识】知晓道德之理并不够，还要忠实践行，四处弘扬，由此，道才能行于天下，普及天下。朱子说："有所得而守之太狭，则德孤；有所闻而信之不笃，则道废。"

子夏之门人问交于子张。子张曰："子夏云何？"对曰："子夏曰：'可者与之，其不可者拒之。'"子张曰："异乎吾所闻：君子尊贤而容

众，嘉善而矜不能。我之大贤与，于人何所不容？我之不贤与，人将拒我，如之何其拒人也？”

【译】子夏的门人问子张如何交友。子张说：“子夏说过什么？”门人回答：“子夏说：‘能交的就交友，不能交的就拒绝他。’”子张说：“这和我听到的不一样：君子尊重贤人，也结交普通人；鼓励好人也怜惜无能的人。我如果是个大贤人，对什么人不能容纳呢？我如果不是个贤人，别人会拒绝我，我怎能去拒绝别人呢？”

【别识】子张说的其实是孔子的思想，包容天下所有的人，哪怕是有点问题，无德无义的人。但是，话从子张口里说出来，后世的儒学家就有不同看法了。朱子注曰：“子夏之言迫狭，子张讥之是也。但其所言亦有过高之病。盖大贤虽无所不容，然大故亦所当绝；不贤固不可以拒人，然损友亦所当远。学者不可不察。”在朱子看来，有大错之人，必须拒绝，损友之人，也要远离，不能近交。这就已经不是孔子包容天下的思想了。

子夏曰：“虽小道，必有可观者焉；致远则泥，是以君子不为也。”

【注】朱注：小道，如家圃医卜之属。泥，不通也。

【译】子夏说：“即使是小技艺，一定有可取的地方；把这做为远大目标则行不通，所以君子不从事于它。”

【别识】很多学者把“致远则泥”译成“恐怕它（小技艺）妨碍实现远大目标”，我以为不够准确。因为拥有一些技艺，与实现君子的远大目标并不矛盾，所以我认为应当译为“把它（小技艺）做为远大目标（或远大事业），则行不通”更准确些。

君子的远大目标是什么？是仁、道、义、礼等等，精神上的东西，君子应当从事传播、弘扬、践行仁道的事业，以此教化民众。而如家圃医卜之类的小技艺，是不能助君子完成这一目标的，所以君子不能去从事小技艺，更不能将掌握小技艺当成人生目标。这是孔子“君子不器”的具体解释。难怪那准备去田间除草的老丈人说孔子“四体不勤，五谷不分”。问题在于，小技艺不能作为人生远大目标，即使做了也实现不了，天下人都如孔子所希望的那样不为，都去致力于弘扬仁德，谁来种地？谁来匠作？谁来看病？

子夏曰："日知其所亡，月无忘其所能，可谓好学也已矣。"

【注】朱注：亡，无也。谓己之所未有。

【译】子夏说："每天学习了解自己所不知道的，每月复习自己已有的知识技能，可以说是好学了。"

【别识】好学者，一要学己所未知，二要习己所已知。

子夏曰："博学而笃志，切问而近思，仁在其中矣。"

【译】子夏说："广泛的学习，坚定自己的志趣，多多发问，多思考当前的问题，仁德的道理就在其中了。"

【别识】博学、笃志、切问、近思，这四条是一个人做事做学问必须要记住并践行的原则，也是事业、学问成功的前提。朱子说："四者皆学问思辨之事耳，未及乎力行而为仁也。然从事于此，则心不外驰，而所存自熟，故曰仁在其中矣。"程氏说："博学而笃志，切问而近思，何以言仁在其中矣？学者要思得之。了此，便是彻上彻下之道。学不博，则不能守约，志而不笃则不能力行。切问近思在己者，则仁在其中矣。"

近思，是思考当前的问题，就切身之事，身边之事，最近之事而思考，并由此推及未来，而不是好高骛远。苏东坡说："博学而志不笃，则大而无成；泛问远思，则劳而无功。"

子夏曰："百工居肆以成其事，君子学以致其道。"

【注】朱注：肆，谓官府造作之处。致，极也。

【译】子夏说："名种工匠居住在工坊里完成工作，君子通过学习获得道。"

【别识】百工居肆方能互为补充，互相协作才能完成工作，尤其是成大事。君子致道，方法和路子就是不断地学习。朱熹这样说："工不居肆，则迁于异物而业不精。君子不学，则夺于外诱而志不笃。"

子夏曰："小人之过也必文。"

【注】朱注：文，饰之也。

【译】子夏说："小人对于错误必定掩饰。"

【别识】朱子说："小人惮于改过，而不惮于自欺，故必文以重其过。"

错误，人人都会犯。错而能改，善莫大焉；错而不改，文过饰非，错必重犯，是谓错上加错。这已是小人之举。

子夏曰："君子有三变：望之俨然，即之也温，听其言也厉。"

【注】朱注：俨然者，貌之庄。温者，色之和。厉者，辞之确。

【译】子夏说："君子有三变：远远望去，庄重威严，接近了，温和亲切，听他说话，严厉不苟。"

【别识】程氏认为，君子能有这三变的，只有孔子能做到，"他人俨然则不温，温则不厉，惟孔子全之。"确实如此，面颜如良玉温润，说话却严厉不苟，一般人做不到，就是那些大儒学者也做不到。可见君子的要求是很高的。

子夏曰："君子信而后劳其民，未信则以为厉己也；信而后谏，未信则以为谤己也。"

【注】朱注：信，谓诚意恻怛而人信之也。厉，犹病也。

【译】子夏说："君子必须取得信任后才能劳动百姓，否则百姓会认为你在折磨他们；必须取得君主信任后才能劝谏，否则君主会认为你在毁谤他。"

【别识】朱熹认为这是事上使下必须注意的问题，信任问题至关重要，是事上使下的心理基础和原则。这也是中国人处事圆滑事故的体现，尤其是事上，进谏劝导，要清楚自己受到君主的信任，然后才能进言，否则就会有杀身之祸。

子夏曰："大德不逾闲，小德也入可也。"

【注】朱注：大德、小德，犹言大节、小节。闲，阑也。

【译】子夏说："人的重大节操不能逾越界限，作风上的小节可以稍有出入。"

【别识】重大节操必须守住，否则人将不人，其他一些小节，如作风、衣着等等有一点小暇也是可以容忍的。朱熹说："人能先立乎其大者，则小节虽或未尽合理，亦无害也。"

子游曰："子夏之门人小子，当洒扫、应对、进退，则可矣。抑末也，本之则无，如之何？"子夏闻之曰："噫！言游过矣！君子之道，孰先传焉？孰后倦焉？譬诸草木，区以别矣。君子之道，焉可诬

也？有始有卒者，其惟圣人乎！”

【注】朱注：倦，如诲人不倦之倦。区，犹类也。

【译】子游说：“子夏的学生担当洒扫清洁、接待客人、依礼进退是可以的。但这都是细枝末节，道的根本却没有，怎么可以呢？”子夏听到后说：“咳！子游说的不对呵！君子之道，哪些先传授学习，哪些后研习，犹如草木是要区分类别的。君子之道，怎么可以胡乱批评呢？有始有终的，大概只有圣人吧！”

【别识】子游对子夏的批评涉及到施教的顺序问题，孰先孰后是其一，其二是，是从细枝末节教起还是一上来就讲大道理？或者是只讲本而不讲末？子夏的教育方法其实是对的，子游的批评有点舍本逐末。事实上，教人立志树德，当从日常生活细节学起，细枝末节无不反映出本质之理。君子之道光讲本是没用的，空洞无物，也是记不住的。学会洒扫、应对、进退，虽为枝末，道之本意已在其中。固本末之教，无先无后。朱熹说：“君子之道，非以其末为先而传之，非以其本为后而倦教。但学者所至，自有浅深，如草木之有大小，其类固有别矣。若不量其浅深，不问其生熟，而概以高且远者强而语之，则是诬之而已。君子之道，岂可如此？若夫始终本末一以贯之，则惟圣人为然，岂可责之门人小子乎？”程氏也说，“君子教人有序，先传以小者近者，而后教以大者远者，非先传以近小，而后不教以远大也。”又说：“洒扫应对，便是形而上者，理无大小故也。故君子只在慎独。”

子夏曰：“仕而优则学，学而优则仕。”

【注】朱注：优，有余力也。

【译】子夏说：“当官了，有多余精力了，就应学习；学习了，有多余精力就去做官。”

【别识】过去我们只听到“学而优则仕”一句，前面的“仕而优则学”常被丢在一边不说。对“学而优则仕”的解释，都是：学好了就能做官。给人一种固定的观念：把学习搞好，目的就是要当官。其实是很大的误解。朱熹有段注释很精彩，把子夏这段话的意思说透了：“仕与学理同而事异，故当其事者，必先有以尽其事，而后可以及其余。然仕而学，则所以资其仕者益深；学而仕，则所以验其学者益广。”不论你是做官和做学问，首先要把本职工作做好，做官就要把官事做好，学习就要先把学习搞好，在这个前提下如果自已还有余力，其去做点其他事，为官的不妨去学习，通过学习提高自己，从而更好地为官；

学习搞好了，有余力，也不妨去做下官，使自己所学得到应用，这就是“仕而优者学，学而优则仕”的本意。而不是常人理解的，学习优秀了就能去当官。

子游曰：“丧致乎哀而止。”

【译】子游说：“居丧，充分表露他的哀痛就够了。”

【别识】朱子说“‘而止’二字，亦微有过于高远而简略细微之弊。”认为子游的要求过于高远，且有简化丧葬礼仪的弊病。明确反对子游的意见。

古时的丧葬非常繁琐复杂，只是下葬用的棺材就分几层：衣、椑、棺、椁。衣为死者穿的寿衣。椑为棺材内衬的有雕饰的木板。棺是棺材，椁是套在棺材处的大棺材，又叫廓。唐代贾彦公说：棺周于衣，椁周于棺。这样的用度对一般老百姓而言，是个很大的负担。但是不这样做却不行，别人会说你不孝不敬。这还不算，还要在墓地守孝三年。因此，有很多人提出丧事从俭。子游很艺术的提出，办丧事，只要充分表达出悲哀就行了，虽然没说要简化丧葬礼仪，意思已在其中了。就这，也遭到朱子的批评，说他的想法有简略的弊病。

子游曰：“吾友张也，为难能也。然而未仁。”

曾子曰：“堂堂乎张也，难与并为仁矣。”

【译】子游说：“我的朋友子张是难能可贵的了，但还没到仁的境界。”

曾子说：“子张仪表堂堂，但别人难与他一道进入仁德。”

【别识】这是两个同学对同一个同学的评价，非常一致。子张很能办事，而且能办难事，但还未达到仁德；子张虽然仪表堂堂，但不能与其他人一道进入仁德，也不能帮助他人进入仁德。为什么？朱熹说：“子张行过高，而少诚实恻怛之意。”又说子张：“务外自高，不可辅而为仁，亦不能有以辅人之仁也。”范祖禹说得更直接：“子张外有余而内不足，故门人皆不与其为仁。子曰：‘刚、毅、木、讷近仁。’宁外不足而内有余，庶可以为仁矣。”子张虽然仪表堂堂，注重外表，而且办事能干，但是内心修养不足。这就是所谓虚有其表。孔子所讲的仁德，主要是内心的修养，是指一个人的内涵。所以，宁肯外表木讷，也要内心强大。内在修养不足，不管你外在表现如何，终究是离仁德差那么半步，是达不到仁德，进不了仁德境界的。

曾子曰：“吾闻诸夫子：人未有自致者也，必有亲丧乎！”

【注】朱注：致，尽其极也。

【译】曾子说："我听老师说过，人们平时感情流露是不会达到极到致的，如果有，一定是在父母死的时候吧！"

【别识】人的感情表露如果到了不能自已的时候，一定是悲痛到极点，这种情况平时是很少的。所以孔子认为一定是在父母亡故时才会这样。

曾子曰："吾闻诸夫子：孟庄子之孝也，其他可能也；其不改父之臣与父之政，是难能也。"

【注】朱注：孟庄子，鲁大夫，名速。其父献子，名蔑。

【译】曾子说："我听老师说，孟庄子的孝，别的都容易做到，他留用父亲的僚属，继续施行父亲的政治措施，是难以做到的。"

【别识】孟庄子的父亲献子，是个很有贤名的鲁国大夫。朱熹注曰："献子有贤德，而庄子能用其臣，守其政。故其他孝行虽有可称，而皆不若此事之为难。"

孟氏使阳肤为士师，问于曾子。曾子曰："上失其道，民散久矣。如得其情，则哀矜而勿喜。"

【注】孟氏，孟孙氏家庭。阳肤，曾子弟子。士师，掌管刑狱之官。

【译】孟氏任命阳肤去做司法之官，阳肤来问曾子。曾子说："上位的人不依规矩行事，民众离心离德已经很久了。你如果审案审出了实情，要同情怜悯他们，不要沾沾自喜。"

【别识】其时，国乱已有300余年了，战国纷争，君不守道，百姓心散，犯罪日多。民不安生，则生犯罪。这种情况下去做刑狱之官可不是件好事。对百姓犯罪的真实原因要知道，知道了要心生同情，而不能以为自己破了案就自鸣得意，沾沾自喜。此为一。上行下效，上梁不正下梁歪，此乃社会之病，民心散而生罪，必与上失道有关。所以，社会乱，首先是上失道，上乱。从来没有民间先乱的。谢良佐的注解很到位："民之散也，以使之无道，教之无素。故其犯法也，非迫于不得已，则陷于不知也。故得其情，则哀矜而勿喜。"

子贡曰："纣之不善，不如是之甚也。是以君子恶居下流，天下

之恶皆归焉。”

【注】朱注：下流，地形卑下之处，众流之所归。喻人身有污贱之实，亦恶名之所聚也。

【译】子贡说：“商纣的坏，并不象人们传说中的那么厉害。君子讨厌身居下流。一旦身居下流，一切坏名声都聚集在他身上了。”

【别识】子贡这段话说了一个现实现象，一个值得注意的问题。现实是，一个人一旦有了恶名，而且如果又身居下流，地位卑贱，则人们总把他说得一无是处，总是把天下所有的罪恶都加到他头上，反正他已经坏了，不妨再坏一点。这就象低洼池中，所有污水都会流向那里一样。所以人不要做恶，一旦做恶被抓住，就会被骂得一无是处，此前做的好事会一笔勾销，而且没有人会给你说公道话。值得注意的是这种现实现象不能倡导。评价一个人要公正客观，不对落井下石，不能墙倒众人推，无论他是身居下流还是身居高位。

子贡曰：“君子之过也，如日月之食焉：过也，人皆见之；更也，人皆仰之。”

【译】子贡说：“君子的过错如日蚀月蚀一样：有了错，大家都看见；改了大家都佩服仰望。”

【别识】君子，尤其是在上位的君子如何对待自己的过错？子贡给出答案：第一，君子之错，自古有之，是人皆会有错，不稀罕，这就象日月有食一样正常；第二，你在高位，正如日月在天一样，有过错大家都看得见，不要掩饰，也掩饰不了；第三，有过错，改了就好，大家会仰望你，敬佩你，你呢也会如以前一样光明。可惜这道理不是每个人都懂，在高位的君子懂的也不多。

卫公孙朝问于子贡：“仲尼焉学？”子贡曰：“文武之道，未坠于地，在人。贤者识其大者，不贤者识其小者，莫不有文武之道焉。夫子焉不学？而亦何常师之有？”

【注】朱注：公孙朝，卫大夫。

【译】卫国大夫公孙朝问子贡：“孔仲尼的学问是从哪里学来的？”子贡说：“周文王、武王的之道，并没有失传，散落在人间。贤能的人抓住大处，不贤能的人也能抓住枝节。没有地方没有文王、武王的大道。老师何处不能学？何必一定要有固定的老师?”

【别识】孔子的学问，在子贡看来不是一个或几个固定的老师传授的，而是来自于社会，来自于民间，来自于他对事物人情详细的审视和反思。

叔孙武叔语大夫于朝，曰：“子贡贤于仲尼。”子服景伯以告子贡。子贡曰：“譬之宫墙，赐之墙也及肩，窥见室家之好。夫子之墙数仞，不得其门而入，不见宗庙之美，百官之富。得其门者或寡矣。夫子之云，不亦宜乎！”

【注】武叔，鲁大夫，名州仇。子服景伯，鲁大夫。仞，一仞七尺（一说八尺)。官，房舍之称。

【译】叔孙武叔在朝堂上对大夫们说：“子贡比仲尼强些。”子服景伯将这话告诉了子贡。子贡说：“拿房屋的围墙来作比喻吧。我家房屋的围墙只有肩高，谁都可以看到室内的美好。我老师家的围墙有几丈高，找不到门进去，就看不到其中宗庙的壮阔雄美，房屋的富丽变化。能找到大门的人或许很少吧，那么，武叔这样说，不是很自然吗!”

【别识】说子贡贤于仲尼，子贡是断然不会接受的，老师是高山，自己是小丘，高山仰止，心向往之。

叔孙武叔毁仲尼。子贡曰：“无以为也。仲尼不可毁也。他人之贤者，丘陵也，犹可逾也；仲尼，日月也，无得而逾焉。人虽欲自绝，其何伤于日月乎？多见其不知量也!”

【注】朱注：无以为，犹言无用为此。土高曰丘，阜大曰陵。

【译】叔孙武叔毁谤孔子。子贡说：“不要这样做。仲尼是毁谤不了的。别人的贤能，好比丘陵，是可以逾越的；仲尼简直就是太阳和月亮，是不能逾越的。有人要自绝于太阳和月亮，对太阳月亮有什么损害呢？只是表示他不自量罢了。”

【别识】有人毁谤孔子，子贡是坚决不答应的，所以严词予以反驳。

陈子禽谓子贡曰：“子为恭也，仲尼岂贤于子乎?”子贡曰：“君子一言以为知，一言以为不知，言不可不慎也。夫子之不可及也，犹

天之不可阶而升也。夫子之得邦家者，所谓立之斯立，道之斯行，绥之斯来，动之斯和。其生也荣，其死也哀，如之何其可及也。”

【注】朱注：立之，谓植其生也。道，引也，谓教之也。行，从也。绥，安也。来，归附也。动，鼓舞之也。

【译】陈子禽对子贡说：“你太谦虚了吧，难道仲尼真的比你强吗？”子贡说：“君子一句话可以表现出他有知，也可以表现他无知，所以说话不可以不谨慎。老师的不可企及，就好象青天不可能沿着阶梯登上去一样。老师如果得到邦国成为诸侯，或者得到采邑成为卿大夫，那么他就会象人们所说的，他教养百姓，百姓就能在社会上立足；引导百姓，百姓就会振作行动；安抚百姓，百姓就会从远方赶来归附；鼓动百姓，百姓就会同心协力。他老人家，生时得到尊荣，死了让人悲哀，怎么能赶上他呢？”

【别识】上面几段对话，都是在有人诋毁孔子时，子贡的回答。程氏说：“此圣人之神化，上下与天地同流者也。”程氏兄弟看出来子贡是在神化孔子，将之比之于天，比之于日月，高不可及。孔子既然高不可及，他的那些理念何以掉落人间？人们学习孔子思想，照此施行，不就是也想成为君子，成为圣人吗？结果弄了半天，费了一辈子的劲，还不得其门而入，孔子还是天上，如日月之遥不可及，这岂不叫人沮丧！

尧曰第二十

尧曰：“咨！尔舜！天之历数在尔躬。允执其中。四海困穷，天禄永终。”舜亦以命禹。

【注】朱注：此尧命舜，而禅以帝位之辞。咨，嗟叹声。历数，帝王相继之次弟，犹岁时气节之先后也。允，中者，无过不及之名。

【译】尧（让位给舜时）说：“喂！你这个舜！上天的大命已经轮到你了。诚实地保持中庸正直的美德吧。如果天下人都穷苦困难，上天给你的禄命也就终止了。”舜在让位给禹时也说了这番话。

【别识】舜非尧之子，亦非亲属。《尚书》记载，尧禅让帝位给舜，而后舜又禅让给禹，此三代，史称公天下。所以尧对舜说“天之历数在尔躬。”上天的安排，该你来坐帝王位了。禹以后，天下不再为公，而成了家天下。

曰：“予小子履，敢用玄牡，敢昭告于皇皇后帝：有罪不敢赦。帝臣不蔽，简在帝心。朕躬有罪，无以万方；万方有罪，罪在朕躬。”

【注】朱注：此引《商书·汤诰》之辞。履，盖汤名。用玄牡，夏尚黑，未变其礼也。简，阅也。

【译】商汤说：“我这个微不足道的履，谨用黑色公牛做牺牲，明明白白告于伟大而光明的天帝：有罪的人我不敢擅自赦免。你的臣民的情况，我不隐瞒掩蔽，您心里也很清楚的。我若有罪过，不会牵连天下万方，天下万方若有罪过，罪过都由我一个人承担。”

【别识】后世人将“朕躬有罪，无及万方，万方在罪，罪在朕躬”，作为当官之人必须背诵的格言，当做为官的座右铭。为官之人，要有担当，要敢于承担责任，尤其要敢于为下面的人承担责任，这是官德，也是君子之道。

周有大赉，善人是富。“虽有周亲，不如仁人。百姓有过，在予一人。”

【注】朱注：赉，予也。武王克商，大赉于四海。见《周书·武成》篇。“虽有”以后，为《周书·太誓》之辞。

【译】周朝大封诸侯，使善人都富贵起来。周武王说：“我虽然有至亲，却不如有仁德的人。百姓如果有过错，应该由我一人承担。”

【别识】南怀瑾先生对这一段的解释大有不同。他认为，大赉是指周朝时一篇著名的文献，中心是讲仁德，善人有善德，富人有德仁。在他看来，那里的富人都是有仁德的人，都可以称得上善人。

谨权量，审法度，修废官，四方之政行焉。兴灭国，继绝世，举逸民，天下之民归心焉。所重：民、食、丧、祭。宽则得众，信则民任焉，敏则有功，公则说。

【注】朱注：权，称锤也。量，斗斛也。法度，礼乐制度是也。兴灭继绝，谓封黄帝、尧、舜、夏、商之后。举逸民，谓释箕子之囚，复商容之位。三者皆人心之所欲也。

【译】检验度量衡，审订礼乐制度，修复已废弃的官府，政令就会畅通四方。复兴已灭亡的国家，承继已断绝的家族，提拔被遗落的人才，天下百姓就会诚心归服。要注重的事：人民、粮食、丧葬、祭祀。宽厚就会得到百姓拥护，诚信则可以任用百姓，勤敏则就会有功绩，公平就会使民众喜悦高兴。

【别识】这是治国的四个理念，如何让政令畅通；如何使民心归顺；为官之人最应该重视的是什么；怎样做才能使社会和谐安定。这是后世为官者当为警醒的。

子张问于孔子曰：“何如斯可以从政矣？”子曰：“尊五美，屏四恶，斯可以从政矣。”子张曰：“何谓五美？”子曰：“君子惠而不费，劳而不怨，欲而不贪，泰而不骄，威而不猛。”子张曰：“何谓惠而不费？”子曰：“因民之所利而利之，斯不亦惠而不费乎？择可劳而劳之，又谁怨？欲仁而得仁，又焉贪？君子无众寡，无大小，无敢慢，斯不亦泰而不骄乎？君子正其衣冠，尊其瞻视，俨然人望而畏之，斯不亦

威而不猛乎？”子张曰：“何谓四恶？”子曰：“不教而杀谓之虐；不戒视成谓之暴；慢令致期谓之贼；犹之与人也，出纳之吝，谓之有司。”

【注】朱注：虐，谓残酷不仁。暴，谓卒遽无渐。致期，刻期也。贼者，切害之意。

【译】子张问孔子：“怎样才能办好政事呢？”孔子说：“尊崇五种美德，屏弃四种恶行，就可以办好政事。”子张说：“什么是五种美德？”孔子说：“君子给人民好处却不耗费，劳累百姓却不招至怨恨，自己有欲望却不贪婪，安泰矜持而不骄傲，威严而不凶猛。”子张问：“什么叫给人民好处去不耗费呢？”孔子说：“顺就人民的意愿而让他们得到好处，这不就是给人民好处却不耗费吗？选择可以劳累的事再去劳累人民，谁会来怨恨？自己需要仁便得到了仁，又贪求什么呢？无论人多人少，无论大小，君子都不敢怠慢他们，这不是安泰矜持而不骄傲吗？君子衣冠端正，目光庄重，让人望而生出敬畏，这不就是威严而不凶猛吗？”子张问：“什么是四种恶行呢？”孔子说：“不加教育就杀戮，这叫虐政；不加申诫就要看到成绩，这叫暴政；先政令松驰，突然又限期完成，这叫贼政；反正要赐给人财物，出手又吝啬，这叫小气。”

【别识】孔子所说从政的五美四恶，对后人意义颇大，可惜被后人遗忘。

子曰：“不知命，无以为君子也。不知礼，无以立也。不知言，无以知人也。”

【译】孔子说：“不懂得命运，不能成为君子。不懂礼，不能在社会上立足。不懂得分辨别人的语言，不能识别人。”

【别识】程氏说：“知命者，知有命而信之也，人不知命，则见言必避，见利必趋，何以为君子？”

有学者把孔子在这里说的命，解释为天命，我以为不准确，南怀瑾认为，孔子在这里说的“命”，是指宇宙的某一法则，人事、物理、历史的命运，这些加起来，人是无法改变的，这就是命运。我以为除此之外，“命”还有使命的含义。不知道自己的使命，怎么能成君子？

